DR. OETKER
NUDELN VON A–Z

DR. OETKER NUDELN VON A–Z

Dr. Oetker Verlag

Abkürzungen

EL	=	Esslöffel
TL	=	Teelöffel
Msp.	=	Messerspitze
Pck.	=	Packung/Päckchen
g	=	Gramm
kg	=	Kilogramm
ml	=	Milliliter
l	=	Liter
evtl.	=	eventuell
geh.	=	gehäuft
gestr.	=	gestrichen
TK	=	Tiefkühlprodukt
°C	=	Grad Celsius
Ø	=	Durchmesser

Kalorien-/Nährwertangaben

E	=	Eiweiß
F	=	Fett
Kh	=	Kohlenhydrate
kcal	=	Kilokalorie
kJ	=	Kilojoule

Hinweise zu den Rezepten

Lesen Sie vor der Zubereitung – besser noch vor dem Einkauf – das Rezept einmal vollständig durch. Oft werden Arbeitsabläufe oder -zusammenhänge dann klarer. In jedem Rezept ist die Anzahl der Portionen angegeben.

Zutatenliste

Die Zutaten sind in der Reihenfolge ihrer Bearbeitung angegeben.

Arbeitsschritte

Die Arbeitsschritte sind einzeln hervorgehoben, in der Reihenfolge, in der sie von uns ausprobiert wurden.

Backofeneinstellung

Die in den Rezepten angegebenen Gartemperaturen und -zeiten sind Richtwerte, die je nach individueller Hitzeleistung des Backofens über- oder unterschritten werden können. Die Temperaturangaben beziehen sich auf Elektrobacköfen. Die Temperatur-Einstellmöglichkeiten für Gasbacköfen variieren je nach Hersteller, sodass wir keine allgemeingültigen Angaben machen können. Beachten Sie bitte deshalb bei der Einstellung des Backofens die Gebrauchsanleitung des Herstellers.

Zubereitungszeiten

Die Zubereitungszeit ist ein Anhaltswert für die Zeit der Vorbereitung und die eigentliche Zubereitung. Die Garzeiten sind, in der Regel, gesondert ausgewiesen. Bei einigen Rezepten setzt sich die Gesamt-Garzeit aus mehreren Teil-Garzeiten zusammen. Längere Wartezeiten, z. B. Kühl- und Auftauzeiten, sind nicht mit einbezogen.

Vorwort

Nudeln von A-Z, von Asia-Glasnudelsalat bis Zucchininudeln mit Tomatensauce, verführerisch duftend und ausgesprochen lecker schmeckend. Nach knackigem Gemüse, zartem Fleisch, delikatem Fisch, frischen Kräutern und appetitlichen Gewürzen. Egal ob als Suppe, als Salat, als Auflauf, als Pfannengericht oder auch mal süß.

Was macht Nudelgerichte bei Groß und Klein so beliebt?

- Sie sind einfach und schnell zuzubereiten.
- Es gibt ausgesprochen günstige Varianten.
- Ihr Geschmack lässt sich fast unbegrenzt variieren.

Bunte Nudel-Eier-Pfanne, Glasnudeln mit Entenbrust, Nudelauflauf mit Kalbfleisch und Salbei, Penne, extra scharf, Spaghetti Carbonara, Tortiglioni-Auflauf mit Cabanossi und Paprika oder Türkischer Reisnudelsalat, dies ist nur eine kleine Auswahl der über 300 pikanten und auch süßen Köstlichkeiten aus der Nudelküche, die wir für Sie zusammengestellt haben.

Ob deutsch, italienisch oder asiatisch, hier finden Sie Lieblingsrezepte für jeden Tag.

Alle Rezepte wurden von Dr. Oetker ausprobiert und sind so beschrieben, dass sie Ihnen auf Anhieb gelingen.

Asia-Glasnudelsalat | Fettarm

4 Portionen

Pro Portion:
E: 33 g, F: 7 g, Kh: 41 g, kJ: 1513, kcal: 360

500 g Hähnchenbrustfilet
2 EL Sojasauce
150 g feine Glasnudeln
1 rote Chilischote
2 Knoblauchzehen
700 g Möhren
600 g Porree (Lauch)
2 EL Speiseöl, z. B. Sesamöl
Salz, frisch gemahlener Pfeffer
½ TL gemahlener Ingwer
4 EL Limettensaft

Zubereitungszeit: 30 Minuten

1. Hähnchenbrustfilet unter fließendem kalten Wasser abspülen, trocken tupfen, in etwa 2 cm große Würfel schneiden und anschließend gut mit der Sojasauce verrühren.

2. Glasnudeln nach Packungsanleitung zubereiten, erkalten lassen und in etwa 2 cm lange Stücke schneiden.

3. Chilischote halbieren, entstielen, entkernen, abspülen, abtropfen lassen und in feine Streifen schneiden. Knoblauch abziehen und sehr fein würfeln.

4. Möhren und Porree putzen. Die Möhren schälen, abspülen, abtropfen lassen und in dünne Scheiben schneiden. Porreestangen gründlich waschen, abtropfen lassen und ebenfalls in Scheiben schneiden.

5. Speiseöl in einer Pfanne erhitzen. Hähnchenbrustfiletwürfel darin unter Rühren 5–7 Minuten braten, mit Salz und Pfeffer bestreuen und herausnehmen.

6. Knoblauch, Möhrenscheiben, Chilischotenstreifen und Porreescheiben in dem verbliebenen Bratfett unter Rühren anbraten, einige Minuten dünsten und erkalten lassen.

7. Die vorbereiteten Salatzutaten in einer Schüssel mischen. Mit Salz, Pfeffer, Ingwer und Limettensaft abschmecken.

Asiatische Nudelpfanne | Raffiniert

2 Portionen

Pro Portion:
E: 42 g, F: 7 g, Kh: 36 g, kJ: 1593, kcal: 380

300 g Putenschnitzel
½ TL Sambal Oelek
3 EL Austernsauce
1 TL Fünf-Gewürze-Pulver
250 g Porree (Lauch)
200 g Blumenkohl
2 Möhren (je 100 g)
½ rote Pfefferschote
1 EL Speiseöl, z. B. Olivenöl
Salz
50 g Glasnudeln

Zubereitungszeit: 30 Minuten, ohne Marinierzeit

1. Putenschnitzel unter fließendem kalten Wasser abspülen, trocken tupfen und in feine Streifen schneiden. Sambal Oelek mit Austernsauce und Fünf-Gewürze-Pulver verrühren. Die Fleischstreifen untermischen und kurz durchziehen lassen.

2. Porree putzen, die Stangen längs halbieren, gründlich waschen, abtropfen lassen und in feine Streifen schneiden. Von dem Blumenkohl die Blätter und die schlechten Stellen entfernen. Den Strunk abschneiden. Blumenkohl in sehr kleine Röschen teilen, waschen und abtropfen lassen. Möhren putzen, schälen, abspülen, abtropfen lassen und dann in feine Streifen schneiden. Pfefferschote entstielen, entkernen und ebenfalls in feine Streifen schneiden.

3. Speiseöl in einem Wok oder einer großen Pfanne erhitzen. Zuerst die Fleischstreifen mit der Gewürzmarinade darin unter Rühren etwa 2 Minuten braten und herausnehmen.

4. Vorbereites Gemüse in den Wok oder die Pfanne geben, unter Rühren etwa 1 Minute braten. Anschließend die Fleischstreifen wieder hinzugeben. Die Zutaten etwa 2 Minuten unter Rühren garen und alles mit Salz würzen.

5. Glasnudeln nach Packungsanleitung zubereiten und in einer flachen Schale verteilen. Die Fleisch-Gemüse-Mischung darauf anrichten und servieren.

Tipps: Austernsauce, Fünf-Gewürze-Pulver, Sambal Oelek und Glasnudeln finden Sie in Spezialitätenabteilungen von Supermärkten. Sie können die Austernsauce auch durch Sojasauce ersetzen.

Asiatische Puten-Gemüse-Pfanne

Für Gäste – mit Alkohol

4 Portionen

Pro Portion:
E: 41 g, F: 20 g, Kh: 35 g, kJ: 2035, kcal: 487

Für die Marinade:

1	*Knoblauchzehe*
1 TL	*gehackter, frischer Ingwer*
1 Prise	*Zucker*
3 EL	*Sojasauce*
2 EL	*trockener Sherry*
500 g	*Putenbrustfilet*
300 g	*Staudensellerie*
25 g	*getrocknete Mu-err-Pilze*
50 g	*Glasnudeln*
120 g	*Mini-Maiskolben (aus dem Glas)*
2	*Möhren*
1	*rote Paprikaschote (etwa 200 g)*
3 EL	*Sojaöl*
200 g	*vorbereitete Brokkoliröschen*
100 g	*Cashewkerne*
100 g	*frische Sojasprossen*
250 ml (1/4 l)	*Hühnerbrühe*
1–2 TL	*Speisestärke*
2 EL	*trockener Sherry*
	Salz
	frisch gemahlener Pfeffer
	Sojasauce

Zubereitungszeit: 45 Minuten, ohne Marinier- und Quellzeit

1. Für die Marinade Knoblauch abziehen, in kleine Würfel schneiden, mit Ingwer, Zucker, Sojasauce und Sherry in einer flachen Schüssel verrühren.

2. Die Putenbrust unter fließendem kalten Wasser abspülen, trocken tupfen, in dünne Streifen schneiden. Fleischstreifen unter die Marinade rühren, mindestens 1 Stunde durchziehen lassen, zwischendurch wenden.

3. Staudensellerie putzen und die harten Außenfäden abziehen. Selleriestangen waschen, abtropfen lassen und in schmale Streifen schneiden.

4. Die Pilze und Glasnudeln nach Packungsanleitung einweichen bzw. zubereiten. Mais abtropfen lassen. Möhren putzen, schälen, abspülen, abtropfen lassen, in schmale Streifen schneiden. Paprikaschote halbieren, entstielen, entkernen, weiße Scheidewände entfernen. Schote waschen, abtropfen lassen, in schmale Streifen schneiden.

5. Die Fleischstreifen aus der Marinade nehmen und mit Küchenpapier trocken tupfen. Sojaöl in einem Wok erhitzen. Die Fleischstreifen darin unter Rühren kurz anbraten und mit einer Schaumkelle herausnehmen.

6. Selleriestreifen, Möhren, Paprika, Brokkoli und Cashewkerne in dem verbliebenen Bratfett unter Rühren so lange braten, bis das Gemüse gar, aber noch knackig ist.

7. Sojasprossen verlesen, abspülen und abtropfen lassen. Pilze und Nudeln getrennt in je einem Sieb abtropfen lassen. Pilze in Streifen und Nudeln mit einer Schere klein schneiden.

8. Hühnerbrühe zum Gemüse in den Wok geben, zum Kochen bringen. Nudeln, Maiskolben, Sojabohnensprossen, Fleisch- und Pilzstreifen hinzugeben, aufkochen lassen. Speisestärke mit Sherry verrühren, unter die Puten-Gemüse-Pfanne rühren und unter Rühren kurz aufkochen lassen. Mit Salz, Pfeffer und Sojasauce abschmecken.

Asiatischer Auflauf | Raffiniert

4 Portionen

Pro Portion:
E: 27 g, F: 16 g, Kh: 68 g, kJ: 2214, kcal: 530

350 g TK-Garnelen (ohne Schale, mit Schwanz, entdarmt)
250 g chinesische Reisnudeln
2 Zwiebeln
2 Knoblauchzehen
1 rote Paprikaschote
200 g Mungobohnensprossen
200 g Zuckerschoten
1 Stange Porree (Lauch)
3 EL Keimöl
2 EL Sojasauce
1 TL Sambal Oelek
1 TL gemahlener Kreuzkümmel (Cumin)
2 EL chinesische Austernsauce (erhältlich in Asialäden oder im Spezialitätenregal von Supermärkten)
1 EL Currypulver
2 EL Sesamsamen
2 EL Keimöl

Zubereitungszeit: 35 Minuten, ohne Auftauzeit
Garzeit: 10–15 Minuten

1. Garnelen nach Packungsanleitung auftauen.

2. Reisnudeln nach Packungsanleitung zubereiten und in einem Sieb abtropfen lassen.

3. Zwiebeln und Knoblauch abziehen, in kleine Würfel schneiden. Paprikaschote halbieren, entstielen, entkernen und die weißen Scheidewände entfernen. Schotenhälften waschen, abtropfen lassen und in kleine Würfel schneiden. Mungobohnensprossen in ein Sieb geben, unter fließendem kalten Wasser abspülen und gut abtropfen lassen, eventuell auf einem Geschirrtuch abtropfen lassen.

4. Von den Zuckerschoten die Enden abschneiden, eventuell abfädeln. Zuckerschoten waschen, abtropfen

lassen und halbieren. Porree putzen, die Stange längs halbieren, gründlich waschen, abtropfen lassen und in etwa 2 cm lange Stücke schneiden.

5. Den Backofen vorheizen.
Ober-/Unterhitze: etwa 200 °C
Heißluft: etwa 180 °C

6. Keimöl in einer großen Pfanne erhitzen. Zuerst Zwiebel- und Knoblauchwürfel darin andünsten. Dann Paprikawürfel und Porreestücke hinzugeben und unter gelegentlichem Rühren etwa 8 Minuten mitdünsten lassen. Mungobohnensprossen mit den Zuckerschotenhälften hinzufügen und kurz mit andünsten.

7. Garnelen unter fließendem kalten Wasser abspülen und trocken tupfen. Garnelen mit den Reisnudeln mischen. Mit Sojasauce, Sambal Oelek, Kreuzkümmel, Austernsauce und Curry würzen. Die Reisnudel-Garnelen-Mischung in eine große, flache Auflaufform (gefettet) geben. Das angedünstete Gemüse unterheben.

8. Den Auflauf mit Sesamsamen bestreuen und mit Keimöl beträufeln. Die Form auf dem Rost in den vorgeheizten Backofen schieben. Den Auflauf 10–15 Minuten garen.

Asiatischer Pilz-Glasnudel-Salat

Raffiniert

4 Portionen

Pro Portion:
E: 4 g, F: 11 g, Kh: 37 g, kJ: 1119, kcal: 266

100 g Glasnudeln
1 Salatgurke
150 g Möhren

Für die Sauce:
1 kleines Stück frischer Ingwer
1 Knoblauchzehe
3 Limetten
2 EL Weißweinessig
2–3 EL Sojasauce
4–5 EL Speiseöl
1 Prise Zucker
1 Msp. Sambal Oelek

150 g Shiitakepilze
150 g Austernpilze
3 Frühlingszwiebeln
75 g Sprossen, z. B. Mungobohnensprossen
Salz

Zubereitungszeit: 30 Minuten, ohne Kühl- und Abkühlzeit

1. Glasnudeln in Wasser nach Packungsanleitung zubereiten. Glasnudeln abgießen, in ein Sieb geben, mit kaltem Wasser abschrecken und abtropfen lassen. Gurke nach Belieben schälen, halbieren, entkernen und in etwa 1 cm breite Streifen schneiden. Möhren putzen, schälen, abspülen, abtropfen lassen und in feine Streifen schneiden.

2. Für die Sauce Ingwer und Knoblauch schälen und in sehr kleine Würfel schneiden. Limetten halbieren und den Saft auspressen. Limettensaft mit Essig, Sojasauce, Ingwer- und Knoblauchwürfeln in einer Schüssel verrühren. 3 Esslöffel des Speiseöls unterschlagen. Die Sauce mit Zucker und Sambal Oelek würzen. Nudeln, Gurken- und Möhrenstreifen untermischen. Den Salat etwa 30 Minuten kalt stellen und durchziehen lassen.

3. In der Zwischenzeit Pilze putzen und mit Küchenpapier abreiben. Große Pilze in grobe Streifen schneiden. Frühlingszwiebeln putzen, waschen, abtropfen lassen und in kleine Stücke schneiden. Die Sprossen verlesen, waschen und abtropfen lassen. Sprossen in kochendem Wasser etwa ½ Minute blanchieren, in ein Sieb geben, mit kaltem Wasser abschrecken und abtropfen lassen.

4. Restliches Speiseöl in einer Pfanne erhitzen. Shiitake- und Austernpilze darin unter Rühren kräftig anbraten, herausnehmen und abkühlen lassen.

5. Sprossen, Frühlingszwiebelstücke und Pilze unter den Salat mischen. Den Salat nochmals mit Sojasauce und eventuell Salz abschmecken.

Bandnudelauflauf mit Hack I

Beliebt

4 Portionen

Pro Portion:
E: 39 g, F: 41 g, Kh: 47 g, kJ: 2999, kcal: 716

2 1/2 l Wasser
2 1/2 gestr. TL Salz
250 g Bandnudeln

2 mittelgroße Zwiebeln
1 Knoblauchzehe
3 EL Speiseöl
500 g Gehacktes (halb Rind-, halb Schweinefleisch)
Salz
frisch gemahlener Pfeffer
1/2 TL Paprikapulver edelsüß
1/2 TL gerebelter Thymian
500 g Tomaten
100 g frisch geriebener Gouda-Käse
20 g Butter

2–3 kleine Zweige Thymian

Zubereitungszeit: 35 Minuten
Garzeit: etwa 25 Minuten

1. Wasser in einem großen Topf mit geschlossenem Deckel zum Kochen bringen. Dann Salz und Nudeln hinzugeben. Die Nudeln im geöffneten Topf bei mittlerer Hitze nach Packungsanleitung kochen lassen, dabei zwischendurch 4–5-mal umrühren.

2. Anschließend die Nudeln in ein Sieb geben, mit heißem Wasser abspülen und abtropfen lassen.

3. Den Backofen vorheizen.
Ober-/Unterhitze: etwa 180 °C
Heißluft: etwa 160 °C

4. Zwiebeln und Knoblauch abziehen, in kleine Würfel schneiden. Speiseöl in einer großen Pfanne erhitzen, Zwiebel- und Knoblauchwürfel darin glasig dünsten. Gehacktes hinzugeben und unter Rühren anbraten, dabei die Fleischklümpchen mit einer Gabel zerdrücken. Mit Salz, Pfeffer, Paprika und Thymian würzen.

5. Tomaten waschen, abtropfen lassen, kreuzweise einschneiden, kurz in kochendes Wasser legen und in kaltem Wasser abschrecken. Tomaten enthäuten, halbieren, entkernen und die Stängelansätze herausschneiden. Tomaten in Stücke schneiden. Mit Salz, Pfeffer und Paprika würzen. Tomatenstücke (einige Stückchen zum Garnieren beiseitelegen) unter die Hackfleischmasse rühren.

6. Die Nudeln in eine flache Auflaufform (gefettet) geben. Hackfleisch-Tomaten-Masse in die Mitte der Nudeln geben. Mit Käse bestreuen. Butter in Flöckchen daraufsetzen. Die Form auf dem Rost in den vorgeheizten Backofen schieben. Den Auflauf etwa 25 Minuten garen.

7. Thymian abspülen und trocken tupfen. Einen kleinen Zweig beiseitelegen. Von den restlichen Zweigen die Blättchen abzupfen. Den Nudelauflauf mit Thymianblättchen bestreuen. Mit den beiseitegelegten Tomatenstückchen und dem Thymianzweig garnieren.

Bandnudel-Brokkoli-Lachs-Salat I

Raffiniert

8–10 Portionen

Pro Portion:
E: 24 g, F: 24 g, Kh: 29 g, kJ: 1865, kcal: 446

1 kg Brokkoli
5–6 mittelgroße Möhren
Salzwasser

3 l Wasser
3 gestr. TL Salz
etwas Kurkuma (Gelbwurz)
300 g dünne Bandnudeln

3 Stück Stremel-Lachs (je 150 g, geräuchertes Lachsfilet)

Zum Marinieren:
2–3 EL heller Balsamico-Essig
Salz
frisch gemahlener Pfeffer
etwas Zucker
½ gestr. TL mittelscharfer Senf
5 EL Speiseöl

Für die Sauce:
4 EL Salatmayonnaise
300 g Joghurt
4 hart gekochte Eier
100 g gekochter Schinken
2 EL Schnittlauchröllchen
Zucker
etwas mittelscharfer Senf

Zubereitungszeit: 50 Minuten, ohne Marinierzeit

1. Vom Brokkoli die Blätter entfernen. Den Brokkoli in Röschen teilen. Stängel schälen und in etwa 1 cm dicke Scheiben schneiden. Brokkoli waschen und abtropfen lassen. Möhren putzen, schälen, abspülen, abtropfen lassen und in Scheiben schneiden. Brokkoliröschen, Möhren- und Brokkolischeiben in kochendem Salzwasser etwa 8 Minuten bissfest kochen. Anschließend in ein Sieb geben, mit eiskaltem Wasser abschrecken und abtropfen lassen.

2. Wasser in einem großen Topf mit geschlossenem Deckel zum Kochen bringen. Dann Salz, Kurkuma und Nudeln hinzugeben. Die Nudeln im geöffneten Topf bei mittlerer Hitze nach Packungsanleitung kochen lassen, dabei zwischendurch 4–5-mal umrühren.

3. Anschließend die Nudeln in ein Sieb geben, mit heißem Wasser abspülen und gut abtropfen lassen.

4. Vom dem Lachs die Haut abziehen. Lachs in mundgerechte Stücke oder Streifen schneiden.

5. Zum Marinieren Essig mit Salz, Pfeffer, Zucker und Senf in einer Schüssel verrühren. Speiseöl unterschlagen. Brokkoliröschen, Möhren- und Brokkolischeiben hinzugeben und etwa 30 Minuten marinieren.

6. Für die Sauce Mayonnaise und Joghurt verrühren. Eier pellen, mit Schinken in kleine Würfel schneiden und vorsichtig unterrühren. Schnittlauchröllchen unterheben. Die Sauce mit Salz, Pfeffer, Zucker und Senf würzen.

7. Nudeln in eine große Schüssel geben, das marinierte Gemüse darauflegen. Mit Lachsstreifen oder -stücken belegen. Die Sauce in Klecksen darauf verteilen.

Tipp: Stremel-Lachs ist in Stücke oder Streifen (Stremel) geschnittener, heiß geräucherter Lachs.

Bandnudeln mit Artischockensauce | Raffiniert – mit Alkohol

4 Portionen

Pro Portion:
E: 21 g, F: 6 g, Kh: 96 g, kJ: 2369, kcal: 565

5 kleine Artischocken oder
2 Dosen Artischocken (Abtropfgewicht je 240 g)
Saft von 1 Limette
200 ml Hühnerbrühe
200 ml Weißwein

5 l Wasser
5 gestr. TL Salz
500 g dünne Bandnudeln, z. B. Linguine

1 Schalotte
2 Knoblauchzehen
1 TL gerebelter Thymian
Salz
frisch gemahlener Pfeffer
2 EL Semmelbrösel
1 EL gemahlene Mandeln

etwas glatte Petersilie

Zubereitungszeit: 50 Minuten

1. Von den oberen Spitzen der Artischocken etwa 5 cm abschneiden und die äußeren grünen Blätter abzupfen oder abschneiden, bis nur noch zartgelbe Blätter zu sehen sind. Mit einem Löffel das innere Heu herausschneiden oder -schaben, dabei die Artischockenschnittflächen mit etwas Limettensaft beträufeln, damit sie sich nicht verfärben.

2. Stiele abschneiden, Artischockenböden und Stiele schälen. Stiele in keine Stücke schneiden und die Artischocken vierteln. Artischocken aus der Dose nur abtropfen lassen und vierteln. Die Artischockenstücke mit dem restlichen Limettensaft, Hühnerbrühe und Wein in einem Topf zum Kochen bringen und etwa 25 Minuten köcheln lassen.

3. In der Zwischenzeit Wasser in einem großen Topf mit geschlossenem Deckel zum Kochen bringen. Dann Salz und Nudeln hinzugeben. Die Bandnudeln im geöffneten Topf bei mittlerer Hitze nach Packungsanleitung kochen lassen und dabei zwischendurch 4–5-mal umrühren.

4. Anschließend die Nudeln in ein Sieb geben, mit heißem Wasser abspülen und abtropfen lassen.

5. Schalotte und Knoblauch abziehen, in kleine Würfel schneiden und gegen Ende der Garzeit in die Wein-Artischocken-Brühe geben.

6. Die Artischockenviertel aus der Brühe nehmen und die Stiele in der Brühe mit einem Pürierstab fein pürieren (bei Artischocken aus der Dose etwa ein Drittel pürieren).

7. Die Sauce mit Thymian, Salz und Pfeffer würzen. Semmelbrösel und Mandeln unterrühren. Artischockenviertel wieder in die Sauce geben.

8. Petersilie abspülen und trocken tupfen. Die Blättchen von den Stängeln zupfen. Blättchen grob zerschneiden.

9. Die Bandnudeln mit der Sauce vermischen und auf Tellern anrichten. Mit Petersilie bestreut servieren.

Bandnudeln mit Blauschimmelkäse | Raffiniert – mit Alkohol

4 Portionen

Pro Portion:
E: 27 g, F: 27 g, Kh: 72 g, kJ: 2872, kcal: 686

4 l Wasser
4 gestr. TL Salz
je 200 g gelbe und grüne Bandnudeln
200 ml Gemüsebrühe
200 g Blauschimmelkäse
100 g Schlagsahne
1 EL Weizenmehl
4 EL trockener Weißwein
Salz
1 Prise Zucker
frisch gemahlener, weißer Pfeffer
4 EL gehackte Walnusskerne

Zubereitungszeit: 30 Minuten

1. Wasser in einem großen Topf mit geschlossenem Deckel zum Kochen bringen. Dann Salz und Nudeln hinzugeben. Die Nudeln im geöffneten Topf bei mittlerer Hitze nach Packungsanleitung kochen lassen, dabei zwischendurch 4–5-mal umrühren.

2. Anschließend die Nudeln in ein Sieb geben, mit heißem Wasser abspülen und abtropfen lassen.

3. Brühe in einem Topf erhitzen. Käse grob zerbröseln (1–2 Esslöffel davon beiseitelegen), in die heiße Brühe geben und unter ständigem Rühren schmelzen lassen. Sahne unterrühren.

4. Mehl mit Wein anrühren und in die Brühe-Sahne-Flüssigkeit rühren. Die Sauce unter Rühren aufkochen lassen und bei schwacher Hitze etwa 5 Minuten kochen lassen.

5. Die Sauce mit Salz, Pfeffer und Zucker abschmecken und mit den Nudeln auf Tellern anrichten.

6. Die Nudeln mit Walnusskernen und den beiseitegelegten Käsebröseln bestreuen.

Tipp: Besonders raffiniert ist es, die Bandnudeln zu Nestern zu drehen und die Sauce auf den Nestern zu verteilen.

Bandnudeln mit Ente | Mit Alkohol

6 Portionen

Pro Portion:
E: 30 g, F: 18 g, Kh: 63 g, kJ: 2352, kcal: 561

2 Entenbrustfilets (etwa 750 g)
3 EL Olivenöl
Salz
frisch gemahlener Pfeffer
2 Zwiebeln
2 Knoblauchzehen
2–3 Stangen Staudensellerie
1 Möhre
etwa 200 ml guter Rotwein
4–5 Tomaten

5 l Wasser
5 gestr. TL Salz
500 g Bandnudeln, z. B. Tagliatelle

Zubereitungszeit: 35 Minuten

1. Entenbrustfilets unter fließendem kalten Wasser abspülen, trocken tupfen und die Haut entfernen. Das Fleisch in grobe Würfel schneiden.

2. Olivenöl in einer Pfanne erhitzen. Fleischwürfel darin von allen Seiten 8–10 Minuten anbraten. Mit Salz und Pfeffer würzen.

3. Zwiebeln und Knoblauch abziehen, in kleine Würfel schneiden. Sellerie und Möhre putzen. Von den Selleriestangen die harten Außenfäden abziehen. Möhre schälen. Selleriestangen und Möhre waschen, abtropfen lassen und in kleine Stücke schneiden.

4. Die vorbereiteten Gemüsezutaten zu den Fleischwürfeln in die Pfanne geben und unter Wenden mit andünsten. Rotwein hinzugießen, zum Kochen bringen und etwa 5 Minuten kochen lassen.

5. Tomaten waschen, kreuzweise einschneiden, kurz in kochendes Wasser legen und in kaltem Wasser abschrecken. Tomaten enthäuten, halbieren, entkernen und die Stängelansätze herausschneiden. Tomaten in kleine Würfel schneiden.

6. Tomatenwürfel zur Fleisch-Gemüse-Masse geben und kurz aufkochen lassen. Mit Salz und Pfeffer würzen. Fleisch-Gemüse-Sauce warm stellen.

7. Wasser in einem großen Topf mit geschlossenem Deckel zum Kochen bringen. Dann Salz und Nudeln hinzugeben. Die Nudeln im geöffneten Topf bei mittlerer Hitze nach Packungsanleitung kochen lassen, dabei zwischendurch 4–5-mal umrühren.

8. Anschließend die Nudeln in ein Sieb geben, mit heißem Wasser abspülen und abtropfen lassen.

9. Die Bandnudeln auf Tellern anrichten. Die Fleisch-Gemüse-Sauce darauf verteilen. Oder die Bandnudeln mit der Sauce vermengen, eventuell nochmals kurz erhitzen und sofort servieren.

Tipp: Statt Staudensellerie kann auch 1 kleines Bund Frühlingszwiebeln verwendet werden.

Bandnudeln mit Enten-Sugo I

Raffiniert – mit Alkohol

4 Portionen

Pro Portion:
E: 46 g, F: 53 g, Kh: 95 g, kJ: 4516, kcal: 1078

600 g Entenbrust, mit Haut
200 g Möhren
180 g Knollensellerie
150 ml trockener Wermut, z. B. Noilly Prat
300 g Schlagsahne
1 Stange Porree (Lauch)
Salz
frisch gemahlener Pfeffer

5 l Wasser
5 gestr. TL Salz
500 g Bandnudeln

Zubereitungszeit: 45 Minuten

1. Die Entenbrust unter fließendem kalten Wasser abspülen und trocken tupfen. Die fette Haut von der Entenbrust abtrennen, zum Teil in sehr kleine Würfel schneiden und in einer Pfanne ohne Fett braun rösten. Das Brustfleisch ebenfalls in kleine Würfel schneiden, hinzufügen und mit anbraten.

2. Möhren und Sellerie putzen, schälen, abspülen, abtropfen lassen und in sehr kleine Würfel schneiden. Die Möhren- und Selleriewürfel zu den Fleischwürfeln geben und unter Rühren kurz anbraten, Wermut und Sahne hinzugießen. Die Zutaten zum Kochen bringen und etwa 10 Minuten bei schwacher Hitze köcheln lassen.

3. In der Zwischenzeit den Porree putzen, die Stange längs halbieren, gründlich waschen, abtropfen lassen und in feine Streifen schneiden. Porreestreifen gegen Ende der Garzeit zu den Fleisch- und Gemüsewürfeln geben. Die Sauce mit Salz und Pfeffer abschmecken und warm stellen.

4. Wasser in einem großen Topf mit geschlossenem Deckel zum Kochen bringen. Dann Salz und Nudeln hinzugeben. Die Nudeln im geöffneten Topf bei mittlerer Hitze nach Packungsanleitung kochen lassen, dabei zwischendurch 4–5-mal umrühren. Anschließend die Nudeln in ein Sieb geben, mit heißem Wasser abspülen und abtropfen lassen.

5. Enten-Sugo in einer Schüssel anrichten und mit den Bandnudeln servieren.

Tipp: Wenn Sie das Enten-Sugo zum Servieren mit den heißen Nudeln vermischen, geben Sie etwa 100 ml von dem Nudelkochwasser hinzu.

Bandnudeln mit Geflügelleber in Rahmsauce | Schnell zubereitet

4 Portionen

Pro Portion:
E: 34 g, F: 25 g, Kh: 78 g, kJ: 2819, kcal: 672

1 kleines
Bund frischer Salbei
3 EL Speiseöl

Für die Sauce:
2 Zwiebeln
150 ml Milch
200 ml Gemüsebrühe
100 g Schlagsahne
Salz
frisch gemahlener Pfeffer
1 TL Tomatenmark

4 l Wasser
4 gestr. TL Salz
400 g Bandnudeln

400 g Geflügelleber, z. B. Hähnchen oder Pute
2 Tomaten

Zubereitungszeit: 25 Minuten

1. Salbei abspülen und trocken tupfen. Die Blättchen von den Stängeln zupfen. 2 Esslöffel des Speiseöls in einer Pfanne erhitzen. Salbeiblättchen darin knusprig braten, herausnehmen und auf Küchenpapier abtropfen lassen.

2. Für die Sauce Zwiebeln abziehen, klein würfeln und in dem verbliebenen Bratfett glasig dünsten. Milch, Brühe und Sahne hinzugießen, zum Kochen bringen. Mit Salz, Pfeffer und Tomatenmark abschmecken. Die Sauce etwa 2 Minuten bei schwacher Hitze köcheln lassen.

3. Wasser in einem großen Topf mit geschlossenem Deckel zum Kochen bringen. Dann Salz und Nudeln hinzugeben. Die Nudeln im geöffneten Topf bei mittlerer Hitze nach Packungsanleitung kochen lassen, dabei zwischendurch 4–5-mal umrühren. Anschließend die Nudeln in ein Sieb geben, mit heißem Wasser abspülen und abtropfen lassen.

4. Leber unter fließendem kalten Wasser abspülen, trocken tupfen, eventuell Fett und Sehnen entfernen. Leber in Stücke schneiden. Restliches Speiseöl in einer Pfanne erhitzen, Leberstücke darin von allen Seiten braun anbraten. Mit Salz und Pfeffer würzen.

5. Die Nudeln mit der Sauce vermischen und nochmals kurz köcheln lassen. Bandnudeln in Rahmsauce mit den Leberstücken und Salbeiblättchen auf Tellern anrichten.

6. Die Tomaten waschen, trocken tupfen, halbieren und die Stängelansätze herausschneiden. Tomaten in kleine Würfel schneiden und auf den Bandnudeln verteilen.

Tipp: Statt mit gebratener Leber können Sie dieses Gericht auch mit in Streifen geschnittenem Schinkenspeck oder gekochtem Vorderschinken servieren.

Bandnudeln mit italienischem Bohnengemüse | Raffiniert

4 Portionen

Pro Portion:
E: 16 g, F: 6 g, Kh: 74 g, kJ: 1753, kcal: 418

500 g grüne Bohnen
etwas Salzwasser

4 l Wasser
4 gestr. TL Salz
400 g Bandnudeln

75 g getrocknete Tomaten
3 Knoblauchzehen
1 EL Olivenöl
100 ml Gemüsebrühe
Salz
frisch gemahlener, schwarzer Pfeffer
1 Bund Basilikum

Zubereitungszeit: 45 Minuten

1. Von den Bohnen die Enden abschneiden. Die Bohnen eventuell abfädeln, waschen, abtropfen lassen und in Stücke schneiden oder brechen. Die Bohnen in etwas kochendem Salzwasser zugedeckt 10–15 Minuten garen. Bohnen in ein Sieb geben und abtropfen lassen.

2. Wasser in einem großen Topf mit geschlossenem Deckel zum Kochen bringen. Dann Salz und Nudeln hinzugeben. Die Nudeln im geöffneten Topf bei mittlerer Hitze nach Packungsanleitung kochen lassen, dabei zwischendurch 4–5-mal umrühren.

3. Anschließend die Nudeln in ein Sieb geben, mit heißem Wasser abspülen und abtropfen lassen.

4. Tomaten in Streifen schneiden. Knoblauch abziehen und in Scheiben schneiden. Olivenöl in einer großen Pfanne erhitzen. Tomatenstreifen und Knoblauchscheiben darin andünsten, Brühe hinzugießen. Nudeln und Bohnen hinzufügen, nochmals kurz erhitzen. Mit Salz und Pfeffer abschmecken.

5. Basilikum abspülen und trocken tupfen. Die Blättchen von den Stängeln zupfen. Blättchen in Streifen schneiden und unterheben. Nudeln mit dem Bohnengemüse auf Tellern anrichten und sofort servieren.

Tipp: Statt der getrockneten Tomaten können Sie auch 2 mittelgroße Fleischtomaten verwenden. Dann die Tomaten waschen, abtropfen lassen, kreuzweise einschneiden, kurz in kochendes Wasser legen und in kaltem Wasser abschrecken. Tomaten enthäuten, halbieren, entkernen und die Stängelansätze herausschneiden. Anschließend die Tomatenhälften in Streifen schneiden.

Bandnudeln mit Lachs und Tomaten | Einfach – schnell zubereitet

4 Portionen

Pro Portion:
E: 37 g, F: 62 g, Kh: 44 g, kJ: 3890, kcal: 928

Für die Sauce:

3 mittelgroße Tomaten
100 g geräucherter Lachs, in Scheiben
2 Knoblauchzehen
60 g schwarze Oliven
3 EL Olivenöl
2 Becher Crème fraîche (je 150 g)
Salz, frisch gemahlener Pfeffer
½ TL gerebelter Estragon

4 l Wasser
4 gestr. TL Salz
400 g dünne, grüne Bandnudeln

Nach Belieben zum Garnieren:

einige Lachsstreifen
schwarze Oliven

Zubereitungszeit: 25 Minuten

1. Für die Sauce Tomaten waschen, abtropfen lassen, kreuzweise einschneiden, kurz in kochendes Wasser legen und in kaltem Wasser abschrecken. Tomaten enthäuten, halbieren, entkernen und die Stängelansätze herausschneiden. Tomatenhälften in Spalten schneiden.

2. Die Lachsscheiben in etwa 1 ½ cm dicke Streifen schneiden. Knoblauch abziehen und fein würfeln. Oliven abtropfen lassen, nach Belieben entsteinen und in kleine Stücke schneiden.

3. Olivenöl in einer großen Pfanne erhitzen. Knoblauchwürfel darin hellgelb dünsten. Lachsstreifen und Olivenstückchen vorsichtig unterrühren.

4. Crème fraîche unterrühren. Tomatenspalten hinzufügen. Die Zutaten vorsichtig bei schwacher Hitze erwärmen. Mit Salz, Pfeffer und Estragon würzen. Die Sauce warm stellen.

5. Wasser in einem großen Topf mit geschlossenem Deckel zum Kochen bringen. Dann Salz und Nudeln hinzugeben. Die Nudeln im geöffneten Topf bei mittlerer Hitze nach Packungsanleitung kochen lassen, dabei zwischendurch 4–5-mal umrühren. Anschließend die Nudeln in ein Sieb geben, mit heißem Wasser abspülen und abtropfen lassen.

6. Die Nudeln in eine Schüssel geben. Die Sauce darauf verteilen. Nach Belieben mit Lachsstreifen und Oliven garnieren. Sofort servieren.

Tipp: Sie können die Nudeln zusätzlich mit frischen Estragonzweigen garnieren.

Bandnudeln mit Limettensauce und Shrimps | Exotisch

4 Portionen

Pro Portion:
E: 27 g, F: 23 g, Kh: 73 g, kJ: 2581, kcal: 616

200 g TK-Shrimps
2 Tomaten
3 Frühlingszwiebeln
4 Eigelb (Größe M)
4–5 EL Limettensaft
80 ml Hühnerbrühe
1 Avocado
Salz
frisch gemahlener Pfeffer
1 Prise Zucker
1 Spritzer Angostura Bitter oder Worcestersauce

4 l Wasser
4 gestr. TL Salz
400 g Bandnudeln, z. B. Tagliatelle
einige Spalten von 1 Bio-Limette (unbehandelt, ungewachst)

Zubereitungszeit: 30 Minuten, ohne Auftauzeit

1. Shrimps nach Packunganleitung auftauen lassen.

2. Tomaten waschen, abtropfen lassen, kreuzweise einschneiden, kurz in kochendes Wasser legen und in kaltem Wasser abschrecken. Tomaten enthäuten, halbieren, entkernen und die Stängelansätze herausschneiden. Tomatenhälften in Würfel schneiden. Frühlingszwiebeln putzen, waschen, abtropfen lassen und in 1/2–1 cm lange Stücke schneiden.

3. Eigelb mit Limettensaft und Hühnerbrühe in einen kleinen Topf geben, mit dem Schneebesen unter ständigem Rühren bei mittlerer Hitze zu einer dicklichen, cremigen Sauce aufschlagen (nicht kochen lassen). Topf von der Kochstelle nehmen.

4. Die Avocado halbieren und den Stein herauslösen. Avocadohälften schälen, Fruchtfleisch fein würfeln.

5. Shrimps unter fließendem kalten Wasser abspülen und gut trocken tupfen. Avocado-, Tomatenwürfel, Shrimps und Frühlingszwiebelstücke in die Limettensauce geben und erwärmen. Die Sauce mit Salz, Pfeffer, Zucker und Angostura oder Worcestersauce abschmecken und warm stellen.

6. Wasser in einem großen Topf mit geschlossenem Deckel zum Kochen bringen. Dann Salz und Nudeln hinzugeben. Die Nudeln im geöffneten Topf bei mittlerer Hitze nach Packungsanleitung kochen lassen, dabei zwischendurch 4–5-mal umrühren. Anschließend die Nudeln in ein Sieb geben, mit heißem Wasser abspülen und abtropfen lassen.

7. Bandnudeln mit der Limettensauce in Schüsseln anrichten, mit Limettenspalten garniert servieren.

Bandnudeln mit mariniertem grünen Spargel | Für Gäste

4 Portionen

Pro Portion:
E: 19 g, F: 14 g, Kh: 60 g, kJ: 1871, kcal: 447

750 g grüner Spargel
Salzwasser
1 Prise Zucker

3 l Wasser
3 gestr. TL Salz
300 g Bandnudeln

1 Bio-Orange (unbehandelt, ungewachst)
2 EL Speiseöl, z. B. Walnussöl
Salz, frisch gemahlener Pfeffer
2–3 EL milder Balsamico-Essig
½ TL flüssiger Honig
200 g Cocktailtomaten
125 g Mozzarella-Käse
½ Bund frisches Basilikum

Zubereitungszeit: 35 Minuten, ohne Marinierzeit

1. Von dem Spargel das untere Drittel schälen und die unteren Enden abschneiden. Spargel abspülen, abtropfen lassen und in mundgerechte Stücke schneiden. Spargelstücke in etwas kochendem Salzwasser mit Zucker zugedeckt 5–8 Minuten dünsten. Spargelstücke in ein Sieb geben und gut abtropfen lassen.

2. Wasser in einem großen Topf mit geschlossenem Deckel zum Kochen bringen. Dann Salz und Nudeln hinzugeben. Die Nudeln im geöffneten Topf bei mittlerer Hitze nach Packungsanleitung kochen lassen, dabei zwischendurch 4–5-mal umrühren.

3. Anschließend die Nudeln in ein Sieb geben, mit heißem Wasser abspülen und abtropfen lassen. Die Nudeln warm stellen.

4. Orange heiß abwaschen, abtrocknen und etwa die Hälfte der Schale mit einer Küchenreibe fein abreiben. Orange halbieren und den Saft auspressen.

5. Speiseöl in einer großen Pfanne erhitzen. Spargelstücke darin kurz von allen Seiten anbraten, mit Salz und Pfeffer würzen. Orangenschale mit -saft, Essig und Honig verrühren, die Spargelstücke damit beträufeln. Die Pfanne von der Kochstelle nehmen. Spargelstücke darin einige Minuten marinieren.

6. Die Tomaten waschen, abtrocknen, halbieren und eventuell Stängelansätze herausschneiden. Mozzarella abtropfen lassen und in kleine Würfel schneiden.

7. Basilikum abspülen und trocken tupfen. Die Blättchen von den Stängeln zupfen.

8. Die warm gestellten Nudeln mit den marinierten Spargelstücken und Tomatenhälften in einer Schüssel vorsichtig mischen und auf Tellern anrichten. Mozzarellawürfel darauf verteilen und etwas anschmelzen lassen.

9. Die Bandnudeln mit mariniertem Spargel mit etwas Pfeffer bestreuen und mit Basilikumblättchen garniert sofort servieren.

Bandnudeln mit Paprika-Rindfleisch | Für Gäste

4 Portionen

Pro Portion:
E: 35 g, F: 15 g, Kh: 60 g, kJ: 2162, kcal: 516

3 l Wasser
3 gestr. TL Salz
300 g Bandnudeln
450 g Rinderfilet
500 g gelbe Paprikaschoten
2 Zwiebeln
3 Knoblauchzehen
80 g frischer Ingwer
3 EL Speiseöl
1 Bund Koriander
Salz, frisch gemahlener Pfeffer
Sojasauce

Zubereitungszeit: 25 Minuten

1. Wasser in einem großen Topf mit geschlossenem Deckel zum Kochen bringen. Dann Salz und Nudeln hinzugeben. Die Nudeln im geöffneten Topf bei mittlerer Hitze nach Packungsanleitung kochen lassen, dabei zwischendurch 4–5-mal umrühren.

2. Anschließend die Nudeln in ein Sieb geben, mit heißem Wasser abspülen und abtropfen lassen. Die Nudeln warm stellen.

3. Das Rinderfilet unter fließendem kalten Wasser abspülen, trocken tupfen und in Streifen schneiden. Paprikaschoten halbieren, entstielen, entkernen und die weißen Scheidewände entfernen. Schotenhälften waschen, abtropfen lassen und dann in grobe Würfel schneiden.

4. Zwiebeln und Knoblauch abziehen, in kleine Würfel schneiden. Ingwer schälen und klein würfeln.

5. Speiseöl in einer großen Pfanne erhitzen. Fleischstreifen darin von allen Seiten knusprig braun braten. Zwiebel-, Knoblauch- und Ingwerwürfel hinzugeben und mit andünsten. Paprikawürfel hinzufügen und kurz mitdünsten lassen.

6. Koriander abspülen und trocken tupfen. Die Blättchen von den Stängeln zupfen. Blättchen grob hacken. Paprika-Rindfleisch mit Salz, Pfeffer und Sojasauce würzen und mit Koriander bestreuen.

7. Danach Bandnudeln mit Paprika-Rindfleisch sofort servieren.

Bandnudeln mit Puten-Ragout und Meerrettich | Für Gäste

4 Portionen

Pro Portion:
E: 52 g, F: 14 g, Kh: 10 g, kJ: 1733, kcal: 414

500 g Porree (Lauch)
150 g Schlagsahne
100 ml Hühnerbrühe
800 g Putenbrustfilet
Salz, frisch gemahlener Pfeffer
50 g geriebener Meerrettich (aus dem Glas)
20 g Weizenmehl
5 l Wasser
5 gestr. TL Salz
500 g grüne Bandnudeln
1–2 TL Zitronensaft

Zubereitungszeit: 30 Minuten
Garzeit: etwa 60 Minuten

1. Porree putzen, die Stangen längs halbieren, gründlich waschen, abtropfen lassen und in etwa 2 cm lange Stücke schneiden. Die Porreestücke mit 50 ml Sahne und der Hühnerbrühe in einen gewässerten Römertopf® geben und gut vermischen.

2. Putenbrustfilet unter fließendem kalten Wasser abspülen, trocken tupfen, in 2–3 cm große Würfel schneiden, mit Salz und Pfeffer würzen. Fleischwürfel in eine Schüssel geben. Nacheinander Meerrettich und Mehl unterrühren.

3. Die Fleischwürfel zu den Porreestücken in den Römertopf® geben und gut untermischen.

4. Den Römertopf® mit dem Deckel verschließen und auf dem Rost in den kalten Backofen schieben.
Ober-/Unterhitze: etwa 220 °C
Heißluft: etwa 200 °C

5. In der Zwischenzeit Wasser in einem großen Topf mit geschlossenem Deckel zum Kochen bringen. Dann Salz und Nudeln hinzugeben. Die Bandnudeln im geöffneten Topf bei mittlerer Hitze nach Packungsanleitung kochen lassen, dabei zwischendurch 4–5-mal umrühren.

6. Anschließend die Nudeln in ein Sieb geben, mit heißem Wasser abspülen und abtropfen lassen.

7. Nach etwa 60 Minuten Garzeit den Römertopf® aus dem Backofen nehmen. Restliche Sahne unter das Ragout rühren, mit Salz, Pfeffer und Zitronensaft abschmecken und mit den Bandnudeln servieren.

Bandnudeln mit Rindfleisch I

Für Gäste

4 Portionen

Pro Portion:
E: 33 g, F: 20 g, Kh: 54 g, kJ: 2320, kcal: 554

3 l Wasser
3 gestr. TL Salz
300 g Bandnudeln

400 g Rinderfilet oder Rumpsteak
4 EL Olivenöl
3 EL Sojasauce
3 Zwiebeln
3 Knoblauchzehen
250 g Zucchini
200 g Möhren
12 schwarze Oliven
Salz
frisch gemahlener Pfeffer
1 Bund Oregano

Zubereitungszeit: 25 Minuten

1. Wasser in einem großen Topf mit geschlossenem Deckel zum Kochen bringen. Dann Salz und Nudeln hinzugeben. Die Nudeln im geöffneten Topf bei mittlerer Hitze nach Packungsanleitung kochen lassen, dabei zwischendurch 4–5-mal umrühren.

2. Anschließend die Nudeln in ein Sieb geben, mit heißem Wasser abspülen und abtropfen lassen.

3. Rinderfilet oder Rumpsteak kurz unter fließendem kalten Wasser abspülen, trocken tupfen und in Streifen schneiden.

4. Die Hälfte des Olivenöls in einer Pfanne erhitzen. Die Fleischstreifen darin unter Wenden kross anbraten, Sojasauce unterrühren. Die Fleischstreifen herausnehmen und warm stellen.

5. Zwiebeln und Knoblauch abziehen, in kleine Würfel schneiden. Restliches Olivenöl zum Bratfett in die Pfanne geben und erhitzen. Zwiebel- und Knoblauchwürfel darin andünsten.

6. Zucchini waschen, abtrocknen und die Enden abschneiden. Zucchini in Streifen schneiden. Möhren putzen, schälen, abspülen, abtropfen lassen und in Streifen schneiden. Zucchini- und Möhrenstreifen zu den Zwiebel- und Knoblauchwürfeln geben und mitdünsten lassen, eventuell etwas Wasser hinzufügen.

7. Oliven abtropfen lassen, entsteinen und in Streifen schneiden. Olivenstreifen mit den warm gestellten Fleischstreifen zu dem gedünsteten Gemüse geben und unterrühren. Mit Salz und Pfeffer würzen.

8. Oregano abspülen und trocken tupfen. Die Blättchen von den Stängeln zupfen, Blättchen klein schneiden und zu der Gemüse-Fleisch-Masse geben. Nudeln untermengen, eventuell kurz erwärmen. Bandnudeln mit Rindfleisch sofort servieren.

Tipp: Sie können das Rinderfilet oder Rumpsteak auch vor dem Anbraten etwa 30 Minuten in Sojasauce marinieren. Es wird dann noch zarter.

Bandnudeln mit Rucola-Tomaten-Sauce | Beliebt – vegetarisch

4 Portionen

Pro Portion:
E: 5 g, F: 21 g, Kh: 5 g, kJ: 945, kcal: 226

200 g Rucola (Rauke)
120 g getrocknete Tomaten in Öl
2 Zwiebeln
2 Knoblauchzehen
60 g Butter
40 g Pinienkerne
1 Bund glatte Petersilie
Salz, frisch gemahlener Pfeffer
4 l Wasser
4 gestr. TL Salz
400 g Bandnudeln, z. B. Tagliatelle

Zubereitungszeit: 30 Minuten

1. Rucola putzen und die unteren Stiele abschneiden. Blätter waschen und abtropfen lassen. Die Tomaten in einem Sieb etwas abtropfen lassen. Tomaten in Streifen schneiden. Zwiebeln und Knoblauch abziehen, in kleine Würfel schneiden.

2. Butter in einer großen Pfanne zerlassen. Zwiebel- und Knoblauchwürfel darin andünsten. Pinienkerne hinzugeben und mitbräunen lassen. Tomatenstreifen unterrühren.

3. Petersilie abspülen und trocken tupfen. Die Blättchen von den Stängeln zupfen. Rucola in Stücke zupfen und mit den Petersilienblättchen kurz in der Pfanne erwärmen. Die Sauce mit Salz und Pfeffer abschmecken, warm stellen.

4. Wasser in einem großen Topf mit geschlossenem Deckel zum Kochen bringen. Dann Salz und Nudeln hinzugeben. Die Nudeln im geöffneten Topf bei mittlerer Hitze nach Packungsanleitung kochen lassen, dabei zwischendurch 4–5-mal umrühren.

5. Anschließend die Nudeln in ein Sieb geben, mit heißem Wasser abspülen und abtropfen lassen.

6. Die Bandnudeln in eine vorgewärmte Schüssel geben, mit der Sauce vermengen und anschließend sofort servieren.

Tipp: Reichen Sie frisch geriebenen Parmesan-Käse zu den Bandnudeln mit Rucola-Tomaten-Sauce.

Bandnudeln mit Salsa picante

Raffiniert – einfach

4 Portionen

Pro Portion:
E: 16 g, F: 17 g, Kh: 76 g, kJ: 2205, kcal: 526

Für die Sauce:

2 Knoblauchzehen
1 Zwiebel
2 Peperoncini (getrocknete Chilis)
3 EL Olivenöl
1 Pck. passierte Tomaten (500 g)
Salz, frisch gemahlener Pfeffer
Zucker

4 l Wasser
4 gestr. TL Salz
400 g grüne Bandnudeln

10 grüne Oliven, ohne Stein
10 schwarze Oliven, ohne Stein
1 EL Kapern
2 EL TK-Italienische Kräuter

einige
Zweige Oregano
4 Sardellenfilets

Zubereitungszeit: 25 Minuten

1. Für die Sauce Knoblauch und Zwiebel abziehen. Knoblauch durch eine Knoblauchpresse drücken. Die Zwiebel in kleine Würfel schneiden. Die Peperoncini zerreiben.

2. Zwei Esslöffel des Olivenöls in einem Topf erhitzen. Knoblauch, Zwiebelwürfel und Peperoncini darin andünsten. Die passierten Tomaten hinzugeben und unter Rühren aufkochen lassen. Mit Salz, Pfeffer und Zucker würzen. Sauce warm stellen.

3. Wasser in einem großen Topf mit geschlossenem Deckel zum Kochen bringen. Dann Salz und Nudeln hinzugeben. Die Nudeln im geöffneten Topf bei mittlerer Hitze nach Packungsanleitung kochen lassen, dabei zwischendurch 4–5-mal umrühren.

4. Anschließend die Nudeln in ein Sieb geben, mit heißem Wasser abspülen und abtropfen lassen.

5. Oliven und Kapern abtropfen lassen. Oliven halbieren. Restliches Olivenöl in einer Pfanne erhitzen. Olivenhälften und Kapern darin erwärmen.

6. Die Sauce mit Salz, Pfeffer, Zucker und den italienischen Kräutern abschmecken. Oreganozweige abspülen und trocken tupfen.

7. Die Bandnudeln zu Nestern formen und auf einer Platte anrichten. Die Sauce auf den Nudelnestern verteilen. Mit abgetropften Sardellenfilets und Oreganozweigen garnieren. Olivenhälften und Kapern daraufstreuen. garnieren.

Tipp: Nach Belieben zusätzlich mit einigen Sardellenfilets, Karpernäpfeln oder gehobelten Haselnusskernen garnieren.

Bandnudeln mit Schinken und Erbsen | Einfach

4 Portionen

Pro Portion:
E: 31 g, F: 64 g, Kh: 82 g, kJ: 4383, kcal: 1048

1 Zwiebel
200 g Butter
300 g TK-Erbsen
Salz, frisch gemahlener Pfeffer
200 g Schlagsahne
150 g gekochter Schinken

4 l Wasser
4 gestr. TL Salz
400 g Bandnudeln

50 g frisch geriebener Parmesan-Käse

Zubereitungszeit: 25 Minuten

1. Zwiebel abziehen und in sehr kleine Würfel schneiden. Die Hälfte der Butter in einem Topf zerlassen. Zwiebelwürfel darin leicht bräunen. Gefrorene Erbsen hinzufügen. Mit Salz und Pfeffer würzen. Die Erbsen etwa 10 Minuten gar dünsten. Sahne hinzufügen und erhitzen.

2. Schinken in Streifen schneiden und kurz vor Ende der Garzeit mit den Erbsen vermengen. Sauce warm stellen.

3. Wasser in einem großen Topf mit geschlossenem Deckel zum Kochen bringen. Dann Salz und Nudeln hinzugeben. Die Nudeln im geöffneten Topf bei mittlerer Hitze nach Packungsanleitung kochen lassen, dabei zwischendurch 4–5-mal umrühren.

4. Anschließend die Nudeln in ein Sieb geben, mit heißem Wasser abspülen und abtropfen lassen.

5. Die Nudeln in eine vorgewärmte Schüssel geben. Dann die Sauce darauf verteilen. Restliche Butter in Flöckchen daraufsetzen. Die Nudeln mit Parmesan-Käse bestreut sofort servieren. Oder Parmesan-Käse dazureichen.

Tipp: Sie können die Sauce zusätzlich mit 1 Teelöffel Tessiner-Gewürz (eine Mischung aus Zwiebeln, Salz, Pfeffer, Sellerie, Rosmarin, Majoran, Basilikum, Knoblauch und Petersilie) verfeinern.

Bandnudeln mit Tomatenpesto

Raffiniert

4 Portionen

Pro Portion:
E: 22 g, F: 37 g, Kh: 95 g, kJ: 3377, kcal: 806

150 g getrocknete Tomaten in Öl
3 Knoblauchzehen
1 Bund Basilikum
20 g frischer Parmesan-Käse
30 g gehobelte Mandeln
100 ml Olivenöl
Salz
frisch gemahlener Pfeffer

5 l Wasser
5 gestr. TL Salz
500 g dünne Bandnudeln, z. B. Linguine

Zubereitungszeit: 20 Minuten

1. Die Tomaten in einem Sieb abtropfen lassen. Den Knoblauch abziehen und durch eine Knoblauchpresse drücken. Basilikum abspülen und trocken tupfen. Die Blättchen von den Stängeln zupfen. Parmesan-Käse fein reiben.

2. Tomaten, Mandeln und Basilikumblättchen sehr fein hacken, eventuell in einem Mörser zerdrücken und in eine Schüssel geben. Knoblauch, Parmesan-Käse und Olivenöl hinzufügen und untermengen. Pesto mit Salz und Pfeffer würzen.

3. Wasser in einem großen Topf mit geschlossenem Deckel zum Kochen bringen. Dann Salz und Nudeln hinzugeben. Die Nudeln im geöffneten Topf bei mittlerer Hitze nach Packungsanleitung kochen lassen, dabei zwischendurch 4–5-mal umrühren.

4. Anschließend die Nudeln in ein Sieb geben, mit heißem Wasser abspülen und abtropfen lassen.

5. Die Bandnudeln mit Tomatenpesto vermischen und auf Tellern anrichten. Oder Pesto zu den Bandnudeln reichen.

Tipp: Pesto in ein Schraubglas geben, mit Olivenöl bedecken und mit dem Deckel verschließen. So ist es im Kühlschrank aufbewahrt etwa 3 Wochen haltbar.

Basilikum-Hirse-Spätzle | Vollwertig

4 Portionen

Pro Portion:
E: 36 g, F: 36 g, Kh: 84 g, kJ: 3572, kcal: 853

Für den Spätzleteig:

440 g	*fein gemahlenes Hirsemehl*
4	*Eier (Größe M)*
	Salz
60 ml	*Wasser*
1–2 Bund	*frisches Basilikum*
400 g	*Frühlingszwiebeln*
1 EL	*Butter oder Margarine*
4 EL	*Kürbiskerne*
3 l	*Wasser*
3 gestr. TL	*Salz*
2 EL	*Butter*
200 g	*fein geriebener Gouda-Käse*

Zubereitungszeit: 35 Minuten, ohne Quell- und Abkühlzeit

1. Für den Teig Hirsemehl in eine Schüssel geben, in die Mitte eine Vertiefung drücken. Eier mit Salz und Wasser verschlagen, etwas davon in die Vertiefung geben. Die Zutaten mit Handrührgerät mit Knethaken von der Mitte aus mit dem Mehl verrühren. Nach und nach die restliche Eierflüssigkeit hinzugießen. Darauf achten, dass keine Klümpchen entstehen. Den Teig so lange rühren, bis er Blasen wirft, eventuell noch etwas Wasser hinzufügen.

2. Basilikum abspülen und trocken tupfen. Die Blättchen von den Stängeln zupfen (einige Blättchen zum Garnieren beiseitelegen). Blättchen sehr klein schneiden und unter den Teig rühren. Den Teig zugedeckt etwa 20 Minuten quellen lassen.

3. Frühlingszwiebeln putzen, waschen, abtropfen lassen und in Scheiben schneiden. Butter oder Margarine in einer Pfanne zerlassen. Frühlingszwiebelscheiben darin unter Rühren braun rösten und abkühlen lassen. Kürbiskerne in einer Pfanne ohne Fett hellbraun rösten, herausnehmen und auf einem Teller abkühlen lassen.

4. Wasser in einem großen Topf zum Kochen bringen, Salz hinzufügen. Den Teig portionsweise mit einem Spätzlehobel oder durch eine Spätzlepresse in das kochende Salzwasser geben und in 3–5 Minuten gar kochen (die Spätzle sind gar, wenn sie an der Oberfläche schwimmen).

5. Die garen Spätzle mit einer Schaumkelle aus dem Salzwasser nehmen, in ein Sieb geben, mit kaltem Wasser abschrecken und abtropfen lassen.

6. Butter, Käse und die gerösteten Frühlingszwiebelscheiben zu den Spätzle geben und unterheben (eventuell in einem Topf nochmals kurz erwärmen, bis der Käse geschmolzen ist).

7. Basilikum-Hirse-Spätzle auf Tellern verteilen, mit den gerösteten Kürbiskernen bestreuen und den beiseitegelegten Basilikumblättchen garnieren.

Tipp: Wenn Sie ganz sicher gehen möchten, dass die Spätzle gelingen, kochen Sie zuerst einige „Probespätzle“. Eventuell müssen Sie noch etwas Mehl hinzugeben, falls die Spätzle auseinanderfallen.

Basilikumnudeln mit Pinienkernen | Vegetarisch

2 Portionen

Pro Portion:
E: 38 g, F: 63 g, Kh: 74 g, kJ: 4443, kcal: 1061

2 Bund Basilikum
3 Knoblauchzehen
6 EL kalt gepresstes Olivenöl
60 g frisch geriebener Parmesan-Käse
60 g frisch geriebener Gruyère-Käse
Salz

2 l Wasser
2 gestr. TL Salz
200 g dünne Bandnudeln

30 g Pinienkerne

Zubereitungszeit: 20 Minuten

1. Das Basilikum abspülen und trocken tupfen. Die Blättchen von den Stängeln zupfen (einige Basilikumblättchen zum Garnieren beiseitelegen). Knoblauch abziehen. Olivenöl, Basilikumblättchen und Knoblauch in einen hohen Rührbecher geben und mit einem Stabmixer pürieren. Beide Käsesorten hinzufügen und alles zu einer Paste verrühren. Mit Salz würzen.

2. Wasser in einem großen Topf mit geschlossenem Deckel zum Kochen bringen. Dann Salz und Nudeln hinzugeben. Die Nudeln im geöffneten Topf bei mittlerer Hitze nach Packungsanleitung kochen lassen, dabei zwischendurch 4–5-mal umrühren.

3. Anschließend die Nudeln in ein Sieb geben, mit heißem Wasser abspülen, abtropfen lassen und warm stellen.

4. Pinienkerne in einer Pfanne ohne Fett goldbraun rösten und herausnehmen.

5. Die Nudeln in eine vorgewärmte Schüssel geben und mit der Basilikumpaste verrühren. Basilikumnudeln mit Pinienkernen bestreuen, mit den beiseitegelegten Basilikumblättchen garnieren und anschließend sofort servieren.

Tipp: Zusammen mit einem Tomatensalat und einem leichten Wein ist es ein leckeres Gericht für einen Sommerabend.

Blattnudeln „Mamma mia“ I

Für die Kinderparty

8–10 Portionen

Pro Portion:
E: 24 g, F: 26 g, Kh: 52 g, kJ: 2379, kcal: 568

400 g Kohlrabi
400 g Möhren
200 g Porree (Lauch)
2 Zwiebeln
100 g Butter oder Margarine
50 g Weizenmehl
500 ml (1/2 l) Milch
Salz
frisch gemahlener Pfeffer

1 Pck. Lasagneplatten, ohne Vorkochen (500 g)
400 g frisch geriebener Käse, z. B. Gouda oder Pizza-Käse

Zubereitungszeit: 70 Minuten
Garzeit: etwa 40 Minuten

1. Den Backofen vorheizen.
Ober-/Unterhitze: etwa 200 °C
Heißluft: etwa 180 °C

2. Kohlrabi und Möhren putzen, schälen, abspülen und abtropfen lassen. Porree putzen, die Stange längs halbieren, gründlich waschen und abtropfen lassen. Die Zwiebeln abziehen. Kohlrabi, Möhren, Porree und Zwiebeln in kleine Würfel schneiden.

3. Butter oder Margarine in einem Topf zerlassen. Die Gemüsewürfel darin andünsten. Mit Mehl bestäuben und unterrühren. Die Milch hinzugießen, unter Rühren zum Kochen bringen und unter gelegentlichem Rühren zu einer sämigen Sauce einkochen lassen. Mit Salz und Pfeffer würzen.

4. Den Boden einer großen Auflaufform (gut gefettet) mit einem Teil der Lasagneplatten auslegen. Die Hälfte der Gemüsewürfel mit etwas von der Sauce daraufgeben und mit 1/3 des Käses bestreuen. Wieder mit einigen Lasagneplatten belegen. Restliche Gemüsewürfel mit etwas Sauce darauf verteilen und wieder mit 1/3 des Käses bestreuen.

5. Restliche Lasagneplatten darauflegen. Restliche Sauce darauf verteilen und mit restlichem Käse bestreuen. Die Form auf dem Rost in den vorgeheizten Backofen schieben. Die Blattnudeln etwa 40 Minuten garen.

Abwandlung: Anstelle von Kohlrabi können Sie auch Erbsen und Gemüsemais (aus der Dose) verwenden.

Tipp: Blattnudeln nach Belieben mit geschnitzten Möhren garnieren.

Brokkolinudeln, überbacken I

Für Kinder

4 Portionen

Pro Portion:
E: 31 g, F: 15 g, Kh: 78 g, kJ: 2547, kcal: 608

2 ½ l	*Wasser*
2 ½ gestr. TL	*Salz*
250 g	*Spaghetti*
500 g	*Brokkoli*
125 ml (⅛ l)	*Gemüsebrühe*
200 g	*geriebener, mittelalter Gouda-Käse*
	frisch geriebene Muskatnuss

Zubereitungszeit: 30 Minuten
Überbackzeit: etwa 15 Minuten

1. Den Backofen vorheizen.
Ober-/Unterhitze: etwa 200 °C
Heißluft: etwa 180 °C

2. Wasser in einem großen Topf mit geschlossenem Deckel zum Kochen bringen. Dann Salz und Spaghetti hinzugeben. Die Spaghetti im geöffneten Topf bei mittlerer Hitze nach Packungsanleitung kochen lassen, dabei zwischendurch 4–5-mal umrühren.

3. Anschließend die Spaghetti in ein Sieb geben, mit heißem Wasser abspülen und abtropfen lassen.

4. Von dem Brokkoli die Blätter entfernen. Brokkoli in Röschen teilen, waschen und abtropfen lassen. Brühe in einem Topf zum Kochen bringen. Brokkoliröschen hinzugeben, wieder zum Kochen bringen und etwa 10 Minuten garen.

5. Brokkoliröschen mit kaltem Wasser abschrecken, in ein Sieb geben und abtropfen lassen.

6. Die Spaghetti mit den Brokkoliröschen vermengen. Den Käse mit Muskat würzen. Zwei Drittel davon unter die Spaghetti-Brokkoli-Mischung geben und in einer großen, flachen Auflaufform (gefettet) verteilen. Restlichen Käse daraufstreuen.

7. Die Form auf dem Rost in den vorgeheizten Backofen schieben und die Brokkolinudeln etwa 15 Minuten überbacken.

Brokkoli-Spätzle-Auflauf I

Raffiniert – vegetarisch

12 Portionen

Pro Portion:
E: 33 g, F: 41 g, Kh: 26 g, kJ: 2701, kcal: 645

75 g getrocknete Mu-err-Pilze
je 5 l Wasser
je 5 gestr. TL Salz
1,2 kg Spätzle

2 kg Brokkoli
Salzwasser
1 kg Champignons
100 ml Olivenöl
2–3 Bund Frühlingszwiebeln
750 g Joghurt
12 Eier (Größe M)
Salz
frisch gemahlener Pfeffer
frisch geriebene Muskatnuss
450 g frisch geriebener Höhlenkäse
150 g gehobelte Mandeln

Zubereitungszeit: 70 Minuten
Garzeit: etwa 30 Minuten je Form

1. Mu-err-Pilze mit kochendem Wasser übergießen und etwa 30 Minuten einweichen.

2. In der Zwischenzeit Wasser in einem großen Topf mit geschlossenem Deckel zum Kochen bringen. Dann Salz und Spätzle hinzugeben. Spätzle in 2 Portionen im geöffneten Topf bei mittlerer Hitze nach Packungsanleitung kochen lassen, dabei zwischendurch 4–5-mal umrühren. Anschließend die Spätzle in ein Sieb geben, mit heißem Wasser abspülen und abtropfen lassen.

3. Von dem Brokkoli die Blätter entfernen. Brokkoli in Röschen teilen. Die Stängel am Strunk schälen, bis kurz vor den Röschen kreuzförmig einschneiden, waschen und abtropfen lassen. Brokkoliröschen in kochendem Salzwasser etwa 5 Minuten garen, kurz in eiskaltem Wasser abschrecken und in einem Sieb abtropfen lassen.

4. Den Backofen vorheizen.
Ober-/Unterhitze: etwa 200 °C
Heißluft: etwa 180 °C

5. Champignons putzen, mit Küchenpapier abreiben, eventuell abspülen, trocken tupfen und vierteln. Jeweils etwas Olivenöl in einer Pfanne erhitzen. Die Champignonviertel darin portionsweise unter Rühren anbraten.

6. Frühlingszwiebeln putzen, waschen, abtropfen lassen und in etwa 1 cm lange Stücke schneiden. Frühlingszwiebelstücke zu den Champignons in die Pfanne geben und kurz miterhitzen.

7. Eingeweichte Pilze in einem Sieb abtropfen lassen und eventuell etwas zerkleinern. Nudeln, Pilze, Brokkoliröschen und die Champignon-Frühlingszwiebel-Masse vermischen und in zwei Auflaufformen (gefettet) oder eine Fettfangschale (gefettet) geben.

8. Joghurt mit Eiern verschlagen, kräftig mit Salz, Pfeffer und Muskat würzen, auf dem Auflauf verteilen. Mit Käse und Mandeln bestreuen. Die Formen nacheinander (bei Heißluft zusammen) auf dem Rost oder die Fettfangschale in den vorgeheizten Backofen schieben. Auflauf etwa 30 Minuten je Form garen.

Bunte Nudel-Eier-Pfanne | Einfach

1–2 Portionen

Pro Portion:
E: 27 g, F: 19 g, Kh: 101 g, kJ: 2907, kcal: 695

2 1/2 l Wasser
2 gestr. TL Salz
200 g bunte Nudeln, z. B. Spirelli
je 1 rote und grüne Paprikaschote
2 Eier (Größe M)
4 EL Milch
Salz, frisch gemahlener Pfeffer
Paprikapulver edelsüß
2 TL Speiseöl

Zubereitungszeit: 30 Minuten

1. Wasser in einem großen Topf mit geschlossenem Deckel zum Kochen bringen. Dann Salz und Nudeln hinzugeben. Die Nudeln im geöffneten Topf bei mittlerer Hitze nach Packungsanleitung kochen lassen, dabei zwischendurch 4–5-mal umrühren.

2. Anschließend die Nudeln in ein Sieb geben, mit heißem Wasser abspülen und abtropfen lassen.

3. In der Zwischenzeit die Paprikaschoten halbieren, entstielen, entkernen und die weißen Scheidewände entfernen. Schotenhälften waschen, abtropfen lassen und in schmale Streifen schneiden. Eier und Milch verschlagen. Mit Salz, Pfeffer und Paprika würzen.

4. Das Speiseöl in einer großen Pfanne erhitzen. Paprikastreifen darin unter mehrmaligem Wenden etwa 2 Minuten dünsten. Nudeln hinzufügen. Die Eiermilch gleichmäßig auf den Nudeln verteilen. Die Eiermilch etwa 5 Minuten bei schwacher Hitze stocken lassen, eventuell einmal wenden. Nudel-Eier-Pfanne sofort servieren.

Beilage: Tomatenketchup oder eine fertige Tomatensauce aus der Packung.

Tipp: Statt Paprikastreifen 250 g Brokkoliröschen (TK oder frisch) verwenden. Dann Brokkoliröschen vorher 4–5 Minuten in wenig Salzwasser andünsten.

Bunte Nudeln | Dauert etwas länger

4 Portionen

Pro Portion:
E: 31 g, F: 25 g, Kh: 141 g, kJ: 4042, kcal: 966

Für die roten Nudeln:
150 g Weizenmehl
100 g Hartweizengrieß
2 Eier (Größe M)
1 EL Speiseöl
2–3 EL Tomatenmark
½ gestr. TL Salz
40 g Butter

Für die grünen Nudeln:
250 g Spinat
250 g Weizenmehl
250 g Hartweizengrieß
3 Eier (Größe M)
1 EL Speiseöl
1 gestr. TL Salz

Außerdem zum Kochen für die Nudeln:
Wasser, Salz
(je 100 g Nudeln 1 l Wasser und 1 gestr. TL Salz)

Zubereitungszeit: 50 Minuten, ohne Ruhe-, Trocken- und Abkühlzeit

1. Für die roten Nudeln Mehl mit Grieß in einer Rührschüssel mischen und eine Vertiefung eindrücken.

2. Eier mit Speiseöl, Tomatenmark und Salz verschlagen, in die Vertiefung geben. Dann mit einer Gabel nach und nach etwas von dem Mehl-Grieß-Gemisch einrühren.

3. Anschließend mit Handrührgerät mit Knethaken zu einem glatten Teig verkneten. Sollte der Teig kleben, etwas Mehl hinzugeben. Den Teig in Frischhaltefolie gewickelt etwa 30 Minuten ruhen lassen.

4. Den Teig auf einer bemehlten Arbeitsfläche möglichst dünn ausrollen. Die Teigplatten zum Trocknen auf Geschirrtücher legen.

5. Wenn die Teigplatten so weit getrocknet sind (nach etwa 20 Minuten), dass sie nicht mehr kleben, aber noch nicht zerbrechen, daraus Nudeln in gewünschter Länge und Breite schneiden.

6. Wasser in einem großen Topf mit geschlossenem Deckel zum Kochen bringen. Dann Salz und Nudeln hinzugeben. Die Nudeln im geöffneten Topf bei mittlerer Hitze nach Packungsanleitung kochen lassen, dabei zwischendurch 4–5-mal umrühren. Anschließend die Nudeln in ein Sieb geben, mit heißem Wasser abspülen und abtropfen lassen. Butter zerlassen, die Nudeln darin schwenken.

7. Für die grünen Nudeln Spinat verlesen, gründlich waschen und tropfnass in einen Topf geben. Spinat kurz erhitzen, pürieren und erkalten lassen.

8. Mehl mit Grieß in einer Rührschüssel mischen und eine Vertiefung eindrücken. Eier mit Speiseöl und Salz verschlagen, in die Vertiefung geben. Mit einer Gabel nach und nach etwas von dem Mehl-Grieß-Gemisch einrühren. Spinat hinzugeben und von der Mitte aus schnell zu einem glatten Teig verkneten. Den Teig etwa 30 Minuten ruhen lassen.

9. Den grünen Nudelteig wie ab Punkt 4 beschrieben weiterverarbeiten.

Bunte Spaghetti mit Schweinefilet

Raffiniert – für Gäste

4 Portionen

Pro Portion:
E: 65 g, F: 25 g, Kh: 89 g, kJ: 3550, kcal: 848

12	*Schweinemedaillons (je etwa 60 g)*
3–4 Zweige	*Majoran*
120 g	*Doppelrahm-Frischkäse*
	Salz, frisch gemahlener Pfeffer
12 Scheiben	*magerer Schinkenspeck (etwa 120 g)*
2 EL	*Speiseöl*
5 l	*Wasser*
5 gestr. TL	*Salz*
500 g	*bunte Spaghetti (rot, grün, gelb)*
	Knoblauchpulver
2 EL	*Olivenöl*
einige vorbereitete Zweige	*Majoran und -blättchen*

Außerdem:

Bindfaden

Zubereitungszeit: 45 Minuten
Garzeit: etwa 15 Minuten

1. Medaillons kurz unter fließendem kalten Wasser abspülen und trocken tupfen. In jedes Medaillon von der Seite her eine kleine Tasche einschneiden.

2. Den Backofen vorheizen.
Ober-/Unterhitze: etwa 180 °C
Heißluft: etwa 160 °C

3. Majoran abspülen und trocken tupfen. Die Blättchen von den Stängeln zupfen. Blättchen klein schneiden.

4. Frischkäse in einer Schüssel verrühren. Majoran unterrühren. Mit Salz und Pfeffer würzen. Die Masse in einen Spritzbeutel ohne Lochtülle füllen und jeweils in die Medaillons spritzen.

5. Je 1 Speckscheibe um die Medaillons wickeln und mit je einem Bindfaden zusammenhalten. Medaillons mit wenig Salz und Pfeffer würzen.

6. Speiseöl in einer Pfanne erhitzen. Medaillons darin von jeder Seite etwa 2 Minuten anbraten, herausnehmen und auf eine vorgewärmte, hitzebeständige Platte legen. Die Platte auf dem Rost in den vorgeheizten Backofen schieben. Die Medaillons etwa 15 Minuten garen.

7. In der Zwischenzeit Wasser in einem großen Topf mit geschlossenem Deckel zum Kochen bringen. Dann Salz und Spaghetti hinzugeben. Die Spaghetti im geöffneten Topf bei mittlerer Hitze nach Packungsanleitung kochen lassen, dabei zwischendurch 4–5-mal umrühren.

8. Spaghetti mit Salz, Pfeffer und Knoblauch würzen. Mit Olivenöl beträufeln.

9. Medaillons mit den Spaghetti auf einem runden Teller anrichten. Mit einem Majoranzweig und -blättchen garniert servieren.

Bunter Hackfleischtopf mit Makkaroni | Raffiniert

4 Portionen

Pro Portion:
E: 53 g, F: 49 g, Kh: 10 g, kJ: 2903, kcal: 693

4	*große Zwiebeln*
5 EL	*Speiseöl*
1 kg	*Rindergehacktes*
3 Stangen	*Porree (Lauch)*
1 Pck.	*Tomatenpüree (400 g)*
500 ml (1/2 l)	*Fleischbrühe*
1 TL	*mittelscharfer Senf*
1 TL	*Paprikapulver edelsüß*
1 TL	*Salz*
	frisch gemahlener Pfeffer
5 l	*Wasser*
5 gestr. TL	*Salz*
500 g	*Makkaroni*
150 g	*saure Sahne*

Zubereitungszeit: 30 Minuten

1. Zwiebeln abziehen, halbieren und in kleine Würfel schneiden. Speiseöl in einem Bräter erhitzen. Zwiebelwürfel darin glasig dünsten.

2. Gehacktes hinzugeben und unter Rühren anbraten. Dabei die Fleischklümpchen vorsichtig mit einer Gabel zerdrücken.

3. Porree putzen, die Stangen längs halbieren, gründlich waschen, abtropfen lassen und in Streifen schneiden. Porreestreifen, Tomatenpüree, Brühe und Senf zur Gehacktesmasse geben und unterrühren. Die Zutaten zum Kochen bringen und etwa 10 Minuten unter mehrmaligem Rühren bei schwacher Hitze garen. Mit Paprika, Salz und Pfeffer würzen.

4. In der Zwischenzeit Wasser in einem großen Topf mit geschlossenem Deckel zum Kochen bringen. Dann Salz und Nudeln hinzugeben. Die Nudeln im geöffneten Topf bei mittlerer Hitze nach Packungsanleitung kochen lassen, dabei zwischendurch 4–5-mal umrühren.

5. Anschließend die Nudeln in ein Sieb geben, mit heißem Wasser abspülen und abtropfen lassen.

6. Vor dem Servieren saure Sahne in die Mitte des Hackfleischtopfes geben und mit den Nudeln servieren.

Tipps: Hackfleischtopf eignet sich gut zum Einfrieren, dann die saure Sahne erst nach dem Auftauen und Erwärmen hinzugeben. Den Hackfleischtopf noch mit 2 in Streifen geschnittenen Gewürzgurken verfeinern.

Bunter Nudelauflauf | Gut vorzubereiten

4 Portionen

Pro Portion:
E: 32 g, F: 33 g, Kh: 49 g, kJ: 2710, kcal: 647

2 ½ l Wasser
2 ½ gestr. TL Salz
250 g Makkaroni
2 Zwiebeln
1 Knoblauchzehe
1 grüne Paprikaschote
2 Möhren (etwa 200 g)
1 EL Butter
200 g gekochter Schinken
1 Becher Crème fraîche (150 g)
2 Eier (Größe M)
Salz, frisch gemahlener Pfeffer
100 g frisch geriebener Emmentaler-Käse

Zubereitungszeit: 30 Minuten
Garzeit: etwa 30 Minuten

1. Wasser in einem großen Topf mit geschlossenem Deckel zum Kochen bringen. Dann Salz und Nudeln hinzugeben. Die Nudeln im geöffneten Topf bei mittlerer Hitze nach Packungsanleitung kochen lassen, dabei zwischendurch 4–5-mal umrühren. Anschließend die Nudeln in ein Sieb geben, mit heißem Wasser abspülen und abtropfen lassen.

2. Zwiebeln und Knoblauch abziehen, in kleine Würfel schneiden. Paprikaschote halbieren, entstielen, entkernen und die weißen Scheidewände entfernen. Die Schotenhälften waschen, abtropfen lassen und in Streifen schneiden. Möhren putzen, schälen, abspülen, abtropfen lassen und in Scheiben schneiden.

3. Den Backofen vorheizen.
Ober-/Unterhitze: etwa 200 °C
Heißluft: etwa 180 °C

4. Die Butter in einem Topf zerlassen. Zwiebel- und Knoblauchwürfel darin andünsten. Paprikastreifen und Möhrenscheiben hinzufügen. Das Gemüse etwa 6 Minuten unter gelegentlichem Rühren dünsten.

5. Schinken in Streifen schneiden. Crème fraîche und Eier in einer großen Schüssel verschlagen, mit Salz und Pfeffer würzen. Nudeln, Gemüse und Schinkenstreifen gut untermischen und in eine Auflaufform (gefettet) geben. Mit Käse bestreuen.

6. Die Form auf dem Rost in den vorgeheizten Backofen schieben. Den Auflauf etwa 30 Minuten garen.

Bunter Nudelauflauf mit Schinken | Für Kinder – einfach

4 Portionen

Pro Portion:
E: 33 g, F: 24 g, Kh: 54 g, kJ: 2498, kcal: 596

2 ½ l Wasser
2 ½ gestr. TL Salz
250 g Nudeln, z. B. Hörnchen, Hütchen oder Penne

250 ml (¼ l) Fleisch- oder Gemüsebrühe
300 g italienisches Pfannengemüse
2 Fleischtomaten
200 g gekochter Schinken
125 ml (⅛ l) Milch
3 Eier (Größe M)
Salz
frisch gemahlener Pfeffer

100 g geriebener Mozzarella-Käse

Zubereitungszeit: 30 Minuten
Garzeit: etwa 45 Minuten

1. Wasser in einem großen Topf mit geschlossenem Deckel zum Kochen bringen. Dann Salz und Nudeln hinzugeben. Die Nudeln im geöffneten Topf bei mittlerer Hitze nach Packungsanleitung kochen lassen, dabei zwischendurch 4–5-mal umrühren.

2. Anschließend die Nudeln in ein Sieb geben, mit heißem Wasser abspülen und abtropfen lassen.

3. Den Backofen vorheizen.
Ober-/Unterhitze: etwa 180 °C
Heißluft: etwa 160 °C

4. Brühe in einem Topf zum Kochen bringen. Pfannengemüse hinzugeben und etwa 2 Minuten kochen lassen.

5. Nach Belieben Tomaten enthäuten. Dafür Tomaten waschen, abtropfen lassen, kreuzweise einschneiden, kurz in kochendes Wasser legen und in kaltem Wasser abschrecken. Tomaten enthäuten, halbieren, entkernen und die Stängelansätze herausschneiden. Tomaten in Würfel schneiden. Schinken ebenfalls würfeln.

6. Milch mit Eiern in einer großen Schüssel verschlagen, mit Salz und Pfeffer würzen. Danach Tomaten-, Schinkenwürfel und das Pfannengemüse mit der Brühe hinzufügen.

7. Die Schinken-Gemüse-Masse abwechselnd mit den Nudeln in eine flache, große Auflaufform (gefettet) geben und mit Käse bestreuen.

8. Die Form auf dem Rost in den vorgeheizten Backofen schieben und den Auflauf etwa 45 Minuten garen.

Bunter Paprika-Nudel-Eintopf I

Für Kinder

4 Portionen

Pro Portion:
E: 37 g, F: 43 g, Kh: 46 g, kJ: 3202, kcal: 765

Für die Fleischklößchen:

1	*Brötchen (Semmel) vom Vortag*
400 g	*Gehacktes (halb Rind-, halb Schweinefleisch)*
1	*Ei (Größe M)*
	Salz
	frisch gemahlener Pfeffer
	Paprikapulver edelsüß

Für den Eintopf:

1 Bund	*Suppengrün (Möhren, Sellerie, Porree [Lauch])*
3 EL	*Speiseöl*
je 1	*rote, grüne und gelbe Paprikaschote*
750 ml (3/4 l)	*Fleischbrühe*
200 g	*Hörnchennudeln*
1 Dose	*geschälte Tomaten (Einwaage 400 g)*

Zubereitungszeit: 35 Minuten, ohne Einweichzeit

1. Für die Klößchen Brötchen in kaltem Wasser einweichen und gut ausdrücken. Das Gehackte in eine Schüssel geben. Brötchen und Ei gut unterarbeiten. Mit Salz, Pfeffer und Paprika würzen. Dann aus der Fleischmasse mit angefeuchteten Händen Klößchen formen.

2. Für den Eintopf das Suppengrün putzen, eventuell schälen, waschen, abtropfen lassen und in Stücke schneiden. Speiseöl in einem Topf erhitzen. Gemüsestücke darin andünsten.

3. Paprikaschoten halbieren, entstielen, entkernen und die weißen Scheidewände entfernen. Schotenhälften waschen, abtropfen lassen und in Stücke schneiden.

4. Paprikastücke zum angedünsteten Gemüse geben. Brühe hinzugießen, zum Kochen bringen und etwa 5 Minuten bei schwacher Hitze kochen lassen.

5. Nudeln mit den Fleischklößchen in den Eintopf geben. Tomaten mit einem scharfen Messer in der Dose zerkleinern und mit dem Sud in den Eintopf geben. Die Zutaten zum Kochen bringen und zugedeckt bei schwacher Hitze etwa 10 Minuten gar ziehen lassen. Den Eintopf mit Salz und Pfeffer abschmecken.

Tipp: Statt Fleischklößchen etwa 400 g Fleischwurst in Scheiben schneiden und in dem Paprika-Nudel-Eintopf kurz erwärmen.

Cannelloni auf Blattspinat | Raffiniert

4 Portionen

Pro Portion:
E: 22 g, F: 47 g, Kh: 36 g, kJ: 2822, kcal: 674

1 Zwiebel
1 EL Speiseöl
600 g TK-Blattspinat
2–3 EL Wasser
Salz
frisch gemahlener Pfeffer
frisch geriebene Muskatnuss

Für die Sauce:
60 g Butter oder Margarine
40 g Weizenmehl
375 ml (3/8 l) Milch
125 g Schlagsahne
60 g frisch geriebener Parmesan-Käse

1/2 Pck. Cannelloni, ohne Vorkochen (etwa 125 g)

60 g frisch geriebener Parmesan-Käse
40 g Butter

Zubereitungszeit: 65 Minuten
Garzeit: 20–30 Minuten

1. Zwiebel abziehen und in kleine Würfel schneiden. Speiseöl in einem Topf erhitzen, Zwiebelwürfel darin glasig dünsten. Blattspinat unaufgetaut hinzufügen, Wasser hinzugießen. Den Spinat etwa 15 Minuten dünsten. Mit Salz, Pfeffer und Muskat würzen. Spinat eventuell in einem Sieb abtropfen lassen und in eine flache Auflaufform (gefettet) geben (etwas Spinat zum Füllen der Cannelloni beiseitestellen).

2. Den Backofen vorheizen.
Ober-/Unterhitze: etwa 200 °C
Heißluft: etwa 180 °C

3. Für die Sauce Butter oder Margarine in einem Topf zerlassen. Mehl darin unter Rühren so lange erhitzen, bis es hellgelb ist. Nach und nach Milch und Sahne hinzugießen, mit einem Schneebesen durchschlagen. Darauf achten, dass keine Klümpchen entstehen.

4. Die Sauce zum Kochen bringen und etwa 2 Minuten unter gelegentlichem Rühren kochen lassen. Mit Salz und Pfeffer würzen. Etwa ein Drittel der Sauce mit dem Käse verrühren und restliche Sahnesauce beiseitestellen.

5. Die Cannelloni zuerst mit je 1 Teelöffel des beiseitegestellten Spinats füllen, damit anschließend die Käsesauce nicht herausläuft. Dann die Hälfte der Käsesauce in einen Spritzbeutel ohne Tülle füllen und in die Cannelloni spritzen.

6. Restliche Käsesauce auf den Spinat in die Auflaufform geben. Die gefüllten Cannelloni auf den Spinat legen und mit der beiseitegestellten Sahnesauce übergießen. Mit Käse bestreuen. Butter in Flöckchen daraufsetzen. Die Form auf dem Rost in den vorgeheizten Backofen schieben. Cannelloni auf Blattspinat 20–30 Minuten garen.

Beilage: Tomatensalat.

Cannelloni mit Ricotta-Spinat-Füllung | Vegetarisch

4 Portionen

Pro Portion:
E: 42 g, F: 64 g, Kh: 61 g, kJ: 4153, kcal: 992

120 g Zwiebeln
4 Knoblauchzehen
50 g gestiftelte Mandeln
4 EL Olivenöl
700 g TK-Blattspinat
500 g Ricotta (ital. Frischkäse)
Salz, frisch gemahlener Pfeffer
frisch geriebene Muskatnuss

1 Pck. Cannelloni, ohne Vorkochen (250 g)

50 g Butter oder Margarine
40 g Weizenmehl
500 ml (1/2 l) Milch
375 ml (3/8 l) Gemüsebrühe
2 Eigelb (Größe M)

100 g frisch geriebener Parmesan-Käse

Zubereitungszeit: 75 Minuten, ohne Auftauzeit
Garzeit: 35–40 Minuten

1. Für die Füllung Zwiebeln und Knoblauch abziehen, in kleine Würfel schneiden. Mandeln in einer Pfanne ohne Fett hellbraun rösten, herausnehmen und auf einen Teller legen.

2. Zwei Esslöffel des Olivenöls in einem großen Topf erhitzen. Zwiebel- und Knoblauchwürfel darin glasig dünsten. Blattspinat unaufgetaut hinzufügen und 5–10 Minuten mitdünsten.

3. Den Backofen vorheizen.
Ober-/Unterhitze: etwa 180 °C
Heißluft: etwa 160 °C

4. Mandeln mit 250 g Ricotta gut vermengen und unter den Spinat rühren. Mit Salz, Pfeffer und Muskat kräftig würzen.

5. Die Spinatmasse in einen Spritzbeutel ohne Tülle geben. Die Cannelloni damit füllen und in eine Auflaufform (mit restlichem Olivenöl gefettet) geben.

6. Für die Sauce Butter oder Margarine in einem Topf zerlassen. Mehl hinzufügen, unter Rühren so lange erhitzen, bis es hellgelb ist. Milch und Brühe hinzugießen, mit einem Schneebesen durchschlagen. Dabei darauf achten, dass keine Klümpchen entstehen. Die Sauce unter Rühren zum Kochen bringen. Den Topf von der Kochstelle nehmen, Eigelb unterrühren. Mit Salz, Pfeffer und Muskat würzen. Restlichen Ricotta unterrühren.

7. Die Sauce auf den Cannelloni verteilen. Den Käse daraufstreuen. Die Form auf dem Rost in den vorgeheizten Backofen schieben. Cannelloni mit Ricotta 35–40 Minuten garen.

Cannelloni mit Topfenfüllung und Kirschen | Vegetarisch

4 Portionen

Pro Portion:
E: 33 g, F: 25 g, Kh: 66 g, kJ: 2754, kcal: 657

2 Gläser Sauerkirschen (Abtropfgewicht je 185 g)
500 g Magerquark (Topfen)
2 Eier (Größe M)
3 EL Zucker
1 EL Speisestärke
1 EL Zitronensaft
1 Pck. Dr. Oetker Bourbon-Vanille-Zucker
100 g Rosinen
1 Pck. Cannelloni, ohne Vorkochen (250 g)

500 g Joghurt
150 ml Milch
2 EL flüssiger Kastanienhonig
2 EL gehobelte Mandeln

Zubereitungszeit: 25 Minuten
Garzeit: etwa 50 Minuten

1. Kirschen in einem Sieb gut abtropfen lassen.

2. Den Backofen vorheizen.
Ober-/Unterhitze: etwa 180 °C
Heißluft: etwa 160 °C

3. Quark mit Eiern, Zucker, Speisestärke, Zitronensaft und Vanille-Zucker geschmeidig rühren. Rosinen unterheben.

4. Die Quarkmasse in einen Spritzbeutel ohne Tülle geben. Quarkmasse in die Cannelloni spritzen. Dann die Cannelloni in eine Auflaufform (gefettet) legen. Sauerkirschen gleichmäßig darauflegen.

5. Für den Guss Joghurt mit Milch und Honig verrühren und auf den Cannelloni verteilen. Mit Mandeln bestreuen.

6. Die Form auf dem Rost in den vorgeheizten Backofen schieben. Cannelloni etwa 50 Minuten garen.

Chinesische Eiernudeln mit Avocado-Hähnchen-Sauce | Exotisch

4 Portionen

Pro Portion:
E: 31 g, F: 35 g, Kh: 69 g, kJ: 3032, kcal: 723

1 Zwiebel
2 Knoblauchzehen
300 g Hähnchenbrustfilet
3 EL Olivenöl
2 EL Currypulver
1 Apfel
100 ml Orangensaft
2 EL Limettensaft
1 Becher Crème fraîche (150 g)
1 Avocado
2 Orangen
Salz
1 Bund glatte Petersilie
300 g chinesische Eiernudeln

Zubereitungszeit: 30 Minuten

1. Zwiebel und Knoblauch abziehen, in kleine Würfel schneiden. Hähnchenbrustfilet unter fließendem kalten Wasser abspülen, trocken tupfen und in etwa 1 cm große Würfel schneiden. Olivenöl in einer Pfanne erhitzen, Hähnchenbrustfiletwürfel darin anbraten.

2. Zwiebel- und Knoblauchwürfel hinzugeben, mit Curry bestreuen und mit anbraten. Apfel schälen, vierteln, entkernen und in kleine Würfel schneiden. Apfelwürfel, Orangensaft, Limettensaft und Crème fraîche unterrühren. Die Zutaten bei schwacher Hitze köcheln lassen.

3. Avocado halbieren und den Kern entfernen. Avocadohälften schälen und das Fruchtfleisch in etwa 2 cm große Würfel schneiden. Orangen so schälen, dass die weiße Haut mitentfernt wird. Orangen filetieren.

4. Avocadowürfel und Orangenfilets in die Sauce geben, kurz erhitzen und mit etwas Salz leicht würzen. Petersilie abspülen und trocken tupfen. Die Blättchen von den Stängeln zupfen. Blättchen klein schneiden. Petersilie unter die Sauce rühren und warm stellen.

5. Eiernudeln mit Wasser nach Packungsanleitung garen. Eiernudeln in einem Sieb abtropfen lassen.

6. Die Eiernudeln mit der Avocado-Hähnchen-Sauce anrichten und servieren.

Chinesische Eiernudeln mit Hähnchenbrust | Raffiniert

4 Portionen

Pro Portion:
E: 33 g, F: 15 g, Kh: 60 g, kJ: 2204, kcal: 526

300 g Hähnchenbrustfilet
2 EL Speisestärke
1 EL Currypulver
1 EL Sesamöl
2 EL Sojasauce
1 Prise gemahlener Kreuzkümmel (Cumin)
2 Zwiebeln
3 Knoblauchzehen
1 rote Paprikaschote
1 Stange Porree (Lauch)
150 g Champignons
3 EL Sojaöl
Salz
250 ml (1/4 l) Hühnerbrühe
300 g chinesische Eiernudeln

Zubereitungszeit: 35 Minuten

1. Hähnchenbrustfilet unter fließendem kalten Wasser abspülen, trocken tupfen und in Würfel schneiden. Die Speisestärke mit Curry, Sesamöl, Sojasauce und Kreuzkümmel in einer Schüssel verrühren, die Fleischwürfel untermischen.

2. Zwiebeln und Knoblauch abziehen, in kleine Würfel schneiden. Paprikaschote halbieren, entstielen, entkernen und die weißen Scheidewände entfernen. Die Schotenhälften waschen, abtropfen lassen und in Streifen schneiden. Porree putzen, die Stange längs halbieren, gründlich waschen, abtropfen lassen und in Scheiben schneiden. Die Champignons putzen, mit Küchenpapier abreiben, eventuell abspülen, abtropfen lassen und in Scheiben schneiden.

3. Sojaöl in einem Wok erhitzen. Die Fleischwürfel darin unter Rühren von allen Seiten anbraten, mit einer Schaumkelle herausnehmen und mit Salz würzen.

4. Zwiebel- und Knoblauchwürfel in dem verbliebenen Bratfett kurz andünsten. Paprikastreifen, Porree- und Champignonscheiben hinzufügen, Brühe hinzugießen. Die Gemüsezutaten zugedeckt etwa 5 Minuten bei mittlerer Hitze garen.

5. Eiernudeln nach Packungsanleitung bissfest garen, abgießen und abtropfen lassen.

6. Eiernudeln und Fleischwürfel mit dem gegarten Gemüse mischen und erhitzen. Mit Salz abschmecken.

Tipps: Die Eiernudeln nach dem Abtropfen mit 3 verschlagenen Eiern anbraten und getrennt zum Gericht servieren, sie schmecken dann noch herzhafter. Sie können das Gericht zusätzlich mit klein geschnittenen Chilischoten bestreuen.

Chinesische Glasnudelpfanne I

Raffiniert

4 Portionen

Pro Portion:
E: 30 g, F: 31 g, Kh: 11 g, kJ: 2323, kcal: 555

10 g	*getrocknete Mu-err-Pilze*
400 g	*Schweineschnitzel*
5–6 EL	*Speiseöl*
	Salz, frisch gemahlener Pfeffer
4 EL	*Sojasauce*
100 g	*Glasnudeln*
500 g	*Porree (Lauch)*
2 Stangen	*Staudensellerie (125 g)*
etwa 170 g	*Sojabohnenkeimlinge (aus der Dose)*
etwa 140 g	*Bambussprossen (aus der Dose)*
125 ml (1/8 l)	*Fleischbrühe*
100 ml	*Sojasauce*
	Basilikumblättchen

Zubereitungszeit: 50 Minuten, ohne Einweichzeit

1. Pilze mit kochendem Wasser übergießen und nach Packungsanleitung einweichen.

2. Schweineschnitzel unter fließendem kalten Wasser abspülen, trocken tupfen, in schmale Streifen schneiden.

3. Dann 3 Esslöffel des Speiseöls in einer großen Pfanne erhitzen, die Fleischstreifen darin von allen Seiten etwa 3 Minuten braten. Mit Salz, Pfeffer und Sojasauce würzen.

4. Glasnudeln nach Packungsanleitung zubereiten und in einem Sieb abtropfen lassen. Glasnudeln mit einem Messer in Stücke schneiden.

5. Porree putzen, die Stangen längs halbieren, gründlich waschen, abtropfen lassen und in dünne Streifen schneiden. Den Staudensellerie putzen und die harten Außenfäden abziehen. Selleriestangen waschen, abtropfen lassen und in Streifen schneiden. Sojabohnenkeimlinge und Bambussprossen getrennt in je einem Sieb abtropfen lassen. Bambussprossen eventuell etwas kleiner schneiden.

6. Restliches Speiseöl in einem Topf erhitzen. Vorbereitetes Gemüse und die Pilze darin unter Rühren etwa 5 Minuten dünsten. Glasnudeln unterrühren. Die Gemüse-Glasnudel-Masse zu den Fleischstreifen in die Pfanne geben.

7. Die Fleischbrühe und Sojasauce vorsichtig unterrühren und erhitzen. Die Glasnudelpfanne mit Salz und Pfeffer abschmecken und auf Tellern verteilen. Nach Belieben mit abgespülten Basilikumblättchen garnieren.

Chinesischer Reisnudelsalat I

Für die Party

12 Portionen

Pro Portion:
E: 17 g, F: 15 g, Kh: 5 g, kJ: 1222, kcal: 292

150 g gesalzene, geröstete Erdnusskerne
600 g Hähnchenbrustfilet
8 EL Sonnenblumenöl
10 EL Sojasauce
frisch gemahlener Pfeffer
20 g frischer Ingwer
Saft von
2 Orangen
300 g Porree (Lauch)
300 g Möhren
Salzwasser
200 g Mihoen-Nudeln (China-Reisnudeln)
200 g rosé oder weiße Champignons
2 EL Erdnussöl
Salz

Zubereitungszeit: 45 Minuten, ohne Abkühl-, Quell- und Durchziehzeit

1. Erdnusskerne in einer Pfanne ohne Fett leicht rösten, herausnehmen und beiseitestellen.

2. Hähnchenbrustfilet unter fließendem kalten Wasser abspülen, trocken tupfen und in dünne Streifen schneiden.

3. Zwei Esslöffel des Sonnenblumenöls in der Pfanne erhitzen. Die Fleischstreifen darin unter Wenden kräftig anbraten. 4 Esslöffel Sojasauce hinzufügen und kurz aufkochen lassen. Mit Pfeffer abschmecken. Die Fleischstreifen aus der Pfanne nehmen und abkühlen lassen.

4. Ingwer schälen und fein hacken. Orangensaft und Ingwer zu dem Bratenfond in die Pfanne geben, aufkochen und einige Minuten unter Rühren einkochen lassen. Den Sud ebenfalls abkühlen lassen.

5. Porree putzen, die Stangen längs halbieren und gründlich waschen. Möhren putzen, schälen, abspülen. Porree und Möhren trocken tupfen, zuerst in etwa 6 cm lange Stücke schneiden, dann jeweils in feine Streifen schneiden. Gemüsestreifen in kochendem Salzwasser etwa 2 Minuten blanchieren und in kaltem Wasser abschrecken.

6. Nudeln mit kochendem Wasser übergießen, etwa 5 Minuten quellen lassen, in ein Sieb geben, mit kaltem Wasser übergießen und abtropfen lassen. Nudeln mit einer Schere in kurze Stücke schneiden.

7. Champignons putzen, mit Küchenpapier abreiben, eventuell abspülen, trocken tupfen und in sehr dünne Scheiben schneiden.

8. Den Orangensud mit Erdnussöl und dem restlichen Sonnenblumenöl verrühren. Mit der restlichen Sojasauce, Salz und Pfeffer abschmecken. Nudeln, Gemüse und beiseitegestellte Erdnusskerne mit der Orangen-Vinaigrette vermengen. Den Salat etwa 30 Minuten durchziehen lassen und vor dem Servieren nochmals umrühren.

Curry-Rindfleisch mit Glasnudeln

Raffiniert – mit Alkohol

2 Portionen

Pro Portion:
E: 31 g, F: 74 g, Kh: 32 g, kJ: 4302, kcal: 1028

30 g Glasnudeln
250 g Rinderfilet oder Roastbeef

Für die Marinade:
Salz, frisch gemahlener Pfeffer
3 TL Kartoffelstärke
1 gestr. TL Dr. Oetker Backin
5 EL Wasser
2 EL Speiseöl

500 ml (1/2 l) Speiseöl
2 EL Erdnussöl
3 Knoblauchzehen
500 ml (1/2 l) Kokosmilch

Für die Sauce:
1 EL Currypulver
1 TL Sambal Oelek
3 TL Zucker
evtl. 1 TL Glutamat
5 EL Reiswein
1 gestr. TL Salz
2 Prisen Sternanispulver
2 Prisen Sichuanpfefferpulver
1 Frühlingszwiebel

Zubereitungszeit: 45 Minuten, ohne Einweich- und Marinierzeit

1. Die Glasnudeln in kaltem Wasser nach Packungsanleitung einweichen.

2. Rinderfilet oder Roastbeef unter fließendem kalten Wasser abspülen, trocken tupfen und in Streifen schneiden.

3. Für die Marinade Salz, Pfeffer, Kartoffelstärke, Backpulver und Wasser verrühren, Speiseöl unterschlagen. Die Fleischstreifen darin etwa 15 Minuten marinieren.

4. 500 ml (1/2 l) Speiseöl in einem Wok erhitzen. Die marinierten Fleischstreifen hinzugeben und unter Rühren etwa 1 Minute frittieren. Fleischstreifen mit einem Schaumlöffel herausnehmen und auf Küchenpapier abtropfen lassen. Restliches Speiseöl aus dem Wok in ein Vorratsgefäß zurückgießen.

5. Erdnussöl in dem Wok erhitzen. Knoblauch abziehen, in kleine Würfel schneiden und in dem Erdnussöl andünsten. Mit Kokosmilch ablöschen. Die abgetropften Glasnudeln darin bei schwacher Hitze etwa 10 Minuten köcheln lassen.

6. Für die Sauce Curry, Sambal Oelek, Zucker, nach Belieben Glutamat, Reiswein, Salz, Sternanispulver und Sichuanpfeffer verrühren, in die Kokosmilch geben. Die Glasnudeln darin weitere etwa 2 Minuten köcheln lassen.

7. Fleischstreifen hinzugeben und zugedeckt weitere etwa 2 Minuten mitkochen lassen.

8. Frühlingszwiebel putzen, waschen, abtropfen lassen, in etwa 3 cm lange Stücke schneiden, in die Curry-Rindfleisch-Pfanne geben und etwa 1 Minute mitkochen lassen. Heiß servieren.

Farfalle mit Paprikasauce I

Vorsicht scharf!

1–2 Portionen

Pro Portion:
E: 30 g, F: 14 g, Kh: 160 g, kJ: 3751, kcal: 897

1 kleine Zwiebel
1 milde Peperoni
je ½ kleine rote, grüne und gelbe Paprikaschote (je etwa 100 g)
1 Frühlingszwiebel
1 EL Olivenöl
2 EL Tomatenstücke (aus dem Tetra Pak®)
2–3 EL Tomatensaft
Salz, frisch gemahlener Pfeffer
½ Msp. Sambal Oelek

2 l Wasser
2 gestr. TL Salz
200 g Nudeln, z. B. Farfalle

Zubereitungszeit: 35 Minuten

1. Für die Sauce Zwiebel abziehen, zuerst in Scheiben schneiden, dann in Ringe teilen. Peperoni und Paprikaschoten halbieren, entstielen, entkernen und die weißen Scheidewände entfernen. Schotenhälften waschen und abtropfen lassen. Peperonihälften in kleine, Paprikahälften in etwas größere Würfel schneiden. Frühlingszwiebel putzen, waschen, abtropfen lassen, in feine Scheiben schneiden und beiseitelegen.

2. Olivenöl in einer Pfanne erhitzen. Zwiebelringe, Peperoni-, Paprikawürfel und Tomatenstücke hinzugeben und 2–3 Minuten unter Rühren andünsten. Tomatensaft unterrühren. Die Zutaten zum Kochen bringen und etwa 8 Minuten bei schwacher Hitze kochen lassen. Frühlingszwiebelscheiben (1 Teelöffel beiseitelegen) kurz vor dem Servieren in die Sauce geben. Die Sauce mit Salz, Pfeffer und Sambal Oelek abschmecken.

3. In der Zwischenzeit Wasser in einem großen Topf mit geschlossenem Deckel zum Kochen bringen. Dann Salz und Nudeln hinzugeben. Die Nudeln im geöffneten Topf bei mittlerer Hitze nach Packungsanleitung kochen lassen, dabei zwischendurch 4–5-mal umrühren.

4. Anschließend die Nudeln in ein Sieb geben, mit heißem Wasser abspülen und abtropfen lassen.

5. Die Sauce mit den Gewürzen abschmecken und zu den Nudeln reichen. Mit den beiseitegelegten Frühlingszwiebelscheiben bestreuen.

Variante I: Für **Farfalle mit Schinkensauce** (1–2 Portionen) statt Paprikaschoten und Sambal Oelek 1 zusätzliche Frühlingszwiebel und 2–3 Scheiben gekochten Schinken (ohne Fettrand) verwenden. Schinken in kleine Würfel schneiden, mit Zwiebelringen, Peperoniwürfeln und Tomatenstücken andünsten. Die Sauce wie im Rezept beschrieben weiter zubereiten.

Variante II: Für **Farfalle mit Tunfischsauce** (1–2 Portionen) anstelle der Paprikaschoten 1 Dose Tunfisch, naturell (Abtropfgewicht 140 g) abtropfen lassen. Tunfisch mit einer Gabel auseinanderzupfen und zusätzlich mit 2 weiteren Esslöffeln Tomatenstücken, den Zwiebel- und Peperoniwürfeln andünsten. Die Sauce wie im Rezept beschrieben weiter zubereiten.

Farfalle-Gratin mit Spinat | Preiswert

4 Portionen

Pro Portion:
E: 26 g, F: 33 g, Kh: 46 g, kJ: 2586, kcal: 618

400 g Blattspinat

2 1/2 l Wasser
2 1/2 gestr. TL Salz
250 g Farfalle (Schmetterlingsnudeln)

200 g gekochter Schinken
2 Fleischtomaten
Salz, frisch gemahlener Pfeffer
frisch geriebene Muskatnuss
250 g Schlagsahne

50 g geriebener Käse, z. B. Gouda

Zubereitungszeit: 35 Minuten, ohne Abkühlzeit
Garzeit: etwa 25 Minuten

1. Spinat verlesen und dicke Stiele entfernen. Spinat gründlich waschen und in einem Sieb abtropfen lassen. Den Spinat in kochendem Wasser 2–3 Minuten blanchieren, mit kaltem Wasser abschrecken und in einem Sieb abtropfen lassen. Spinat abkühlen lassen und eventuell etwas ausdrücken.

2. Wasser in einem großen Topf mit geschlossenem Deckel zum Kochen bringen. Dann Salz und Nudeln hinzugeben. Die Nudeln im geöffneten Topf bei mittlerer Hitze nach Packungsanleitung kochen lassen, dabei zwischendurch 4–5-mal umrühren.

3. Anschließend die Nudeln in ein Sieb geben, mit heißem Wasser abspülen und abtropfen lassen.

4. Den Backofen vorheizen.
Ober-/Unterhitze: etwa 200 °C
Heißluft: etwa 180 °C

5. Schinken in Streifen schneiden. Tomaten waschen, abtropfen lassen, kreuzweise einschneiden, kurz in kochendes Wasser legen und in kaltem Wasser abschrecken. Tomaten enthäuten, halbieren, entkernen und die Stängelansätze herausschneiden. Tomatenhälften in Würfel schneiden.

6. Spinat mit Nudeln, Schinkenstreifen und Tomatenwürfeln vermengen und in eine große Gratinform (gefettet) oder in 4 kleine Gratinförmchen (gefettet) geben. Mit Salz, Pfeffer und Muskat würzen. Sahne darauf verteilen und mit Käse bestreuen.

7. Die Form oder Förmchen auf dem Rost in den vorgeheizten Backofen schieben. Gratin etwa 25 Minuten garen.

Farfalle-Pesto-Salat | Schnell zubereitet

4 Portionen

Pro Portion:
E: 14 g, F: 42 g, Kh: 45 g, kJ: 2693, kcal: 643

2 1/2 l Wasser
2 1/2 gestr. TL Salz
250 g Farfalle (Schmetterlingsnudeln)

etwa 150 g Basilikum-Pesto (Fertigprodukt)
5 Tomaten
3 EL Olivenöl
Salz
frisch gemahlener Pfeffer

Zubereitungszeit: 20 Minuten, ohne Durchziehzeit

1. Wasser in einem großen Topf mit geschlossenem Deckel zum Kochen bringen. Dann Salz und Nudeln hinzugeben. Die Nudeln im geöffneten Topf bei mittlerer Hitze nach Packungsanleitung kochen lassen, dabei zwischendurch 4–5-mal umrühren.

2. Anschließend die Nudeln in ein Sieb geben, mit heißem Wasser abspülen, abtropfen lassen und in eine Schüssel geben. Die Nudeln sofort mit dem Pesto vermischen.

3. Tomaten waschen, abtropfen lassen, kreuzweise einschneiden, kurz in kochendes Wasser legen und in kaltem Wasser abschrecken. Tomaten enthäuten, halbieren, entkernen und die Stängelansätze herausschneiden. Tomatenhälften in Streifen schneiden.

4. Die Tomatenstreifen mit dem Olivenöl unter die Nudel-Pesto-Mischung rühren, mit Salz und Pfeffer würzen. Den Salat etwas durchziehen lassen.

Tipp: Sie können zusätzlich noch schwarze Oliven, in Streifen geschnittenen, gekochten Schinken, Rucola oder Fetakäsewürfel unterheben.

Farfalle-Salat, bunt I

Schnell zubereitet – für Kinder

4 Portionen

Pro Portion:
E: 16 g, F: 18 g, Kh: 35 g, kJ: 1560, kcal: 382

1 ½ l Wasser
1 ½ gestr. TL Salz
125 g Farfalle (Schmetterlingsnudeln)

200 g Möhren
200 g Blumenkohl
etwas Salzwasser
200 g TK-Erbsen
100 g magerer, gekochter Schinken

150 g extra leichte Mayonnaise
4 EL Milch
Salz
Zucker

Zum Garnieren:
1 hart gekochtes Ei

Zubereitungszeit: 30 Minuten, ohne Abkühl- und Durchziehzeit

1. Wasser in einem großen Topf mit geschlossenem Deckel zum Kochen bringen. Dann Salz und Nudeln hinzugeben. Die Nudeln im geöffneten Topf bei mittlerer Hitze nach Packungsanleitung kochen lassen, dabei zwischendurch 4–5-mal umrühren.

2. Anschließend die Nudeln in ein Sieb geben, mit heißem Wasser abspülen und abtropfen lassen.

3. Möhren putzen, schälen, abspülen, abtropfen lassen und in Scheiben schneiden. Von dem Blumenkohl die Blätter und schlechten Stellen entfernen. Den Strunk abschneiden. Blumenkohl in Röschen teilen, waschen und abtropfen lassen.

4. Etwas Salzwasser in einem Topf zum Kochen bringen. Möhrenscheiben darin zugedeckt etwa 5 Minuten kochen lassen, dann Blumenkohlröschen hinzufügen und weitere etwa 4 Minuten kochen.

5. Zuletzt die gefrorenen Erbsen hinzufügen, wieder zum Kochen bringen und noch weitere etwa 2 Minuten kochen.

6. Das gegarte Gemüse in ein Sieb geben, abtropfen und erkalten lassen.

7. Schinken in kleine Würfel schneiden. Schinkenwürfel in eine Schüssel geben, mit dem Gemüse und den Nudeln vermengen. Mayonnaise mit Milch verrühren und unterheben. Den Salat gut durchziehen lassen. Nach Belieben mit Salz und Zucker abschmecken.

8. Zum Garnieren das Ei pellen und achteln. Den Salat damit garnieren.

Farfalle-Salat mit Putenfleisch I

Mit Alkohol

4 Portionen

Pro Portion:

E: 32 g, F: 13 g, Kh: 57 g, kJ: 2127, kcal: 508

2 ½ l Wasser
2 ½ gestr. TL Salz
250 g Farfalle (Schmetterlingsnudeln)
300 g Putenbrustfilet
2 EL Speiseöl
Salz
frisch gemahlener Pfeffer
200–300 g TK-Erbsen
Salzwasser
4 Tomaten

Für die Sauce:

150 g Joghurt
50 g Salatmayonnaise
4 EL Schlagsahne
3 EL Tomatenketchup
2 EL Cream Sherry oder Portwein

Zubereitungszeit: 45 Minuten, ohne Abkühl- und Durchziehzeit

1. Wasser in einem großen Topf mit geschlossenem Deckel zum Kochen bringen. Dann Salz und Nudeln hinzugeben. Die Nudeln im geöffneten Topf bei mittlerer Hitze nach Packungsanleitung kochen lassen, dabei zwischendurch 4–5-mal umrühren.

2. Anschließend die Nudeln in ein Sieb geben, mit heißem Wasser abspülen und abtropfen lassen.

3. Putenbrustfilet unter fließendem kalten Wasser abspülen, trocken tupfen und in etwa ½ cm breite Streifen schneiden. Speiseöl in einer Pfanne erhitzen. Die Fleischstreifen darin 3–5 Minuten unter mehrmaligem Wenden braten. Mit Salz und Pfeffer würzen. Putenbruststreifen aus der Pfanne nehmen und erkalten lassen.

4. Erbsen in kochendem Salzwasser 3–5 Minuten kochen lassen. Anschließend in ein Sieb geben, mit eiskaltem Wasser übergießen, abtropfen und erkalten lassen.

5. Tomaten waschen, abtropfen lassen, kreuzweise einschneiden, kurz in kochendes Wasser legen und in kaltem Wasser abschrecken. Tomaten enthäuten, halbieren und die Stängelansätze herausschneiden. Tomatenhälften in Streifen schneiden.

6. Für die Sauce den Joghurt mit Mayonnaise, Sahne, Ketchup und Sherry oder Portwein verrühren. Mit Salz und Pfeffer würzen. Die Salatzutaten in einer Schüssel mischen, die Sauce vorsichtig unterheben. Den Salat etwas durchziehen lassen.

Tipp: Sie können die Putenbruststreifen auch vor dem Braten mit 3 Esslöffeln Sojasauce mischen und etwa 1 Stunde marinieren. Die Fleischstreifen dann abtropfen lassen, wie oben angegeben braten und noch warm auf dem Salat verteilen.

Abwandlung: Für eine Variante ohne Alkohol können Sie Sherry oder Portwein weglassen und die Sauce mit etwa 1 Esslöffel Currypulver anstelle des Tomatenketchups würzen.

Farfalle-Salat mit Zitronenhähnchen | Für Gäste

8 Portionen

Pro Portion:
E: 26 g, F: 7 g, Kh: 41 g, kJ: 1416, kcal: 338

600 g Hähnchenbrustfilet
2 Knoblauchzehen
2 EL Zitronensaft
2 EL Sojasauce
frisch gemahlener Pfeffer
frischer Thymian
etwas Schale von
1 Bio-Zitrone (unbehandelt, ungewachst)
3 EL Speiseöl
4 l Wasser
4 gestr. TL Salz
400 g Farfalle (Schmetterlingsnudeln)
300 g Kohlrabi
300 g Zuckerschoten
Salzwasser
2 EL Speiseöl
Salz

Zubereitungszeit: 40 Minuten, ohne Marinierzeit

1. Das Hähnchenbrustfilet unter fließendem kalten Wasser abspülen, trocken tupfen, in Würfel schneiden und in eine flache Schale legen. Knoblauch abziehen und durch eine Knoblauchpresse drücken.

2. Zitronensaft mit Sojasauce, Knoblauch, Pfeffer, Thymian und Zitronenschale verrühren. Speiseöl unterschlagen. Die Fleischwürfel mit der Marinade übergießen und etwa 1 Stunde durchziehen lassen.

3. Wasser in einem großen Topf mit geschlossenem Deckel zum Kochen bringen. Dann Salz und Nudeln hinzugeben. Die Nudeln im geöffneten Topf bei mittlerer Hitze nach Packungsanleitung kochen lassen, dabei zwischendurch 4–5-mal umrühren.

4. Anschließend die Nudeln in ein Sieb geben, mit heißem Wasser abspülen und abtropfen lassen.

5. Kohlrabi putzen, schälen, abspülen, abtropfen lassen und in Rauten oder in kleine Scheiben schneiden. Zuckerschoten putzen und die Enden abschneiden. Zuckerschoten waschen, abtropfen lassen und halbieren. Kohlrabirauten oder -scheiben und Zuckerschotenhälften in kochendem Salzwasser 2–3 Minuten garen, in ein Sieb geben, mit kaltem Wasser abschrecken und abtropfen lassen.

6. Fleischwürfel aus der Marinade nehmen und gut abtropfen lassen. Speiseöl in einer Pfanne erhitzen. Fleischwürfel darin von allen Seiten anbraten, herausnehmen und beiseitestellen.

7. Restliche Marinade zum Bratensatz in die Pfanne geben, unter Rühren aufkochen lassen, mit Salz und Pfeffer abschmecken.

8. Nudeln, Kohlrabirauten oder -scheiben und Zuckerschotenhälften in eine große Schüssel geben und mit der Sauce gut vermischen. Salat kurz durchziehen lassen.

Farfalle-Schichtsalat I

Für die Party

12 Portionen

Pro Portion:
E: 16 g, F: 17 g, Kh: 37 g, kJ: 1584, kcal: 378

5 l Wasser
5 gestr. TL Salz
500 g bunte Farfalle (Schmetterlingsnudeln)

300 ml Wasser
1 gestr. TL Salz
750 g TK-Romanesco-Mix-Gemüse (von Frosta)
600 g Tomaten
250 g Schafkäse
1 Zwiebel
2–3 Knoblauchzehen
500 g Joghurt
200 g Kräuter-Doppelrahm-Frischkäse
1 Becher Kräuter-Crème-fraîche (125 g)
1 EL frische, gehackte Basilikumblättchen
frisch gemahlener Pfeffer

Zum Bestreuen:
einige Basilikumblättchen

Zubereitungszeit: 60 Minuten, ohne Abkühlzeit

1. Wasser in einem großen Topf mit geschlossenem Deckel zum Kochen bringen. Dann Salz und Nudeln hinzugeben. Die Nudeln im geöffneten Topf bei mittlerer Hitze nach Packungsanleitung kochen lassen, dabei zwischendurch 4–5-mal umrühren.

2. Anschließend die Nudeln in ein Sieb geben, mit heißem Wasser abspülen und abtropfen lassen.

3. 300 ml Wasser in einem Topf zum Kochen bringen. Dann Salz und das gefrorene Gemüse hinzugeben, wieder zum Kochen bringen und etwa 5 Minuten garen. Das Gemüse in ein Sieb geben, abtropfen und erkalten lassen.

4. Tomaten waschen, abtrocknen, halbieren und die Stängelansätze herausschneiden. Tomatenhälften in Scheiben schneiden. Schafkäse würfeln. Zwiebel und Knoblauch abziehen, in kleine Würfel schneiden.

5. Joghurt mit Frischkäse, Crème fraîche und Basilikum verrühren. Zwiebel- und Knoblauchwürfel unterrühren. Die Sauce mit Pfeffer abschmecken.

6. Die vorbereiteten Salatzutaten in einer großen, hohen Glasschüssel einschichten. Dazu der Reihe nach ein Drittel Sauce, Nudeln, Gemüse, Tomatenscheiben und Schafkäsewürfel einschichten, noch zweimal wiederholen.

7. Zum Bestreuen Basilikumblättchen abspülen, trocken tupfen und in Streifen schneiden. Den Salat mit Basilikumstreifen bestreuen, kalt stellen und gut durchziehen lassen.

Frische Kräuternudeln | Mit Alkohol

4 Portionen

Pro Portion:
E: 20 g, F: 28 g, Kh: 78 g, kJ: 2790, kcal: 666

Für den Nudelteig:

400 g Weizenmehl
4 Eier (Größe M)
2 Eigelb (Größe M)
1 gestr. TL Salz

2 Bund oder 2 Töpfe junger Liebstöckel oder Salbei
4 Tomaten (etwa 450 g)
2 Knoblauchzehen
3 EL Olivenöl
100 ml trockener Weißwein
Salz
frisch gemahlener Pfeffer
4 EL Olivenöl
4 l Wasser
4 gestr. TL Salz
vorbereitete frische Kräuter

Zubereitungszeit: 65 Minuten, ohne Ruhezeit

1. Mehl in eine Rührschüssel geben und eine kleine Vertiefung eindrücken. Eier, Eigelb und das Salz in die Vertiefung geben. Die Zutaten von der Mitte aus mit Handrührgerät mit Knethaken zu einem glatten Teig verarbeiten. Den Teig zu einer Kugel formen und in Frischhaltefolie gewickelt etwa 1 Stunde ruhen lassen.

2. Liebstöckel oder Salbei abspülen und trocken tupfen. Die Blättchen von den Stängeln zupfen.

3. Den Nudelteig halbieren. Jeweils eine Teighälfte auf einer bemehlten Arbeitsfläche zu einer ganz dünnen, rechteckigen Platte ausrollen. Eine Teigplatte mit Wasser bestreichen und mit zwei Drittel der Kräuterblättchen belegen. Die zweite Teigplatte ebenfalls mit Wasser bestreichen, darauflegen und mit einer Teigrolle darüberrollen, bis beide Nudelplatten aneinanderhaften. Nochmals etwa 5 Minuten ruhen lassen. Die Teigplatte in beliebige Formen schneiden oder ausstechen.

4. Tomaten waschen, trocken tupfen, vierteln, entkernen und die Stängelansätze entfernen. Tomatenviertel in Würfel schneiden. Knoblauch abziehen und in kleine Würfel schneiden.

5. Olivenöl in einer Pfanne erhitzen. Tomaten-, Knoblauchwürfel und restliche Kräuterblättchen darin andünsten. Mit Wein ablöschen, mit Salz und Pfeffer würzen.

6. Wasser in einem großen Topf mit geschlossenem Deckel zum Kochen bringen. Dann Salz und Nudeln hinzugeben. Die Nudeln im geöffneten Topf bei mittlerer Hitze etwa 5 Minuten garen, dabei zwischendurch umrühren.

7. Die Nudeln in ein Sieb geben, mit heißem Wasser abspülen und abtropfen lassen. Olivenöl in einer Pfanne erhitzen. Die Nudeln darin schwenken und in eine Schüssel geben. Tomatenwürfel darauf verteilen und mit frischen Kräuterblättchen garnieren.

Tipps: Statt Salbei können Sie auch glatte Petersilie oder Thai-Basilikum verwenden. Die Kräuternudeln können auch als Beilage zu Fleisch-und Fischgerichten gereicht werden. Kräuternudeln lassen sich sehr gut einfrieren.

Frühlingsnudeln mit Kürbiskernen | Einfach

4 Portionen

Pro Portion:
E: 26 g, F: 22 g, Kh: 96 g, kJ: 2905, kcal: 695

4 l Wasser
4 gestr. TL Salz
400 g Penne (Röhrennudeln)

je 1 rote, grüne und gelbe Paprikaschote (je etwa 150 g)
1 mittelgroße Zucchini (etwa 250 g)
4 EL Olivenöl
200 ml Gemüsebrühe
2 Frühlingszwiebeln
1 Knoblauchzehe
Salz
frisch gemahlener Pfeffer
100 g geschälte, geröstete Kürbiskerne

Zubereitungszeit: 40 Minuten

1. Für die Nudeln Wasser in einem großen Topf mit geschlossenem Deckel zum Kochen bringen. Dann Salz und Nudeln hinzugeben. Die Nudeln im geöffneten Topf bei mittlerer Hitze nach Packungsanleitung kochen lassen, dabei zwischendurch 4–5-mal umrühren.

2. Anschließend die Nudeln in ein Sieb geben, mit heißem Wasser abspülen und abtropfen lassen.

3. Für das Gemüse Paprikaschoten halbieren, entstielen, entkernen und die weißen Scheidewände entfernen. Schotenhälften waschen, abtropfen lassen und quer in Streifen schneiden. Zucchini waschen, abtrocknen und die Enden abschneiden. Zucchini der Länge nach halbieren und anschließend in Scheiben schneiden.

4. Olivenöl in einem Wok erhitzen. Paprikastreifen und Zucchinischeiben darin andünsten, Brühe hinzugießen, zum Kochen bringen und zugedeckt etwa 8 Minuten garen.

5. In der Zwischenzeit Frühlingszwiebeln putzen, waschen, abtropfen lassen und in Scheiben schneiden. Knoblauch abziehen und in kleine Würfel schneiden.

6. Abgetropfte Nudeln und Frühlingszwiebelscheiben zum Gemüse geben. Mit Salz, Pfeffer und Knoblauch würzen, nochmals kräftig erhitzen.

7. Kürbiskerne über die Frühlingsnudeln streuen und sofort servieren.

Tipp: Frühlingsnudeln mit geriebenem Parmesan-Käse bestreuen.

Gebratene Eiernudeln mit Hähnchen und Garnelen | Raffiniert

4 Portionen

Pro Portion:
E: 40 g, F: 18 g, Kh: 42 g, kJ: 2084, kcal: 498

350 g Hähnchenbrustfilet
2 TL Sambal Oelek
2 EL Sojasauce
1 TL Speisestärke

200 g Eier-Bandnudeln
150 g kleine Garnelen, (ohne Schale)

250 g Champignons
1 Zwiebel
1 Knoblauchzehe
1 gelbe Paprikaschote
1 Dose Bambussprossen, in Scheiben (Abtropfgewicht 280 g)

6 EL Sojaöl
2 EL Currypulver
Salz

Zubereitungszeit: 35 Minuten

1. Hähnchenbrustfilet unter fließendem kalten Wasser abspülen, trocken tupfen und in feine Streifen schneiden. Danach die Hähnchenfleischstreifen mit Sambal Oelek, Sojasauce und Speisestärke sorgfältig vermischen.

2. Danach Eier-Bandnudeln nach Packungsanleitung zubereiten. Anschließend in einem Sieb gut abtropfen lassen.

3. In der Zwischenzeit Garnelen unter fließendem kalten Wasser abspülen und auf Küchenpapier gut abtropfen lassen.

4. Champignons putzen, mit Küchenpapier abreiben, eventuell kurz abspülen, trocken tupfen und in Scheiben schneiden. Zwiebel und Knoblauch abziehen, in kleine Würfel schneiden.

5. Paprikaschote halbieren, entstielen, entkernen und die weißen Scheidewände entfernen. Schotenhälften waschen, abtropfen lassen und dann in feine Streifen schneiden. Bambussprossen in einem Sieb abtropfen lassen.

6. Sojaöl in einem Wok erhitzen. Hähnchenfleischstreifen darin unter Rühren anbraten. Champignonscheiben und Paprikastreifen hinzugeben und ebenfalls anbraten.

7. Zwiebel-, Knoblauchwürfel und Garnelen unterrühren und kurz mitgaren lassen. Curry unterrühren. Bambussprossen und Nudeln unterheben. Die Zutaten kurz erwärmen, eventuell mit Salz abschmecken. Gebratene Eiernudeln mit Hähnchen und Garnelen sofort servieren.

Tipp: Statt der Eiernudeln können auch Wok-Nudeln für die Zubereitung des Gerichts verwendet werden, dann die Packungsanleitung des Herstellers beachten.

Gebratene Mie-Nudeln mit Putenstreifen | Einfach

4 Portionen

Pro Portion:
E: 28 g, F: 17 g, Kh: 55 g, kJ: 2032, kcal: 483

etwa 15 g getrocknete Mu-err-Pilze
250 g Mie-Nudeln (asiatische Instant-Nudeln)
300 g Putenbrustschnitzel
1 EL Austernsauce
1 TL China-Gewürzzubereitung
1 TL gemahlener Kreuzkümmel (Cumin)
1 TL Speisestärke
250 g Möhren
2 Stangen Porree (Lauch)
6 EL Sojaöl
2 EL Sojasauce
1 EL Sambal Sauce (feurig-scharf) oder ½ TL Sambal Oelek

Zubereitungszeit: 30 Minuten, ohne Einweichzeit

1. Mu-err-Pilze nach Packungsanleitung einweichen. Mie-Nudeln nach Packungsanleitung zubereiten. Anschließend in einem Sieb abtropfen lassen. Mie-Nudeln nach Belieben mit einer Küchenschere in mundgerechte Stücke schneiden.

2. Putenbrustschnitzel unter fließendem kalten Wasser abspülen, trocken tupfen und in dünne Streifen schneiden. Dann die Fleischstreifen mit Austernsauce, China-Gewürzzubereitung, Kreuzkümmel und Speisestärke vermischen.

3. Möhren putzen, schälen, abspülen, abtropfen lassen und in dünne Scheiben schneiden. Porree putzen, die Stangen längs halbieren, gründlich waschen und abtropfen lassen. Porreestangen in etwa 1 cm lange Stücke schneiden. Mu-err-Pilze abtropfen lassen, eventuell harte Stellen abschneiden. Pilze in Streifen schneiden.

4. Etwa die Hälfte des Sojaöls in einem Wok erhitzen. Mie-Nudeln darin kurz unter Rühren anbraten, herausnehmen und warm stellen. Restliches Sojaöl in dem Wok erhitzen. Putenfleischstreifen darin unter Rühren anbraten.

5. Möhrenscheiben hinzufügen und kurz mitbraten lassen. Dann Pilzstreifen und Porreestücke unterrühren, 1–2 Minuten mitgaren. Mie-Nudeln unterheben und kurz erwärmen. Mit Sojasauce und Sambal Sauce oder Sambal Oelek abschmecken. Sofort servieren.

Gebratene Nudeln mit Brokkoli I

Preiswert – für Gäste

4 Portionen

Pro Portion:
E: 19 g, F: 29 g, Kh: 79 g, kJ: 2759, kcal: 659

4 l Wasser
4 gestr. TL Salz
400 g Penne (Röhrennudeln)

500 g Brokkoli
Salzwasser
2 Frühlingszwiebeln
2 EL Olivenöl
100 g Oliven, mit Paprika gefüllt
1 EL Kräuter der Provence
Salz, frisch gemahlener Pfeffer
1 abgezogene, zerdrückte Knoblauchzehe
50 g Pinienkerne
2 EL Semmelbrösel
60 g Butter

Zubereitungszeit: 25 Minuten
Überbackzeit: etwa 10 Minuten

1. Wasser in einem großen Topf mit geschlossenem Deckel zum Kochen bringen. Dann Salz und Nudeln hinzugeben. Die Nudeln im geöffneten Topf bei mittlerer Hitze nach Packungsanleitung kochen lassen, dabei zwischendurch 4–5-mal umrühren.

2. Anschließend die Nudeln in ein Sieb geben, mit heißem Wasser abspülen und abtropfen lassen.

3. Von dem Brokkoli die Blätter entfernen. Brokkoli in Röschen teilen, waschen und abtropfen lassen. Brokkoliröschen in kochendem Salzwasser 6–8 Minuten garen. Anschließend in kaltem Wasser abschrecken und in einem Sieb abtropfen lassen. Frühlingszwiebeln putzen, waschen, abtropfen lassen und in Scheiben schneiden.

4. Den Backofen vorheizen.
Ober-/Unterhitze: etwa 240 °C
Heißluft: etwa 220 °C

5. Olivenöl in einem großen Topf erhitzen. Nudeln, Brokkoliröschen, Frühlingszwiebelscheiben und die Oliven 3–4 Minuten unter häufigem Schwenken anbraten. Mit Kräutern der Provence, Salz, Pfeffer und Knoblauch würzen.

6. Die Nudel-Gemüse-Mischung in eine hitzebeständige, rechteckige Form (gefettet) geben. Mit Pinienkernen und Semmelbröseln bestreuen. Die Butter in Flöckchen daraufsetzen. Die Form auf dem Rost in den vorgeheizten Backofen schieben. Die Nudeln etwa 10 Minuten hellbraun überbacken.

Gefüllte Champignons auf Salbeinudeln | Raffiniert

4 Portionen

Pro Portion:
E: 22 g, F: 23 g, Kh: 46 g, kJ: 2114, kcal: 504

12–16 große Champignons
1 Schalotte
30 g Butter
2 EL Semmelbrösel
125 g geriebener Käse, z. B. Emmentaler
Salz, frisch gemahlener Pfeffer
1 Bund glatte Petersilie
125 ml (1/8 l) Gemüsebrühe

2 1/2 l Wasser
2 1/2 gestr. TL Salz
250 g Bandnudeln

einige Salbeiblättchen
20 g Butter

Zubereitungszeit: 40 Minuten
Garzeit: etwa 15 Minuten

1. Den Backofen vorheizen.
Ober-/Unterhitze: etwa 220 °C
Heißluft: etwa 200 °C

2. Champignons putzen, mit Küchenpapier abreiben, eventuell kurz abspülen und trocken tupfen. Die Stiele aus den Champignonköpfen lösen. Stiele klein schneiden. Schalotte abziehen und klein würfeln. Die Butter in einer Pfanne zerlassen, Pilzstücke und Schalottenwürfel darin andünsten. Semmelbrösel unterrühren und mit Käse vermengen. Mit Salz und Pfeffer würzen.

3. Petersilie abspülen und trocken tupfen. Die Blättchen von den Stängeln zupfen. Blättchen klein schneiden und unter die Pilz-Schalotten-Käse-Masse rühren. Die Champignonköpfe damit füllen.

4. Die gefüllten Champignonköpfe nebeneinander in eine Auflaufform (gefettet) setzen, Brühe hinzugießen. Die Form auf dem Rost in den vorgeheizten Backofen schieben und die gefüllten Champignonköpfe etwa 15 Minuten garen.

5. In der Zwischenzeit für die Nudeln das Wasser in einem großen geschlossenen Topf zum Kochen bringen. Dann Salz und Nudeln hinzugeben. Die Nudeln im geöffneten Topf bei mittlerer Hitze nach Packungsanleitung kochen lassen, dabei 4–5-mal umrühren. Anschließend Nudeln in ein Sieb geben, mit heißem Wasser abspülen und abtropfen lassen.

6. Salbeiblättchen abspülen, trocken tupfen und grob zerkleinern. Butter in einer großen Pfanne zerlassen. Salbei und Nudeln darin schwenken.

7. Salbeinudeln mit den gefüllten Champignonköpfen auf einer Platte anrichten.

Gefüllte Muschelnudeln I

Für Gäste – mit Alkohol

4 Portionen

Pro Portion:
E: 32 g, F: 46 g, Kh: 48 g, kJ: 3780, kcal: 904

400 g TK-Lachsfilet

2 l Wasser
2 gestr. TL Salz
30 große oder 60 mittelgroße Muschelnudeln (etwa 200 g)

1 Ei (Größe M)
1 EL Kapern (aus dem Glas)
Salz, frisch gemahlener Pfeffer
etwas Zitronensaft
2 Bund Dill

Für die Sauce:
50 g Butter oder Margarine
3 Schalotten
100 ml Weißwein
250 ml (1/4 l) Gemüse- oder Fischfond
400 g Schlagsahne
25 g Weizenmehl
1 geh. EL körniger Senf

Zubereitungszeit: 35 Minuten, ohne Auftauzeit
Garzeit: etwa 40 Minuten

1. Lachsfilet nach Packungsanleitung auftauen lassen.

2. Wasser in einem großen Topf mit geschlossenem Deckel zum Kochen bringen. Dann Salz und Nudeln hinzugeben. Die Nudeln im geöffneten Topf bei mittlerer Hitze nach Packungsanleitung kochen lassen, dabei zwischendurch 4–5-mal umrühren.

3. Anschließend die Nudeln in ein Sieb geben, mit heißem Wasser abspülen und abtropfen lassen.

4. Den Backofen vorheizen.
Ober-/Unterhitze: etwa 200 °C
Heißluft: etwa 180 °C

5. Lachsfilet unter fließendem kalten Wasser abspülen, trocken tupfen und mit einem Stabmixer pürieren. Lachspüree mit dem Ei und den abgetropften Kapern verrühren. Mit Salz, Pfeffer und Zitronensaft würzen.

6. Dill abspülen und trocken tupfen. Die Spitzen von den Stängeln zupfen. Spitzen klein schneiden. Die Hälfte des Dills unter das Lachspüree rühren.

7. Für die Sauce die Butter oder Margarine in einem Topf zerlassen. Die Schalotten abziehen, klein würfeln und darin andünsten. Wein, Gemüse- oder Fischfond und Sahne hinzugießen, aufkochen lassen. Die Sauce durch ein Sieb geben. Mehl mit etwas Wasser anrühren, unter Rühren in die von der Kochstelle genommene Sauce rühren, aufkochen und etwa 2 Minuten unter Rühren kochen lassen. Senf unterrühren. Mit Salz und Pfeffer würzen.

8. Die Muschelnudeln mit jeweils etwas von dem Lachspüree füllen und nebeneinander in eine flache Auflaufform (gefettet) legen. Die Sauce darauf verteilen. Die Form mit Alufolie zudecken. Die Form auf dem Rost in den vorgeheizten Backofen schieben. Die Muschelnudeln etwa 40 Minuten garen.

9. Nach etwa 25 Minuten Garzeit die Alufolie entfernen und die Muschelnudeln fertig garen. Die Muschelnudeln vor dem Servieren mit dem restlichen Dill bestreuen.

Beilage: Frischer Salat.

Gefüllte Nudeltaschen mit Ricotta | Dauert etwas länger

4 Portionen

Pro Portion:
E: 22 g, F: 29 g, Kh: 67 g, kJ: 2601, kcal: 621

Für den Nudelteig:
350 g Weizenmehl
3 Eier (Größe M)
etwa 4 EL Wasser
1 gestr. TL Salz

etwas Weizenmehl

Für die Füllung:
1 Zwiebel
1 Bund Basilikum
2 EL Olivenöl
frisch gemahlener Pfeffer
300 g Ricotta (ital. Frischkäse)

4 l Wasser
4 gestr. TL Salz
3 EL Olivenöl
evtl. Salz
1–2 Knoblauchzehen
vorbereitete Basilikumblättchen
grüne Pfefferkörner
Streifen von roten und grünen Paprikaschoten

Zubereitungszeit: 60 Minuten, ohne Ruhezeit

1. Für den Teig Mehl in eine Rührschüssel geben. Eier, Wasser und Salz hinzufügen. Die Zutaten mit Handrührgerät mit Knethaken zu einem glatten Teig verkneten. Sollte der Teig kleben, noch etwas Mehl unterarbeiten. Den Teig mit etwas Mehl bestäuben, in Frischhaltefolie wickeln und etwa 1 Stunde ruhen lassen.

2. Für die Füllung Zwiebel abziehen und in sehr kleine Würfel schneiden. Das Basilikum abspülen und trocken tupfen. Die Blättchen von den Stängeln zupfen. Blättchen klein schneiden. Zwiebelwürfel mit Basilikum mischen.

3. Olivenöl in einem Topf erhitzen, die Zwiebel-Basilikum-Mischung darin andünsten, mit Pfeffer würzen. Ricotta unterrühren.

4. Den Nudelteig auf einer bemehlten Arbeitsfläche ausrollen, runde Scheiben (Ø 7–10 cm) ausstechen, je 1 Teelöffel Ricottamasse daraufgeben. Teigränder mit Wasser bestreichen. Die Teigscheiben zusammenklappen. Teigränder mit einer Gabel fest andrücken.

5. Wasser in einem großen geschlossenen Topf zum Kochen bringen. Dann Salz und Nudeltaschen hinzugeben. Die Nudeltaschen darin etwa 10 Minuten ziehen lassen, dabei zwischendurch 4–5-mal umrühren.

6. Die Nudeltaschen in einem Sieb abtropfen lassen, in eine Schüssel geben und mit Olivenöl vermengen, eventuell mit Salz würzen.

7. Knoblauch abziehen, in kleine Würfel schneiden und unter die Nudeltaschen heben.

8. Die Nudeltaschen auf Tellern verteilen. Mit Basilikumblättchen, Pfefferkörnern und Paprikastreifen garniert servieren.

Gelbe Spaghetti mit Hähnchenbrust | Für Gäste

4 Portionen

Pro Portion:
E: 45 g, F: 26 g, Kh: 89 g, kJ: 3445, kcal: 822

500 g Hähnchenbrustfilet
3 EL Sojasauce
1 EL flüssiger Honig
etwas gemahlener Ingwer
1 Bund Frühlingszwiebeln
4 mittelgroße Möhren
Salzwasser
1 Dose Aprikosenhälften (Abtropfgewicht 240 g)
4 EL Olivenöl
125 ml (1/8 l) Gemüsebrühe
125 g Schlagsahne
2 EL Zitronensaft
1 geh. TL Estragon
Salz
frisch gemahlener Pfeffer

4 l Wasser
4 gestr. TL Salz
2 gestr. TL Kurkuma (Gelbwurz)
400 g Spaghetti

Zubereitungszeit: 40 Minuten, ohne Marinierzeit

1. Hähnchenbrustfilet unter fließendem kalten Wasser abspülen, trocken tupfen und in gleich große Würfel schneiden. Sojasauce mit Honig und Ingwer verrühren. Die Fleischwürfel damit bestreichen und zugedeckt 1–2 Stunden marinieren.

2. Die Frühlingszwiebeln putzen, waschen, abtropfen lassen und in etwa 4 cm lange Stücke schneiden. Die Möhren putzen, schälen, abspülen, abtropfen lassen und in etwa 4 cm lange Stifte schneiden.

3. Salzwasser in einem Topf zum Kochen bringen. Die Möhrenstifte darin etwa 6 Minuten garen, dann Frühlingszwiebelstücke hinzugeben und noch weitere etwa 2 Minuten garen. Möhrenstifte und Frühlingszwiebelstücke mit kaltem Wasser abschrecken, in ein Sieb geben und abtropfen lassen. Aprikosenhälften in einem Sieb abtropfen lassen und halbieren.

4. Jeweils die Hälfte des Olivenöls in einer Pfanne erhitzen. Die Fleischwürfel darin in 2 Portionen rundherum anbraten. Möhrenstifte und Zwiebelstücke hinzufügen und kurz mitdünsten lassen. Fleischwürfel und das Gemüse herausnehmen, beiseitestellen. Brühe und Sahne zu dem Bratensatz in die Pfanne geben und aufkochen lassen. Aprikosenviertel unterrühren. Mit Zitronensaft, Estragon, Salz und Pfeffer würzen. Beiseitegestellte Fleischwürfel und das Gemüse unterrühren, nochmals erhitzen und warm stellen.

5. Wasser in einem großen Topf mit geschlossenem Deckel zum Kochen bringen. Dann Salz, Kurkuma und Spaghetti hinzugeben. Die Spaghetti im geöffneten Topf bei mittlerer Hitze nach Packungsanleitung kochen lassen, dabei zwischendurch 4–5-mal umrühren.

6. Anschließend die Spaghetti in ein Sieb geben, mit heißem Wasser abspülen und abtropfen lassen.

7. Spaghetti auf einem großen Teller anrichten. Warm gestellte Fleischwürfel-Gemüse-Masse darauf verteilen und sofort servieren.

Gemüse mit chinesischen Nudeln aus dem Wok | Vegetarisch

4 Portionen

Pro Portion:
E: 10 g, F: 14 g, Kh: 28 g, kJ: 1182, kcal: 282

Für die Würzsauce:
2 EL helle Sojasauce
Saft von
1 Limette
2 EL Kokosmilch
1 TL Currypulver

Für das Gemüse:
2 Möhren
je 1 grüne und gelbe Zucchini
2 gelbe Paprikaschoten
2 Chilischoten
1 Knoblauchzehe
20 g frischer Ingwer
1–2 Stängel Basilikum
4 EL Speiseöl
100 g Wok-Nudeln, ohne Vorkochen
170 ml Gemüsebrühe
Salz, Zucker

Zubereitungszeit: 45 Minuten

1. Für die Sauce Sojasauce, Limettensaft, Kokosmilch und Curry in einer kleinen Schüssel mit einem Schneebesen verrühren.

2. Für das Gemüse Möhren putzen, schälen, abspülen und abtropfen lassen. Möhren schräg in Scheiben schneiden.

3. Zucchini waschen, abtrocknen und die Enden abschneiden. Zucchini halbieren und in etwas dickere Scheiben schneiden.

4. Paprikaschoten halbieren, entstielen, entkernen und die weißen Scheidewände entfernen. Schoten waschen, trocken tupfen und in Streifen schneiden. Chilischoten abspülen, trocken tupfen, längs aufschneiden, entkernen und in schräge Ringe schneiden. Knoblauch abziehen und in sehr kleine Würfel schneiden. Ingwer schälen und ebenfalls in kleine Würfel schneiden. Basilikum abspülen und trocken tupfen. Die Blättchen von den Stängeln zupfen. Die Blättchen in Streifen schneiden.

5. Speiseöl in einem Wok erhitzen. Knoblauch- und Ingwerwürfel darin andünsten. Möhren- und Zucchinischeiben hinzugeben und unter ständigem Rühren etwa 3 Minuten braten. Paprikastreifen und Chiliringe unterrühren und weitere 2 Minuten mitbraten lassen.

6. Angerührte Würzsauce, Wok-Nudeln und Gemüsebrühe hinzugeben und zum Kochen bringen. Das Gemüse unter mehrmaligem Wenden bissfest garen. Mit Salz und Zucker abschmecken. Basilikumstreifen unterheben. Die Gemüsenudeln auf einer Platte oder in Schälchen anrichten und sofort servieren.

Tipp: Geputzten Mangold und Chinakohl waschen, trocken tupfen, in Streifen schneiden und kurz in kochendem Salzwasser blanchieren. Gemüsestreifen in kaltem Wasser abschrecken, abtropfen lassen, zusammen mit den Chilischotenringen unterrühren und mitbraten lassen.

Gemüse-Lasagne mit Shiitake-Pilzen | Raffiniert

4 Portionen

Pro Portion:
E: 30 g, F: 70 g, Kh: 103 g, kJ: 5080, kcal: 1214

200 g Möhren
300 g Fenchelknollen
2 mittelgroße Zwiebeln
50 g Butterschmalz
30 g Weizenmehl
400 g Schlagsahne
½ TL Kräutersalz
frisch gemahlener Pfeffer
400 g Shiitake-Pilze
25 g Butterschmalz
250 g Mozzarella-Käse
6 Lasagneplatten, ohne Vorkochen
30 g Butter

Zubereitungszeit: 55 Minuten
Garzeit: etwa 30 Minuten

1. Die Möhren putzen, schälen, abspülen, abtropfen lassen und in dünne Scheiben schneiden. Von den Fenchelknollen die Stiele dicht oberhalb der Knollen abschneiden, braune Stellen und Blätter entfernen. Die Wurzelenden gerade schneiden. Knollen waschen, abtropfen lassen, vierteln und in feine Streifen schneiden. Zwiebeln abziehen, halbieren und in Scheiben schneiden.

2. Das Butterschmalz in einem Topf erhitzen. Möhrenscheiben und Fenchelstreifen darin unter häufigem Wenden etwa 8 Minuten andünsten. Anschließend mit Mehl bestäuben. Sahne hinzugießen und unter Rühren aufkochen lassen, mit Kräutersalz und Pfeffer abschmecken.

3. Den Backofen vorheizen.
Ober-/Unterhitze: etwa 180 °C
Heißluft: etwa 160 °C

4. Shiitake-Pilze putzen, mit Küchenpapier abreiben, eventuell abspülen und trocken tupfen. Die Stiele in dünne Scheiben, die Kappen in Viertel schneiden.

5. Butterschmalz in einer Pfanne erhitzen, die Pilze darin etwa 5 Minuten dünsten, mit Kräutersalz und Pfeffer abschmecken.

6. Mozzarella abtropfen lassen und längs in Scheiben schneiden. Eine Lasagneform (gefettet) oder rechteckige Auflaufform (gefettet) mit 3 Lasagneplatten auslegen.

7. Die Hälfte der Möhrenscheiben und Fenchelstreifen und die Hälfte der Pilze darauf verteilen. Restliche Lasagneplatten darauflegen. Restliche Möhrenscheiben, Fenchelstreifen und Pilze daraufgeben. Mit Mozzarellascheiben belegen und Butter in Flöckchen daraufsetzen. Die Form auf dem Rost in den vorgeheizten Backofen schieben. Die Gemüse-Lasagne etwa 30 Minuten garen.

Gemüsenudeln | Dauert etwas länger

4 Portionen

Pro Portion:
E: 18 g, F: 46 g, Kh: 57 g, kJ: 3123, kcal: 746

Für den Nudelteig:

180 g Weizenmehl
80 g Hartweizengrieß
7 Eigelb (Größe M)
40 ml Wasser
1 TL Olivenöl
Salz

Wasser, Salz (je 100 g Nudeln 1 l Wasser und 1 gestr. TL Salz)

125 g Möhrenscheiben
16 Spargelspitzen
125 g vorbereitete Zuckerschoten
125 g Zucchini, in Scheiben
100 g vorbereiteter Blattspinat
Salzwasser
20 g Butter
1–2 abgezogene, gehackte Schalotten
1 abgezogene, durchgepresste Knoblauchzehe
250 g Crème double
frisch gemahlener Pfeffer
1 TL gehackter Thymian
1 EL gehackte, glatte Petersilie
3 EL geschlagene Schlagsahne

Zubereitungszeit: 45 Minuten, ohne Ruhezeit

1. Für den Teig Mehl, Grieß, Eigelb, Wasser, Olivenöl und Salz in eine Rührschüssel geben. Die Zutaten mit Handrührgerät mit Knethaken zu einem glatten Teig verarbeiten. Den Teig zugedeckt etwa 1 Stunde ruhen lassen.

2. Den Teig auf einer bemehlten Arbeitsfläche dünn ausrollen und in etwa 5 cm breite Streifen rädern oder schneiden. Die Teigstreifen in kleine Stücke schneiden und in der Mitte leicht zusammendrücken (wie Schmetterlinge).

3. Wasser in einem großen Topf mit geschlossenem Deckel zum Kochen bringen. Dann Salz und Nudeln hinzugeben. Die Nudeln im geöffneten Topf bei mittlerer Hitze bissfest garen, dabei zwischendurch 4–5-mal umrühren.

4. Anschließend die Nudeln in ein Sieb geben, mit heißem Wasser abspülen und abtropfen lassen.

5. Das vorbereitete Gemüse in kochendem Salzwasser blanchieren: Möhrenscheiben und Spargelspitzen etwa 5 Minuten, Zuckerschoten und Zucchinischeiben etwa 1 Minute. Blattspinat mit heißem Wasser übergießen.

6. Das blanchierte Gemüse in Eiswasser abschrecken und in einem Sieb abtropfen lassen.

7. Butter in einer großen Pfanne zerlassen, Schalotten darin glasig dünsten. Knoblauch und Crème double hinzugeben, unter gelegentlichem Rühren etwas einkochen lassen. Gemüse und Nudeln hinzugeben, gut vermischen und erwärmen. Gemüsenudeln kräftig mit Salz und Pfeffer abschmecken.

8. Gemüsenudeln mit Thymian und Petersilie bestreuen. Geschlagene Sahne unterheben.

Tipp: Wenn es schnell gehen soll, gekaufte Schleifchennudeln verwenden.

Gemüsenudeln mit Fischmedaillons | Für Gäste – mit Alkohol

4 Portionen

Pro Portion:
E: 42 g, F: 10 g, Kh: 55 g, kJ: 2218, kcal: 530

300 g TK-Zanderfilet
300 g TK-Lachsforellenfilet
2 Bund Suppengrün (etwa 500 g, Möhre, Porree [Lauch], Sellerie)
Salzwasser
frisch gemahlener Pfeffer
etwa 100 ml Weißwein

3 l Wasser
3 gestr. TL Salz
300 g Spaghetti

2 EL Olivenöl
1 Bund Basilikum

Zubereitungszeit: 50 Minuten, ohne Auftauzeit

1. Fischfilets nach Packungsanleitung auftauen lassen.

2. Suppengrün putzen bzw. schälen, waschen, abtropfen lassen und in Streifen oder Würfel schneiden. Etwa 1 Liter Salzwasser in einem Topf zum Kochen bringen, die Gemüsestreifen oder -würfel darin etwa 5 Minuten blanchieren. Anschließend in ein Sieb geben, den Fond dabei auffangen. Gemüsestreifen oder -würfel mit kaltem Wasser abschrecken und abtropfen lassen.

3. Die aufgetauten Fischfilets unter fließendem kalten Wasser abspülen, trocken tupfen und in Medaillons (je etwa 75 g) schneiden.

4. Den aufgefangenen Gemüsefond mit Pfeffer und Weißwein würzen und erhitzen. Die Fischmedaillons darin etwa 8 Minuten gar ziehen lassen.

5. Wasser in einem großen Topf mit geschlossenem Deckel zum Kochen bringen. Dann Salz und Nudeln hinzugeben. Nudeln im geöffneten Topf bei mittlerer Hitze nach Packungsanleitung kochen lassen, dabei zwischendurch 4–5-mal umrühren. Anschließend Nudeln in ein Sieb geben, mit heißem Wasser abspülen und abtropfen lassen.

6. Olivenöl in einer Pfanne erhitzen. Gemüsestreifen oder -würfel darin andünsten, mit Salz und Pfeffer würzen. Die Nudeln mit den Gemüsestreifen oder -würfeln vermengen.

7. Basilikum abspülen und trocken tupfen. Die Blättchen von den Stängeln zupfen.

8. Fischmedaillons auf den Gemüsenudeln anrichten und mit Basilikumblättchen garnieren.

Gemüse-Nudel-Suppe I

Vegetarisch – für Kinder

4 Portionen

Pro Portion:
E: 4 g, F: 10 g, Kh: 12 g, kJ: 662, kcal: 158

120 g Möhren
100 g Zucchini
100 g Staudensellerie
40 g Butter
750 ml (3/4 l) Gemüsebrühe
50 g Muschelnudeln
frisch gemahlener Pfeffer
frisch geriebene Muskatnuss
3–4 Stängel Basilikum

Zubereitungszeit: 40 Minuten

1. Möhren putzen, schälen, abspülen und abtropfen lassen. Zucchini waschen, abtrocknen und die Enden abschneiden. Sellerie putzen und die harten Außenfäden abziehen. Sellerie waschen und abtropfen lassen. Möhren, Zucchini und Sellerie in feine Streifen schneiden.

2. Butter in einem Topf zerlassen. Die Gemüsestreifen darin unter Rühren andünsten. Brühe hinzugießen und aufkochen lassen.

3. Nudeln einrühren, wieder zum Kochen bringen und die Suppe etwa 8 Minuten kochen lassen. Mit Pfeffer und Muskat abschmecken.

4. Basilikum abspülen und trocken tupfen. Die Blättchen von den Stängeln zupfen. Blättchen klein schneiden und in die Suppe geben.

Tipps: Sie können je nach Saison auch andere Gemüsesorten, z. B. Spargel, Blumenkohl oder Kohlrabi, für die Suppe verwenden. Sehr gut schmeckt die Suppe auch mit Hühnerbrühe statt mit Gemüsebrühe.

Gemüse-Nudel-Topf I

Preiswert

4 Portionen

Pro Portion:
E: 34 g, F: 12 g, Kh: 18 g, kJ: 1321, kcal: 316

700 g frisches oder TK-Hühnerklein (Rückenstücke, Hälse, Flügel)
1 l Wasser
Salz
1 kg frisches Gemüse, z. B. Möhren, Kohlrabi, grüne Bohnen, Blumenkohl, Brokkoli, Zucchini, Porree (Lauch), Erbsen
75 g Suppennudeln
1 TL gekörnte Hühner- oder Gemüsebrühe
frisch gemahlener Pfeffer
2 EL gehackte Petersilie

Zubereitungszeit: 75 Minuten

1. Frisches Hühnerklein unter fließendem kalten Wasser abspülen oder TK-Hühnerklein nach Packungsanleitung auftauen lassen und abspülen. Hühnerklein mit Wasser in einen Topf geben, 1 Teelöffel Salz hinzufügen und zum Kochen bringen, dabei mehrfach abschäumen. Die Zutaten zugedeckt bei mittlerer Hitze etwa 40 Minuten kochen lassen.

2. In der Zwischenzeit Gemüse putzen bzw. schälen, waschen, abtropfen lassen und in Scheiben oder Würfel schneiden (Blumenkohl und Brokkoli in kleine Röschen teilen, Stiele schälen und kein würfeln).

3. Die Brühe nach Ende der Kochzeit durch ein Sieb gießen. Das Fett mit einem Löffel vorsichtig abschöpfen und die Brühe eventuell mit Wasser auf 1 Liter ergänzen. Das Fleisch von Haut und Knochen befreien, klein schneiden und beiseitelegen. Die Brühe wieder zum Kochen bringen.

4. Zuerst das Gemüse mit längerer Garzeit wie Möhren, Kohlrabi, grüne Bohnen und Blumenkohl hinzufügen und zugedeckt etwa 8 Minuten bei mittlerer Hitze garen.

5. Dann das Gemüse mit kürzerer Garzeit wie Brokkoli, Zucchini, Porree und Erbsen sowie die Suppennudeln hinzufügen und zugedeckt noch weitere 5–7 Minuten garen.

6. Den Gemüse-Nudel-Topf mit gekörnter Brühe, Salz und Pfeffer würzen. Das beiseitegelegte Hühnerfleisch hinzufügen und erwärmen. Gemüse-Nudel-Topf mit Petersilie bestreut servieren.

Tipps: Die Suppennudeln nur knapp gar kochen (Packungsanleitung beachten), denn sie garen in der heißen Suppe noch etwas nach. Wenn Sie die Hühnerbrühe (Punkt 1) bereits am Vortag kochen und kalt stellen, lässt sich das fest gewordene Fett am nächsten Tag mithilfe eines Esslöffels oder einer Schaumkelle einfach abheben. Wenn Sie etwas mehr Fleisch in dem Gemüse-Nudel-Topf mögen, können Sie anstelle von Hühnerklein 4 Hähnchenkeulen verwenden.

Abwandlung: Die Gemüsezutaten können je nach Saison beliebig ausgetauscht werden. Anstelle von frischem Gemüse können Sie auch 750 g TK-Suppengemüse verwenden (Garzeit entsprechend der Packungsanleitung). Verwenden Sie für Kinder Buchstabennudeln als Suppeneinlage.

Gemüse-Spaghetti-Nester | Raffiniert

4 Portionen

Pro Portion:
E: 17 g, F: 35 g, Kh: 48 g, kJ: 2408, kcal: 578

2 ½ l Wasser
2 ½ gestr. TL Salz
250 g lange Spaghetti
1 große Zucchini (etwa 250 g)
2 große Möhren (etwa 300 g)
2 EL Sojaöl
Salz, frisch gemahlener Pfeffer

Für die Sauce:
½ Bund Estragon
½ Bund Petersilie
½ Bund Dill
3 EL Sojaöl
2 EL Weißweinessig
1 TL mittelscharfer Senf
250 ml (¼ l) Gemüsebrühe
200 g Blauschimmelkäse

Zubereitungszeit: 45 Minuten

1. Wasser in einem großen Topf mit geschlossenem Deckel zum Kochen bringen. Dann Salz und Spaghetti hinzugeben. Die Spaghetti im geöffneten Topf bei mittlerer Hitze nach Packungsanleitung kochen lassen, dabei zwischendurch 4–5-mal umrühren.

2. Anschließend die Spaghetti in ein Sieb geben, mit heißem Wasser abspülen und abtropfen lassen.

3. Zucchini waschen, abtrocknen und die Enden abschneiden. Möhren putzen, schälen, abspülen und abtropfen lassen. Zucchini und Möhren in feine Streifen schneiden.

4. Sojaöl in einer großen Pfanne erhitzen. Zucchini- und Möhrenstreifen darin andünsten. Mit Salz und Pfeffer würzen. Spaghetti hinzugeben, untermischen, mithilfe einer Gabel zu Nestern aufrollen und auf eine Platte legen. Nudelnester warm stellen.

5. Für die Sauce Estragon, Petersilie und Dill abspülen und trocken tupfen. Die Blättchen bzw. Spitzen von den Stängeln zupfen. Blättchen und Spitzen klein schneiden.

6. Sojaöl in einem Topf erhitzen. Den Topf von der Kochstelle nehmen. Essig, Senf und Brühe hinzufügen. Den Topf wieder auf die Kochstelle stellen und die Zutaten unter Rühren aufkochen lassen. Käse in Würfel schneiden, mit den Kräutern in die Brühe geben und unterrühren. Käse schmelzen lassen. Die Sauce mit Salz und Pfeffer würzen.

7. Die Spaghettinester mit der Sauce auf Tellern anrichten und sofort servieren.

Tipp: Statt der Gemüsebrühe Schlagsahne verwenden.

Gestockte Nudelnester | Raffiniert

4 Portionen

Pro Portion:
E: 43 g, F: 53 g, Kh: 71 g, kJ: 4156, kcal: 993

4 l Wasser
4 gestr. TL Salz
400 g grüne Bandnudeln

200 g Fleischwurst
2 Fleischtomaten (etwa 400 g)
4 EL Speiseöl
Salz
frisch gemahlener Pfeffer
8 Eier (Größe M)
60 g frisch geriebener Parmesan-Käse
40 g Butter
klein gehackte, glatte Petersilie

Zubereitungszeit: 40 Minuten
Garzeit: etwa 15 Minuten

1. Wasser in einem großen Topf mit geschlossenem Deckel zum Kochen bringen. Dann Salz und Nudeln hinzugeben. Die Nudeln im geöffneten Topf bei mittlerer Hitze nach Packungsanleitung kochen lassen, dabei zwischendurch 4–5-mal umrühren.

2. Anschließend die Nudeln in ein Sieb geben, mit heißem Wasser abspülen und abtropfen lassen.

3. Den Backofen vorheizen.
Ober-/Unterhitze: etwa 180 °C
Heißluft: etwa 160 °C

4. Von der Fleischwurst die Haut abziehen. Fleischwurst in Würfel schneiden. Tomaten waschen, abtropfen lassen, kreuzweise einschneiden, kurz in kochendes Wasser legen und in kaltem Wasser abschrecken. Die Tomaten enthäuten, halbieren, entkernen und die Stängelansätze herausschneiden. Tomatenhälften in Würfel schneiden.

5. Nudeln mit Speiseöl in einer Schüssel mischen. Fleischwurst- und Tomatenwürfel unterheben. Mit Salz und Pfeffer würzen.

6. Ein Backblech mit Alufolie belegen. Die Bandnudeln auf der Alufolie zu 8 Nestern formen. In jedes Nudelnest 1 aufgeschlagenes Ei geben.

7. Nudelnester mit Käse bestreuen und Butter in Flöckchen daraufsetzen. Das Backblech in den vorgeheizten Backofen schieben. Die Nudelnester etwa 15 Minuten garen.

8. Mit Petersilie bestreut servieren.

Glasnudeln aus dem Wok I

Vegetarisch

4 Portionen

Pro Portion:
E: 3 g, F: 10 g, Kh: 6 g, kJ: 2011, kcal: 480

400 g Glasnudeln
40 g getrocknete Mu-err-Pilze
2 Möhren
1/2 Knollensellerie
1 Stange Porree (Lauch)
100 g Chinakohl
1 Bund Frühlingszwiebeln
Salzwasser
3 EL Sesamöl
Salz, grob geschroteter Pfeffer
Austernsauce

Zubereitungszeit: 30 Minuten, ohne Einweichzeit

1. Glasnudeln mit heißem Wasser übergießen und nach Packungsanleitung ziehen lassen. Glasnudeln in einem Sieb abtropfen lassen. Mu-err-Pilze mit kochendem Wasser übergießen und nach Packungsanleitung einweichen, abgießen und eventuell etwas zerkleinern.

2. Möhren und Sellerie putzen, schälen, abspülen und abtropfen lassen. Den Porree putzen, die Stange längs halbieren, gründlich waschen und abtropfen lassen. Den Chinakohl putzen, den Kohl vierteln und den Strunk herausschneiden. Kohlviertel waschen und abtropfen lassen. Das vorbereitete Gemüse in feine Streifen schneiden.

3. Frühlingszwiebeln putzen, waschen, abtropfen lassen und in feine Scheiben schneiden. Möhren- und Selleriestreifen in kochendem Salzwasser etwa 2 Minuten blanchieren, in ein Sieb geben, mit kaltem Wasser abschrecken und abtropfen lassen.

4. Sesamöl in einem Wok erhitzen. Vorbereitetes Gemüse und Pilze darin unter gelegentlichem Rühren leicht anbraten. Glasnudeln in etwa 10 cm lange Stücke schneiden und zu dem Gemüse geben. Mit Salz, Pfeffer und Austernsauce pikant abschmecken.

Getränke-Tipp: Reis- oder Pflaumenwein oder Tee.

Tipp: Glasnudeln sind weiß und haben eine gummiartige Konsistenz. Sie werden vor der Verwendung eingeweicht, dabei vervierfachen sie ihr Gewicht und werden weich.

Glasnudeln mit Entenbrust

Mit Alkohol

4 Portionen

Pro Portion:
E: 42 g, F: 35 g, Kh: 37 g, kJ: 2693, kcal: 643

etwa 15 g getrocknete Mu-err-Pilze

700 g Entenbrustfilet
2 TL Sambal Manis (süßlich-scharfe indonesische Chilipaste)

100 g Glasnudeln
500 g rote, grüne und gelbe Spitzpaprikaschoten
2 Stangen Porree (Lauch)
6 EL Sojaöl
80 g abgezogene Mandeln
100 ml Reiswein
150 ml Hühnerbrühe
1–2 EL Sojabohnenpaste
2 EL Sambal Sauce (feurig-scharf)
1 TL brauner Zucker oder flüssiger Honig

2 TL Speisestärke
1 EL kaltes Wasser

Zubereitungszeit: 45 Minuten, ohne Einweichzeit

1. Mu-err-Pilze nach Packungsanleitung einweichen. Von dem Entenbrustfilet die Haut, Sehnen und das Fett abschneiden. Entenbrustfilet unter fließendem kalten Wasser abspülen, trocken tupfen und in dünne Scheiben schneiden. Die Filetscheiben mit Sambal Manis vermischen.

2. Glasnudeln nach Packungsanleitung zubereiten. Anschließend in einem Sieb abtropfen lassen. Glasnudeln mit einer Küchenschere in mundgerechte Stücke schneiden.

3. Paprikaschoten halbieren, entstielen, entkernen und die weißen Scheidewände entfernen. Schotenhälften waschen, abtropfen lassen und in dünne Streifen schneiden.

4. Porree putzen, die Stangen längs halbieren, gründlich waschen und abtropfen lassen. Porreestangen in etwa 1 cm lange Stücke schneiden. Mu-err-Pilze abtropfen lassen, eventuell harte Stellen abschneiden. Pilze in kleine Stücke schneiden.

5. Etwas von dem Sojaöl in einem Wok erhitzen. Mandeln darin unter Rühren anbraten und herausnehmen. Restliches Sojaöl in dem Wok erhitzen. Die Entenbrustfiletscheiben darin portionsweise unter Rühren anbraten und an den Wokrand schieben.

6. Paprikastreifen, Porreestücke und Mu-err-Pilze in den Wok geben und unter Rühren anbraten. Reiswein und Hühnerbrühe hinzugießen, Sojabohnenpaste unterrühren. Mit Sambal Sauce und Zucker oder Honig würzen.

7. Speisestärke mit kaltem Wasser anrühren, unter die Gemüsesauce rühren und kurz aufkochen lassen. Glasnudeln und Mandeln unterheben, kurz erwärmen und sofort servieren.

Glasnudelsalat | Für die Party

12 Portionen

Pro Portion:
E: 3 g, F: 1 g, Kh: 9 g, kJ: 1421, kcal: 339

1 kg	*Glasnudeln*
5	*rote Paprikaschoten*
1 große	
Staude	*Sellerie*
3 Bund	*Frühlingszwiebeln*
2	*grüne Chilischoten*
2–3 Bund	*Koriander*
	frisch gemahlener Pfeffer
etwas	*Sojasauce*

Zubereitungszeit: 80 Minuten

1. Die Glasnudeln in Wasser nach Packungsanleitung zubereiten. Anschließend in einem Sieb abtropfen lassen. Glasnudeln mit einer Schere in 5–10 cm lange Stücke schneiden.

2. Paprikaschoten halbieren, entstielen, entkernen und die weißen Scheidewände entfernen. Schotenhälften waschen, abtropfen lassen und in feine Streifen schneiden. Staudensellerie putzen und die harten Außenfäden abziehen. Sellerie waschen, abtropfen lassen und in dünne Scheiben schneiden.

3. Paprikastreifen und Selleriescheiben in kochendem Wasser etwa 2 Minuten blanchieren, mit kaltem Wasser abschrecken und in einem Sieb abtropfen lassen.

4. Frühlingszwiebeln putzen, waschen, abtropfen lassen und in feine Scheiben schneiden. Chilischoten abspülen, trocken tupfen und in feine Ringe schneiden.

5. Dann Koriander abspülen und trocken tupfen. Die Blättchen von den Stängeln zupfen. Blättchen klein schneiden.

6. Die vorbereiteten Salatzutaten in einer Schüssel mischen. Den Salat mit Pfeffer und Sojasauce würzen.

Glasnudelsuppe mit Porree | Einfach

4 Portionen

Pro Portion:
E: 2 g, F: 5 g, Kh: 14 g, kJ: 935, kcal: 222

2 Stangen	*Porree (Lauch, etwa 300 g)*
150 g	*Glasnudeln*
2 EL	*Butter*
750 ml (3/4 l)	*Gemüsebrühe*
1/2 Bund	*Zitronenmelisse*
3 EL	*Sojasauce*
	Saft von
1/2	*Zitrone*
	Salz
	frisch gemahlener, weißer Pfeffer
	Cayennepfeffer

Zubereitungszeit: 30 Minuten

1. Porree putzen, die Stangen längs halbieren, gründlich waschen, abtropfen lassen und in feine Streifen schneiden.

2. Glasnudeln in einer Schüssel mit kochendem Wasser übergießen und 1–2 Minuten ziehen lassen. Glasnudeln in einem Sieb abtropfen lassen und mit einer Küchenschere klein schneiden.

3. Butter in einem Wok erhitzen. Porreestreifen darin andünsten, Brühe hinzugießen und zum Kochen bringen. Den Porree zugedeckt etwa 5 Minuten bei mittlerer Hitze garen.

4. In der Zwischenzeit Zitronenmelisse abspülen und trocken tupfen. Die Blättchen von den Stängeln zupfen. Einige Blättchen zum Garnieren beiseitelegen. Restliche Blättchen klein schneiden.

5. Glasnudeln, Sojasauce und Zitronensaft zu den Porreestreifen in den Wok geben, aufkochen lassen. Mit Salz, Pfeffer und Cayennepfeffer abschmecken.

6. Kurz vor dem Servieren gehackte Zitronenmelisse unterheben. Die Suppe mit den beiseitegelegten Zitronenmelisseblättchen garnieren.

Tipps: Zusätzlich 200 g Sojasprossen (frisch oder aus dem Glas) in die Suppe geben. Wer es mag, kann kleine Mett- oder Geflügelklößchen oder Streifen von gekochtem Schinken in die Suppe geben. Gut schmecken auch Grießklößchen oder Eierstich dazu.

Gratinierte Cannelloni mit Zucchini-Mett-Füllung I

Für Kinder – gut vorzubereiten

4 Portionen

Pro Portion:
E: 42 g, F: 46 g, Kh: 53 g, kJ: 3375, kcal: 807

350 g Zucchini
1 Zwiebel
1 Knoblauchzehe
1 Pck. gemischte TK-Kräuter (25 g)
400 g fertig gewürztes Mett (Thüringer Mett)
frisch gemahlener Pfeffer
20–24 Cannelloni, ohne Vorkochen (etwa 250 g)

Für die Sauce:
400 g rosé Champignons
1 geh. EL Butter
150 ml Gemüsebrühe
250 ml (1/4 l) Milch
1/2 EL Butter
1 leicht geh. EL Weizenmehl
150 g Schmelzkäse-Zubereitung (Champignon, Kräuter oder Sahne)
Saft und abgeriebene Schale von 1/2 Bio-Zitrone (unbehandelt, ungewachst)
evtl. Salz

50 g frisch geriebener Parmesan-Käse

Zubereitungszeit: 40 Minuten
Gratinierzeit: etwa 40 Minuten

1. Den Backofen vorheizen.
Ober-/Unterhitze: etwa 200 °C
Heißluft: etwa 180 °C

2. Die Zucchini waschen, abtrocknen und die Enden abschneiden. Die Zucchini auf der Küchenreibe grob raspeln. Zwiebel und Knoblauch abziehen, in kleine Würfel schneiden. Zucchiniraspel mit Zwiebel- und Knoblauchwürfeln, Kräutern und Mett vermengen. Mit etwas Pfeffer würzen. Die Zucchini-Mett-Masse in die Cannelloni füllen und in eine Auflaufform (leicht gefettet) legen.

3. Für die Sauce Champignons putzen, mit Küchenpapier abreiben, eventuell abspülen, trocken tupfen und klein schneiden. Butter in einer Pfanne zerlassen. Champignonstücke darin unter Wenden etwa 2 Minuten andünsten. Brühe und Milch hinzugießen.

4. Butter mit Mehl verkneten, in die Sauce rühren und etwa 1 Minute unter Rühren kochen lassen. Schmelzkäse in der Sauce schmelzen lassen. Die Sauce mit Zitronenschale und Saft, Pfeffer und evtl. etwas Salz abschmecken.

5. Champignonsauce auf den Cannelloni verteilen und mit Parmesan-Käse bestreuen. Die Form auf dem Rost in den vorgeheizten Backofen schieben. Cannelloni etwa 40 Minuten gratinieren.

Tipps: Garnieren Sie den Auflauf mit einem Petersilienzweig. Statt Mett können Sie auch feines Kalbsbrät oder Hackfleisch (dieses bitte würzen) verwenden. Die Zucchini können Sie durch die gleiche Menge Möhren, Frühlingszwiebeln oder Erbsen (vorgegart oder TK) ersetzen.

Griechischer Nudelauflauf I

Etwas aufwendiger – für Gäste

12 Portionen

Pro Portion:
E: 35 g, F: 48 g, Kh: 58 g, kJ: 3387, kcal: 810

4	*mittelgroße Auberginen*
3	*mittelgroße Zucchini*
	Salz
etwa 100 ml	*Olivenöl*
750 g	*Makkaroni*
je 3 1/2 l	*Wasser*
je 3 1/2	
gestr. TL	*Salz*
3	*große Zwiebeln*
6	*Knoblauchzehen*
150 ml	*Olivenöl*
1,2 kg	*Lammhack (evtl. beim Metzger vorbestellen)*
3 Dosen	*stückige Tomaten (Abtropfgewicht je 400 g)*
1 Glas	*Ajwar (serbischer Paprikasalat, 330 g)*
3 TL	*Thymian*
	Salz
	frisch gemahlener Pfeffer
3 Becher	*Crème fraîche (je 150 g)*
300 g	*geriebener Käse, z. B. Gratin-Käse gemischt mit Mozzarella*
3 EL	*Semmelbrösel*
einige	*halbierte, grüne und schwarze Oliven*

Zubereitungszeit: 85 Minuten, ohne Ziehzeit
Garzeit: etwa 40 Minuten

1. Auberginen und Zucchini waschen, abtrocknen und die Stängelansätze bzw. Enden abschneiden. Auberginen und Zucchini in dicke Scheiben schneiden. Auberginenscheiben auf einer Arbeitsfläche ausbreiten, mit Salz bestreuen und etwa 30 Minuten ziehen lassen. Anschließend Auberginenscheiben mit Küchenpapier trocken tupfen.

2. Jeweils etwas Olivenöl in einer großen Pfanne erhitzen. Die Auberginenscheiben darin portionsweise von beiden Seiten anbraten und anschließend herausnehmen.

3. Makkaroni in fingerlange Stücke brechen. Wasser in einem großen Topf mit geschlossenem Deckel zum Kochen bringen. Dann Salz und Nudeln hinzugeben. Die Nudeln in 2 Portionen im geöffneten Topf bei mittlerer Hitze nach Packungsanleitung kochen lassen, dabei zwischendurch 4–5-mal umrühren.

4. Anschließend die Nudeln in ein Sieb geben, mit heißem Wasser abspülen und abtropfen lassen.

5. Den Backofen vorheizen.
Ober-/Unterhitze: etwa 180 °C
Heißluft: etwa 160 °C

6. Zwiebeln abziehen, halbieren und in kleine Würfel schneiden. Knoblauch abziehen und ebenfalls klein würfeln.

7. Dann etwas von dem Olivenöl in einer großen Pfanne erhitzen. Lammhack darin portionsweise unter Rühren anbraten. Dabei die Fleischklümpchen mit einer Gabel zerdrücken. Zwiebel- und Knoblauchwürfel hinzugeben und mit anbraten.

8. Stückige Tomaten und Ajvar verrühren. Alles mit Thymian, Salz und Pfeffer kräftig würzen.

9. Etwa ein Drittel der Tomatensauce in eine große Auflaufform (gefettet) oder Fettfangschale (gefettet) geben. Die Hälfte der Nudeln daraufgeben. Die Lammhackmasse darauf verteilen. Die Hälfte der Auberginen- und Zucchinischeiben darauflegen und mit Crème fraîche bestreichen. Restliche Nudeln daraufgeben. Den Auflauf mit den restlichen Auberginen- und Zucchinischeiben belegen und mit der restlichen Tomatensauce bestreichen.

10. Käse mit Semmelbröseln und Olivenhälften mischen, auf dem Auflauf verteilen. Die Form auf dem Rost oder die Fettfangschale in den vorgeheizten Backofen schieben. Den Auflauf etwa 40 Minuten garen.

Grüne Bandnudeln à la Marietta I

Raffiniert

4 Portionen

Pro Portion:

E: 27 g, F: 46 g, Kh: 65 g, kJ: 3439, kcal: 822

3 l Wasser
3 gestr. TL Salz
300 g grüne Bandnudeln

Für die Sauce:

1 Knoblauchzehe
40 g Butter
2 mittelgroße Zwiebeln
125 ml (1/8 l) Tomatenketchup
125 ml (1/8 l) Fleischbrühe
125 g Schlagsahne
Salz, frisch gemahlener, schwarzer Pfeffer
gerebeltes Basilikum

3 EL Butter
4 Eier (Größe M)

150 g frisch geriebener, alter Gouda-Käse

Zubereitungszeit: 40 Minuten

1. Wasser in einem großen Topf mit geschlossenem Deckel zum Kochen bringen. Dann Salz und Nudeln hinzugeben. Die Nudeln im geöffneten Topf bei mittlerer Hitze nach Packungsanleitung kochen lassen, dabei zwischendurch 4–5-mal umrühren.

2. Anschließend die Nudeln in ein Sieb geben, mit heißem Wasser abspülen und abtropfen lassen. Die Nudeln in eine vorgewärmte Schüssel geben. Einen Deckel darauflegen und warm stellen.

3. Für die Sauce Knoblauch abziehen und eine Pfanne damit ausreiben. Die Butter hinzufügen und zerlassen. Die Zwiebeln abziehen, klein würfeln und in der Butter goldgelb dünsten. Tomatenketchup, Brühe und Sahne hinzugießen. Mit Salz, Pfeffer und Basilikum würzen. Die Zutaten zum Kochen bringen und gut durchkochen lassen. Die Sauce eventuell nochmals mit den Gewürzen abschmecken.

4. Butter in einer Pfanne zerlassen. Eier nacheinander aufschlagen und in der Butter braten.

5. Die Nudeln mit der Sauce und den Spiegeleiern auf Tellern anrichten. Käse dazureichen.

Grüne Bandnudeln auf Tomaten-Paprika-Ragout | Für die Party

8–10 Portionen

Pro Portion:
E: 13 g, F: 7 g, Kh: 64 g, kJ: 1635, kcal: 390

4 rote Paprikaschoten (etwa 600 g)
2 Bund Frühlingszwiebeln

je 5 l Wasser
je 5 gestr. TL Salz
1 kg dünne, grüne Bandnudeln

4 EL Speiseöl, z. B. Olivenöl
1 Dose geschälte Tomaten (Einwaage 800 g)
1 Glas Ajwar (serbischer Paprikasalat, 330 g)
Salz
frisch gemahlener Pfeffer
etwas Zucker
süße Chilisauce

Nach Belieben zum Garnieren:
einige Basilikumblättchen

Zubereitungszeit: 60 Minuten

1. Paprikaschoten halbieren, entstielen, entkernen und die weißen Scheidewände entfernen. Schotenhälften waschen, abtropfen lassen und in kleine Würfel schneiden.

2. Frühlingszwiebeln putzen, waschen, abtropfen lassen, in kleine Stücke oder Scheiben schneiden (etwas Frühlingszwiebelgrün zum Garnieren beiseitelegen).

3. Wasser in einem großen Topf mit geschlossenem Deckel zum Kochen bringen. Dann Salz und Nudeln hinzugeben. Die Nudeln in 2 Portionen im geöffneten Topf bei mittlerer Hitze nach Packungsanleitung kochen lassen, dabei zwischendurch 4–5-mal umrühren.

4. In der Zwischenzeit Speiseöl in einem großen Topf erhitzen. Zunächst Paprikawürfel darin andünsten, dann Frühlingszwiebelstücke oder -scheiben hinzufügen und mit andünsten. Tomaten in der Dose mit einer Gabel grob zerkleinern. Tomaten mit der Flüssigkeit und Ajwar zum angedünsteten Gemüse in den Topf geben und unterrühren. Ragout mit Salz, Pfeffer, Zucker und Chilisauce pikant würzen. Das Tomaten-Paprika-Ragout unter gelegentlichem Umrühren etwa 10 Minuten garen.

5. Die garen Nudeln in ein Sieb geben, mit heißem Wasser abspülen und abtropfen lassen.

6. Beiseitegelegtes Frühlingszwiebelgrün abspülen, trocken tupfen, zuerst in dünne Scheiben schneiden, dann in Ringe teilen.

7. Grüne Bandnudeln auf dem Tomaten-Paprika-Ragout anrichten. Mit den Frühlingszwiebelringen bestreuen und eventuell mit Basilikumblättchen garnieren.

Grüne Bandnudeln mit Lachs-Sahne-Sauce | Raffiniert

4 Portionen

Pro Portion:
E: 27 g, F: 27 g, Kh: 56 g, kJ: 2913, kcal: 696

300 g TK-Lachsfilet

3 l Wasser
3 gestr. TL Salz
300 g grüne Bandnudeln

2 mittelgroße Stangen Porree (Lauch)
40 g Butter
1 EL Weizenmehl
125 ml (1/8 l) Gemüsebrühe
200 g Schlagsahne
etwas Zitronensaft
Salz
frisch gemahlener Pfeffer

Zubereitungszeit: 30 Minuten, ohne Auftauzeit

1. Lachsfilet zugedeckt nach Packungsanleitung gut antauen lassen. Lachsfilet unter fließendem kalten Wasser abspülen und trocken tupfen.

2. Wasser in einem großen Topf mit geschlossenem Deckel zum Kochen bringen. Dann Salz und Nudeln hinzugeben. Die Nudeln im geöffneten Topf bei mittlerer Hitze nach Packungsanleitung kochen lassen, dabei zwischendurch 4–5-mal umrühren.

3. Anschließend die Nudeln in ein Sieb geben, mit heißem Wasser abspülen und abtropfen lassen.

4. In der Zwischenzeit Porree putzen, die Stangen längs halbieren, gründlich waschen, abtropfen lassen und in Streifen schneiden.

5. Butter in einem Topf erhitzen, die Porreestreifen darin andünsten, mit dem Mehl bestäuben und unter Rühren goldgelb andünsten. Brühe und Sahne hinzugeben, unter Rühren zum Kochen bringen und etwa 5 Minuten kochen lassen.

6. Lachsfilet in Würfel schneiden, mit Zitronensaft beträufeln, mit Salz und Pfeffer würzen. Lachsfiletwürfel in die Sauce geben und etwa 5 Minuten bei schwacher Hitze garen.

7. Die Nudeln vorsichtig unterheben und sofort servieren.

Tipps: Sie können vor dem Servieren auch zusätzlich 1 Esslöffel rote Pfefferkörner über das Gericht streuen. Sie können das Gericht auch als Auflauf zubereiten. Dazu alle Zutaten wie oben beschrieben vorbereiten (nur den Lachs nicht garen), vermischen und in eine Auflaufform geben. Mit Butterflöckchen belegen und mit Semmelbröseln bestreuen. Den Auflauf bei Ober-/Unterhitze: etwa 180 °C, Heißluft: etwa 160 °C 10–15 Minuten überbacken.

Grüne Bandnudeln mit Putenbrust und Aprikosen | Für Gäste

4 Portionen

Pro Portion:
E: 40 g, F: 29 g, Kh: 19 g, kJ: 2310, kcal: 552

2 kleine Putenbrustfilets (je etwa 300 g)
200 g Austernpilze
1 kleine Dose Aprikosenhälften (Abtropfgewicht 240 g)
1 Stange Porree (Lauch)
4 EL Speiseöl
Salz
frisch gemahlener Pfeffer
einige frische oder getrocknete Rosmarinnadeln
2 EL Sojasauce
125 ml (1/8 l) Aprikosensaft aus der Dose
200 g Schlagsahne

5 l Wasser
5 gestr. TL Salz
500 g grüne Bandnudeln

Zubereitungszeit: 30 Minuten

1. Putenbrustfilets unter fließendem kalten Wasser abspülen, trocken tupfen und quer zur Faser in etwa 1 cm dicke Scheiben schneiden, eventuell nochmals halbieren.

2. Austernpilze putzen, mit Küchenpapier abtreiben, eventuell abspülen und trocken tupfen. Größere Austernpilze halbieren.

3. Aprikosenhälften in einem Sieb abtropfen lassen, dabei den Saft auffangen und 125 ml (1/8 l) abmessen. Aprikosenhälften nochmals halbieren.

4. Porree putzen, die Stange längs halbieren, gründlich waschen, abtropfen lassen und in etwa 1 cm breite Streifen schneiden.

5. Speiseöl in einer Pfanne erhitzen, Putenfleischstücke darin portionsweise von allen Seiten gut anbraten, mit Salz und Pfeffer würzen. Angebratene Fleischstücke an den Rand der Pfanne schieben. Die Austernpilze hinzufügen und mit anbraten. Aprikosenviertel und Porreestreifen hinzugeben, kurz mit andünsten.

6. Mit Salz und Pfeffer kräftig würzen, Rosmarinnadeln und Sojasauce unterrühren. Mit dem aufgefangenen Aprikosensaft ablöschen. Sahne hinzugeben, unter Rühren zum Kochen bringen und etwa 5 Minuten garen. Eventuell nochmals mit den Gewürzen abschmecken.

7. In der Zwischenzeit das Wasser in einem großen Topf mit geschlossenem Deckel zum Kochen bringen. Dann Salz und Nudeln hinzugeben. Die Nudeln im geöffneten Topf bei mittlerer Hitze nach Packungsanleitung kochen lassen, dabei zwischendurch 4–5-mal umrühren.

8. Anschließend die Nudeln in ein Sieb geben, mit heißem Wasser abspülen und abtropfen lassen.

9. Putenbrustpfanne mit Bandnudeln servieren.

Grüne Bandnudeln mit Quark I

Vegetarisch

4 Portionen

Pro Portion:
E: 33 g, F: 35 g, Kh: 74 g, kJ: 3277, kcal: 782

500 g Magerquark
200 ml Milch
Salz
frisch geriebene Muskatnuss
2 EL gemischte Kräuter, z. B. Kerbel, Petersilie, Schnittlauch

4 l Wasser
4 gestr. TL Salz
400 g grüne Bandnudeln

50 g Butter
50 g frisch geriebener Parmesan-Käse

Zubereitungszeit: 40 Minuten
Überbackzeit: etwa 20 Minuten

1. Quark mit Milch in eine Rührschüssel geben und mit einem Schneebesen zu einer lockeren Creme verrühren. Mit Salz und Muskat würzen, Kräuter unterheben.

2. Wasser in einem großen Topf mit geschlossenem Deckel zum Kochen bringen. Dann Salz und Nudeln hinzugeben. Die Nudeln im geöffneten Topf bei mittlerer Hitze nach Packungsanleitung kochen lassen, dabei zwischendurch 4–5-mal umrühren.

3. Den Backofen vorheizen.
Ober-/Unterhitze: etwa 200 °C
Heißluft: etwa 180 °C

4. Anschließend die Nudeln in ein Sieb geben, mit heißem Wasser abspülen und abtropfen lassen.

5. Bandnudeln und die Quark-Kräuter-Creme abwechselnd in eine feuerfeste Form oder Auflaufform (mit einem Teil der Butter gefettet) schichten. Die oberste Schicht sollte aus der Quark-Kräuter-Creme bestehen. Mit Käse bestreuen und die restliche Butter in Flöckchen darauf verteilen.

6. Die Form auf dem Rost in den vorgeheizten Backofen schieben. Die Bandnudeln mit der Quark-Kräuter-Creme etwa 20 Minuten goldbraun überbacken.

Grüne Nudeln mit Fischsauce

Einfach

8–10 Portionen

Pro Portion:
E: 27 g, F: 24 g, Kh: 63 g, kJ: 2435, kcal: 581

je 4 l Wasser
je 2 Lorbeerblätter
je 2 vorbereitete Salbeiblätter
je 3 gestr. TL Salz
800 g grüne Bandnudeln

Für die Fischsauce:

4 große Zwiebeln
300 g Zanderfilet
400 g Lachsfilet
5 EL Speiseöl
Salz
frisch gemahlener Pfeffer
Paprikapulver edelsüß
Zitronensaft
250 g Schlagsahne
etwas Nudelwasser

3 EL gehackte Kräuter, z. B. Dill, Zitronenmelisse oder Kerbel
evtl. 3 Knoblauchzehen

Zubereitungszeit: 55 Minuten

1. Wasser in einem großen Topf mit geschlossenem Deckel zum Kochen bringen. Dann Lorbeer-, Salbeiblätter, Salz und Nudeln hinzugeben. Die Nudeln in 2 Portionen im geöffneten Topf bei mittlerer Hitze nach Packungsanleitung kochen lassen, dabei zwischendurch 4–5-mal umrühren.

2. Anschließend die Nudeln in ein Sieb geben und abtropfen lassen, dabei das Nudelwasser auffangen. Nudeln mit heißem Wasser abspülen und abtropfen lassen. Lorbeer- und Salbeiblätter entfernen.

3. Für die Sauce Zwiebeln abziehen, halbieren und in kleine Würfel schneiden. Zander- und Lachsfilet unter fließendem kalten Wasser abspülen, trocken tupfen und in etwa 1 cm große Würfel schneiden.

4. Speiseöl in einer großen Pfanne erhitzen. Zwiebelwürfel darin glasig dünsten. Zander- und Lachsfiletwürfel hinzugeben und kurz von allen Seiten anbraten. Mit Salz, Pfeffer, Paprika und Zitronensaft würzen. Die Sahne und etwas von dem aufgefangenen Nudelwasser unterrühren.

5. Kräuter abspülen und trocken tupfen. Die Blättchen bzw. Spitzen von den Stängeln zupfen. Blättchen und Spitzen klein schneiden. Nach Belieben Knoblauch abziehen und durch eine Knoblauchpresse drücken. Kräuter und Knoblauch in die Sauce geben. Die Sauce mit etwas Salz und Pfeffer abschmecken. Die Nudeln mit der Sauce vermischen, erwärmen und sofort servieren.

Tipps: Sie können auch 1 Päckchen TK-Zanderfilet (etwa 300 g) und 2 Päckchen TK-Lachsfilet (je etwa 250 g) verwenden. Lassen Sie die Fischsorten vorher antauen. Nach Belieben mit Dillzweigen garnieren.

Grüne Nudeln mit Shrimps und Schinken | Für Gäste

4 Portionen

Pro Portion:
E: 44 g, F: 61 g, Kh: 91 g, kJ: 4782, kcal: 1142

5 l Wasser
5 gestr. TL Salz
500 g dünne, grüne Bandnudeln

150 g gekochter Schinken
2 Tomaten
1 Zwiebel
100 g Shrimps (Garnelen)
400 g Schlagsahne
1 Becher Crème fraîche (150 g)
4 Eier (Größe M)
Salz
frisch gemahlener Pfeffer
frisch geriebene Muskatnuss
40 g frisch geriebener Parmesan-Käse

Zubereitungszeit: 30 Minuten
Garzeit: etwa 50 Minuten

1. Den Backofen vorheizen.
Ober-/Unterhitze: etwa 180 °C
Heißluft: etwa 160 °C

2. Wasser in einem großen Topf mit geschlossenem Deckel zum Kochen bringen. Dann Salz und Nudeln hinzugeben. Die Nudeln im geöffneten Topf bei mittlerer Hitze nach Packungsanleitung kochen lassen, dabei zwischendurch 4–5-mal umrühren.

3. Anschließend die Nudeln in ein Sieb geben, mit heißem Wasser abspülen und abtropfen lassen.

4. Schinken in Würfel schneiden. Tomaten waschen, abtropfen lassen, halbieren und die Stängelansätze herausschneiden. Die Tomaten in Würfel schneiden. Zwiebel abziehen und ebenfalls würfeln.

5. Bandnudeln mit Shrimps, Schinken-, Tomaten- und Zwiebelwürfeln mischen und in eine Auflaufform (gefettet) geben.

6. Sahne mit Crème fraîche und Eiern verschlagen. Mit Salz, Pfeffer und Muskat würzen. Die Eiersahne auf den Auflaufzutaten verteilen.

7. Die Form auf dem Rost in den vorgeheizten Backofen schieben. Den Auflauf etwa 50 Minuten garen. Den Auflauf kurz vor Ende der Garzeit mit Parmesan-Käse bestreuen und fertig garen.

Grüne Spaghetti in Gemüsesauce | Einfach

4 Portionen

Pro Portion:
E: 41 g, F: 19 g, Kh: 113 g, kJ: 3347, kcal: 800

2 kleine Zwiebeln
2 kleine Zucchini (je etwa 200 g)
1 Aubergine (etwa 250 g)
1 kleine Fenchelknolle (etwa 200 g)
4 mittelgroße Tomaten
2 EL Olivenöl
400 g frisches Lammhack (evtl. beim Metzger vorbestellen)
Salz
frisch gemahlener Pfeffer
frische Thymian- und Majoranblättchen

je 3 l Wasser
je 3 gestr. TL Salz
600 g grüne oder weiße Spaghetti

Zubereitungszeit: 40 Minuten, ohne Durchziehzeit

1. Zwiebeln abziehen. Zucchini und Aubergine waschen, abtrocknen und die Enden bzw. Stängelansätze abschneiden. Von der Fenchelknolle den Stiel dicht oberhalb der Knolle abschneiden, braune Stellen und Blätter entfernen. Die Wurzelenden gerade schneiden. Die Knolle waschen und halbieren. Tomaten waschen, trocken tupfen, halbieren und die Stängelansätze herausschneiden. Das vorbereitete Gemüse in kleine Würfel schneiden.

2. Olivenöl in einer großen Pfanne erhitzen. Lammhack, Zwiebel- und Fenchelwürfel darin anbraten. Zucchini-, Auberginen- und Tomatenwürfel hinzufügen, gut durchdünsten lassen. Mit Salz und Pfeffer würzen, Thymian- und Majoranblättchen unterheben. Lammhack-Gemüse-Pfanne zugedeckt etwa 10 Minuten garen, eventuell etwas Wasser hinzugießen.

3. In der Zwischenzeit Wasser in einem großen Topf mit geschlossenem Deckel zum Kochen bringen. Dann Salz und Spaghetti hinzugeben. Spaghetti in 2 Portionen im geöffneten Topf bei mittlerer Hitze nach Packungsanleitung kochen lassen, dabei zwischendurch 4–5-mal umrühren.

4. Anschließend die Spaghetti in ein Sieb geben, mit heißem Wasser abspülen und gut abtropfen lassen.

5. Spaghetti vorsichtig unter die Gemüsesauce rühren und einige Minuten ziehen lassen. Nochmals mit den Gewürzen abschmecken und servieren.

Grüner Nudel-Fleisch-Topf I

Gut vorzubereiten

4 Portionen

Pro Portion:

E: 51 g, F: 81 g, Kh: 42 g, kJ: 4771, kcal: 1139

2 ½ l Wasser
2 ½ gestr. TL Salz
250 g grüne Bandnudeln

500 g Champignons
3 kleine Zwiebeln (etwa 150 g)
50 g Butter
Salz, frisch gemahlener Pfeffer
250 g Schlagsahne
500 g Schweineschnitzel
4 EL Speiseöl
250 ml (¼ l) Gemüsebrühe
200 g Schmand (Sauerrahm)
3 EL frische, gehackte Petersilie
150 g frisch geriebener Käse, z. B. Gouda oder Emmentaler
40 g Butter

Zubereitungszeit: 50 Minuten
Garzeit: etwa 20 Minuten

1. Wasser in einem großen Topf mit geschlossenem Deckel zum Kochen bringen. Dann Salz und Nudeln hinzugeben. Die Nudeln im geöffneten Topf bei mittlerer Hitze nach Packungsanleitung kochen lassen, dabei zwischendurch 4–5-mal umrühren.

2. Anschließend die Nudeln in ein Sieb geben, mit heißem Wasser abspülen und abtropfen lassen.

3. Champignons putzen, mit Küchenpapier abreiben, eventuell abspülen und trocken tupfen. Champignons in Scheiben schneiden. Zwiebeln abziehen und in kleine Würfel schneiden.

4. Die Butter in einem großen Topf zerlassen, Zwiebelwürfel darin glasig dünsten. Champignonscheiben hinzugeben und etwa 5 Minuten dünsten lassen, mit Salz und Pfeffer würzen. Sahne hinzugießen und unter Rühren aufkochen lassen.

5. Den Backofen vorheizen.
Ober-/Unterhitze: etwa 180 °C
Heißluft: etwa 160 °C

6. Schnitzelfleisch unter fließendem kalten Wasser abspülen, trocken tupfen und in Streifen schneiden.

7. Etwas Speiseöl in einer Pfanne erhitzen. Die Fleischstreifen darin portionsweise von beiden Seiten anbraten. Mit Salz und Pfeffer würzen. Jeweils mit etwas Brühe ablöschen. Die Fleischstreifen zu der Champignonmasse geben. Schmand und Nudeln vorsichtig unterheben. Mit Salz und Pfeffer abschmecken. Petersilie hinzufügen.

8. Die Fleisch-Champignon-Masse in einer ovalen Auflaufform (gefettet) verteilen und mit Käse bestreuen. Butter in Flöckchen daraufsetzen. Die Form auf dem Rost in den vorgeheizten Backofen schieben. Den Nudel-Fleisch-Topf etwa 20 Minuten garen.

Grünkern-Tagliatelle mit Rauke

Raffiniert – dauert etwas länger

4 Portionen

Pro Portion:
E: 20 g, F: 32 g, Kh: 67 g, kJ: 2801, kcal: 669

150 g Grünkernkörner
230 g Weizenmehl
2 Eier (Größe M)
2 EL Haselnussöl
4 EL Wasser
2 gestr. TL Salz

4 l Wasser
4 gestr. TL Salz

3 Bund Rucola (Rauke, etwa 300 g)
3 EL Haselnussöl
40 g Butter
Salz
frisch geriebene Muskatnuss
60 g frisch gehobelter Parmesan-Käse

Zubereitungszeit: 120 Minuten, ohne Ruhe- und Trockenzeit

1. Den Grünkern fein mahlen, mit Mehl in einer Rührschüssel mischen. Eier, Haselnussöl, Wasser und Salz hinzufügen. Die Zutaten mit Handrührgerät mit Knethaken zunächst kurz auf niedrigster, dann auf höchster Stufe gut durcharbeiten.

2. Anschließend auf einer bemehlten Arbeitsfläche zu einem glatten Teig verkneten. Den Teig in Frischhaltefolie gewickelt etwa 30 Minuten ruhen lassen.

3. Den Teig dann portionsweise auf einer bemehlten Arbeitsfläche dünn ausrollen und zum Trocknen auf Geschirrtücher legen. Wenn die Teigplatten so weit getrocknet sind (nach etwa 20 Minuten), dass sie nicht mehr kleben, aber auch nicht zerbrechen, daraus etwa ½ cm breite Nudeln schneiden.

4. Wasser in einem großen Topf mit geschlossenem Deckel zum Kochen bringen. Dann Salz und Nudeln hinzugeben. Die Nudeln im geöffneten Topf bei mittlerer Hitze 3–5 Minuten kochen lassen, dabei zwischendurch 4–5-mal umrühren.

5. Anschließend die Nudeln in ein Sieb geben, mit heißem Wasser abspülen und abtropfen lassen.

6. Rucola verlesen und dicke Stängel abschneiden. Rucola waschen, trocken tupfen und klein schneiden. Haselnussöl in einer Pfanne erhitzen, Butter hinzugeben. Rucola kurz darin andünsten und herausnehmen.

7. Tagliatelle mit Rucola mischen, mit Salz und Muskat würzen. Mit Parmesan-Käse bestreut servieren.

Tipps: Tagliatelle lassen sich sehr gut vorbereiten, indem man sie vollständig trocknen lässt und luftdicht verpackt. Grünkern-Tagliatelle zusätzlich mit Rucola garnieren.

Haselnuss-Tagliatelle mit Erdbeer-Rhabarber-Sauce I

Dauert etwas länger

4 Portionen

Pro Portion:
E: 23 g, F: 42 g, Kh: 163 g, kJ: 3480, kcal: 832

Für die Haselnuss-Tagliatelle:

200 g Weizenmehl
150 g gemahlene Haselnusskerne
1 Prise Salz
1 TL Zucker
3 Eier (Größe M)
1–2 EL Wasser
75 g Mascarpone (ital. Frischkäse)

Für die Erdbeer-Rhabarber-Sauce:

500 g Erdbeeren
500 g Rhabarber
8 Kumquats
4 EL Zucker
2 EL Zitronensaft
2 EL Speisestärke
1 EL Wasser

4 l Wasser
4 gestr. TL Salz

Zubereitungszeit: 75 Minuten, ohne Ruhezeit

1. Für die Haselnuss-Tagliatelle Mehl und Haselnusskerne in einer Rührschüssel mischen. Salz, Zucker, Eier, Wasser und Mascarpone hinzufügen. Die Zutaten mit Handrührgerät mit Knethaken zu einem glatten Teig verkneten. Den Teig in Frischhaltefolie gewickelt etwa 1 Stunde ruhen lassen.

2. In der Zwischenzeit für die Sauce die Erdbeeren putzen, waschen, gut abtropfen lassen, entstielen und vierteln. Rhabarber putzen, abziehen, waschen, abtropfen lassen und in kleine Stücke schneiden. Kumquats waschen, trocken tupfen und halbieren.

3. Erdbeer-, Rhabarberstücke und Kumquats mit Zucker und Zitronensaft in einem Topf zum Kochen bringen und 3–5 Minuten kochen lassen. Speisestärke mit Wasser anrühren, in die Fruchtsauce rühren und unter Rühren kurz aufkochen lassen.

4. Den Nudelteig portionsweise auf einer bemehlten Arbeitsfläche dünn ausrollen und in dünne Streifen schneiden.

5. Wasser in einem großen Topf zum Kochen bringen, dann Salz und Nudeln hinzugeben. Die Nudeln im geöffneten Topf bei mittlerer Hitze 5–6 Minuten gar ziehen lassen.

6. Die Nudeln in ein Sieb geben, mit heißem Wasser abspülen und abtropfen lassen.

7. Die Nudeln auf Tellern anrichten, die Früchte ringsherum anrichten und servieren.

Hausmachernudeln | Klassisch

4 Portionen

Pro Portion:
E: 11 g, F: 12 g, Kh: 48 g, kJ: 1521, kcal: 363

250 g Weizenmehl
2 Eier (Größe M)
2–3 EL Wasser
1 gestr. TL Salz

Wasser, Salz
(pro 100 g Nudeln 1 l Wasser und 1 gestr. TL Salz)

40 g Butter

Zubereitungszeit: 40 Minuten, ohne Ruhe- und Trockenzeit

1. Mehl in eine Rührschüssel geben und eine Vertiefung eindrücken. Eier mit Wasser verschlagen, mit Salz würzen und in die Vertiefung geben. Mit einer Gabel nach und nach etwas Mehl einrühren.

2. Anschließend mit Handrührgerät mit Knethaken zu einem glatten Teig verkneten. Sollte der Teig kleben, noch etwas Mehl hinzugeben. Den Teig mit etwas Mehl bestäuben, in Frischhaltefolie wickeln und etwa 1 Stunde ruhen lassen.

3. Den Teig in nicht zu großen Stücken auf einer bemehlten Arbeitsfläche möglichst dünn ausrollen. Die Teigplatten zum Trocknen auf Geschirrtücher legen.

4. Wenn die Teigplatten so weit getrocknet sind, dass sie nicht mehr kleben, aber auch noch nicht zerbrechen, daraus Nudeln in gewünschter Länge und Breite schneiden.

5. Wasser in einem großen Topf mit geschlossenem Deckel zum Kochen bringen. Dann Salz und Nudeln hinzugeben. Die Nudeln im geöffneten Topf bei mittlerer Hitze etwa 7 Minuten bissfest kochen lassen, dabei zwischendurch 4–5-mal umrühren.

6. Anschließend die Nudeln in ein Sieb geben, mit heißem Wasser abspülen und abtropfen lassen.

7. Butter in einem Topf zerlassen. Die Nudeln darin schwenken.

Tipp: Den Nudelteig mit einer Nudelmaschine verarbeiten.

Hörnchennudelauflauf „Sechs Käsesorten" | Raffiniert – für die Party

8–10 Portionen

Pro Portion:
E: 47 g, F: 47 g, Kh: 78 g, kJ: 3886, kcal: 929

je 5 l Wasser
je 5 gestr. TL Salz
1 kg Cellentani (kleine Hörnchennudeln)

2 EL Rapsöl
300 g Cocktailtomaten
250 g Ziegenkäse-Rolle
250 g Roquefort-Käse
250 g Mozzarella-Käse
300 g Schafkäse
200 g geraspelter Höhlenkäse
125 g Parmesan-Käse
2 EL Kürbiskerne
2 EL Sonnenblumenkerne
2 EL Walnusskerne
2 Bund Basilikum

Zubereitungszeit: 55 Minuten
Backzeit: etwa 20 Minuten je Backblech

1. Wasser in einem großen Topf mit geschlossenem Deckel zum Kochen bringen. Dann Salz und Nudeln hinzugeben. Die Nudeln in 2 Portionen im geöffneten Topf bei mittlerer Hitze nach Packungsanleitung kochen lassen, dabei zwischendurch 4–5-mal umrühren.

2. Den Backofen vorheizen.
Ober-/Unterhitze: etwa 200 °C
Heißluft: etwa 180 °C

3. Anschließend die Nudeln in ein Sieb geben, mit heißem Wasser abspülen und abtropfen lassen. Dann zwei Backbleche (je 30 x 40 cm) mit Rapsöl bestreichen. Jeweils die Hälfte der Nudeln auf ein Backblech geben.

4. Tomaten waschen, abtrocknen und eventuell die Stängelansätze herausschneiden. Die Tomaten nach Belieben halbieren und auf den Nudeln verteilen.

5. Ziegenkäse, Roquefort und Mozzarella in Scheiben schneiden. Den Schafkäse in kleine Würfel zerteilen.

6. Einen Teil der Nudeln mit Höhlenkäse, einen zweiten Teil mit Ziegenkäse, einen dritten Teil mit Roquefort, einen vierten Teil mit Mozzarella, einen fünften Teil mit Schafkäse und den sechsten Teil mit Parmesan-Käse belegen. Höhlenkäse mit Kürbiskernen, Ziegenkäse mit Sonnenblumenkernen und Roquefort-Käse mit Walnusskernen bestreuen.

7. Die Backbleche nacheinander (bei Heißluft zusammen) in den vorgeheizten Backofen schieben. Den Nudelauflauf etwa 20 Minuten je Backblech garen.

8. Basilikum abspülen und trocken tupfen. Die Blättchen von den Stängeln zupfen. Den Nudelauflauf mit Basilikumblättchen bestreut servieren.

Beilage: Gefüllte Oliven oder Endiviensalat mit Orangenfilets und Kräutervinaigrette.

Hörnchennudeln mit Grüne-Bohnen-Tomaten-Sugo | Vegetarisch

4 Portionen

Pro Portion:
E: 18 g, F: 14 g, Kh: 92 g, kJ: 2389, kcal: 570

250 g grüne Bohnen
2 Zwiebeln
2 Knoblauchzehen
300 g Tomaten
4 EL Olivenöl
1 geh. EL Tomatenmark
125 ml (1/8 l) Gemüsebrühe

5 l Wasser
5 gestr. TL Salz
500 g Hörnchennudeln oder Cellentani (kleine Hörnchennudeln)

1 gestr. TL gerebelter Thymian
1 gestr. TL gerebelter Oregano
Salz, frisch gemahlener Pfeffer

Zubereitungszeit: 30 Minuten

1. Von den Bohnen die Enden abschneiden. Die Bohnen eventuell abfädeln, waschen, abtropfen lassen und in etwa 3 cm lange Stücke schneiden oder brechen. Zwiebeln und Knoblauch abziehen, in kleine Würfel schneiden.

2. Tomaten waschen, abtrocknen, halbieren und die Stängelansätze herausschneiden. Tomatenhälften in kleine Stücke schneiden.

3. Olivenöl in einer Pfanne erhitzen. Zwiebel- und Knoblauchwürfel darin andünsten, Tomatenmark unterrühren. Tomaten- und Bohnenstücke ebenfalls in die Pfanne geben. Brühe hinzugießen, zum Kochen bringen und dann unter gelegentlichem Rühren ohne Deckel bei schwacher Hitze etwa 15 Minuten etwas einköcheln lassen.

4. Wasser in einem großen Topf mit geschlossenem Deckel zum Kochen bringen. Dann Salz und Nudeln hinzugeben. Die Nudeln im geöffneten Topf bei mittlerer Hitze nach Packungsanleitung kochen lassen, dabei zwischendurch 4–5-mal umrühren.

5. Anschließend die Nudeln in ein Sieb geben, mit heißem Wasser abspülen und abtropfen lassen.

6. Das Bohnen-Tomaten-Sugo mit Thymian, Oregano, Salz und Pfeffer würzen.

7. Die Nudeln mit Grüne-Bohnen-Tomaten-Sugo sofort servieren.

Italienischer Nudelsalat I

Gut vorzubereiten

4 Portionen

Pro Portion:
E: 38 g, F: 53 g, Kh: 48 g, kJ: 3439, kcal: 822

250 g Spaghetti
2 1/2 l Wasser
2 1/2 gestr. TL Salz

2 Dosen Tunfisch, naturell (Abtropfgewicht je 185 g)
200 g gegarte, gepökelte Rinderzunge
1 Glas Kapern (Abtropfgewicht 60 g)

Für die Salatmayonnaise:
1 Eigelb (Größe M)
1 TL mittelscharfer Senf
1 TL Anchovis-Paste
1 EL Zitronensaft
1 TL Zucker
Salz
frisch gemahlener Pfeffer
125 ml (1/8 l) Speiseöl
2 EL gemischte gehackte Kräuter

Nach Belieben:
einige Radicchio- und Rucolablätter

Zubereitungszeit: 35 Minuten, ohne Durchziehzeit

1. Die Spaghetti in kleine Stücke brechen. Wasser in einem großen Topf mit geschlossenem Deckel zum Kochen bringen. Dann Salz und Spaghetti hinzugeben. Die Spaghetti im geöffneten Topf bei mittlerer Hitze nach Packungsanleitung kochen lassen, dabei zwischendurch 4–5-mal umrühren.

2. Anschließend die Spaghetti in ein Sieb geben, mit heißem Wasser abspülen und abtropfen lassen.

3. Den Tunfisch abtropfen lassen und mit einer Gabel etwas auseinanderzupfen. Die Rinderzunge in Streifen schneiden. Die Kapern abtropfen lassen. Den Tunfisch, Rinderzungenstreifen und Kapern in einer Schüssel vermengen.

4. Für die Mayonnaise Eigelb, Senf, Anchovis-Paste, Zitronensaft, Zucker, Salz und Pfeffer in einem hohen Rührbecher mit Handrührgerät mit Rührbesen gut verrühren. Speiseöl nach und nach auf mittlerer Stufe unterschlagen, bis eine dickliche Masse entstanden ist. Kräuter unterrühren.

5. Die Mayonnaise zu den Salatzutaten geben und untermengen. Den Salat kalt stellen und gut durchziehen lassen. Mit Salz und Pfeffer abschmecken. Den Salat nach Belieben auf einer großen Platte mit Radicchio- und Rucolablättern anrichten.

Hinweis: Für die Mayonnaise nur ganz frisches Eigelb verwenden, das nicht älter als 5 Tage ist (Legedatum beachten!). Mayonnaise erst kurz vor dem Gebrauch zubereiten.

Tipp: Statt Rinderzunge kann auch Putenbrustaufschnitt verwendet werden.

Italienischer Spaghetti-Salat I

Raffiniert

6 Portionen

Pro Portion:
E: 24 g, F: 20 g, Kh: 36 g, kJ: 1787, kcal: 427

250 g Spaghetti
2 1/2 l Wasser
2 1/2 gestr. TL Salz

1 mittelgroße Gemüsezwiebel
1 Zucchini
Salzwasser
2 Fleischtomaten
200 g gegartes Kalbfleisch
3 EL Basilikumessig
Salz, frisch gemahlener Pfeffer
gerebelter Oregano
4 EL Olivenöl
12 entsteinte, schwarze Oliven
2 TL Kapern (aus dem Glas)

Für die Tunfischsauce:
1 Dose Tunfisch, in Öl
(Abtropfgewicht 185 g)
150 g Joghurt
1 EL Salatmayonnaise

1 Topf Basilikum

Zubereitungszeit: 50 Minuten, ohne Durchziehzeit

1. Spaghetti 1–2-mal durchbrechen. Wasser in einem großen Topf mit geschlossenem Deckel zum Kochen bringen. Dann Salz und Spaghetti hinzugeben. Die Spaghetti im geöffneten Topf bei mittlerer Hitze nach Packungsanleitung kochen lassen, dabei zwischendurch 4–5-mal umrühren.

2. Anschließend Spaghetti in ein Sieb geben, mit heißem Wasser abspülen und abtropfen lassen.

3. Gemüsezwiebel abziehen, halbieren und in dünne Scheiben schneiden. Die Zucchini waschen, abtrocknen und die Enden abschneiden. Zucchini in dünne Scheiben schneiden. Zwiebel- und Zucchinischeiben in kochendes Salzwasser geben, kurz aufkochen lassen, in ein Sieb geben, mit kaltem Wasser übergießen und abtropfen lassen.

4. Tomaten waschen, kreuzweise einschneiden, kurz in kochendes Wasser legen und in kaltem Wasser abschrecken. Tomaten enthäuten, halbieren, entkernen und die Stängelansätze herausschneiden. Tomatenhälften in Spalten schneiden. Kalbfleisch in Streifen schneiden.

5. Essig mit Salz, Pfeffer und Oregano verrühren. Olivenöl unterschlagen. Spaghetti, Zwiebel-, Zucchinischeiben, Tomatenspalten, Kalbfleischstreifen, abgetropfte Oliven und Kapern in einer Schüssel vermengen. Sauce hinzufügen und untermischen. Den Salat etwa 20 Minuten durchziehen lassen.

6. Für die Tunfischsauce Tunfisch mit dem Öl aus der Dose pürieren, Joghurt und Mayonnaise unterrühren. Die Sauce mit Salz und Pfeffer abschmecken.

7. Basilikum abspülen und trocken tupfen. Die Blättchen von den Stängeln zupfen. Den Salat mit den Basilikumblättchen garnieren. Die Tunfischsauce zu dem Salat reichen.

Tipp: Kalbfleisch durch Bratenaufschnitt ersetzen.

Kaninchen-Nudel-Auflauf | Für Gäste

4 Portionen

Pro Portion:
E: 68 g, F: 39 g, Kh: 62 g, kJ: 3914, kcal: 934

3 l	*Wasser*
3 gestr. TL	*Salz*
300 g	*Nudeln, z. B. Farfalle*
1 kg	*Kaninchen*
3	*Schalotten*
2	*Knoblauchzehen*
3 EL	*Olivenöl*
6	*Strauchtomaten*
1 Staude	*Staudensellerie*
80 g	*schwarze Oliven*
je 3 Stängel	*Rosmarin und Thymian*
1 Döschen	*Safran (0,2 g)*
	Salz, frisch gemahlener Pfeffer
	Chilipulver
80 g	*fein geriebener Greyerzer-Käse*

Zubereitungszeit: 70 Minuten
Garzeit: etwa 40 Minuten

1. Wasser in einem großen Topf mit geschlossenem Deckel zum Kochen bringen. Dann Salz und Nudeln hinzugeben. Die Nudeln im geöffneten Topf bei mittlerer Hitze nach Packungsanleitung kochen lassen, dabei zwischendurch 4–5-mal umrühren.

2. Anschließend die Nudeln in ein Sieb geben, mit heißem Wasser abspülen und abtropfen lassen.

3. Kaninchen unter fließendem kalten Wasser abspülen, trocken tupfen, von Haut und Sehnen befreien. Kaninchen in möglichst kleine Stücke teilen.

4. Schalotten und Knoblauch abziehen und in kleine Würfel schneiden. Olivenöl in einer Pfanne erhitzen. Die Kaninchenteile darin von allen Seiten knusprig anbraten. Schalotten- und Knoblauchwürfel hinzufügen, mit andünsten.

5. Den Backofen vorheizen.
Ober-/Unterhitze: etwa 180 °C
Heißluft: etwa 160 °C

6. Tomaten waschen, abtropfen lassen, kreuzweise einschneiden, kurz in kochendes Wasser legen und in kaltem Wasser abschrecken. Tomaten enthäuten, halbieren, entkernen und die Stängelansätze herausschneiden. Tomatenhälften in grobe Würfel schneiden.

7. Sellerie putzen und die harten Außenfäden abziehen. Selleriestangen waschen, abtropfen lassen und in etwa 1 cm lange Stücke schneiden. Selleriestücke mit den Tomatenwürfeln und abgetropften Oliven zu den Kaninchenteilen in die Pfanne geben und kurz erhitzen.

8. Rosmarin und Thymian abspülen, trocken tupfen. Die Nadeln bzw. Blättchen von den Stängeln zupfen. Nadeln und Blättchen klein schneiden.

9. Die Kaninchenteile mit Rosmarin, Thymian, Safran, Salz, Pfeffer und Chili würzen. Nudeln unterheben und in eine große Auflaufform (gefettet) füllen. Den Auflauf mit Käse bestreuen. Die Form auf dem Rost in den vorgeheizten Backofen schieben. Den Auflauf etwa 40 Minuten garen.

Kapernklöße in pikanter Nudelsauce | Raffiniert

4 Portionen

Pro Portion:
E: 41 g, F: 49 g, Kh: 59 g, kJ: 3784, kcal: 904

Für die Klöße:

1 Brötchen (Semmel) vom Vortag
1 Zwiebel
500 g Gehacktes (halb Rind-, halb Schweinefleisch)
1 Ei (Größe M)
50 g Kapern (aus dem Glas)
Salz
frisch gemahlener Pfeffer
frisch geriebene Muskatnuss
500 ml (1/2 l) Fleischbrühe

Für die Sauce:

1 Gemüsezwiebel
3 Fleischtomaten
4 EL Speiseöl
2 EL Weizenmehl
250 ml (1/4 l) Fleischbrühe von den Klößen

2 1/2 l Wasser
2 1/2 gestr. TL Salz
250 g Nudeln, z. B. breite Bandnudeln

evtl. 1 vorbereitetes Petersiliensträußchen

Zubereitungszeit: 50 Minuten

1. Für die Klöße Brötchen in kaltem Wasser einweichen. Zwiebel abziehen und klein würfeln. Gehacktes in eine Rührschüssel geben und mit dem gut ausgedrückten Brötchen, Zwiebelwürfeln und Ei vermengen. Kapern gut abtropfen lassen und zu dem Fleischteig geben. Mit Salz, Pfeffer und Muskat würzen. Aus der Fleischmasse mit angefeuchteten Händen 8 gleich große Klöße formen.

2. Fleischbrühe in einem Topf zum Kochen bringen. Die Fleischklöße hineingeben und etwa 10 Minuten ziehen lassen. Klöße mit einer Schaumkelle herausnehmen und warm stellen. Von der Brühe 250 ml (1/4 l) abmessen.

3. Für die Sauce Gemüsezwiebel abziehen, halbieren und in Würfel schneiden. Tomaten waschen, abtropfen lassen, kreuzweise einschneiden, kurz in kochendes Wasser legen und in kaltem Wasser abschrecken. Die Tomaten enthäuten, halbieren, entkernen und die Stängelansätze herausschneiden. Tomatenhälften in Würfel schneiden. Speiseöl in einer Pfanne erhitzen. Die Zwiebelwürfel darin glasig dünsten.

4. Tomatenwürfel hinzufügen und mit andünsten. Die Zwiebel-Tomaten-Masse mit Mehl bestäuben, die abgemessene Brühe hinzugießen und aufkochen lassen. Die Nudelsauce mit Salz, Pfeffer und Muskat würzen.

5. Wasser in einem großen Topf mit geschlossenem Deckel zum Kochen bringen. Dann Salz und Nudeln hinzugeben. Die Nudeln im geöffneten Topf bei mittlerer Hitze nach Packungsanleitung kochen lassen, dabei zwischendurch 4–5-mal umrühren.

6. Anschließend die Nudeln in ein Sieb geben, mit heißem Wasser abspülen und abtropfen lassen.

7. Die Nudeln mit den Klößen und der Sauce anrichten. Nach Belieben mit Petersilie garnieren.

Beilage: Grüner Salat.

Käse-Kräuter-Nudeln mit Spinat und Champignons | Für Kinder

3 Portionen

Pro Portion:
E: 11 g, F: 29 g, Kh: 12 g, kJ: 1538, kcal: 367

2 ½ l Wasser
2 ½ gestr. TL Salz
250 g Spätzle oder Penne (Röhrennudeln)

100 g Blattspinat
100 g Champignons
80 g Kräuterbutter
Salz, frisch gemahlener Pfeffer
1 abgezogene, zerdrückte Knoblauchzehe
80 g frisch geriebener Gouda-Käse

Zubereitungszeit: 30 Minuten

1. Wasser in einem großen Topf mit geschlossenem Deckel zum Kochen bringen. Dann Salz und Nudeln hinzugeben. Die Nudeln im geöffneten Topf bei mittlerer Hitze nach Packungsanleitung kochen lassen, dabei zwischendurch 4–5-mal umrühren.

2. Anschließend die Nudeln in ein Sieb geben, mit heißem Wasser abspülen und abtropfen lassen.

3. Blattspinat verlesen und dicke Stiele entfernen. Spinat gründlich waschen, abtropfen lassen, in kochendem Wasser etwa 1 Minute blanchieren, mit kaltem Wasser abschrecken und in einem Sieb abtropfen lassen.

4. Champignons putzen, mit Küchenpapier abreiben, eventuell abspülen, trocken tupfen und in Scheiben schneiden.

5. Kräuterbutter in einer großen Pfanne erhitzen. Champignonscheiben, Nudeln und Blattspinat darin unter mehrmaligem Wenden andünsten. Mit Salz, Pfeffer und Knoblauch würzen.

6. Die Käse-Kräuter-Nudeln auf einem feuerfesten Teller anrichten, mit Käse bestreuen und unter dem vorgeheizten Backofengrill kurz überbacken, bis der Käse anfängt zu zerlaufen.

Käsespätzle | Beliebt

4 Portionen

Pro Portion:
E: 29 g, F: 33 g, Kh: 71 g, kJ: 2942, kcal: 703

Für die Spätzle:
400 g Weizenmehl
4 Eier (Größe M)
1 gestr. TL Salz
125 ml (1/8 l) Wasser

4 l Wasser
4 gestr. TL Salz

250 g geriebener, mittelalter Käse z. B. Gouda oder Emmentaler

Nach Belieben:
300 g Zwiebeln
75 g Butter

Zubereitungszeit: 45 Minuten, ohne Ruhezeit
Überbackzeit: 10–15 Minuten

1. Mehl in eine Rührschüssel geben und in die Mitte eine Vertiefung drücken. Die Eier mit Salz und Wasser verschlagen. Etwas von der Eierflüssigkeit in die Vertiefung gießen und mit Handrührgerät mit Knethaken von der Mitte aus mit dem Mehl verrühren. Restliche Eierflüssigkeit nach und nach hinzugießen. Dabei darauf achten, dass keine Klümpchen entstehen.

2. Den Teig so lange rühren, bis er Blasen wirft. Den Teig zugedeckt etwa 15 Minuten ruhen lassen.

3. Den Backofen vorheizen.
Ober-/Unterhitze: etwa 220 °C
Heißluft: etwa 200 °C

4. Wasser in einem großen Topf zum Kochen bringen, Salz hinzufügen. Den Teig portionsweise mit einem Spätzlehobel oder durch eine Spätzlepresse in das kochendes Salzwasser geben. Die Spätzle 3–5 Minuten gar kochen (die Spätzle sind gar, wenn sie an der Oberfläche schwimmen).

5. Die Spätzle in ein Sieb geben, kurz mit kaltem Wasser abspülen und abtropfen lassen. Die Spätzle abwechselnd mit dem Käse in eine große, flache Auflaufform (gefettet) schichten (die oberste Schicht sollte aus Käse bestehen). Die Form auf dem Rost in den vorgeheizten Backofen schieben. Käsespätzle 10–15 Minuten überbacken.

6. Nach Belieben Zwiebeln abziehen, zuerst in Scheiben schneiden, dann in Ringe teilen. Butter in einer Pfanne zerlassen, Zwiebelringe darin goldbraun braten, herausnehmen und auf den Spätzle verteilen.

Tipps: Geben Sie auf jede Käseschicht noch einige klein geschnittene, getrocknete Tomaten (in Öl eingelegt) und frische, klein geschnittene Liebstöckelblätter. Servieren Sie zu Käsespätzle einen Blattsalat mit Joghurt-Dressing.

Käsespätzle-Gemüse-Rösti I

Dauert etwas länger

12 Portionen (24 Stück)

Pro Stück:
E: 8 g, F: 12 g, Kh: 16 g, kJ: 879, kcal: 210

Für den Pfannkuchenteig:

300 g Weizenmehl
3 Eier (Größe M)
1 Prise Salz
250 ml (1/4 l) Milch

Für die Käsespätzle:

1,2 kg Spätzle
Salzwasser
4 Möhren (etwa 400 g)
1 kleine Stange Porree (Lauch, etwa 300 g)

200 g Butter oder Margarine
Salz
frisch gemahlener Pfeffer
frisch geriebene Muskatnuss
200 g frisch geriebener Parmesan-Käse

Zubereitungszeit: 60 Minuten

1. Für den Pfannkuchenteig Mehl in eine Rührschüssel geben, mit Eiern gut verrühren. Mit Salz würzen. Milch unterschlagen. Dabei darauf achten, dass keine Klümpchen entstehen.

2. Für die Käsespätzle Spätzle portionsweise in kochendem Salzwasser nach Packungsanleitung bissfest kochen, dabei ab und zu umrühren. Spätzle in ein Sieb geben, mit heißem Wasser übergießen und abtropfen lassen.

3. Den Backofen vorheizen.
Ober-/Unterhitze: etwa 100 °C
Heißluft: etwa 80 °C

4. Möhren putzen, schälen, abspülen, abtropfen lassen und in sehr feine Streifen schneiden. Porree putzen, die Stange längs halbieren, gründlich waschen, abtropfen lassen und ebenfalls in sehr feine Streifen schneiden. Möhren- und Porreestreifen in kochendem Salzwasser etwa 2 Minuten blanchieren, in eiskaltem Wasser abschrecken und in einem Sieb abtropfen lassen.

5. Etwas Butter oder Margarine in einer kleinen, beschichteten Pfanne zerlassen. Einen Teil der Spätzle, Möhren- und Lauchstreifen darin anbraten, mit Salz, Pfeffer und Muskat würzen. Etwas Pfannkuchenteig gleichmäßig darübergießen, mit etwas Parmesan-Käse bestreuen und unter Wenden zu einer „Rösti" braten. Diesen Vorgang wiederholen, bis alle Zutaten verbraucht sind (ergibt etwa 24 Stück).

6. Die fertigen Rösti zugedeckt im vorgeheizten Backofen warm stellen.

Knoblauchspätzle mit grünem Spargel | Einfach – mit Alkohol

4 Portionen

Pro Portion:
E: 12 g, F: 16 g, Kh: 14 g, kJ: 1179, kcal: 281

400 g dünner, grüner Spargel
2 Bund Frühlingszwiebeln
2 Fleischtomaten (je etwa 150 g)
2 Knoblauchzehen
3 EL Olivenöl
100 ml Gemüsebrühe
100 ml Weißwein
500 g frische Spätzle (aus dem Kühlregal)
Salz, frisch gemahlener Pfeffer
80 g frisch geriebener Parmesan-Käse

Zubereitungszeit: 30 Minuten

1. Von dem Spargel das untere Drittel schälen und die unteren Enden abschneiden. Frühlingszwiebeln putzen, waschen und abtropfen lassen. Dann Spargel und Frühlingszwiebeln in etwa 3 cm lange Stücke schneiden. Tomaten waschen, trocken tupfen und die Stängelansätze herausschneiden. Tomaten grob würfeln. Knoblauch abziehen und klein würfeln.

2. Olivenöl im Wok erhitzen. Nach und nach Spargelstücke, Tomaten- und Knoblauchwürfel darin andünsten. Brühe und Wein hinzugießen. Das Gemüse zum Kochen bringen und gut 5 Minuten köcheln lassen. Spätzle und Frühlingszwiebelstücke hinzugeben, mit Salz, Pfeffer und 30 g Parmesan-Käse würzen. Die Zutaten unter Rühren erhitzen.

3. Spätzle mit grünem Spargel auf Tellern anrichten und mit dem restlichen Parmesan-Käse bestreuen.

Tipps: Zu diesem Gericht passt kurz gebratener Fisch, z. B. Kabeljau. Eine besondere Note bekommt dieses Gericht, wenn Sie in Scheiben geschnittenen und gerösteten Knoblauch hinzugeben. Wer keinen grünen Spargel bekommt, kann entweder weißen Spargel verwenden oder TK-Prinzessbohnen.

Knöpfli-Auflauf mit Wirsing

Preiswert – gut vorzubereiten

4 Portionen

Pro Portion:
E: 49 g, F: 67 g, Kh: 56 g, kJ: 4500, kcal: 1075

800 g Wirsing
1 Zwiebel
3 EL Speiseöl
Salz, frisch gemahlener Pfeffer
1 TL Kümmelsamen
1/2 TL Currypulver

2 1/2 l Wasser
2 1/2 gestr. TL Salz
250 g Nudeln, z. B. „Knöpfli"

3–4 Mettwürstchen oder Rauchenden

Für die Sauce:
50 g Butter
1 geh. EL Weizenmehl
250 g Schlagsahne
150 ml Gemüsebrühe
150 g geriebener, mittelalter Gouda-Käse
20 g Butter

1 EL fein geschnittener Schnittlauch

Zubereitungszeit: 40 Minuten
Garzeit: etwa 30 Minuten

1. Von dem Wirsing die groben, äußeren Blätter lösen. Den Wirsing halbieren. Den Strunk herausschneiden. Wirsinghälften in Streifen schneiden, abspülen und in einem Sieb abtropfen lassen.

2. Zwiebel abziehen und in kleine Würfel schneiden. Speiseöl in einem Topf erhitzen. Zwiebelwürfel darin andünsten. Wirsingstreifen hinzufügen. Mit Salz, Pfeffer, Kümmel und Curry würzen. Etwas Wasser hinzugeben. Wirsingstreifen zugedeckt etwa 10 Minuten garen.

3. Den Backofen vorheizen.
Ober-/Unterhitze: etwa 200 °C
Heißluft: etwa 180 °C

4. Wasser in einem großen Topf mit geschlossenem Deckel zum Kochen bringen. Dann Salz und Nudeln hinzugeben. Die Nudeln im geöffneten Topf bei mittlerer Hitze nach Packungsanleitung kochen lassen, dabei zwischendurch 4–5-mal umrühren.

5. Anschließend die Nudeln in ein Sieb geben, mit heißem Wasser abspülen und abtropfen lassen.

6. Mettwürstchen oder Rauchenden in Scheiben schneiden, mit den Wirsingstreifen vermischen und abwechselnd mit den Nudeln in eine flache Auflaufform (gefettet) geben.

7. Für die Sauce Butter in einem Topf zerlassen. Mehl darin unter Rühren so lange erhitzen, bis es hellgelb ist. Nach und nach Sahne und Brühe hinzugießen und mit einem Schneebesen durchschlagen. Darauf achten, dass keine Klümpchen entstehen. Zwei Drittel des Käses unterrühren. Die Sauce mit Salz und Pfeffer würzen und auf dem Auflauf verteilen. Butter in Flöckchen daraufsetzen. Mit restlichem Käse bestreuen.

8. Die Form auf dem Rost in den vorgeheizten Backofen schieben. Den Auflauf etwa 30 Minuten garen.

9. Den Auflauf vor dem Servieren mit Schnittlauchröllchen bestreuen.

Knuspriger Nudelauflauf

Raffiniert – für Gäste

8–10 Portionen

Pro Portion:
E: 45 g, F: 30 g, Kh: 85 g, kJ: 3339, kcal: 798

je 5 l Wasser
je 5 gestr. TL Salz
1 kg Fusilli (Spiralnudeln)

3 Zwiebeln
1 Bund Staudensellerie
600 g Möhren
1,2 kg Entenbrust
Salz
frisch gemahlener Pfeffer
2 TL Thymian
6 EL Semmelbrösel
150 g frisch geriebener Parmesan-Käse

Zubereitungszeit: 75 Minuten
Garzeit: etwa 30 Minuten

1. Wasser in einem großen Topf mit geschlossenem Deckel zum Kochen bringen. Dann Salz und Nudeln hinzugeben. Die Nudeln in 2 Portionen im geöffneten Topf bei mittlerer Hitze nach Packungsanleitung kochen lassen, dabei zwischendurch 4–5-mal umrühren.

2. Anschließend die Nudeln in ein Sieb geben, mit heißem Wasser abspülen und abtropfen lassen.

3. Zwiebeln abziehen und in kleine Würfel schneiden. Sellerie putzen und die harten Außenfäden abziehen. Sellerie waschen, abtropfen lassen und in etwa 1 cm kleine Stücke schneiden. Das zarte Grün beiseitelegen. Möhren putzen, schälen, abspülen, abtropfen lassen und in kleine Würfel schneiden.

4. Den Backofen vorheizen.
Ober-/Unterhitze: etwa 180 °C
Heißluft: etwa 160 °C

5. Entenbrust unter fließendem kalten Wasser abspülen und trocken tupfen. Die Haut mit einem scharfen Messer abschneiden. Entenbrustfilet und die abgeschnittene Haut in kleine Würfel schneiden oder Haut und Filet getrennt durch einen Fleischwolf (grobe Scheibe) drehen.

6. Die Hautwürfel in einem großen Bräter auslassen, dann bei starker Hitze unter mehrmaligem Wenden knusprig anbraten. Filetwürfel hinzugeben und mit anbraten. Zwiebelwürfel hinzufügen und ebenfalls kurz mit anbraten. Zuletzt Möhrenwürfel und Selleriestückchen hinzugeben, weitere etwa 2 Minuten mit andünsten. Mit Salz, Pfeffer und Thymian würzen.

7. Die Fleisch-Gemüse-Masse in eine Fettfangschale (gefettet) geben. Nudeln hinzufügen und untermischen. Semmelbrösel und Käse daraufstreuen. Die Fettfangschale in den vorgeheizten Backofen schieben. Den Auflauf etwa 30 Minuten garen.

8. Das beiseitegelegte Selleriegrün klein schneiden. Den Nudelauflauf mit dem Selleriegrün bestreut servieren.

Kräuterrouladen mit Möhren und Nudeln | Schnell zubereitet

4 Portionen

Pro Portion:
E: 32 g, F: 9 g, Kh: 51 g, kJ: 1749, kcal: 418

4 dünne Schweineschnitzel (je etwa 100 g)
Salz
frisch gemahlener Pfeffer
4 TL mittelscharfer Senf
1 Pck. gemischte TK-Kräuter
750 g Möhren
1 EL Speiseöl
300 ml Fleischbrühe

2 ½ l Wasser
2 ½ gestr. TL Salz
250 g Bandnudeln, z. B. Tagliatelle

½ Bund glatte Petersilie
1 leicht geh. EL Crème fraîche

Außerdem:
Holzstäbchen

Zubereitungszeit: 30 Minuten

1. Schnitzel unter fließendem kalten Wasser abspülen und trocken tupfen, mit Salz und Pfeffer bestreuen, mit Senf bestreichen. Die Kräuter darauf verteilen. Die Schnitzel von der schmalen Seite aus aufrollen und jeweils mit einem Holzstäbchen zusammenstecken.

2. Möhren putzen, schälen, abspülen, abtropfen lassen und in Scheiben schneiden. Speiseöl in einer großen Pfanne erhitzen. Die Rouladen darin von allen Seiten anbraten. Möhrenscheiben und Brühe hinzugeben, mit Salz und Pfeffer würzen. Die Rouladen zum Kochen bringen und zugedeckt bei mittlerer Hitze 10–15 Minuten garen.

3. Wasser in einem großen geschlossenen Topf zum Kochen bringen. Dann Salz und Nudeln hinzugeben. Die Nudeln im geöffneten Topf bei mittlerer Hitze nach Packungsanleitung bissfest kochen, dabei zwischendurch 4–5-mal umrühren. Anschließend Nudeln in ein Sieb geben, mit heißem Wasser abspülen und abtropfen lassen.

4. Petersilie abspülen und trocken tupfen. Die Blättchen von den Stängeln zupfen. Blättchen klein schneiden. Nudeln in eine Schüssel geben, mit der Petersilie bestreuen und warm stellen.

5. Die garen Kräuterrouladen aus der Pfanne nehmen und ebenfalls warm stellen. Crème fraîche unter die Möhrenscheiben rühren und nochmals mit Salz und Pfeffer abschmecken.

Tipps: Die Kräuterrouladen können auch mit Hähnchenbrustfilets (pro Portion E: 34, F: 7,5, Kh: 51, kJ: 1727, kcal: 413) oder Kalbsschnitzeln (pro Portion E: 31, F: 10, Kh: 51, kJ: 1772, kcal: 423) zubereitet werden.

Krautfleckerl | Preiswert – für Kinder

4 Portionen

Pro Portion:
E: 20 g, F: 24 g, Kh: 103 g, kJ: 3116, kcal: 744

30 g Schweineschmalz
50 g Zucker
150 g Zwiebeln
600 g Weißkohl
125 ml (1/8 l) Geflügelbrühe
Salz, frisch gemahlener Pfeffer

5 l Wasser
5 gestr. TL Salz
500 g Farfalle (Schmetterlingsnudeln)

60 g Butter

Zubereitungszeit: 30 Minuten

1. Das Schweineschmalz in einem Topf zerlassen. Zucker hinzufügen und unter Rühren bei mittlerer Hitze karamellisieren. Zwiebeln abziehen, in kleine Würfel schneiden und mitdünsten lassen.

2. Weißkohl putzen, vierteln und den Strunk herausschneiden. Kohlviertel waschen, abtropfen lassen und in etwa 5 cm große Würfel schneiden. Kohlwürfel zu den Zwiebelwürfeln geben und unter Rühren kurz mitdünsten lassen. Brühe hinzugießen, mit Salz und Pfeffer würzen. Die Zutaten zum Kochen bringen und etwa 20 Minuten garen, dabei zwischendurch umrühren.

3. Wasser in einem großen Topf mit geschlossenem Deckel zum Kochen bringen. Dann Salz und Nudeln hinzugeben. Die Nudeln im geöffneten Topf bei mittlerer Hitze nach Packungsanleitung kochen lassen, dabei zwischendurch 4–5-mal umrühren.

4. Anschließend die Nudeln in ein Sieb geben, mit heißem Wasser abspülen und abtropfen lassen.

5. Butter in einer Pfanne zerlassen. Die Nudeln darin schwenken, zu dem gegarten Kohl geben und untermischen. Mit Salz und Pfeffer abschmecken.

Lachsravioli auf Mangold I

Dauert etwas länger

4 Portionen

Pro Portion:
E: 28 g, F: 43 g, Kh: 62 g, kJ: 3224, kcal: 771

Für den Nudelteig:

250 g Weizenmehl
50 g Hartweizengrieß
3 Eier (Größe M)
1 gestr. TL Salz
3 EL Walnussöl
1 EL Wasser

Für die Füllung:

1 Becher Crème fraîche (150 g)
frisch gemahlener Pfeffer
1 Bund Frühlingszwiebeln
200 g geräucherter Lachs

Salzwasser

Für die Beilage:

600 g Mangold
2 Knoblauchzehen
2 Zwiebeln
2 EL Walnussöl
3 EL Crème fraîche
frisch geriebene Muskatnuss

Zubereitungszeit: 80 Minuten, ohne Ruhezeit

1. Für den Nudelteig Mehl mit Grieß in einer Rührschüssel mischen und in die Mitte eine Vertiefung drücken. Eier, Salz, Walnussöl und Wasser verschlagen und in die Vertiefung geben. Mit einer Gabel nach und nach etwas von dem Mehl-Grieß-Gemisch einrühren.

2. Mit Handrührgerät mit Knethaken zu einem glatten Teig verkneten. Sollte der Teig kleben, noch etwas Mehl hinzufügen. Den Teig in Frischhaltefolie wickeln und 1 Stunde ruhen lassen.

3. Für die Füllung Crème fraîche in einem kleinen Topf unter Rühren zum Kochen bringen und bei schwacher Hitze etwas einkochen lassen. Den Topf von der Kochstelle nehmen. Crème-fraîche-Masse mit Pfeffer würzen.

4. Frühlingszwiebeln putzen, waschen, abtropfen lassen und in feine Scheiben schneiden. Lachs in Würfel schneiden. Frühlingszwiebelscheiben und Lachswürfel unter die Crème-fraîche-Masse heben. Füllung etwas abkühlen lassen.

5. Den Nudelteig auf einer bemehlten Arbeitsfläche dünn ausrollen und Quadrate (etwa 10 x 10 cm) ausschneiden oder -rädeln. Jeweils etwas von der Lachsfüllung auf die Teigquadrate geben. Die Teigränder mit Wasser bestreichen. Die Teigquadrate übereinanderklappen. Teigränder gut zusammendrücken.

6. Salzwasser in einem Topf zum Kochen bringen. Lachsravioli darin portionsweise etwa 5 Minuten bei schwacher bis mittlerer Hitze garen. Die garen Lachsravioli mit einer Schaumkelle aus dem Salzwasser nehmen und warm stellen.

7. Für die Beilage Mangold putzen und große Blattstiele entfernen. Mangold mehrmals gründlich waschen, abtropfen lassen und in kochendem Wasser kurz blanchieren. Anschließend mit kaltem Wasser abschrecken, in ein Sieb geben und abtropfen lassen. Mangold grob hacken.

8. Knoblauch und Zwiebeln abziehen, in kleine Würfel schneiden. Walnussöl in einem Topf erhitzen. Zwiebel- und Knoblauchwürfel darin andünsten. Mangold mit Crème fraîche hinzugeben und einige Minuten unter Rühren dünsten. Mit Salz, Pfeffer und Muskat abschmecken. Lachsravioli auf Mangold auf Tellern anrichten.

Tipps: Für die Füllung können Sie auch jeden anderen geräucherten Fisch verwenden, z. B. Forelle, Heilbutt oder Makrele. Sie sollten dann jedoch darauf achten, sorgfältig alle Gräten zu entfernen. Anstatt Mangold schmeckt auch Spinat, auf die gleiche Weise zubereitet. Sie können die Lachsravioli auch mit feinem gedünsteten Frühlingsgemüse zubereiten, z. B. mit einer Mischung aus Zuckerschoten, Möhren und Kohlrabi.

Lachsravioli in Paprikasauce

Raffiniert – mit Alkohol

4 Portionen

Pro Portion:
E: 43 g, F: 24 g, Kh: 67 g, kJ: 3533, kcal: 845

Für den Nudelteig:
350 g Weizenmehl
4 Eier (Größe M)
Salz

Für die Lachsfarce:
400 g Lachsfilet
2 Eier (Größe M)
Zitronensaft
frisch gemahlener Pfeffer
2 EL Crème double

Für die Paprikasauce:
2 EL Butter
1 rote Paprikaschote, in Würfel geschnitten
1 EL Zwiebelwürfel
1 TL Paprikapulver
200 ml Fischfond oder -brühe
100 ml trockener Weißwein
2 EL Crème double

1 Ei (Größe M)
Salzwasser
einige vorbereitete Dillspitzen

Zubereitungszeit: 50 Minuten, ohne Ruhe- und Trockenzeit

1. Mehl in eine Rührschüssel geben, in die Mitte eine Vertiefung drücken. Eier mit Salz verschlagen und in die Vertiefung geben. Mit einer Gabel nach und nach etwas von dem Mehl einrühren. Mit Handrührgerät mit Knethaken zu einem glatten Teig verkneten. Sollte der Teig kleben, noch etwas Weizenmehl hinzugeben. Den Teig mit etwas Mehl bestäuben, in Frischhaltefolie wickeln und etwa 1 Stunde ruhen lassen.

2. Für die Lachsfarce Lachsfilet unter fließendem kalten Wasser abspülen, trocken tupfen, in Würfeln schneiden und in der Küchenmaschine (mit Messereinsatz) pürieren.

3. Die Farce durch ein Sieb streichen und in eine Schüssel mit eiskaltem Wasser oder Eiswürfeln stellen. Nacheinander Eier hinzufügen, mit Salz, Zitronensaft und Pfeffer würzen, Crème double unterrühren.

4. Für die Paprikasauce Butter in einem Topf zerlassen. Paprika- und Zwiebelwürfel darin andünsten, mit Paprika bestäuben. Fischfond oder -brühe und Wein hinzugießen, zum Kochen bringen und um ein Drittel einkochen lassen. Mit Salz und Pfeffer abschmecken, mit Crème double verfeinern.

5. Den Nudelteig halbieren, beide Teighälften auf einer bemehlten Arbeitsfläche dünn ausrollen. Die eine Teighälfte auf ein bemehltes Raviolibrett legen, in die Vertiefungen etwas Lachsfarce geben, die Ränder mit verschlagenem Ei bestreichen. Die zweite Teighälfte darauflegen, gut andrücken und mit einem langen Messer die Ravioli teilen. Das Brett wenden und die Nudeln herausklopfen.

6. Ravioli etwas trocknen lassen. Salzwasser in einem Topf zum Kochen bringen. Die Ravioli darin portionsweise etwa 5 Minuten garen und mit einer Schaumkelle herausnehmen.

7. Die Paprikasauce auf Tellern verteilen, Ravioli darauf anrichten und mit Dill garnieren.

Lammeintopf mit Bandnudeln

Gut vorzubereiten – mit Alkohol

6 Portionen

Pro Portion:
E: 51 g, F: 47 g, Kh: 77 g, kJ: 4289, kcal: 1025

300 g getrocknete Aprikosen
1 kg Lammfleisch (aus der Keule)
8 EL Olivenöl
4 Knoblauchzehen
4 Zwiebeln
1 1/2 l Fleischbrühe
2 Lorbeerblätter
Salz
frisch gemahlener Pfeffer
1 TL gemahlener Koriander

3 l Wasser
3 gestr. TL Salz
350 g dünne Bandnudeln

500 g Möhren
2 Bund Frühlingszwiebeln
1 Bund glatte Petersilie
250 ml (1/4 l) Rotwein

Zubereitungszeit: 65 Minuten

1. Getrocknete Aprikosen in kaltem Wasser einweichen. Lammfleisch unter fließendem kalten Wasser abspülen, trocken tupfen und in Würfel schneiden. Olivenöl in einem Topf erhitzen. Lammfleischwürfel darin von allen Seiten anbraten.

2. Knoblauch und Zwiebeln abziehen, in kleine Würfel schneiden, zu den Lammfleischwürfeln geben und kurz mit andünsten. Brühe hinzugießen. Mit Lorbeerblättern, Salz, Pfeffer und Koriander würzen. Die Zutaten zum Kochen bringen und zugedeckt etwa 45 Minuten garen.

3. In der Zwischenzeit Wasser in einem großen Topf mit geschlossenem Deckel zum Kochen bringen. Dann Salz und Nudeln hinzugeben. Die Nudeln im geöffneten Topf bei mittlerer Hitze nach Packungsanleitung kochen lassen, dabei zwischendurch 4–5-mal umrühren.

4. Anschließend die Nudeln in ein Sieb geben, mit heißem Wasser abspülen und abtropfen lassen.

5. Die Möhren putzen, schälen, abspülen, abtropfen lassen und in Scheiben schneiden. Die eingeweichten Aprikosen abtropfen lassen und in Würfel schneiden. Möhrenscheiben und Aprikosenwürfel zu den Lammfleischwürfeln in die Brühe geben, wieder zum Kochen bringen und weitere etwa 10 Minuten mitgaren lassen.

6. Frühlingszwiebeln putzen, waschen, abtropfen lassen, in Scheiben schneiden, in den Eintopf geben und noch etwa 5 Minuten mitgaren lassen.

7. Die Petersilie abspülen und trocken tupfen. Die Blättchen von den Stängeln zupfen. Blättchen klein schneiden.

8. Nudeln, Rotwein und Petersilie in den Eintopf geben und erhitzen. Den Eintopf nochmals mit den Gewürzen abschmecken.

Beilage: Bauernbrot mit Butter bestrichen und mit Schnittlauchröllchen bestreut.

Landfrauen-Auflauf mit Brokkoli I

Gut vorzubereiten

4 Portionen

Pro Portion:
E: 39 g, F: 40 g, Kh: 48 g, kJ: 3169, kcal: 757

500 g Brokkoli (vorbereitet gewogen)
Salzwasser

2 l Wasser
2 gestr. TL Salz
200 g gelbe und grüne Bandnudeln

250 g gekochter Schinken (im Stück)
3 Eier (Größe M)
200 g Schlagsahne
Salz, frisch gemahlener Pfeffer
1 Bund Schnittlauch
1/2 Bund glatte Petersilie

2 Pck. Frühlingsquark (je 200 g)
40 g gehobelte Mandeln

Zubereitungszeit: 45 Minuten
Garzeit: etwa 40 Minuten

1. Vom Brokkoli die Blätter entfernen. Den Brokkoli in Röschen teilen. Die Stängel am Strunk schälen und bis kurz vor den Röschen kreuzweise einschneiden. Die Röschen waschen, abtropfen lassen und in kochendem Salzwasser etwa 5 Minuten garen. Brokkoliröschen in ein Sieb geben, mit kaltem Wasser abschrecken und in einem Sieb abtropfen lassen.

2. Wasser in einem großen Topf mit geschlossenem Deckel zum Kochen bringen. Dann Salz und Nudeln hinzugeben. Die Nudeln im geöffneten Topf bei mittlerer Hitze nach Packungsanleitung kochen lassen, dabei zwischendurch 4–5-mal umrühren.

3. Anschließend die Nudeln in ein Sieb geben, mit heißem Wasser abspülen und abtropfen lassen.

4. Den Backofen vorheizen.
Ober-/Unterhitze: etwa 200 °C
Heißluft: etwa 180 °C

5. Schinken zuerst in etwa 1/2 cm dicke Scheiben, dann in Würfel schneiden.

6. Eier mit Sahne verschlagen. Mit Salz und Pfeffer würzen.

7. Schnittlauch und Petersilie abspülen und trocken tupfen. Schnittlauch in Röllchen schneiden. Die Petersilienblättchen von den Stängeln zupfen. Blättchen klein schneiden.

8. Brokkoliröschen mit den Schinkenwürfeln vermengen. Die Hälfte davon in eine Auflaufform (gefettet) geben. Mit Salz und Pfeffer würzen. Jeweils die Hälfte der Schnittlauchröllchen und Petersilie daraufgeben. Die Bandnudeln darauf verteilen. Restliche Brokkoli-Schinken-Mischung daraufgeben und mit den restlichen Schnittlauchröllchen und Petersilie bestreuen.

9. Den Auflauf mit der Eiersahne übergießen. Die Form auf dem Rost in den vorgeheizten Backofen schieben. Den Auflauf etwa 40 Minuten garen.

10. Frühlingsquark verrühren. Etwa 10 Minuten vor Ende der Garzeit auf dem Auflauf verteilen und glatt streichen. Mit Mandeln bestreuen. Die Form wieder auf dem Rost in den heißen Backofen schieben und den Auflauf fertig garen.

Lasagne | Klassisch (im Foto hinten)

5–6 Portionen

Pro Portion:
E: 27 g, F: 30 g, Kh: 43 g, kJ: 2366, kcal: 565

Für die Bologneser Sauce:

2 Zwiebeln
1 Knoblauchzehe
2 EL Olivenöl
300 g Thüringer Mett (gewürztes Schweinegehacktes)
2 Pck. Tomatenstückchen (je 370 g, aus dem Tetra Pak®)
125 ml (1/8 l) Gemüse- oder Fleischbrühe
1 EL Tomatenmark
1 Lorbeerblatt
1/2 EL gehacktes Basilikum
Salz
Tabasco

Für die Béchamelsauce:

30 g Butter oder Margarine
25 g Weizenmehl
300 ml Milch
200 ml Gemüse- oder Fleischbrühe
175 g geriebener, mittelalter Gouda-Käse
frisch gemahlener Pfeffer
frisch geriebene Muskatnuss

12 Lasagneplatten, ohne Vorkochen (knapp 250 g)

Zubereitungszeit: 75 Minuten
Garzeit: etwa 45 Minuten

1. Zwiebeln und Knoblauch abziehen, in kleine Würfel schneiden. Olivenöl in einem Topf erhitzen. Das Mett darin unter Rühren bei mittlerer Hitze anbraten. Dabei die Fleischklümpchen mit einer Gabel zerdrücken. Zwiebel- und Knoblauchwürfel hinzugeben, mit andünsten.

2. Die Tomatenstückchen mit Brühe, Tomatenmark, Lorbeerblatt und Basilikum zum angebratenen Mett in die Pfanne geben, zum Kochen bringen und etwa 5 Minuten kochen lassen. Mit Salz und Tabasco abschmecken. Lorbeerblatt entfernen.

3. Den Backofen vorheizen.
Ober-/Unterhitze: etwa 200 °C
Heißluft: etwa 180 °C

4. Für die Béchamelsauce Butter oder Margarine in einem Topf zerlassen. Mehl darin unter Rühren so lange erhitzen, bis es hellgelb ist. Nach und nach Milch und Brühe hinzugießen, mit einem Schneebesen durchschlagen. Dabei darauf achten, dass keine Klümpchen entstehen. Die Sauce einmal aufkochen lassen. Ein Drittel des Käses unterrühren. Die Sauce mit Salz, Pfeffer und Muskat kräftig würzen.

5. Etwas von der Bologneser Sauce auf dem Boden einer eckigen Auflaufform (gefettet) verteilen und mit Lasagneplatten belegen. Dann wieder etwas von der Bologneser Sauce daraufgeben, etwas Béchamelsauce darauf verteilen. Mit jeder Schicht so weiterverfahren, dass 3–4 Lasagneschichten entstehen. Etwas Béchamelsauce abnehmen und auf die oberste Lasagneschicht streichen. Die Lasagne mit dem restlichen Gouda-Käse bestreuen.

6. Die Form mit Deckel auf dem Rost in den vorgeheizten Backofen schieben. Die Lasagne etwa 45 Minuten garen.

7. Nach etwa 30 Minuten Garzeit den Deckel abnehmen und die Lasagne überbacken. Die Lasagne zum Servieren in Stücke teilen.

Variante 1: Spinat-Schafkäse-Lasagne (im Foto vorne) siehe Rezept Seite 268.

Variante 2: Gemüse-Käse-Lasagne (im Foto in der Mitte) (5–6 Portionen) 450 g TK-Erbsen antauen lassen. 1 Dose Gemüsemais (Abtropfgewicht 280 g) abgießen. 3 enthäutete Tomaten vierteln, entkernen, Stängelansätze entfernen. Tomatenviertel in Würfel schneiden. Eine Béchamelsauce aus 60 g Butter, 50 g Weizenmehl, 300 ml heißer Gemüsebrühe, 500 ml (1/2 l) Milch und 250 g Schlagsahne (wie unter Punkt 4 beschrieben) zubereiten. 100 g geriebenen Gouda-Käse in der Sauce schmelzen lassen. Käse-Béchamel-

sauce mit 2–3 Teelöffeln Instant-Gemüsebrühe und Gewürzen abschmecken. Ein Drittel der Sauce beiseitestellen. Erbsen, Mais und Tomatenwürfel in die restliche Sauce geben, kurz erhitzen und abschmecken. Etwas von der Gemüsesauce in eine Auflaufform (gefettet) geben und mit Lasagneplatten belegen. Wieder etwas Gemüsesauce darauf verteilen. So weiterverfahren, dass 4 Lasagneschichten entstehen. Beiseitegestellte Sauce daraufgeben und mit 100 g geriebenem Gouda-Käse bestreuen. Die Form auf dem Rost in den vorgeheizten Backofen schieben. Anschließend die Gemüse-Käse-Lasagne bei der oben angegebenen Backofeneinstellung etwa 35 Minuten garen.

Lasagne all' Arrabbiata | Vegetarisch

12 Portionen

Pro Portion:
E: 28 g, F: 21 g, Kh: 36 g, kJ: 1978, kcal: 473

12 Fleischtomaten (etwa 1,8 kg)
2 große
Bund Basilikum
3 Pck. stückige Tomatensauce (Fertigprodukt, je 500 g)
Salz, frisch gemahlener Pfeffer
Knoblauchpulver
etwas Tabasco
900 g Mozzarella-Käse
200 g Parmesan-Käse
1 Pck. Lasagneplatten, ohne Vorkochen (500 g)

Zubereitungszeit: 75 Minuten
Garzeit: etwa 50 Minuten je Form

1. Tomaten waschen, abtropfen lassen, kreuzweise einschneiden, kurz in kochendes Wasser legen und in kaltem Wasser abschrecken. Tomaten enthäuten, halbieren, entkernen und die Stängelansätze herausschneiden. Tomatenhälften grob würfeln.

2. Basilikum abspülen und trocken tupfen. Die Blättchen von den Stängeln zupfen (einige Blättchen zum Garnieren beiseitelegen). Die Blättchen in Streifen schneiden.

3. Den Backofen vorheizen.
Ober-/Unterhitze: etwa 200 °C
Heißluft: etwa 180 °C

4. Tomatensauce in einem Topf erhitzen. Basilikumstreifen und Tomatenwürfel hinzugeben, zum Kochen bringen und etwa 5 Minuten bei schwacher Hitze kochen lassen. Dabei ab und zu umrühren. Mit Salz, Pfeffer, Knoblauch und Tabasco pikant bis leicht scharf würzen. Mozzarella abtropfen lassen und in Scheiben schneiden.

5. Etwas von der Tomatensauce auf dem Boden von zwei großen, flachen Auflaufformen (gefettet) verteilen,

mit Parmesan-Käse bestreuen und mit Lasagneplatten belegen. Diesen Vorgang 2-mal wiederholen. Die oberste Schicht sollte aus Tomatensauce bestehen. Die Lasagne mit Mozzarellascheiben belegen. Die Formen nacheinander (bei Heißluft zusammen) auf dem Rost in den vorgeheizten Backofen schieben. Die Lasagne etwa 50 Minuten garen.

6. Die Lasagne vor dem Servieren mit den beiseitegelegten Basilikumblättchen garnieren.

Beilage: Frisches Weißbrot.

Tipp: Falls keine großen Auflaufformen vorhanden sind, kann die Lasagne auch in einer Fettfangschale zubereitet werden.

Lasagne mit Basilikum I

Klassisch – dauert etwas länger

5 Portionen

Pro Portion:
E: 63 g, F: 71 g, Kh: 90 g, kJ: 5268, kcal: 1258

Für die Fleischsauce:

4 EL Speiseöl
800 g Gehacktes (halb Rind-, halb Schweinefleisch)
300 g Zwiebeln
3 Knoblauchzehen
40 g Tomatenmark (aus der Dose)
100 ml Wasser
Salz
frisch gemahlener Pfeffer
Paprikapulver edelsüß
vorbereitete Basilikumblättchen

Für die Käsesauce:

40 g Butter oder Margarine
30 g Weizenmehl
500 ml (1/2 l) Milch
200 g Schlagsahne
250 g frisch geriebener, mittelalter Gouda-Käse
frisch geriebene Muskatnuss

1 kg Fleischtomaten
vorbereitete Basilikumblättchen

1 Pck. grüne Lasagneplatten, ohne Vorkochen (500 g)

Zubereitungszeit: 55 Minuten
Garzeit: etwa 60 Minuten

1. Für die Fleischsauce Speiseöl in einer Pfanne erhitzen. Gehacktes darin unter Rühren anbraten. Dabei die Fleischklümpchen mit einer Gabel gut zerdrücken. Zwiebeln und Knoblauch abziehen, in kleine Würfel schneiden, zur Gehacktesmasse geben und mitdünsten lassen.

2. Das Tomatenmark mit Wasser verrühren. Mit Salz, Pfeffer und Paprika würzen. Tomatenmarkflüssigkeit und Basilikumblättchen zur Gehacktesmasse geben. Die Sauce zum Kochen bringen und unter gelegentlichem Rühren 5–10 Minuten kochen lassen. Mit Salz, Pfeffer und Paprika abschmecken.

3. Den Backofen vorheizen.
Ober-/Unterhitze: etwa 200 °C
Heißluft: etwa 180 °C

4. Für die Käsesauce Butter oder Margarine in einem Topf zerlassen. Das Mehl darin unter Rühren erhitzen, bis es hellgelb ist. Milch und Sahne hinzugießen, mit einem Schneebesen durchschlagen. Dabei darauf achten, dass keine Klümpchen entstehen. Zwei Drittel des Käses unterrühren. Die Sauce unter Rühren zum Kochen bringen und 2–3 Minuten kochen lassen. Mit Salz, Pfeffer und Muskat würzen.

5. Tomaten waschen, abtropfen lassen, kreuzweise einschneiden, kurz in kochendes Wasser legen und in kaltem Wasser abschrecken. Tomaten enthäuten, halbieren, entkernen und die Stängelansätze herausschneiden. Tomatenhälften in Scheiben schneiden. Basilikumblättchen klein schneiden.

6. Die Lasagneplatten abwechselnd lagenweise mit der Fleischsauce, den Tomatenscheiben (mit Pfeffer und Basilikum bestreut) und Käsesauce in eine große Auflaufform (gefettet) schichten. Die oberste Schicht sollte aus Käsesauce bestehen. Den Auflauf mit dem restlichen Käse bestreuen. Die Form auf dem Rost in den vorgeheizten Backofen schieben. Den Auflauf etwa 60 Minuten garen.

Lasagne mit Lammhack und Schafkäse | Raffiniert

8–10 Portionen

Pro Portion:
E: 55 g, F: 62 g, Kh: 103 g, kJ: 5026, kcal: 1200

700 g Möhren
6 EL Zitronensaft
2 EL flüssiger Honig
400 g Doppelrahm-Frischkäse
120 g Rosinen
400 g Schlagsahne
Salz, frisch gemahlener Pfeffer
1 kg Lammhack
5 Zwiebeln
4 Knoblauchzehen
600 g Zucchini
2 Dosen pürierte Tomaten (Einwaage je 400 g)
1 Zweig Rosmarin
1 EL Kräuter der Provence
2 Pck. Lasagneplatten, ohne Vorkochen (1 kg)
400 g Schlagsahne
400 g Joghurt
400 g Schafkäse
1 TL Pul Biber (getrocknete, geschrotete Pfefferschoten)
1 Zweig Rosmarin

Zubereitungszeit: 100 Minuten, ohne Ruhezeit
Garzeit: etwa 50 Minuten je Form

1. Möhren putzen, schälen, abspülen, abtropfen lassen und in kleine Würfel schneiden. Möhrenwürfel in einem Topf mit Zitronensaft und Honig zum Kochen bringen und unter gelegentlichem Rühren bei schwacher Hitze etwa 5 Minuten kochen lassen. Frischkäse, Rosinen und Sahne zu den Möhrenwürfeln geben und unterrühren. Mit Salz und Pfeffer würzen.

2. Hackfleisch in einer beschichteten Pfanne ohne Fett unter ständigem Rühren etwa 5 Minuten anbraten. Dabei die Fleischklümpchen mit einer Gabel zerdrücken. Zwiebeln und Knoblauch abziehen, klein würfeln, zum Hackfleisch geben, mit andünsten.

3. Den Backofen vorheizen.
Ober-/Unterhitze: etwa 200 °C
Heißluft: etwa 180 °C

4. Zucchini waschen, abtrocknen und die Enden abschneiden. Zucchini in Würfel schneiden, ebenfalls zur Hackfleischmasse geben und kurz mit andünsten. Tomatenpüree unterrühren. Die Zutaten zum Kochen bringen. Die Pfanne von der Kochstelle nehmen. Rosmarin abspülen und trocken tupfen. Die Nadeln von den Stängeln zupfen. Nadeln klein schneiden. Die Tomaten-Hackfleisch-Masse mit Salz, Pfeffer, Kräutern der Provence und Rosmarin würzen.

5. Möhrenwürfel-Frischkäse-Masse auf dem Boden von zwei flachen, großen Auflaufformen (gefettet) verteilen. Die Hälfte der Lasagneplatten jeweils darauflegen. Die Hackfleisch-Gemüse-Masse darauf verteilen und mit den restlichen Lasagneplatten belegen. Sahne mit Joghurt verrühren und daraufgeben. Schafkäse in kleine Würfel schneiden und auf der Sahne-Joghurt-Masse verteilen. Mit Pul Biber würzen. Den Rosmarin abspülen und trocken tupfen. Die Nadeln von den Stängeln zupfen. Nadeln klein schneiden und auf die Schafkäsewürfel streuen.

6. Die Formen nacheinander (bei Heißluft zusammen) in den vorgeheizten Backofen schieben. Die Lasagne etwa 50 Minuten je Form garen.

7. Nach etwa 30 Minuten Garzeit die Backtemperatur auf Ober-/Unterhitze: etwa 180 °C, Heißluft: etwa 160 °C herunterschalten. Die Lasagne fertig garen. Die Form aus dem Backofen nehmen. Die Lasagne kurz ruhen lassen und servieren.

Lasagne-Gemüse-Röllchen I

Raffiniert

etwa 40 Stück

Pro Stück:
E: 3 g, F: 4 g, Kh: 5 g, kJ: 331, kcal: 79

etwa 40 Lasagneplatten (etwa 1 kg)
4 Zucchini (etwa 800 g)
2 Auberginen (etwa 800 g)
Salz
frisch gemahlener Pfeffer
6 EL Speiseöl
10 Fleischtomaten (etwa 1,2 kg)
4 Knoblauchzehen
2 Bund Basilikum

etwa 40 Holzspieße
evtl. frisch geriebener Parmesan-Käse

Zubereitungszeit: 80 Minuten
Garzeit: etwa 20 Minuten

1. Lasagneplatten portionsweise in reichlich kochendem Wasser einige Minuten etwas weich kochen. Die Lasagneplatten in ein Sieb geben, mit kaltem Wasser abschrecken und abtropfen lassen.

2. Zucchini und Auberginen waschen, abtrocknen und die Enden bzw. Stängelansätze abschneiden. Zucchini und Auberginen in dünne Längsscheiben schneiden oder hobeln. Mit Salz und Pfeffer bestreuen.

3. Jeweils etwas Speiseöl in einer großen Pfanne erhitzen. Zucchini- und Auberginenscheiben darin portionsweise von beiden Seiten leicht anbraten.

4. Den Backofen vorheizen.
Ober-/Unterhitze: etwa 180 °C
Heißluft: etwa 160 °C

5. Tomaten waschen, abtropfen lassen, kreuzweise einschneiden, kurz in kochendes Wasser legen und in kaltem Wasser abschrecken. Tomaten enthäuten, halbieren, entkernen und die Stängelansätze herausschneiden. Tomatenhälften grob würfeln.

6. Knoblauch abziehen und in kleine Würfel schneiden. Basilikum abspülen und trocken tupfen. Die Blättchen von den Stängeln zupfen. Blättchen klein schneiden.

7. Restliches Speiseöl in einer Pfanne erhitzen. Die Knoblauch- und Tomatenwürfel darin andünsten, mit Salz und Pfeffer würzen. Basilikum unterrühren. Die Masse in einer Fettfangschale (gefettet) verteilen.

8. Lasagneplatten auf einer Arbeitsfläche ausbreiten. Mit je 1 Zucchini- und Auberginenscheibe belegen, mit Salz und Pfeffer würzen, aufrollen und mit jeweils einem Holzspieß feststecken.

9. Die Röllchen auf die Tomatenmasse setzen. Nach Belieben noch mit etwas Parmesan-Käse bestreuen. Die Fettfangschale in den vorgeheizten Backofen schieben. Lasagne-Gemüse-Röllchen etwa 20 Minuten garen.

Tipps: Dieses Gericht kann auch mit geriebenem Emmentaler-Käse überbacken werden. Die Zucchini und Auberginen lassen sich am besten mit einer Aufschnittmaschine in Scheiben schneiden. Schneller geht es, wenn anstelle von frischen Tomaten enthäutete Tomaten aus der Dose (1 Dose, Einwaage 800 g und 1 Dose, Einwaage 400 g) verwendet werden.

Linguine mit scharfer Erdnusssauce | Für Gäste

4 Portionen

Pro Portion:
E: 42 g, F: 37 g, Kh: 79 g, kJ: 3375, kcal: 809

400 g Schweinefilet
50 ml Sojaöl
2 Knoblauchzehen
30 g frischer Ingwer
130 g Erdnusscreme
250 ml (1/4 l) Gemüsebrühe
Salz
1/2 TL Sambal Oelek
1 Bund Frühlingszwiebeln

4 l Wasser
4 gestr. TL Salz
400 g Linguine (dünne Bandnudeln)

Zubereitungszeit: 20 Minuten

1. Schweinefilet unter fließendem kalten Wasser abspülen, trocken tupfen und in etwa 1 cm große Würfel schneiden. Sojaöl in einer Pfanne erhitzen. Fleischwürfel darin von allen Seiten anbraten.

2. Knoblauch abziehen, Ingwer schälen. Knoblauch und Ingwer in kleine Würfel schneiden, zu den Fleischwürfeln geben und mit andünsten.

3. Erdnusscreme unterrühren, Brühe hinzugießen, mit Salz und Sambal Oelek würzen. Die Sauce zum Kochen bringen und etwas kochen lassen.

4. Frühlingszwiebeln putzen, waschen, abtropfen lassen und in feine Scheiben schneiden. In die Sauce geben und kurz mitkochen lassen. Die Sauce nochmals mit Salz abschmecken und warm stellen.

5. Wasser in einem großen Topf mit geschlossenem Deckel zum Kochen bringen. Dann Salz und Nudeln hinzugeben. Die Nudeln im geöffneten Topf bei mittlerer Hitze nach Packungsanleitung kochen lassen, dabei zwischendurch 4–5-mal umrühren. Anschließend die Nudeln in ein Sieb geben, mit heißem Wasser abspülen und abtropfen lassen.

6. Linguine mit der Erdnusssauce in Schüsseln anrichten und servieren.

Linguine mit Ziegenfrischkäsesauce | Für Gäste

4 Portionen

Pro Portion:
E: 22 g, F: 41 g, Kh: 95 g, kJ: 3543, kcal: 848

1 Schalotte
2 Knoblauchzehen
1 Bund Frühlingszwiebeln
1 Bund Bärlauch oder Basilikum
12 Cocktailtomaten
30 g Butter
250 g Ziegenfrischkäse
200 g Schlagsahne
Salz
frisch gemahlener Pfeffer

5 l Wasser
5 gestr. TL Salz
500 g Linguine (dünne Bandnudeln)

Zubereitungszeit: 20 Minuten

1. Schalotte und Knoblauch abziehen, in kleine Würfel schneiden. Frühlingszwiebeln putzen, waschen, abtropfen lassen und in feine Scheiben schneiden. Bärlauch oder Basilikum abspülen und trocken tupfen. Von dem Bärlauch die dickeren Blattstiele abschneiden. Von dem Basilikum die Blättchen von den Stängeln zupfen. Blättchen in feine Streifen schneiden. Tomaten waschen, abtropfen lassen und eventuell die Stängelansätze herausschneiden.

2. Die Butter in einem Topf zerlassen, Zwiebel- und Knoblauchwürfel darin andünsten. Ziegenfrischkäse und Sahne hinzugeben und erhitzen, mit Salz und Pfeffer würzen.

3. Frühlingszwiebelscheiben und Tomaten in die Sauce geben und erhitzen. Sauce warm stellen.

4. Wasser in einem großen Topf mit geschlossenem Deckel zum Kochen bringen. Dann Salz und Nudeln hinzugeben. Die Nudeln im geöffneten Topf bei mittlerer Hitze nach Packungsanleitung kochen lassen, dabei zwischendurch 4–5-mal umrühren.

5. Anschließend die Nudeln in ein Sieb geben, mit heißem Wasser abspülen und abtropfen lassen.

6. Die Nudeln mit der Ziegenfrischkäsesauce vermengen. Bärlauch- oder Basilikumstreifen unterheben.

7. Linguine mit Ziegenfrischkäsesauce auf Tellern anrichten und servieren.

Mailänder Salat | Schnell zubereitet

4 Portionen

Pro Portion:
E: 24 g, F: 27 g, Kh: 30 g, kJ: 2030, kcal: 485

2 l Wasser
2 gestr. TL Salz
200 g grüne Nudeln, z. B. Riccini oder Spirelli

150 g gekochter Schinken
150 g Gouda-Käse
5 Cornichons (aus dem Glas)
2 Fleischtomaten
1 rote Zwiebel
1 Bund glatte Petersilie

Für die Sauce:
1–2 EL Weißweinessig
150 g Sahnejoghurt
2 EL Olivenöl
Salz
frisch gemahlener Pfeffer
1 Prise Zucker
Cayennepfeffer

Zubereitungszeit: 25 Minuten

1. Wasser in einem großen Topf mit geschlossenem Deckel zum Kochen bringen. Dann Salz und Nudeln hinzugeben. Die Nudeln im geöffneten Topf bei mittlerer Hitze nach Packungsanleitung kochen lassen, dabei zwischendurch 4–5-mal umrühren. Anschließend die Nudeln in ein Sieb geben, mit heißem Wasser abspülen und abtropfen lassen.

2. Schinken und Käse in kleine Würfel schneiden. Abgetropfte Cornichons in feine Scheiben schneiden.

3. Tomaten waschen, abtropfen lassen, kreuzweise einschneiden, kurz in kochendes Wasser legen und in kaltem Wasser abschrecken. Tomaten enthäuten, halbieren, entkernen und die Stängelansätze herausschneiden. Tomatenhälften in Streifen schneiden.

4. Die Zwiebel abziehen, zuerst in dünne Scheiben schneiden, dann in Ringe teilen. Petersilie abspülen und trocken tupfen. Die Blättchen von den Stängeln zupfen (einige Blättchen zum Garnieren beiseitelegen). Blättchen klein schneiden.

5. Nudeln in eine Schüssel geben. Mit Schinken-, Käsewürfeln, Cornichonsscheiben, Tomatenstreifen, Zwiebelringen und Petersilie vermengen und auf Tellern anrichten.

6. Für die Sauce Weißweinessig mit Joghurt verrühren, Olivenöl unterschlagen. Mit Salz, Pfeffer, Zucker und Cayennepfeffer abschmecken. Die Sauce auf dem Salat verteilen, mit beiseitegelegten Petersilienblättchen garnieren und servieren.

Makkaroni Gärtnerinnen-Art

Für Kinder

4 Portionen

Pro Portion:
E: 36 g, F: 62 g, Kh: 57 g, kJ: 4118, kcal: 984

100 g Schinkenspeck
2 mittelgroße Zwiebeln
1 Stange Porree (Lauch)
½ Knollensellerie
2 Möhren
40 g Butter
2 EL Wasser
Salz
frisch gemahlener Pfeffer
300 g Fleischwurst
2 TL Weizenmehl
250 ml (¼ l) Fleischbrühe
150 g Gouda-Käse
1 Bund Petersilie

300 g Makkaroni
3 l Wasser
3 gestr. TL Salz
20 g Butter

Zubereitungszeit: 30 Minuten

1. Schinkenspeck in kleine Würfel schneiden. Zwiebeln abziehen, halbieren und in Scheiben schneiden. Porree putzen, die Stange längs halbieren, gründlich waschen, abtropfen lassen und in Scheiben schneiden. Sellerie und Möhren putzen, schälen, abspülen, abtropfen lassen und grob raspeln oder in kleine Würfel schneiden.

2. Butter in einem Topf zerlassen, Speckwürfel darin anbraten. Die Speckwürfel, Zwiebel-, Porreescheiben, Sellerie-, Möhrenraspel oder -würfel und Wasser zu den Speckwürfeln geben und dann etwa 10 Minuten dünsten. Mit Salz und Pfeffer würzen.

3. Von der Fleischwurst die Pelle abziehen. Fleischwurst in Streifen schneiden, zu dem angedünsteten Gemüse geben und miterhitzen. Mehl darüberstäuben und unter Rühren durchdünsten lassen.

4. Fleischbrühe hinzugießen, zum Kochen bringen und etwa 2 Minuten kochen lassen. Käse in kleine Würfel schneiden. Die Petersilie abspülen und trocken tupfen. Die Blättchen von den Stängeln zupfen. Die Blättchen klein schneiden. Käsewürfel und Petersilie unter das Gemüse-Ragout heben und warm stellen.

5. Makkaroni in fingerlange Stücke brechen. Wasser in einem großen Topf mit geschlossenem Deckel zum Kochen bringen. Dann Salz und Makkaroni hinzugeben. Die Makkaroni im geöffneten Topf bei mittlerer Hitze nach Packungsanleitung kochen lassen, dabei zwischendurch 4–5-mal umrühren.

6. Anschließend die Makkaroni in ein Sieb geben, mit heißem Wasser abspülen und abtropfen lassen.

7. Butter zerlassen, die Makkaroni darin schwenken und mit dem Gemüse-Ragout auf Tellern anrichten.

Makkaroni in Tunfischsauce

Raffiniert

4 Portionen

Pro Portion:
E: 34 g, F: 25 g, Kh: 69 g, kJ: 2765, kcal: 660

2 Zwiebeln
4 Knoblauchzehen
350 g Zucchini
3 EL Speiseöl
1 gelbe Paprikaschote
1 Chilischote
1 Becher Crème fraîche (150 g)
2 Dosen Tunfisch, naturell (je 185 g)
Salz, frisch gemahlener Pfeffer
gerebelter Oregano
gerebelter Thymian

4 l Wasser
4 gestr. TL Salz
400 g Makkaroni

etwas frischer Thymian

Zubereitungszeit: 30 Minuten

1. Zwiebeln und Knoblauch abziehen, in kleine Würfel schneiden. Die Zucchini waschen, abtrocknen und die Enden abschneiden. Zucchini in kleine Würfel schneiden. Speiseöl in einem Topf erhitzen. Zwiebel- und Knoblauchwürfel darin andünsten. Zucchiniwürfel hinzugeben und mit andünsten.

2. Paprika- und Chilischote längs halbieren, entstielen, entkernen und die weißen Scheidewände entfernen. Schotenhälften waschen, abtropfen lassen und in kleine Würfel schneiden. Paprika- und Chiliwürfel zu den Zucchiniwürfeln geben und Crème fraîche unterrühren.

3. Den Tunfisch abtropfen lassen, mit einer Gabel in Stücke zupfen und zu den Gemüsewürfeln in den Topf geben. Mit Salz, Pfeffer, Oregano und Thymian würzen. Die Sauce zugedeckt etwa 10 Minuten bei schwacher Hitze kochen lassen, dabei ab und zu umrühren.

4. In der Zwischenzeit Wasser in einem großen Topf mit geschlossenem Deckel zum Kochen bringen. Dann Salz und Makkaroni hinzugeben. Die Makkaroni im geöffneten Topf bei mittlerer Hitze nach Packungsanleitung kochen lassen, dabei zwischendurch 4–5-mal umrühren.

5. Anschließend die Makkaroni in ein Sieb geben, mit heißem Wasser abspülen und abtropfen lassen.

6. Thymian abspülen und trocken tupfen. Die Blättchen von den Stängeln zupfen. Blättchen klein schneiden.

7. Makkaroni mit der Tunfischsauce auf Tellern verteilen, mit Thymian bestreuen und sofort servieren.

Tipp: Schmecken Sie die Sauce mit etwas Zitronensaft ab.

Makkaroni mit Paprika-Feigen-Sauce | Einfach

4–5 Portionen

Pro Portion:
E: 13 g, F: 7 g, Kh: 65 g, kJ: 1689, kcal: 403

Für die Paprika-Feigen-Sauce:

1 kg gemischte Paprikaschoten (rot, grün, gelb)
4 EL Olivenöl
1 Dose gewürfelte Tomaten mit Kräutern (Einwaage 400 g)
Salz, frisch gemahlener Pfeffer
etwas Zucker
3 reife Feigen

5 l Wasser
5 gestr. TL Salz
500 g Makkaroni

evtl. Basilikumblättchen

Zubereitungszeit: 30 Minuten

1. Für die Sauce Paprikaschoten halbieren, entstielen, entkernen und die weißen Scheidewände entfernen. Schotenhälften waschen, abtropfen lassen und in kleine Würfel schneiden.

2. Das Olivenöl in einem Topf erhitzen. Paprikawürfel hinzufügen und unter Rühren andünsten. Tomatenwürfel aus der Dose unterrühren. Mit Salz, Pfeffer und Zucker würzen. Die Zutaten zum Kochen bringen und unter gelegentlichem Rühren etwa 10 Minuten garen.

3. In der Zwischenzeit Feigen eventuell schälen, in Streifen oder Stücke schneiden. Nach etwa 10 Minuten Garzeit unter die Sauce rühren und erwärmen. Die Sauce warm stellen.

4. Wasser in einem großen Topf mit geschlossenem Deckel zum Kochen bringen. Dann Salz und Makkaroni hinzugeben. Die Makkaroni im geöffneten Topf bei mittlerer Hitze nach Packungsanleitung kochen lassen, dabei zwischendurch 4–5-mal umrühren.

5. Anschließend die Makkaroni in ein Sieb geben, mit heißem Wasser abspülen und abtropfen lassen.

6. Die Makkaroni mit der Paprika-Feigen-Sauce auf Tellern anrichten. Nach Belieben mit abgespülten, trocken getupften Basilikumblättchen garnieren.

Makkaroni mit Schafkäsesauce I

Für Gäste – beliebt

4 Portionen

Pro Portion:
E: 31 g, F: 37 g, Kh: 94 g, kJ: 3519, kcal: 840

2 Zwiebeln
2 Knoblauchzehen
3 EL Olivenöl
1 EL Weizenmehl
150 ml Gemüsebrühe
150 g Schlagsahne
1 rote Paprikaschote

5 l Wasser
5 gestr. TL Salz
500 g Makkaroni

300 g Schafkäse
1 Bund Petersilie
Salz
frisch gemahlener Pfeffer
1 TL Tsatsiki-Gewürz oder Knoblauchpulver

Zubereitungszeit: 25 Minuten

1. Zwiebeln und Knoblauch abziehen, in kleine Würfel schneiden. Olivenöl in einem Topf erhitzen. Zwiebel- und Knoblauchwürfel darin andünsten. Mehl hinzugeben, mit einem Schneebesen verrühren und kurz andünsten. Nach und nach Brühe und Sahne unter Rühren hinzugießen und kurz aufkochen lassen.

2. Paprikaschote halbieren, entstielen, entkernen und die weißen Scheidewände entfernen. Schotenhälften waschen, abtropfen lassen und dann in kleine Würfel schneiden. Paprikawürfel unter die Sauce rühren, zum Kochen bringen und etwa 5 Minuten kochen lassen.

3. In der Zwischenzeit Wasser in einem großen Topf mit geschlossenem Deckel zum Kochen bringen. Dann Salz und Makkaroni hinzugeben. Die Makkaroni im geöffneten Topf bei mittlerer Hitze nach Packungsanleitung kochen lassen, dabei zwischendurch 4–5-mal umrühren.

4. Schafkäse in etwa 1 cm große Würfel schneiden. Petersilie abspülen und trocken tupfen. Die Blättchen von den Stängeln zupfen. Blättchen klein schneiden.

5. Schafkäsewürfel und Petersilie in die Sauce geben. Die Sauce mit Salz, Pfeffer und Tsatsiki-Gewürz oder Knoblauchpulver abschmecken.

6. Die garen Makkaroni in ein Sieb geben, mit heißem Wasser abspülen und abtropfen lassen.

7. Die Makkaroni mit der Schafkäsesauce vermischen, auf Tellern anrichten und servieren.

Makkaroni-Auflauf | Für Kinder

4 Portionen

Pro Portion:
E: 29 g, F: 23 g, Kh: 49 g, kJ: 2322, kcal: 554

250 g Makkaroni
2 1/2 l Wasser
2 1/2 gestr. TL Salz

200 g gekochter Schinken
60 g Gouda-Käse
2 Eier (Größe M)
250 ml (1/4 l) Milch oder 250 g Schlagsahne
Salz, frisch gemahlener Pfeffer
frisch geriebene Muskatnuss
2 EL Semmelbrösel
25 g Butter

Zubereitungszeit: 50 Minuten
Garzeit: etwa 30 Minuten

1. Makkaroni in fingerlange Stücke brechen. Wasser in einem großen Topf mit geschlossenem Deckel zum Kochen bringen. Dann Salz und Makkaroni hinzugeben. Die Makkaroni im geöffneten Topf bei mittlerer Hitze nach Packungsanleitung kochen lassen, dabei zwischendurch 4–5-mal umrühren.

2. Den Backofen vorheizen.
Ober-/Unterhitze: etwa 200 °C
Heißluft: etwa 180 °C

3. Anschließend die Makkaroni in ein Sieb geben, mit heißem Wasser abspülen und abtropfen lassen.

4. Schinken in kleine Würfel schneiden. Käse auf einer Haushaltsreibe reiben. Makkaroni, Schinkenwürfel und Käse abwechselnd lagenweise in eine Auflaufform (gefettet) schichten. Die oberste Schicht sollte aus Makkaroni bestehen.

5. Eier mit Milch oder Sahne verschlagen. Mit Salz, Pfeffer und Muskat würzen. Die Eiersahne auf dem Auflauf verteilen und mit Semmelbröseln bestreuen. Butter in Flöckchen daraufsetzen. Die Form auf dem Rost in den vorgeheizten Backofen schieben. Den Auflauf etwa 30 Minuten garen.

Beilage: Grüner Blattsalat.

Makkaroni-Auflauf für Kinder I

Schnell zubereitet

8–10 Portionen

Pro Portion:
E: 47 g, F: 46 g, Kh: 92 g, kJ: 4096, kcal: 978

5 mittelgroße Zwiebeln
3–4 Möhren
10 lange Bockwürstchen (Heißwürstchen)
2 Bund Petersilie
6 EL Olivenöl
400 g TK-Erbsen
1 EL Zucker
2 gestr. TL Salz
frisch gemahlener Pfeffer
2 Dosen geschälte Tomaten (Einwaage je 800 g)
800 ml Gemüsebrühe
150 g gekochter Schinken
1 kg Makkaroni
250 g geraspelter Pasta-Käse

Zubereitungszeit: 30 Minuten
Garzeit: etwa 40 Minuten

1. Zwiebeln abziehen, halbieren und in kleine Würfel schneiden. Möhren putzen, schälen, abspülen, abtropfen lassen und in Scheiben schneiden. Würstchen in etwa 2 cm dicke Scheiben schneiden. Petersilie abspülen und trocken tupfen. Die Blättchen von den Stängeln zupfen (einige Blättchen zum Garnieren beiseitelegen). Blättchen klein schneiden.

2. Den Backofen vorheizen.
Ober-/Unterhitze: etwa 200 °C
Heißluft: etwa 180 °C

3. Olivenöl in einem großen Topf erhitzen. Zwiebelwürfel darin glasig dünsten. Möhrenscheiben und die gefrorenen Erbsen hinzugeben und mit andünsten. Mit Zucker, Salz und Pfeffer würzen. Tomaten mit dem Saft unterrühren, dabei die Tomaten mit einer Gabel etwas zerdrücken. Brühe hinzugießen. Die Zutaten zum Kochen bringen und unter gelegentlichem Rühren 5–10 Minuten kochen lassen. Schinken in Würfel schneiden. Wurstscheiben, Schinkenwürfel und Petersilie unterrühren.

4. Makkaroni in fingerlange Stücke brechen und in einen großen Bräter (gefettet) geben. Die Gemüse-Wurst-Masse hinzufügen und unterrühren. Den Bräter auf dem Rost in den vorgeheizten Backofen schieben. Den Makkaroniauflauf etwa 40 Minuten garen.

5. Den Makkaroniauflauf nach etwa 15 Minuten Garzeit nochmals umrühren und mit Käse bestreuen. Gleichzeitig die Backofentemperatur auf Ober-/Unterhitze: etwa 160 °C, Heißluft: etwa 140 °C herunterschalten und den Makkaroniauflauf fertig garen.

6. Den Makkaroniauflauf mit der beiseitegelegte Petersilie garniert servieren.

Tipp: Sie können auch blanchierte Blumenkohl- oder Brokkoliröschen und gegarte Putenbrust für den Auflauf verwenden.

Makkaroni-Auflauf, geschichtet I

Für Kinder

4 Portionen

Pro Portion:
E: 36 g, F: 18 g, Kh: 92 g, kJ: 3019, kcal: 720

5 l Wasser
5 gestr. TL Salz
500 g Makkaroni

200 g Champignons
200 g gekochter Schinken
200 g Schlagsahne
100 ml Milch
5 Eier (Größe M)
Salz
frisch gemahlener Pfeffer
1 abgezogene, zerdrückte Knoblauchzehe
1 EL fein gehackte Petersilie
1 EL frisch geriebener Parmesan-Käse
4 EL Tomatenwürfel
Basilikumblättchen

Zubereitungszeit. 30 Minuten
Garzeit: etwa 45 Minuten

1. Wasser in einem großen Topf mit geschlossenem Deckel zum Kochen bringen. Dann Salz und Makkaroni hinzugeben. Die Makkaroni im geöffneten Topf bei mittlerer Hitze nach Packungsanleitung kochen lassen, dabei zwischendurch 4–5-mal umrühren.

2. Den Backofen vorheizen.
Ober-/Unterhitze: etwa 180 °C
Heißluft: etwa 160 °C

3. Anschließend die Makkaroni in ein Sieb geben, mit heißem Wasser abspülen und abtropfen lassen.

4. Die Champignons putzen, mit Küchenpapier abreiben, eventuell abspülen, trocken tupfen und in kleine Würfel schneiden. Schinken ebenfalls klein würfeln.

5. Sahne mit Milch und Eiern verschlagen, Champignons- und Schinkenwürfel unterrühren. Mit Salz, Pfeffer und Knoblauch würzen.

6. Die Makkaroni längs in eine Kastenform (gefettet) legen. Die Eier-Sahne-Milch darauf verteilen und mit Petersilie bestreuen. Die Form auf dem Rost in den vorgeheizten Backofen schieben. Den Auflauf etwa 45 Minuten garen.

7. Den Auflauf nach etwa 35 Minuten Garzeit mit Parmesan-Käse bestreuen und fertig garen.

8. Den Makkaroniauflauf auf Tellern verteilen. Mit Tomatenwürfeln und Basilikumblättchen garnieren.

Makkaroni-Auflauf „Köttbullar“ I

Schnell zubereitet – preiswert

8–10 Portionen

Pro Portion:
E: 52 g, F: 68 g, Kh: 92 g, kJ: 4982, kcal: 1192

1 kg Makkaroni
je 5 l Wasser
je 5 gestr. TL Salz

4 mittelgroße Zwiebeln
2 Salatgurken (je etwa 800 g)
1,2 kg frische Bratwurst
4 EL Keimöl
3 Bund Frühlingszwiebeln

2 Becher Crème fraîche (je 150 g)
150 g mittelscharfer Senf
4 Eier (Größe M)
400 g geraspelter Mozzarella-Käse
500 ml (1/2 l) Milch
Salz
frisch gemahlener Pfeffer

Zubereitungszeit. 50 Minuten
Garzeit: etwa 20 Minuten je Backblech

1. Makkaroni in fingerlange Stücke brechen. Wasser in einem großen Topf mit geschlossenem Deckel zum Kochen bringen. Dann Salz und Makkaroni hinzugeben. Die Makkaroni in 2 Portionen im geöffneten Topf bei mittlerer Hitze nach Packungsanleitung kochen lassen, dabei zwischendurch 4–5-mal umrühren.

2. Anschließend die Makkaroni in ein Sieb geben, mit heißem Wasser abspülen und abtropfen lassen.

3. Den Backofen vorheizen.
Ober-/Unterhitze: etwa 180 °C
Heißluft: etwa 160 °C

4. Zwiebeln abziehen, halbieren und in kleine Würfel schneiden. Gurken schälen und der Länge nach halbieren. Die Kerne mit einem Teelöffel herauslösen. Die Gurke in etwa 1 cm dicke Stücke schneiden.

5. Aus der Bratwurst das Brät so aus dem Darm herausdrücken, dass kleine Klößchen entstehen. Keimöl in einer Pfanne erhitzen. Die Klößchen darin von allen Seiten anbraten, Zwiebelwürfel hinzugeben und kurz mit anbraten.

6. Frühlingszwiebeln putzen, waschen, abtropfen lassen und in etwa 1 cm große Stücke schneiden. Crème fraîche mit Senf, Eiern, Mozzarella, Milch und Frühlingszwiebelstücken verrühren. Mit Salz und Pfeffer würzen.

7. Makkaroni auf zwei Backbleche (je 30 x 40 cm, gefettet) geben. Jeweils die Hälfte der Fleischklößchen, Zwiebelwürfel und Gurkenstücke vermengen und auf den Makkaroni verteilen. Die Crème-fraîche-Eiermilch daraufgeben.

8. Die Backbleche nacheinander (bei Heißluft zusammen) in den vorgeheizten Backofen schieben. Den Auflauf etwa 20 Minuten je Backblech garen.

Tipp: Köttbullar ist die schwedische Bezeichnung für Hackbällchen.

Makkaroni-Auflauf mit Schinken I

Klassisch

4 Portionen

Pro Portion:
E: 29 g, F: 18 g, Kh: 51 g, kJ: 2072, kcal: 495

250 g Makkaroni
2 ½ l Wasser
2 ½ gestr. TL Salz

200 g gekochter Schinken
60 g frisch geriebener Käse, z. B. Gouda
2 Eier (Größe M)
250 ml (¼ l) Milch
Salz, frisch gemahlener Pfeffer
frisch geriebene Muskatnuss

2 EL Semmelbrösel
20 g Butter

Zubereitungszeit: 20 Minuten
Garzeit: etwa 40 Minuten

1. Makkaroni in fingerlange Stücke brechen. Wasser in einem großen Topf mit geschlossenem Deckel zum Kochen bringen. Dann Salz und Makkaroni hinzugeben. Die Makkaroni im geöffneten Topf bei mittlerer Hitze nach Packungsanleitung kochen lassen, dabei zwischendurch 4–5-mal umrühren.

2. Den Backofen vorheizen.
Ober-/Unterhitze: etwa 200 °C
Heißluft: etwa 180 °C

3. Anschließend die Makkaroni in ein Sieb geben, mit heißem Wasser abspülen und abtropfen lassen.

4. Schinken in kleine Würfel schneiden. Makkaroni, Schinkenwürfel und Käse abwechselnd lagenweise in eine Auflaufform (gefettet) schichten.

5. Eier mit Milch verschlagen, mit Salz, Pfeffer und Muskat würzen. Den Auflauf mit der Eiermilch übergießen und mit Semmelbröseln bestreuen. Butter in Flöckchen daraufsetzen. Die Form ohne Deckel auf dem Rost in den vorgeheizten Backofen schieben. Den Auflauf etwa 40 Minuten garen.

Beilage: Grüner Blattsalat.

Tipps: Anstelle des gekochten Schinkens halb gar gedünstete Pilze oder rohe Tomatenscheiben einschichten. Statt der verschlagenen Eier eine Tomatensauce verwenden. Milch durch saure Sahne ersetzen. Den Auflauf statt mit Semmelbröseln mit geriebenem Gouda-Käse bestreuen.

Makkaroni-Salat mit Kräutersauce | Schnell zubereitet – mit Alkohol

4 Portionen

Pro Portion:
E: 17 g, F: 18 g, Kh: 25 g, kJ: 1490, kcal: 356

125 g Makkaroni
1 1/2 l Wasser
1 1/2 gestr. TL Salz

100 g Mettwurst
1/2 Salatgurke
2 Tomaten
2 Zwiebeln
100 g Emmentaler-Käse
1/2 Kopf Endiviensalat oder Chinakohl (etwa 200 g)

Für die Salatsauce:
2 EL Weißweinessig
2 EL Weißwein
1 TL scharfer Senf
4–5 EL Speiseöl
Salz
frisch gemahlener Pfeffer
etwas Zucker
Cayennepfeffer
1–2 EL fein geschnittener Dill

Zum Garnieren:
etwas Dill

Zubereitungszeit: 40 Minuten, ohne Durchziehzeit

1. Makkaroni nach Belieben in Stücke brechen. Wasser in einem großen Topf mit geschlossenem Deckel zum Kochen bringen. Dann Salz und Makkaroni hinzugeben. Die Makkaroni im geöffneten Topf bei mittlerer Hitze nach Packungsanleitung kochen lassen, dabei zwischendurch 4–5-mal umrühren.

2. Anschließend die Makkaroni in ein Sieb geben, mit heißem Wasser abspülen und abtropfen lassen.

3. Die Mettwurst enthäuten und in dünne Scheiben schneiden. Gurke waschen, abtrocknen, halbieren, entkernen und ebenfalls in dünne Scheiben schneiden. Tomaten waschen, abtropfen lassen, kreuzweise einschneiden, kurz in kochendes Wasser legen und in kaltem Wasser abschrecken. Tomaten enthäuten, halbieren, entkernen und die Stängelansätze herausschneiden. Tomatenhälften in kleine Würfel schneiden.

4. Die Zwiebeln abziehen, zuerst in Scheiben schneiden, dann in Ringe teilen. Käse in schmale Streifen schneiden. Endiviensalat putzen und in kleine Stücke zerpflücken. Oder Chinakohl putzen, den Kohl vierteln und den Strunk herausschneiden. Kohl waschen und abtropfen lassen.

5. Für die Sauce Essig mit Wein und Senf verrühren, Speiseöl unterschlagen. Mit Salz, Pfeffer, Zucker und Cayennepfeffer würzen. Dill unterrühren.

6. Die vorbereiteten Salatzutaten mit der Sauce in einer Schüssel mischen. Den Salat gut durchziehen lassen.

7. Zum Garnieren Dill abspülen und trocken tupfen. Den Salat auf einem runden Teller anrichten und mit Dill garnieren.

Makkaroni-Salat „Retro“ | Für Kinder

8–10 Portionen

Pro Portion:
E: 22 g, F: 20 g, Kh: 48 g, kJ: 1941, kcal: 464

500 g Makkaroni
5 l Wasser
5 gestr. TL Salz
200 g Cornichons (aus dem Glas)
200 g roher Schinken
200 g Salami
200 g Edamer-Käse
6 Tomaten
3 säuerliche Äpfel

Für die Salatsauce:
5–6 EL Tomatenketchup
4 EL Weißweinessig
4 EL Speiseöl
Salz
frisch gemahlener Pfeffer
1–2 Bund Petersilie
1–2 Bund Schnittlauch

1 Kressesträußchen

Zubereitungszeit: 30 Minuten, ohne Abkühl- und Durchziehzeit

1. Makkaroni in fingerlange Stücke brechen. Wasser in einem großen Topf mit geschlossenem Deckel zum Kochen bringen. Dann Salz und Makkaroni hinzugeben. Die Makkaroni im geöffneten Topf bei mittlerer Hitze nach Packungsanleitung kochen lassen, dabei zwischendurch 4–5-mal umrühren.

2. Anschließend die Makkaroni in ein Sieb geben, mit heißem Wasser abspülen und abtropfen lassen. Makkaroni erkalten lassen und in eine Schüssel geben.

3. Cornichons abtropfen lassen. Schinken, Salami, Käse und Cornichons in Streifen schneiden. Tomaten waschen, abtropfen lassen, kreuzweise einschneiden, kurz in kochendes Wasser legen und in kaltem Wasser abschrecken. Tomaten enthäuten, halbieren, entkernen und die Stängelansätze herausschneiden. Tomatenhälften in Streifen schneiden. Äpfel schälen, vierteln, entkernen und ebenfalls in Streifen schneiden.

4. Die vorbereiteten Salatzutaten mit den Makkaroni gut vermischen.

5. Für die Sauce Ketchup mit Essig und Speiseöl verrühren, mit Salz und Pfeffer abschmecken. Petersilie und Schnittlauch abspülen und trocken tupfen. Von der Petersilie die Blättchen von den Stängeln zupfen, Blättchen klein schneiden. Schnittlauch in kleine Röllchen schneiden. Petersilie und Schnittlauchröllchen unter die Salatsauce rühren. Die Sauce unter die Salatzutaten heben. Den Salat gut durchziehen lassen.

6. Kressesträußchen abspülen und trocken tupfen. Den Makkaroni-Salat vor dem Servieren mit dem Kressesträußchen garnieren.

Maultaschen | Gefriergeeignet

4 Portionen (24 Stück)

Pro Portion:
E: 18 g, F: 11 g, Kh: 57 g, kJ: 1686, kcal: 402

Zum Vorbereiten für die Spinatfüllung:
600 g TK-Blattspinat

Für den Teig:
300 g Weizenmehl
2 Eier (Größe M)
4 EL Wasser
etwas Salz

Für die Spinatfüllung:
2 Zwiebeln
2 Knoblauchzehen
2 EL Speiseöl, z. B. Sonnenblumen- oder Olivenöl
Salz, frisch gemahlener Pfeffer
frisch geriebene Muskatnuss
1 Eigelb (Größe M)

1 Eiweiß (Größe M)
1 ½ l Gemüse- oder Fleischbrühe

Zubereitungszeit: 75 Minuten, ohne Auftau-, Ruhe- und Abkühlzeit

1. Blattspinat nach Packungsanleitung auftauen lassen.

2. Für den Teig Mehl in eine Rührschüssel geben. Eier, Wasser und Salz hinzufügen. Die Zutaten mit Handrührgerät mit Knethaken zu einem glatten Teig verarbeiten. Den Teig zugedeckt etwa 40 Minuten ruhen lassen.

3. In der Zwischenzeit für die Spinatfüllung aufgetauten Blattspinat gut ausdrücken und grob hacken. Die Zwiebeln und Knoblauch abziehen, in kleine Würfel schneiden.

4. Speiseöl in einem Topf erhitzen. Zwiebel- und Knoblauchwürfel darin unter Rühren andünsten. Spinat hinzugeben und zugedeckt bei schwacher Hitze etwa 3 Minuten dünsten. Mit Salz, Pfeffer und Muskat würzen, Spinatmasse etwas abkühlen lassen, dann Eigelb unterrühren.

5. Den Teig auf einer bemehlten Arbeitsfläche dünn ausrollen und etwa 10 x 10 cm große Quadrate ausrädeln oder -schneiden. Etwas von der Spinatfüllung auf jedes Teigquadrat geben. Eiweiß mit einer Gabel verschlagen, die Teigränder damit bestreichen. Die Teigquadrate zu Dreiecken übereinanderklappen und die Ränder andrücken.

6. Gemüse- oder Fleischbrühe in einem Topf erhitzen. Die Hälfte der Maultaschen hinzugeben und ohne Deckel bei schwacher bis mittlerer Hitze etwa 15 Minuten garen. Die garen Maultaschen mit einer Schaumkelle aus der Brühe nehmen und warm stellen. Die zweite Hälfte Maultaschen entsprechend verarbeiten.

7. Die fertigen Maultaschen mit etwas von der Brühe in Suppentellern servieren.

Tipp: Die garen Maultaschen abtropfen lassen, von beiden Seiten in zerlassener Butter anbraten und mit in Butter gebräunten Semmelbröseln und in Butterschmalz oder Speiseöl braun gebratenen Zwiebelringen (von 6–8 Zwiebeln) servieren **(Foto)**.

Maultaschen, schwäbisch I

Klassisch

4 Portionen

Pro Portion:
E: 44 g, F: 29 g, Kh: 102 g, kJ: 3760, kcal: 898

Für den Nudelteig:
500 g Weizenmehl
4 Eier (Größe M)
2 EL Speiseöl
1 Prise Salz

Für die Füllung:
100 g Leber
220 g Rindergehacktes
1 Ei (Größe M)
3 EL Semmelbrösel
2 EL Zwiebelwürfel
1 EL gehackte Petersilie
Salz
frisch gemahlener Pfeffer
frisch geriebene Muskat

Zum Bestreichen:
1 Ei (Größe M)

Für die Suppe:
1 EL Speiseöl
1 Gemüsezwiebel, in Scheiben
800 ml Rinderfond oder -brühe
3 EL Schnittlauchröllchen

Zubereitungszeit: 50 Minuten, ohne Ruhezeit

1. Für den Teig Mehl in eine Rührschüssel geben. Eier, Speiseöl und Salz hinzufügen. Die Zutaten mit Handrührgerät mit Knethaken zu einem glatten Teig verarbeiten. Den Teig in Frischhaltefolie gewickelt etwa 40 Minuten ruhen lassen.

2. Für die Füllung die Leber unter fließendem kalten Wasser abspülen, trocken tupfen, fein hacken und in eine Schüssel geben. Gehacktes, Ei, Semmelbrösel, Zwiebelwürfel und Petersilie hinzufügen. Die Zutaten gut verkneten. Anschließend mit Salz, Pfeffer und Muskat würzen.

3. Den Nudelteig auf einer bemehlten Arbeitsfläche dünn ausrollen und in etwa 6 x 8 cm große Rechtecke schneiden.

4. Jeweils 1 Esslöffel von der Fleischmasse auf die Teigrechtecke geben. Zum Bestreichen das Ei mit einer Gabel verschlagen. Die Teigränder damit bestreichen. Die belegten Teigstücke zusammenklappen und die Ränder andrücken.

5. Für die Suppe das Speiseöl in einem Topf erhitzen. Zwiebelscheiben darin andünsten. Rinderfond oder -brühe hinzugießen, zum Kochen bringen und etwas einkochen lassen. Die Maultaschen hinzugeben, wieder zum Kochen bringen und etwa 10 Minuten köcheln lassen. Das Ganze eventuell mit Salz und Muskat abschmecken.

6. Maultaschen mit Schnittlauchröllchen bestreut servieren.

Maultaschenauflauf

Preiswert – dauert etwas länger

4 Portionen

Pro Portion:

E: 52 g, F: 66 g, Kh: 66 g, kJ: 4735, kcal: 1132

Für die Maultaschen:

300 g Weizenmehl
2 Eier (Größe M)
4 EL Wasser
1 gestr. TL Salz

Für die Füllung:

1 Zwiebel
1 EL Speiseöl
300 g Gehacktes (halb Rind-, halb Schweinefleisch)
1 Ei (Größe M)
2 EL gehackte Petersilie
Salz, frisch gemahlener Pfeffer
1 Eiweiß (Größe M)
1 l Fleischbrühe

Für die Champignon-Tomaten-Sauce:

4 Frühlingszwiebeln
200 g Champignons
30 g Butter
4 große Tomaten
etwas gerebelter Thymian
1 EL Weizenmehl
1 Becher Crème fraîche (150 g)
1 Bund Schnittlauch
200 g frisch geriebener Gouda-Käse
20 g Butter

Zubereitungszeit: 100 Minuten, ohne Ruhezeit
Garzeit: etwa 20 Minuten

1. Für die Maultaschen Mehl in eine Rührschüssel geben. Eier, Wasser und Salz hinzufügen. Die Zutaten mit Handrührgerät mit Knethaken zu einem glatten Teig verarbeiten. Den Teig in Frischhaltefolie gewickelt etwa 1 Stunde ruhen lassen.

2. In der Zwischenzeit für die Füllung Zwiebel abziehen und in kleine Würfel schneiden. Speiseöl in einer Pfanne erhitzen. Zwiebelwürfel darin glasig dünsten. Gehacktes hinzufügen, unter ständigem Rühren kurz anbraten. Dabei die Fleischklümpchen mit einer Gabel zerdrücken. Hackfleischmasse etwas abkühlen lassen.

3. Ei und Petersilie unter die Hackfleischmasse rühren. Mit Salz und Pfeffer würzen.

4. Den Maultaschenteig auf einer leicht bemehlten Arbeitsfläche dünn ausrollen und etwa 10 x 10 cm große Quadrate ausschneiden oder -rädeln. Etwas von der Hackfleischmasse auf jedes Teigquadrat geben. Die Teigränder mit verschlagenem Eiweiß bestreichen. Die Teigquadrate zu Dreiecken übereinanderklappen. Die Teigränder andrücken.

5. Die Fleischbrühe in einem Topf erhitzen. Die Maultaschen darin eventuell portionsweise ohne Deckel bei schwacher bis mittlerer Hitze etwa 10 Minuten garen. Mit einem Schaumlöffel herausnehmen.

6. Den Backofen vorheizen.
Ober-/Unterhitze: etwa 200 °C
Heißluft: etwa 180 °C

7. Für die Sauce die Frühlingszwiebeln putzen, waschen, abtropfen lassen und in Scheiben schneiden. Champignons putzen, mit Küchenpapier abreiben, eventuell abspülen, trocken tupfen und in Scheiben schneiden.

8. Butter in einem Topf zerlassen. Champignonscheiben darin unter Rühren kurz andünsten, Frühlingszwiebelscheiben unterrühren. Mit Salz und Pfeffer würzen.

9. Tomaten waschen, abtropfen lassen, kreuzweise einschneiden, kurz in kochendes Wasser legen und in kaltem Wasser abschrecken. Tomaten enthäuten, halbieren, entkernen und Stängelansätze herausschneiden. Tomaten in Stücke schneiden und zu den Champignonscheiben geben. Mit Salz, Pfeffer und Thymian würzen. Mehl unterrühren. Crème fraîche unterheben.

10. Schnittlauch abspülen, trocken tupfen und in Röllchen schneiden. Schnittlauchröllchen zusammen mit

einem Drittel des Käses zur Tomaten-Champignon-Masse geben und unterrühren.

11. Die Hälfte der Maultaschen in eine flache Auflaufform (gefettet) geben. Etwas von der Tomaten-Champignon-Masse darauf verteilen. Die restlichen Maultaschen und restliche Tomaten-Champignon-Masse daraufgeben. Auflauf mit restlichem Käse bestreuen. Butter in Flöckchen daraufsetzen. Die Form auf dem Rost in den vorgeheizten Backofen schieben. Den Maultaschenauflauf anschließend etwa 20 Minuten garen.

Tipp: Sie können auch Maultaschen aus dem Kühlregal verwenden und wie angegeben mit der Champignon-Tomaten-Sauce überbacken.

Maultaschen-Rosenkohl-Auflauf mit Pfifferlingen | Einfach

4 Portionen

Pro Portion:
E: 22 g, F: 47 g, Kh: 34 g, kJ: 2730, kcal: 651

600 g	*Rosenkohl*
	Salzwasser
6–8	*Maultaschen mit Fleischfüllung (300–400 g, aus dem Kühlregal)*
1 EL	*Instant-Gemüsebrühe*
150 g	*Pfifferlinge*
2 EL	*Butter*
	Salz
	frisch gemahlener Pfeffer
	frisch geriebene Muskatnuss
200 g	*Schlagsahne*
150 ml	*Gemüsebrühe*
1 EL	*Weizenmehl*
½ Bund	*glatte Petersilie*
3 EL	*fertige Röstzwiebeln*
125 g	*geriebener Berg-Käse*

Zubereitungszeit: 50 Minuten
Garzeit: etwa 15 Minuten

1. Rosenkohl putzen und die äußeren, welken Blätter ablösen. Rosenkohl in wenig Salzwasser zugedeckt etwa 20 Minuten garen. Rosenkohl abgießen und gut abtropfen lassen. Maultaschen in leicht siedendem Wasser mit Brühe 3–5 Minuten erhitzen, mit einer Schaumkelle herausnehmen und in einem Sieb abtropfen lassen.

2. Den Backofen vorheizen.
Ober-/Unterhitze: etwa 200 °C
Heißluft: etwa 180 °C

3. Pilze putzen, mit Küchenpapier abreiben, eventuell kurz abspülen und gut trocken tupfen. Große Pilze halbieren. Butter in einer Pfanne zerlassen. Pfifferlinge darin kräftig anbraten, mit Salz, Pfeffer und Muskat würzen. Sahne und Brühe hinzugießen und aufkochen lassen. Mehl mit etwas kaltem Wasser anrühren, unter die Pfifferlinge rühren und bei starker Hitze unter Rühren etwas einkochen lassen.

4. Maultaschen in eine Auflaufform (leicht gefettet) geben. Petersilie abspülen und trocken tupfen. Die Blättchen von den Stängeln zupfen. Blättchen klein schneiden. Rosenkohl halbieren, mit Pfifferlingen und Petersilie mischen und um die Maultaschen verteilen. Mit Röstzwiebeln bestreuen und Käse darauf verteilen. Die Form auf dem Rost in den vorgeheizten Backofen schieben. Den Auflauf etwa 15 Minuten garen.

Tipps: Außerhalb der Saison können Sie diesen Auflauf statt mit Pfifferlingen auch mit der gleichen Menge Champignons zubereiten oder Sie greifen auf Dosenware zurück. Im Frühling oder Sommer schmecken statt Rosenkohl auch Kohlrabi oder Brokkoliröschen in diesem Auflauf. Dafür 2 mittelgroße Kohlrabi oder 750 g Brokkoli putzen, in Stücke schneiden oder in Röschen teilen und in etwas Salzwasser zugedeckt etwa 8 Minuten vorgaren.

Maultaschen-Sauerkraut-Auflauf

Raffiniert – rustikal

4–6 Portionen

Pro Portion:
E: 24 g, F: 45 g, Kh: 40 g, kJ: 2769, kcal: 664

1 Zwiebel
1 rote Paprikaschote (etwa 150 g)
2 EL Speiseöl
1 große Dose mildes Weinsauerkraut (Abtropfgewicht 810 g)
1 EL klein gehackte Rosmarinnadeln
Salz
frisch gemahlener Pfeffer
2 Pck. Schwäbische Maultaschen (je 300 g, mit Fleischfüllung, aus dem Kühlregal)

2 Becher Crème fraîche (je 150 g)
200 g frisch geriebener Gouda-Käse
1 TL Paprikapulver edelsüß

Zubereitungszeit: 30 Minuten
Garzeit: etwa 30 Minuten

1. Zwiebel abziehen und in kleine Würfel schneiden. Paprikaschote halbieren, entstielen, entkernen und die weißen Scheidewände entfernen. Schotenhälften waschen, trocken tupfen und anschließend in Streifen schneiden.

2. Speiseöl in einem Topf erhitzen. Zwiebelwürfel und Paprikastreifen darin andünsten. Sauerkraut mit der Flüssigkeit und Rosmarin hinzugeben, etwa 5 Minuten mitdünsten lassen.

3. Den Backofen vorheizen.
Ober-/Unterhitze: etwa 180 °C
Heißluft: etwa 160 °C

4. Sauerkraut mit Salz und Pfeffer würzen. Maultaschen aus der Packung nehmen, auf das Sauerkraut legen und zugedeckt 1–2 Minuten garen. Den Deckel abnehmen. Sauerkraut so lange weiterdünsten lassen, bis fast keine Flüssigkeit mehr vorhanden ist. Die Sauerkraut-Maultaschen-Masse in eine große, flache Auflaufform (gefettet) geben.

5. Für den Guss Crème fraîche und Käse mit einem Schneebesen verrühren. Mit Paprika, Salz und Pfeffer würzen. Den Guss gleichmäßig auf der Sauerkraut-Maultaschen-Masse verteilen.

6. Die Form auf dem Rost in den vorgeheizten Backofen schieben. Den Auflauf etwa 30 Minuten garen.

Mie-Nudeln mit gebratenen Steckrüben | Einfach – mit Alkohol

4 Portionen

Pro Portion:
E: 15 g, F: 19 g, Kh: 59 g, kJ: 1998, kcal: 476

1 kg Steckrübe
2 Knoblauchzehen
30 g frischer Ingwer
3 Stangen Porree (Lauch)

4 EL Erdnussöl
3 EL geschälte Sesamsamen
150 ml Reiswein oder Gemüsebrühe
120 g Tomatenketchup
2 EL helle Sojasauce
1 TL Sambal Manis (süßlich-scharfe indonesische Chilipaste)
Salz
200 g Mie-Nudeln (asiatische Instant-Nudeln)

Zubereitungszeit: 40 Minuten

1. Steckrübe putzen, schälen, abspülen, abtropfen lassen und in etwa 1 cm große Würfel schneiden. Knoblauch abziehen. Ingwer schälen. Knoblauch und Ingwer in kleine Würfel schneiden.

2. Porree putzen, die Stangen längs halbieren, gründlich waschen und abtropfen lassen. Porreestangen in feine Streifen schneiden.

3. Erdnussöl in einem Wok erhitzen. Steckrübenwürfel darin unter Rühren anbraten, Knoblauch- und Ingwerwürfel unterrühren. Sesamsamen hinzufügen und mit anrösten.

4. Reiswein oder Brühe und Ketchup unterrühren. Mit Sojasauce, Sambal Manis und Salz würzen. Steckrübenwürfel zum Kochen bringen und etwa 10 Minuten kochen lassen.

5. Mie-Nudeln nach Packungsanleitung zubereiten. Die Nudeln in ein Sieb geben, abtropfen lassen und warm stellen.

6. Die Porreestreifen unter die Steckrübenwürfel rühren und kurz erhitzen, Nudeln unterrühren. Oder die Nudeln getrennt dazu servieren.

Tipp: Zusätzlich noch einige fein geschnittene Thai-Basilikumblätter vor dem Servieren unterrühren.

Mie-Nudeln mit süß-saurer Sauce | Exotisch

4 Portionen

Pro Portion:
E: 14 g, F: 2 g, Kh: 105 g, kJ: 2108, kcal: 499

200 g	*Möhren*
1 kleine Dose	*Pfirsichhälften (Abtropfgewicht 240 g)*
150 g	*saure Gurken (aus dem Glas)*
125 ml (1/8 l)	*Gurkensud aus dem Glas*
125 ml (1/8 l)	*Pfirsichsaft aus der Dose*
200 g	*Tomatenketchup*
1 Stange	*Porree (Lauch)*
1 EL	*Zucker*
	Salz, Chilipulver
400 g	*Mie-Nudeln (asiatische Instant-Nudeln)*
evtl. einige	*Pfirsichspalten*

Zubereitungszeit: 20 Minuten

1. Möhren putzen, schälen, abspülen, abtropfen lassen und in kleine Würfel schneiden. Pfirsichhälften und Gurken in je einem Sieb abtropfen lassen, den Saft bzw. Sud dabei auffangen und je 125 ml (1/8 l) abmessen. Pfirsichhälften und Gurken klein würfeln.

2. Gurkensud und Pfirsichsaft in einen Topf geben. Möhren-, Pfirsich- und Gurkenwürfel hinzufügen, gut aufkochen lassen. Ketchup unterrühren und unter Rühren nochmals aufkochen lassen.

3. Porree putzen, die Stange längs halbieren, gründlich waschen, abtropfen lassen und in feine Streifen schneiden. Porreestreifen kurz in der Sauce mitkochen lassen. Die Sauce mit Zucker, Salz und Chili würzen. Sauce warm stellen.

4. Mie-Nudeln nach Packungsanleitung zubereiten. Anschließend in einem Sieb abtropfen lassen.

5. Mie-Nudeln mit der süß-sauren Sauce in Schüsseln anrichten. Süß-saure Sauce nach Belieben mit Pfirsichspalten garnieren.

Tipp: Geben Sie 100 g Shrimps mit in die Sauce.

Mie-Nudeln mit Viktoriabarsch und Pak Choi | Für Gäste

4 Portionen

Pro Portion:
E: 33 g, F: 18 g, Kh: 54 g, kJ: 2138, kcal: 509

500 g Viktoriabarsch-Filet
1 EL China-Gewürzzubereitung

800 g Pak Choi
3 Schalotten
20 g frischer Ingwer
100 g Shiitake-Pilze

250 g Mie-Nudeln (asiatische Instant-Nudeln)

6 EL Erdnussöl

1 EL Koriandergrün (erhältlich in Asialäden oder der Spezialitätenabteilung im Supermarkt)
2 EL Fischsauce
2 EL Austernsauce

Zubereitungszeit: 30 Minuten

1. Fischfilet unter fließendem kalten Wasser abspülen, trocken tupfen, in etwa 2 cm große Würfel schneiden und anschließend mit China-Gewürzzubereitung würzen.

2. Pak Choi putzen und in einzelne Blätter zupfen. Die Blätter gründlich waschen und gut abtropfen lassen. Die Stängel von den Blättern schneiden. Stängel und Blätter jeweils getrennt in etwa 1 cm breite Streifen schneiden.

3. Schalotten abziehen. Ingwer schälen. Schalotten und Ingwer in kleine Würfel schneiden.

4. Shiitake-Pilze putzen, mit Küchenpapier abreiben, eventuell abspülen und trocken tupfen. Die dicken, unteren Stiele entfernen oder die Stiele ganz herausdrehen. Pilze in Scheiben schneiden.

5. Mie-Nudeln nach Packungsanleitung zubereiten. Die Nudeln in ein Sieb geben, kurz abspülen und abtropfen lassen.

6. Erdnussöl in einem Wok erhitzen. Die Fischwürfel darin unter Rühren anbraten, herausnehmen und warm stellen. Pak-Choi-Stängel und Pilzscheiben im verbliebenen Bratfett unter Rühren andünsten. Schalotten- und Ingwerwürfel hinzufügen, kurz mitdünsten lassen. Anschließend die Pak-Choi-Blätter unterrühren. Mit Koriandergrün, Fisch- und Austernsauce würzen.

7. Mie-Nudeln vorsichtig unterheben. Die Fischwürfel in den Wok geben und die Mie-Nudeln mit Viktoriabarsch und Pak Choi sofort servieren.

Tipp: Statt Pak Choi kann auch Mangold verwendet werden.

Minestrone mit Hörnchennudeln I

Gut vorzubereiten

6 Portionen

Pro Portion:
E: 19 g, F: 21 g, Kh: 34 g, kJ: 1686, kcal: 402

3	*Möhren*
2	*große Kartoffeln*
2	*Zucchini (etwa 350 g)*
2 Stangen	*Porree (Lauch)*
2–3 Stängel	*Staudensellerie*
250 g	*Wirsing (vorbereitet gewogen)*
250 g	*grüne Bohnen*
100 g	*ausgepalte Erbsen*
2	*Zwiebeln*
150 g	*durchwachsener Speck*
5 EL	*Olivenöl*
2 l	*Fleischbrühe*
125 g	*Hörnchennudeln*
2	*Fleischtomaten*
2 EL	*gehackte Petersilie*
2 EL	*gehackte Basilikumblättchen*
	Salz
	Paprikapulver rosenscharf
	frisch geriebener Parmesan-Käse

Zubereitungszeit: 45 Minuten

1. Möhren putzen, schälen, abspülen und abtropfen lassen. Kartoffeln waschen, schälen, abspülen und abtropfen lassen. Möhren und Kartoffeln in kleine Würfel schneiden.

2. Zucchini waschen, abtrocknen und die Enden abschneiden. Zucchini in Würfel schneiden. Porree putzen, die Stangen längs halbieren, gründlich waschen und abtropfen lassen. Sellerie putzen und die harten Außenfäden abziehen. Sellerie waschen und abtropfen lassen. Porree und Sellerie in Scheiben schneiden.

3. Von dem Wirsing die groben, äußeren Blätter lösen. Wirsing vierteln und den Strunk herausschneiden. Wirsingviertel waschen, abtropfen lassen und in Streifen schneiden. Von den Bohnen die Enden abschneiden. Bohnen eventuell abfädeln, waschen, abtropfen lassen und in Stücke schneiden oder brechen. Erbsen abspülen und abtropfen lassen. Zwiebeln abziehen und in kleine Würfel schneiden.

4. Speck ebenfalls in kleine Würfel schneiden. Das Olivenöl in einem großen Topf erhitzen. Speck- und Zwiebelwürfel darin andünsten. Dann die vorbereiteten Gemüsezutaten hinzugeben und mitdünsten lassen. Brühe hinzugießen, die Suppe zum Kochen bringen und etwa 15 Minuten kochen lassen. Nudeln hinzufügen und etwa 8 Minuten mitgaren lassen.

5. Tomaten waschen, abtropfen lassen, kreuzweise einschneiden, kurz in kochendes Wasser legen und in kaltem Wasser abschrecken. Tomaten enthäuten, halbieren, entkernen und die Stängelansätze herausschneiden. Tomatenhälften in Würfel schneiden.

6. Tomatenwürfel mit Petersilie und Basilikum in die Suppe geben. Mit Salz und Paprika abschmecken. Minestrone mit Parmesan-Käse bestreut servieren.

Mini-Lasagne mit Feldsalat I

Etwas aufwendiger

4 Portionen

Pro Portion:
E: 21 g, F: 40 g, Kh: 24 g, kJ: 2348, kcal: 561

6 Lasagneplatten (etwa 125 g)
Salzwasser
1 EL Speiseöl
250 g Zucchini
3–4 mittelgroße Tomaten
1 Becher Crème fraîche (150 g)
Salz
1 EL gehacktes Basilikum
4 kleine Scheiben gekochter Schinken
frisch gemahlener Pfeffer
100 g geriebener Gouda-Käse

Für den Salat:
150 g Feldsalat
2 EL Rotweinessig
etwas Zucker
4 EL Olivenöl
evtl. rosa Pfefferbeeren

Zubereitungszeit: 50 Minuten
Garzeit: etwa 25 Minuten

1. Lasagneplatten in kochendem Salzwasser mit Speiseöl nach Packungsanleitung etwa 10 Minuten gar kochen. Lasagneplatten in ein Sieb geben, mit kaltem Wasser abspülen und abtropfen lassen.

2. Den Backofen vorheizen.
Ober-/Unterhitze: etwa 200 °C
Heißluft: etwa 180 °C

3. In der Zwischenzeit Zucchini waschen, abtrocknen und die Enden abschneiden. Tomaten waschen, abtrocknen, halbieren und die Stängelansätze herausschneiden. Zucchini und Tomaten in knapp 1/2 cm dicke Scheiben schneiden.

4. Crème fraîche mit Salz und Basilikum verrühren. Schinkenscheiben halbieren.

5. Lasagneplatten halbieren. 4 Lasagneplattenhälften auf ein Backblech (30 x 40 cm, mit Backpapier belegt) legen und mit der Hälfte der Schinkenscheiben belegen. Zucchini- und Tomatenscheiben darauf verteilen, mit Salz und Pfeffer bestreuen und mit 4 weiteren Lasagneplattenhälften belegen.

6. Mit der Hälfte der Crème fraîche-Basilikum-Creme bestreichen. Die restlichen Schinkenscheiben darauf verteilen, restliche Lasagneplattenhälften darauflegen, mit der restlichen Crème fraîche-Basilikum-Creme bestreichen und mit Käse bestreuen. Das Backblech in den vorgeheizten Backofen schieben. Mini-Lasagne etwa 25 Minuten garen.

7. In der Zwischenzeit für den Salat Feldsalat putzen, gründlich waschen und abtropfen lassen oder trocken schleudern. Für die Sauce Essig mit Salz, Zucker und Pfeffer verrühren. Olivenöl unterschlagen.

8. Die Mini-Lasagne auf 4 Teller verteilen. Feldsalat mit auf die Teller geben. Die Sauce darauf verteilen. Den Feldsalat nach Belieben mit rosa Pfefferbeeren bestreuen.

Mohnnudeln | Raffiniert

4 Portionen

Pro Portion:
E: 12 g, F: 26 g, Kh: 49 g, kJ: 2073, kcal: 495

Für den Nudelteig:

200 g Weizenmehl
50 g Hartweizengrieß
2 Eier (Größe M)
1 Prise Salz
1 EL Speiseöl
1 EL Wasser oder Weißweinessig

3 l Wasser
3 gestr. TL Salz

80 g Butter
2 EL gemahlener Mohn
1 EL Puderzucker

Zubereitungszeit: 50 Minuten, ohne Ruhe- und Trockenzeit

1. Mehl in eine Rührschüssel geben und mit Hartweizengrieß mischen. Eier, Salz, Speiseöl und Wasser oder Essig hinzufügen. Die Zutaten mit Handrührgerät mit Knethaken zu einem glatten Teig verarbeiten. Sollte er kleben, noch etwas Mehl hinzugeben. Den Teig leicht mit Mehl bestäuben und in Frischhaltefolie gewickelt etwa 30 Minuten ruhen lassen.

2. Den Teig portionsweise auf einer bemehlten Arbeitsfläche dünn ausrollen. Den Teig zum Trocknen auf Küchenpapier legen (etwa 20 Minuten, der Teig sollte nicht mehr kleben, aber auch noch nicht zerbrechen). Anschließend in dünne Streifen schneiden.

3. Wasser in einem Topf mit geschlossenem Deckel zum Kochen bringen. Dann Salz und Nudeln hinzugeben. Die Nudeln im geöffneten Topf bei mittlerer Hitze etwa 2 Minuten kochen lassen, dabei zwischendurch umrühren.

4. Anschließend die Nudeln in ein Sieb geben, mit heißem Wasser abspülen und abtropfen lassen.

5. Butter in einem Topf zerlassen. Die Nudeln darin andünsten, den Mohn hinzufügen, durchschwenken und auf Tellern anrichten. Mit Puderzucker bestäuben.

Tipps: Schneller geht es, wenn Sie fertig gekaufte Bandnudeln aus dem Kühlregal verwenden. Statt in Mohn können die Nudeln auch nur in zerlassener Butter oder in angebräunten Semmelbröseln gewendet werden.

Mozzarella-Nudel-Salat | Beliebt

8–10 Portionen

Pro Portion:
E: 25 g, F: 34 g, Kh: 53 g, kJ: 2587, kcal: 619

5 l Wasser
5 gestr. TL Salz
500 g dreifarbige Farfalle (Schmetterlingsnudeln)

Für die Salatsauce:
5 EL Weißweinessig
2 EL Basilikum- oder Kräuteressig
5 EL Wasser
1 gestr. TL Salz
2 TL Zucker
1 TL geschroteter Pfeffer
150 ml Olivenöl
1 Topf Basilikum

80 g gestiftelte Mandeln oder Pinienkerne
500 g Mozzarella-Käse
500 g Cocktailtomaten
500 g kleine Champignons
2 Dosen Gemüsemais (Abtropfgewicht je 285 g)
1 großer Kopf Radicchio
1 Bund Frühlingszwiebeln

Zubereitungszeit: 40 Minuten, ohne Abkühl- und Durchziehzeit

1. Wasser in einem großen Topf mit geschlossenem Deckel zum Kochen bringen. Dann Salz und Nudeln hinzugeben. Die Nudeln im geöffneten Topf bei mittlerer Hitze nach Packungsanleitung kochen lassen, dabei zwischendurch 4–5-mal umrühren.

2. Anschließend die Nudeln in ein Sieb geben, mit heißem Wasser abspülen, abtropfen und erkalten lassen.

3. Für die Salatsauce beide Essigsorten mit Wasser verrühren. Mit Salz, Zucker und Pfeffer würzen. Das Olivenöl nach und nach unterschlagen. Basilikum abspülen und trocken tupfen. Die Blättchen von den Stängeln zupfen. Blättchen klein schneiden und unter die Sauce rühren. Die Nudeln in eine Schüssel geben und mit der Salatsauce vermischen. Danach Nudeln 1–2 Stunden durchziehen lassen.

4. Mandeln oder Pinienkerne in einer Pfanne ohne Fett goldbraun rösten, herausnehmen und auf einem Teller erkalten lassen. Den Mozzarella gut abtropfen lassen und in kleine Würfel schneiden. Die Tomaten waschen, abtrocknen und halbieren, eventuell die Stängelansätze herausschneiden. Champignons putzen, mit Küchenpapier abreiben, eventuell abspülen und gut abtropfen lassen. Champignons halbieren.

5. Mais in einem Sieb abtropfen lassen. Radicchio putzen, vierteln, abspülen, abtropfen lassen und den Strunk herausschneiden. Radicchio in Streifen schneiden. Frühlingszwiebeln putzen, abspülen, abtropfen lassen und in feine Scheiben schneiden.

6. Mozzarellawürfel, Tomaten-, Champignonhälften, Mais, Radicchiostreifen und Frühlingszwiebelscheiben mit den Nudeln vermengen. Nudelsalat eventuell nochmals mit Salz und Pfeffer abschmecken. Mit Mandelstiften oder Pinienkernen bestreut servieren.

Muschelnudeln mit Paprika-Zwiebel-Sauce | Klassisch – einfach

4 Portionen

Pro Portion:
E: 18 g, F: 16 g, Kh: 98 g, kJ: 2557, kcal: 611

5 rote Paprikaschoten (etwa 800 g)
3 Knoblauchzehen
2 Zwiebeln
4–5 EL Sonnenblumenöl
Salz
1 Prise Zucker
frisch gemahlener Pfeffer
3 EL Rotweinessig

5 l Wasser
5 gestr. TL Salz
500 g Muschelnudeln

1 Bund glatte Petersilie

Zubereitungszeit: 35 Minuten

1. Paprikaschoten halbieren, entstielen, entkernen und die weißen Scheidewände entfernen. Schotenhälften waschen, abtropfen lassen, zuerst in Streifen, dann in kleine Würfel schneiden. Dann Knoblauch und Zwiebeln abziehen, in kleine Würfel schneiden.

2. Sonnenblumenöl in einem Topf erhitzen. Zwiebel- und Knoblauchwürfel darin andünsten. Paprikawürfel hinzugeben, mit Salz, Zucker, Pfeffer und Essig würzen. Die Zutaten zum Kochen bringen und zugedeckt bei schwacher Hitze etwa 20 Minuten kochen lassen.

3. In der Zwischenzeit Wasser in einem großen Topf mit geschlossenem Deckel zum Kochen bringen. Dann Salz und Nudeln hinzugeben. Nudeln im geöffneten Topf bei mittlerer Hitze nach Packungsanleitung kochen lassen, dabei zwischendurch 4–5-mal umrühren.

4. Anschließend die Nudeln in ein Sieb geben, mit heißem Wasser abspülen und abtropfen lassen.

5. Die Sauce nochmals mit den Gewürzen abschmecken.

6. Petersilie abspülen und trocken tupfen. Die Blättchen von den Stängeln zupfen. Blättchen klein schneiden. Die Paprika-Zwiebel-Sauce damit bestreuen und mit den Muschelnudeln sofort servieren.

Nudelauflauf chinesische Art

Preiswert – für die Party

8–10 Portionen

Pro Portion:
E: 42 g, F: 28 g, Kh: 95 g, kJ: 3389, kcal: 805

1 kg Mie-Nudeln (asiatische Instant-Nudeln)

3 Zwiebeln
8 Knoblauchzehen
80 g frischer Ingwer
1 kg Schweinerücken (ohne Knochen)
1 Eiweiß (Größe M)
1 EL Speisestärke
2 EL Currypulver
4 rote Paprikaschoten
3 Bund Frühlingszwiebeln
800 g Mungobohnen-Keimlinge

6 EL Speiseöl
12 EL Sojaöl
10 EL Sojasauce

Zubereitungszeit: 75 Minuten
Garzeit: etwa 20 Minuten je Backblech

1. Mie-Nudeln nach Packungsanleitung zubereiten. Die Nudeln in ein Sieb geben und abtropfen lassen.

2. Zwiebeln und Knoblauch abziehen. Ingwer schälen, abspülen und trocken tupfen. Zwiebeln in kleine Würfel schneiden. Knoblauch und Ingwer in sehr kleine Stücke oder Würfel schneiden.

3. Schweinerücken unter fließendem kalten Wasser abspülen, trocken tupfen und in etwa 1 x 1 1/2 cm große Stücke schneiden.

4. Den Backofen vorheizen.
Ober-/Unterhitze: etwa 180 °C
Heißluft: etwa 160 °C

5. Das Eiweiß in einer großen Schüssel verschlagen. Die Speisestärke unterrühren. Fleisch-, Zwiebelwürfel, Knoblauch-, Ingwerstücke und Currypulver hinzugeben. Die Zutaten mit dem Eiweiß gut vermischen und beiseitestellen.

6. Paprikaschoten halbieren, entstielen, entkernen und die weißen Scheidewände entfernen. Schotenhälften waschen, abtropfen lassen und in Stücke schneiden. Frühlingszwiebeln putzen, waschen, abtropfen lassen und in kleine Stücke schneiden. Mungobohnen-Keimlinge in ein Sieb geben, abspülen und abtropfen lassen.

7. Zwei Backbleche mit je 3 Esslöffeln Speiseöl bestreichen. Die Nudeln daraufgeben. Paprikastücke mit Mungobohnen-Keimlingen mischen und auf den Nudeln verteilen. Die Backbleche nacheinander (bei Heißluft zusammen) in den vorgeheizten Backofen schieben. Den Auflauf etwa 20 Minuten je Backblech garen.

8. In der Zwischenzeit Sojaöl in einer großen Pfanne erhitzen. Die beiseitegestellte Fleischwürfel-Mischung darin portionsweise anbraten, mit den Frühlingszwiebelstücken vermengen, auf den Auflauf geben, untermischen und kurz durchziehen lassen. Den Auflauf mit Sojasauce würzen und sofort servieren.

Nudelauflauf mit Kalbfleisch und Salbei | Etwas teurer

8–10 Portionen

Pro Portion:
E: 55 g, F: 34 g, Kh: 92 g, kJ: 3748, kcal: 897

900 g	*Kalbfleisch (Rücken oder Keule)*
120 g	*getrocknete Tomaten*
800 g	*Champignons*
50 g	*Butter*
50 g	*Weizenmehl*
1 l	*Fleischbrühe*
400 g	*Crème fraîche*
	Salz
	frisch gemahlener Pfeffer
1 Zweig	*Salbei*
800 ml	*Fleischbrühe*
1 kg	*Reginette- oder Trenette-Nudeln (am Rand gewellte Bandnudeln)*
400 g	*geraspelter Pasta-Käse*
1 Bund	*glatte Petersilie*

Zubereitungszeit: 65 Minuten
Garzeit: 25–30 Minuten je Fettfangschale

1. Kalbfleisch unter fließendem kalten Wasser abspülen, trocken tupfen und in feine Streifen schneiden. Getrocknete Tomaten ebenfalls in feine Streifen schneiden. Champignons putzen, mit Küchenpapier abreiben, eventuell abspülen, abtropfen lassen und in Scheiben schneiden.

2. Butter in einem Topf zerlassen. Mehl darin unter Rühren so lange erhitzen, bis es hellgelb ist. Brühe nach und nach hinzugießen, mit einem Schneebesen durchschlagen. Darauf achten, dass keine Klümpchen entstehen. Die Sauce zum Kochen bringen.

3. Den Backofen vorheizen.
Ober-/Unterhitze: etwa 200 °C
Heißluft: etwa 180 °C

4. Kalbfleisch-, Tomatenstreifen und Champignonscheiben in die Sauce geben, wieder zum Kochen bringen und etwa 10 Minuten bei schwacher Hitze kochen lassen. Crème fraîche unterrühren. Mit Salz und Pfeffer würzen.

5. Salbei abspülen und trocken tupfen. Die Blättchen von den Stängeln zupfen. Blättchen klein schneiden und unter die Sauce rühren. Danach Fleischbrühe hinzugießen.

6. Die Nudeln in zwei Fettfangschalen (je 30 x 40 cm, gefettet) verteilen. Jeweils die Hälfte der Kalbfleisch-Champignon-Sauce daraufgeben. Mit Käse bestreuen.

7. Die Fettfangschalen nacheinander (bei Heißluft zusammen) in den vorgeheizten Backofen schieben. Den Auflauf 25–30 Minuten garen.

8. Petersilie abspülen und trocken tupfen. Die Blättchen von den Stängeln zupfen. Blättchen klein schneiden. Den Auflauf mit Petersilie bestreut servieren.

Tipps: Statt Reginette- oder Trenette-Nudeln können Sie auch Bandnudeln verwenden. Den Auflauf kann anstelle von Kalbfleisch auch mit Putenbrustfilet zubereitet werden.

Nudelauflauf mit Lachs-Sahne-Dill-Sauce | Für Gäste

8–10 Portionen

Pro Portion:
E: 52 g, F: 67 g, Kh: 88 g, kJ: 4892, kcal: 1169

4 Stangen Porree (Lauch)
4 Bund Dill
1 kg Schlagsahne
600 ml Gemüsebrühe
1 l Milch
4 EL Zitronensaft
2 gestr. EL mittelscharfer Senf
Salz
frisch gemahlener Pfeffer
frisch geriebene Muskatnuss
1 kg Lachsfilet
1 kg Trulli-Nudeln
400 geraspelter Mozzarella-Käse

einige Scheiben von 1 Bio-Zitrone (unbehandelt, ungewachst)
einige vorbereitete Zweige Dill

Zubereitungszeit: 25 Minuten
Garzeit: etwa 30 Minuten je Form

1. Den Backofen vorheizen.
Ober-/Unterhitze: etwa 200 °C
Heißluft: etwa 180 °C

2. Porree putzen, die Stangen längs halbieren, gründlich waschen und abtropfen lassen. Porreestangen in etwa 2 cm lange Stücke schneiden. Dill abspülen und trocken tupfen. Die Spitzen von den Stängeln zupfen. Spitzen klein schneiden.

3. Sahne, Brühe, Milch, Zitronensaft und den Senf in einem Topf verrühren und zum Kochen bringen. Topf von der Kochstelle nehmen. Die Sauce mit Salz, Pfeffer und Muskat kräftig würzen.

4. Lachsfilet unter fließendem kalten Wasser abspülen, trocken tupfen und in etwa 2 cm große Würfel schneiden.

5. Lachswürfel mit Porreestücken, Dill und Nudeln vermischen und in zwei große, hohe Auflaufformen (gefettet) geben. Die Sahnesauce darauf verteilen und Käse daraufstreuen.

6. Die Formen nacheinander (bei Heißluft zusammen) auf dem Rost in den vorgeheizten Backofen schieben. Den Auflauf etwa 30 Minuten je Form garen.

7. Den Nudelauflauf mit Dill bestreuen, mit Zitronenscheiben und Dillzweigen garnieren.

Tipps: Die Nudeln brauchen nicht vorgekocht zu werden, da die Garzeit im Backofen ausreicht. Wer keine großen Auflaufformen hat, kann diesen Auflauf auch in einer Fettfangschale zubereiten.

Nudelauflauf mit Putenschnecken | Für Kinder

8–10 Portionen

Pro Portion:
E: 49 g, F: 34 g, Kh: 45 g, kJ: 3051, kcal: 729

5 l Wasser
5 gestr. TL Salz
500 g kurze, gedrehte Nudeln, z. B. Shipli

2 Pck. stückige Tomaten (je 500 g)
450 g TK-Farmer-Gemüse
6 dünne Putenschnitzel (je etwa 130 g)
6 TL Tomatenmark
2 Pck. TK-8-Kräuter (je 25 g)
Salz
frisch gemahlener Pfeffer
6 EL Sonnenblumenöl

Für den Guss:
8 Eier (Größe M)
200 g Schlagsahne
300 ml Tomatensaft von den stückigen Tomaten

400 g Butter- oder Edamer-Käse

Außerdem:
6 Holzstäbchen

Zubereitungszeit: 60 Minuten
Garzeit: etwa 45 Minuten

1. Wasser in einem großen Topf mit geschlossenem Deckel zum Kochen bringen. Dann Salz und Nudeln hinzugeben. Die Nudeln im geöffneten Topf bei mittlerer Hitze nach Packungsanleitung kochen lassen, dabei zwischendurch 4–5-mal umrühren.

2. Anschließend die Nudeln in ein Sieb geben, mit heißem Wasser abspülen und abtropfen lassen.

3. Tomatenstücke in einem Sieb abtropfen lassen, dabei den Saft auffangen und 300 ml abmessen. Farmer-Gemüse nach Packungsanleitung garen und eventuell abtropfen lassen.

4. Putenschnitzel unter fließendem kalten Wasser abspülen, trocken tupfen und eventuell etwas flacher klopfen. Eine Fleischseite mit Tomatenmark bestreichen und mit den gefrorenen Kräutern (1–2 Esslöffel beiseitelegen) bestreuen. Die Putenschnitzel aufrollen und mit Holzstäbchen feststecken. Mit Salz und Pfeffer würzen.

5. Den Backofen vorheizen.
Ober-/Unterhitze: etwa 180 °C
Heißluft: etwa 160 °C

6. Das Sonnenblumenöl in einer Pfanne erhitzen. Die Schnitzelröllchen darin von allen Seiten 10–12 Minuten goldbraun braten. Die Schnitzelröllchen herausnehmen und etwas abkühlen lassen. Die Holzstäbchen herausziehen. Schnitzelröllchen in 1 ½–2 cm dicke Scheiben schneiden.

7. Tomatenstücke mit Farmer-Gemüse und den Nudeln mischen, in eine große, flache Auflaufform (gefettet) geben. Die Putenschnecken darauf verteilen.

8. Für den Guss Eier mit Sahne und Tomatensaft verschlagen, mit Salz und Pfeffer würzen. Den Guss auf dem Auflauf verteilen. Käse grob reiben und daraufstreuen. Die Form auf dem Rost in den vorgeheizten Backofen schieben. Den Auflauf etwa 45 Minuten garen.

Nudelauflauf „Vier Jahreszeiten“

Für die Party

8–10 Portionen

Pro Portion:
E: 51 g, F: 46 g, Kh: 83 g, kJ: 3997, kcal: 955

600 g TK-Spinat

je 5 l Wasser
je 5 gestr. TL Salz
1 kg Nudeln, z. B. Creste di Gallo (Hahnenkämme)

5 mittelgroße Zwiebeln
4 Knoblauchzehen
6 EL Olivenöl
600 g Champignons
1 Bund Frühlingszwiebeln
Salz
frisch gemahlener Pfeffer
gerebelter Thymian
4 Dosen Tunfisch, in Öl (je 150 g)
2 Bund glatte Petersilie
100 g Cocktailtomaten
2 EL frische Kapern
frisch geriebene Muskatnuss
300 g Salami, in Scheiben
4 EL Olivenöl
400 g geraspelter Pasta-Käse

Zubereitungszeit: 50 Minuten, ohne Auftauzeit
Backzeit: 20–25 Minuten je Fettfangschale

1. Spinat nach Packungsanleitung auftauen lassen. Wasser in einem großen Topf mit geschlossenem Deckel zum Kochen bringen. Dann Salz und Nudeln zugeben. Die Nudeln in 2 Portionen im geöffneten Topf bei mittlerer Hitze nach Packungsanleitung kochen lassen, dabei zwischendurch 4–5-mal umrühren. Anschließend die Nudeln in ein Sieb geben, mit heißem Wasser abspülen und abtropfen lassen.

2. Zwiebeln und Knoblauch abziehen, in kleine Würfel schneiden. Olivenöl in einer großen Pfanne erhitzen. Knoblauch- und Zwiebelwürfel darin glasig dünsten, herausnehmen und in drei Teile teilen.

3. Den Backofen vorheizen.
Ober-/Unterhitze: etwa 180 °C
Heißluft: etwa 160 °C

4. Champignons putzen, mit Küchenpapier abreiben, eventuell abspülen, trocken tupfen und in Scheiben schneiden. Dann Frühlingszwiebeln putzen, waschen, abtropfen lassen und in kleine Stücke schneiden. Die Champignonscheiben in der Pfanne in dem verbliebenen Bratfett mit einem Teil der Zwiebel-Knoblauch-Masse andünsten. Frühlingszwiebelstücke hinzugeben. Mit Salz, Pfeffer und Thymian würzen.

5. Tunfisch abtropfen lassen. Petersilie abspülen und trocken tupfen. Die Blättchen von den Stängeln zupfen. Blättchen klein schneiden. Die Tomaten waschen, abtrocknen und eventuell die Stängelansätze herausschneiden. Tunfisch mit einem weiteren Teil der Zwiebel-Knoblauch-Masse, Petersilie, Tomaten und Kapern mischen. Mit Salz und Pfeffer würzen.

6. Den Spinat mit der restlichen Zwiebel-Knoblauch-Masse mischen. Mit Salz, Pfeffer und Muskat würzen. Salamischeiben vierteln.

7. Die Nudeln in zwei Fettfangschalen (je 30 x 40 cm, mit Olivenöl bestrichen) verteilen. Jeweils ein Viertel der Nudeln mit der Champignonmasse, dem Spinat, der Tunfischmasse und den Salamivierteln mischen. Jeweils mit Käse bestreuen.

8. Die Fettfangschalen nacheinander (bei Heißluft zusammen) in den vorgeheizten Backofen schieben. Den Nudelauflauf 20–25 Minuten garen.

Nudel-Dudel-Salat | Für die Kinderparty

8–10 Portionen

Pro Portion:
E: 8 g, F: 2 g, Kh: 46 g, kJ: 1033, kcal: 246

5 l Wasser
5 gestr. TL Salz
500 g Nudeln, z. B. Fusilli

je 1 kleine rote, grüne und gelbe Paprikaschote
1 Flasche (300 ml) süße Chilisauce
Salz
frisch gemahlener Pfeffer
1 Bund glatte Petersilie

Zubereitungszeit: 30 Minuten, ohne Abkühlzeit

1. Wasser in einem großen Topf mit geschlossenem Deckel zum Kochen bringen. Dann Salz und Nudeln hinzugeben. Die Nudeln im geöffneten Topf bei mittlerer Hitze nach Packungsanleitung kochen lassen, dabei zwischendurch 4–5-mal umrühren. Anschließend die Nudeln in ein Sieb geben, mit heißem Wasser abspülen und abtropfen lassen.

2. Paprikaschoten halbieren, entstielen, entkernen und die weißen Scheidewände entfernen. Schotenhälften waschen, abtropfen lassen und in kleine Würfel schneiden.

3. Nudeln und Paprikawürfel in einer Schüssel mischen, mit Chilisauce verrühren, mit Salz und Pfeffer würzen.

4. Petersilie abspülen und trocken tupfen. Die Blättchen von den Stängeln zupfen. Blättchen klein schneiden. Den Salat mit Petersilie bestreuen.

Abwandlung: Zusätzlich 150 g in Würfel geschnittene Fleischwurst hinzufügen.

Tipp: Der Salat kann bereits am Vortag zubereitet werden.

Nudel-Fleischwurst-Salat I

Preiswert

4 Portionen

Pro Portion:
E: 17 g, F: 40 g, Kh: 34 g, kJ: 2377, kcal: 567

1 1/2 l Wasser
1 1/2 gestr. TL Salz
125 g kleine Hörnchennudeln

400 g Fleischwurst
1 große Zwiebel
1 kleine Stange Porree (Lauch)
1 säuerlicher Apfel
2 Fleischtomaten

Für die Salatsauce:
3–4 EL Weißweinessig
1 TL geriebener Meerrettich (aus dem Glas)
6 EL Speiseöl, z. B. Olivenöl
Salz, frisch gemahlener Pfeffer

einige Kopfsalatblätter
1/4 Topf Schnittlauch

Zubereitungszeit: 35 Minuten, ohne Abkühl- und Durchziehzeit

1. Wasser in einem großen Topf mit geschlossenem Deckel zum Kochen bringen. Dann Salz und Nudeln hinzugeben. Die Nudeln im geöffneten Topf bei mittlerer Hitze nach Packungsanleitung kochen, dabei zwischendurch 4–5-mal umrühren.

2. Anschließend die Nudeln in ein Sieb geben, mit heißem Wasser abspülen, abtropfen und erkalten lassen.

3. Von der Fleischwurst die Haut abziehen. Fleischwurst zuerst in Scheiben, dann in Streifen schneiden. Die Zwiebel abziehen, halbieren und in Scheiben schneiden. Porree putzen, die Stange längs halbieren, gründlich waschen, abtropfen lassen und in Scheiben schneiden.

4. Apfel waschen, abtrocknen, nach Belieben schälen, vierteln, entkernen und in kleine Stücke schneiden. Die Tomaten waschen, trocken tupfen, vierteln, entkernen und die Stängelansätze herausschneiden. Tomatenviertel in Würfel schneiden. Die vorbereiteten Salatzutaten in einer Schüssel mischen.

5. Für die Sauce den Essig mit Meerrettich verrühren, Speiseöl unterschlagen. Mit Salz und Pfeffer würzen. Die Sauce mit den Salatzutaten vermengen. Den Salat kalt stellen und etwa 30 Minuten durchziehen lassen. Salat nochmals mit den Gewürzen abschmecken.

6. Salatblätter und Schnittlauch abspülen und trocken tupfen. Schnittlauch in Röllchen schneiden. Den Nudel-Fleischwurst-Salat auf einer großen, mit den Salatblättern ausgelegten Platte anrichten und mit Schnittlauchröllchen bestreut servieren.

Tipp: Sie können den Salat statt mit der Salatsauce auch mit einer Joghurtmayonnaise, 3–4 hart gekochten Eiern und 3–4 Radieschen zubereiten. Dafür 2 Esslöffel Salatmayonnaise mit 150 g Joghurt und 1 Teelöffel mittelscharfen Senf verrühren. Mit Salz, Pfeffer und Zucker abschmecken. Eier pellen, zusammen mit den Radieschen in Würfel schneiden und mit der Joghurtmayonnaise unter den Salat heben.

Nudel-Gemüse-Pfanne | Vegetarisch

4 Portionen

Pro Portion:
E: 13 g, F: 16 g, Kh: 51 g, kJ: 1737, kcal: 415

2 1/2 l Wasser
2 1/2 gestr. TL Salz
250 g Bandnudeln

250 g Möhren
250 g Rettich
1–2 Knoblauchzehen
1 Bund Frühlingszwiebeln (etwa 250 g)
1–2 EL geschälte Sesamsamen
2 EL Speiseöl
1–2 EL dunkles Sesamöl
Salz
frisch gemahlener Pfeffer
4–5 EL Sojasauce

Zubereitungszeit: 40 Minuten, ohne Abkühlzeit

1. Wasser in einem großen Topf mit geschlossenem Deckel zum Kochen bringen. Dann Salz und Nudeln hinzugeben. Die Nudeln im geöffneten Topf bei mittlerer Hitze nach Packungsanleitung kochen lassen, dabei zwischendurch 4–5-mal umrühren.

2. Anschließend die Nudeln in ein Sieb geben, mit heißem Wasser abspülen und abtropfen lassen.

3. Möhren putzen, schälen, abspülen, abtropfen lassen und auf einem Gemüsehobel in dünne Streifen (Julienne) schneiden. Rettich schälen, abspülen, abtropfen lassen, längs halbieren und in dünne Scheiben schneiden.

4. Knoblauch abziehen und in Scheiben schneiden. Frühlingszwiebeln putzen, waschen, abtropfen lassen und in Scheiben schneiden. Sesamsamen in einem Wok ohne Fett goldbraun rösten, herausnehmen und abkühlen lassen.

5. Speiseöl in dem Wok erhitzen. Die Möhrenstreifen darin etwa 2 Minuten unter Rühren anbraten. Rettich- und Knoblauchscheiben hinzufügen, unter Rühren weitere 3–4 Minuten braten. Nudeln mit einer Schere mehrmals durchschneiden, zu dem Gemüse in den Wok geben und mit anbraten.

6. Frühlingszwiebelscheiben, Sesamöl und Sesamsamen hinzugeben und kurz mitbraten lassen. Die Nudel-Gemüse-Pfanne mit Salz, Pfeffer und Sojasauce würzen.

Tipps: Sie können die Bandnudeln durch chinesische Eiernudeln ersetzen und zusätzlich 20 g getrocknete Mu-err-Pilze verwenden. Diese nach Packungsanleitung einweichen, klein schneiden und zusammen mit den Nudeln zum Gemüse geben. Die Nudel-Gemüse-Pfanne schmeckt auch gut, wenn etwa 400 g Putenbruststreifen vor den Möhrenstreifen angebraten, mit Salz und Pfeffer abgeschmeckt und beiseitegestellt werden. Die Putenbruststreifen dann zuletzt unter das Gemüse rühren und mit Currypulver abschmecken.

Nudel-Gemüse-Pfanne mit Champignons | Schnell zubereitet

4 Portionen

Pro Portion:
E: 18 g, F: 33 g, Kh: 76 g, kJ: 2835, kcal: 680

4 l	*Wasser*
4 gestr. TL	*Salz*
400 g	*Nudeln, z. B. Penne*
1	*Zwiebel*
je 1	*rote und grüne Paprikaschote*
3 EL	*Olivenöl*
300 g	*frische Champignons oder TK-Champignonscheiben*
2 Becher	*Crème fraîche (je 150 g)*
	Salz
	frisch gemahlener Pfeffer
	Currypulver
1 Bund	*Schnittlauch*

Zubereitungszeit: 30 Minuten

1. Wasser in einem großen Topf mit geschlossenem Deckel zum Kochen bringen. Dann Salz und Nudeln hinzugeben. Die Nudeln im geöffneten Topf bei mittlerer Hitze nach Packungsanleitung kochen lassen, dabei zwischendurch 4–5-mal umrühren.

2. Anschließend die Nudeln in ein Sieb geben, mit heißem Wasser abspülen und abtropfen lassen.

3. Zwiebel abziehen und in kleine Würfel schneiden. Paprikaschoten halbieren, entstielen, entkernen und die weißen Scheidewände entfernen. Schotenhälften waschen, abtropfen lassen und dann in kleine Würfel schneiden.

4. Olivenöl in einer Pfanne erhitzen. Zwiebelwürfel darin andünsten. Paprikawürfel hinzufügen und kurz mit andünsten. Champignons putzen, mit Küchenpapier abreiben, eventuell abspülen, trocken tupfen, nach Belieben klein schneiden und zu den Paprikawürfeln in die Pfanne geben. TK-Champignonscheiben unaufgetaut hinzufügen. Die Zutaten etwa 5 Minuten leicht dünsten.

5. Nudeln und Crème fraîche zu dem Gemüse geben, untermischen und erhitzen. Nudel-Gemüse-Pfanne mit Salz, Pfeffer und Curry abschmecken.

6. Den Schnittlauch abspülen, trocken tupfen und in Röllchen schneiden. Die Nudel-Gemüse-Pfanne mit Schnittlauchröllchen bestreut servieren.

Tipp: Verwenden Sie in den Wintermonaten die preiswerteren Paprikastreifen aus der Tiefkühltruhe.

Nudelgratin mit Lamm | Mit Alkohol

12 Portionen

Pro Portion:
E: 44 g, F: 35 g, Kh: 53 g, kJ: 3021, kcal: 723

1 1/2 kg	Lammfleisch (aus der Keule, ohne Knochen)
9 EL	Olivenöl
	Salz
	frisch gemahlener, schwarzer Pfeffer
3 Msp.	Cayennepfeffer
3 TL	Thymian
12	Schalotten
3	Knoblauchzehen
1 kg	Staudensellerie
3	Möhren
375 ml (3/8 l)	Rotwein
3 Becher	Crème fraîche (je 150 g)
je 3 1/2 l	Wasser
je 3 1/2 gestr. TL	Salz
750 g	Spiralnudeln, z. B. Spirelli
1 1/2 kg	Fleischtomaten
3 EL	Semmelbrösel
300 g	frisch geriebener Käse, z. B. Emmentaler

Zubereitungszeit: 65 Minuten
Überbackzeit: etwa 30 Minuten

1. Lammfleisch unter fließendem kalten Wasser abspülen, trocken tupfen und in etwa 2 cm große Würfel schneiden. Etwas von dem Olivenöl in einem großen Topf erhitzen. Die Lammwürfel darin portionsweise von allen Seiten kräftig anbraten und herausnehmen. Mit Salz, Pfeffer, Cayennepfeffer und Thymian würzen.

2. Schalotten und Knoblauch abziehen, klein würfeln und in dem verbliebenen Bratfett andünsten.

3. Sellerie putzen und die harten Außenfäden abziehen. Sellerie waschen, abtropfen lassen und in feine Scheiben schneiden. Möhren putzen, schälen, abspülen, abtropfen lassen und ebenfalls in feine Scheiben schneiden. Sellerie- und Möhrenscheiben zu den Schalotten- und Knoblauchwürfeln geben, etwa 5 Minuten mitdünsten lassen. Mit Salz, Pfeffer, Cayennepfeffer und Thymian würzen. Rotwein hinzugießen. Die Zutaten zum Kochen bringen und etwa 10 Minuten leicht kochen lassen. Crème fraîche unterrühren.

4. Wasser in einem großen Topf mit geschlossenem Deckel zum Kochen bringen. Dann Salz und Nudeln hinzugeben. Die Nudeln in 2 Portionen im geöffneten Topf bei mittlerer Hitze nach Packungsanleitung kochen lassen, dabei zwischendurch 4–5-mal umrühren.

5. Den Backofen vorheizen.
Ober-/Unterhitze: etwa 200 °C
Heißluft: etwa 180 °C

6. Anschließend die garen Nudeln in ein Sieb geben, mit heißem Wasser abspülen und abtropfen lassen.

7. Tomaten waschen, abtropfen lassen, kreuzweise einschneiden, kurz in kochendes Wasser legen und in kaltem Wasser abschrecken. Tomaten enthäuten, halbieren, entkernen und die Stängelansätze herausschneiden. Tomatenhälften in große Stücke schneiden und zum angedünsteten Gemüse geben. Lammfleischwürfel unterheben. Nochmals kräftig mit Salz, Pfeffer, Cayennepfeffer und Thymian würzen.

8. Die Nudeln mit dem Lamm-Gemüse-Ragout vermischen, in eine große, flache Auflaufform (gefettet) oder Fettfangschale (gefettet) geben. Semmelbrösel mit Käse mischen, daraufstreuen. Form auf dem Rost oder die Fettfangschale in den vorgeheizten Backofen schieben. Nudelgratin etwa 30 Minuten überbacken.

Beilage: Gemischter Salat, Rotwein.

Tipps: Sie können das Rezept auch mit der gleichen Menge Rindergehacktes oder gemischtes Gehacktes (halb- Rind-, halb Schweinefleisch) zubereiten. Statt dem Staudensellerie können Sie auch etwa 1 1/4 kg geputztes, grob gewürfeltes Suppengrün verwenden.

Nudel-Hähnchen-Pfanne | Einfach

4 Portionen

Pro Portion:
E: 36 g, F: 14 g, Kh: 28 g, kJ: 1657, kcal: 396

500 g Hähnchenbrustfilet
4 EL Speiseöl
Salz, frisch gemahlener Pfeffer
1 große Stange Porree (Lauch)
1 Dose Tomatenstücke mit Kräutern (Einwaage 400 g)
400 ml Wasser
150 g Gabelspaghetti

Zubereitungszeit: 25 Minuten

1. Hähnchenbrustfilet unter fließendem kalten Wasser abspülen, trocken tupfen und in dicke Streifen schneiden.

2. Die Hälfte des Speiseöls in einer Pfanne erhitzen. Die Fleischstreifen darin von allen Seiten kräftig anbraten, mit Salz und Pfeffer würzen. Die Fleischstreifen aus der Pfanne nehmen und anschließend beiseitestellen.

3. Porree putzen, die Stange längs halbieren, gründlich waschen, abtropfen lassen und dann in Streifen schneiden.

4. Restliches Speiseöl zum Bratfett in die Pfanne geben und erhitzen. Porreestreifen darin andünsten. Die Tomatenstücke hinzufügen, die leere Dose mit Wasser füllen (400 ml) und ebenfalls hinzufügen.

5. Gabelspaghetti unterrühren, zum Kochen bringen und zugedeckt etwa 10 Minuten garen, dabei zwischendurch umrühren. Dann die beiseitegestellten Fleischstreifen hinzugeben, unterheben und erhitzen. Die Nudel-Hähnchen-Pfanne mit Salz und Pfeffer abschmecken.

Nudeln in Kürbisrahm I

Vegetarisch

2–3 Portionen

Pro Portion:
E: 12 g, F: 20 g, Kh: 52 g, kJ: 1922, kcal: 459

2 ½ l Wasser
2 ½ gestr. TL Salz
250 g Bandnudeln

150 g eingelegter Kürbis, süß-sauer (aus dem Glas)
20 kleine Salbeiblättchen
40 g grüne Kürbiskerne
2 EL Butter
2 EL Korinthen
125 g Schlagsahne

Zubereitungszeit: 30 Minuten

1. Wasser in einem großen Topf mit geschlossenem Deckel zum Kochen bringen. Dann Salz und Nudeln hinzugeben. Die Nudeln im geöffneten Topf bei mittlerer Hitze nach Packungsanleitung kochen lassen, dabei zwischendurch 4–5-mal umrühren. Anschließend die Nudeln in ein Sieb geben, mit heißem Wasser abspülen und abtropfen lassen.

2. Kürbis abtropfen lassen und in kleine Würfel schneiden. Salbeiblättchen abspülen und trocken tupfen.

3. Butter in einer Pfanne zerlassen. Die Kürbiskerne und Salbeiblättchen darin unter Rühren anbraten, Kürbiswürfel und Korinthen hinzufügen. Die Zutaten 4–5 Minuten dünsten. Sahne hinzugießen und kurz einkochen lassen.

4. Die Nudeln mit dem Kürbisrahm in einer Schüssel anrichten und sofort servieren.

Nudeln mit Fisch und Meeresfrüchten | Etwas teurer

4 Portionen

Pro Portion:
E: 61 g, F: 27 g, Kh: 56 g, kJ: 3201, kcal: 764

300 g Miesmuscheln
100 ml Wasser
300 g Tintenfischringe
1 Knoblauchzehe
1 Zwiebel
4 EL Speiseöl
2 Tomaten
1 TL Paprikapulver edelsüß
1 l Fischfond (aus dem Glas) oder Gemüsebrühe
300 g Spaghetti
Salz
1 Döschen Safran (etwa 8 Safranfäden)
300 g Seeteufelfilet
200 g frische Garnelen (mit Schale)
200 g Kaisergranat oder Scampi

Zubereitungszeit: 70 Minuten
Garzeit: etwa 20 Minuten

1. Die Muscheln in reichlich kaltem Wasser gründlich waschen und einzeln abbürsten, bis sie nicht mehr sandig sind (Muscheln, die sich beim Waschen öffnen, sind ungenießbar). Eventuell die Bartbüschel entfernen. Die Muscheln in einen hohen Topf geben, Wasser hinzugeben, zum Kochen bringen und zugedeckt etwa 5 Minuten kochen und herausnehmen. Muscheln, die sich nach dem Garen nicht öffnen, sind ungenießbar.

2. Tintenfischringe unter fließendem kalten Wasser abspülen und trocken tupfen. Knoblauch abziehen und durch eine Knoblauchpresse drücken. Zwiebel abziehen, halbieren und in kleine Würfel schneiden.

3. Speiseöl in einem Topf erhitzen. Knoblauch und Zwiebelwürfel darin andünsten. Tintenfischringe hinzugeben und bei schwacher bis mittlerer Hitze von beiden Seiten leicht anbraten.

4. Den Backofen vorheizen.
Ober-/Unterhitze: etwa 200 °C
Heißluft: etwa 180 °C

5. Tomaten waschen, abtropfen lassen, kreuzweise einschneiden, kurz in kochendes Wasser legen und in kaltem Wasser abschrecken. Tomaten enthäuten, halbieren, entkernen und die Stängelansätze herausschneiden. Tomatenhälften in kleine Würfel schneiden, zu den Tintenfischringen geben und etwa 5 Minuten mitdünsten lassen. Mit Paprika bestäuben und gut unterrühren. Kochenden Fischfond oder Gemüsebrühe, Nudeln, Salz und Safran hinzufügen. Die Zutaten unter Rühren aufkochen lassen.

6. Seeteufelfilet, Garnelen und Kaisergranat oder Scampi (eventuell den Darm entfernen) unter fließendem kalten Wasser abspülen und trocken tupfen. Seeteufelfilet in grobe Stücke schneiden.

7. Seeteufelfiletstücke, Garnelen und Kaisergranat oder Scampi in einer großen Auflaufform (gefettet) anrichten. Muscheln hinzugeben. Die kochende Brühe mit den Zutaten darauf verteilen. Die Form auf dem Rost in den vorgeheizten Backofen schieben. Nudeln mit Fisch und Meeresfrüchten etwa 20 Minuten garen.

Nudeln mit Shrimps-Senf-Sauce I

Für Gäste

4 Portionen

Pro Portion:
E: 31 g, F: 44 g, Kh: 99 g, kJ: 3872, kcal: 926

250 g TK-Shrimps

5 l Wasser
5 gestr. TL Salz
500 g Spiralnudeln, z. B. Spirelli

1 Zwiebel
40 g Butter
250 g Dijon-Creme mit Dijon-Senf
150 g Schlagsahne
100 ml Gemüsebrühe
1 Bund Frühlingszwiebeln
Salz
frisch gemahlener Pfeffer
1 Bund Schnittlauch

Zubereitungszeit: 20 Minuten, ohne Auftauzeit

1. Shrimps nach Packungsanleitung auftauen lassen.

2. Wasser in einem großen Topf mit geschlossenem Deckel zum Kochen bringen. Dann Salz und Nudeln hinzugeben. Die Nudeln im geöffneten Topf bei mittlerer Hitze nach Packungsanleitung kochen lassen, dabei zwischendurch 4–5-mal umrühren.

3. Anschließend die Nudeln in ein Sieb geben, mit heißem Wasser abspülen und abtropfen lassen. Die Nudeln warm stellen.

4. Zwiebel abziehen und in kleine Würfel schneiden. Butter in einem Topf zerlassen. Die Zwiebelwürfel darin glasig dünsten. Dijon-Creme mit Sahne und Brühe hinzugeben. Die Zutaten unter Rühren aufkochen lassen.

5. Frühlingszwiebeln putzen, waschen, abtropfen lassen und in etwa 1 cm lange Stücke schneiden. Aufgetaute Shrimps unter fließendem kalten Wasser abspülen und trocken tupfen.

6. Frühlingszwiebelstücke und Shrimps in die Sauce geben. Die Sauce nochmals kurz erhitzen. Mit Salz und Pfeffer abschmecken. Schnittlauch abspülen und trocken tupfen. Zwei Drittel der Schnittlauchhalme in feine Röllchen schneiden.

7. Die Spiralnudeln mit der Sauce vermischen und auf Tellern anrichten, mit Schnittlauchröllchen bestreuen und mit Schnittlauchhalmen garnieren.

Tipp: Anstelle von Shrimps schmeckt auch in Würfel geschnittenes Zanderfilet.

Nudeln mit verschiedenem Fleisch | Gut vorzubereiten

3–4 Portionen

Pro Portion:
E: 25 g, F: 34 g, Kh: 44 g, kJ: 2417, kcal: 576

150 g chinesische Weizennudeln
1 EL Speiseöl
125 g Rinderfilet
125 g Schweinefleisch

Für die Marinade:
2 EL Speisestärke
3 EL Eiweiß
2 EL Sojaöl

50 g Sichuangemüse (aus der Dose, erhältlich im Asialaden)
100 g Chinakohl
100 g Möhren

500 ml (½ l) Speiseöl

1 Ei (Größe M)
4–5 EL Sojaöl
2 EL Austernsauce
2 EL Sojasauce
2 TL Zucker
½ gestr. TL Salz
frisch gemahlener Pfeffer
1 TL Sesamöl
2 EL fein gehackte Frühlingszwiebeln

Zubereitungszeit: 55 Minuten, ohne Marinierzeit

1. Weizennudeln in kochendem Wasser nach Packungsanleitung gar kochen. Nudeln in ein Sieb geben, abtropfen lassen und in eine Schüssel geben. Nudeln mit Speiseöl vermischen.

2. Das Fleisch unter fließendem kalten Wasser abspülen, trocken tupfen und in Streifen schneiden.

3. Für die Marinade die Speisestärke mit Eiweiß und Sojaöl in einer Schale verrühren. Die Fleischstreifen darin etwa 10 Minuten marinieren.

4. Sichuangemüse abtropfen lassen und in Streifen schneiden. Chinakohl putzen, den Kohl vierteln und den Strunk herausschneiden. Möhren putzen, schälen, abspülen, abtropfen lassen. Chinakohl und Möhren in Streifen schneiden.

5. 500 ml (½ l) Speiseöl in einem Wok erhitzen. Die marinierten Fleischstreifen darin unter mehrmaligem Wenden kurz frittieren. Die Fleischstreifen mit einem Schaumlöffel herausnehmen und abtropfen lassen.

6. Die vorbereiteten Gemüsestreifen ebenfalls in dem Speiseöl kurz frittieren, mit dem Schaumlöffel herausnehmen und abtropfen lassen. Das Speiseöl in ein Vorratsgefäß zurückgießen.

7. Das Ei verschlagen. Sojaöl in dem Wok erhitzen. Das verschlagene Ei darin unter Rühren kurz anbraten. Die gekochten Nudeln hinzugeben und unter Rühren kurz mitbraten lassen.

8. Gemüse- und Fleischstreifen hinzufügen. Austernsauce, Sojasauce, Zucker, Salz und Pfeffer unterrühren, zum Kochen bringen und etwa 2 Minuten köcheln lassen. Mit Sesamöl abschmecken. Mit gehackten Frühlingszwiebeln bestreuen und heiß servieren.

Nudeln vom Blech | Vegetarisch

12 Portionen

Pro Portion:
E: 20 g, F: 30 g, Kh: 64 g, kJ: 2568, kcal: 615

3 Stangen Porree (Lauch)

je 5 l Wasser
je 5 gestr. TL Salz
1 kg Linguine (dünne Bandnudeln)

500 g Cocktailtomaten
2 gelbe Paprikaschoten
1 Bund glatte Petersilie

Für den Sahneguss:
6 Eier (Größe M)
400 g Schlagsahne
2 Becher Crème fraîche (je 150 g)
200 ml Gemüsebrühe
200 g geriebener, mittelalter Gouda-Käse
Salz, frisch gemahlener Pfeffer

Zubereitungszeit: 60 Minuten
Garzeit: etwa 45 Minuten je Backblech oder Form

1. Porree putzen, die Stangen längs halbieren, gründlich waschen, abtropfen lassen und in dicke Streifen schneiden.

2. Wasser in einem großen Topf mit geschlossenem Deckel zum Kochen bringen. Dann Salz und Nudeln hinzugeben. Die Nudeln in 2 Portionen im geöffneten Topf bei mittlerer Hitze nach Packungsanleitung kochen lassen, dabei zwischendurch 4–5-mal umrühren.

3. Die Porreestreifen etwa 3 Minuten vor Ende der Garzeit zu den Nudeln geben und mitgaren lassen.

4. Den Backofen vorheizen.
Ober-/Unterhitze: etwa 200 °C
Heißluft: etwa 180 °C

5. Porree-Nudel-Mischung in ein Sieb geben, mit heißem Wasser abspülen und abtropfen lassen.

6. Tomaten waschen, abtropfen lassen, halbieren und die Stängelansätze herausschneiden. Paprikaschoten halbieren, entstielen, entkernen und dann die weißen Scheidewände entfernen. Schotenhälften waschen, abtropfen lassen und in Streifen schneiden. Petersilie abspülen und trocken tupfen. Die Blättchen von den Stängeln zupfen. Blättchen klein schneiden.

7. Für den Sahneguss Eier mit Sahne, Crème fraîche und Brühe verschlagen, Käse unterrühren. Mit Salz und Pfeffer würzen.

8. Porree-Nudel-Mischung auf zwei Backblechen (gefettet) oder in zwei großen, flachen Auflaufformen (gefettet) verteilen. Tomatenhälften, Paprikastreifen und Petersilie daraufgeben. Den Sahneguss darauf verteilen. Die Backbleche nacheinander oder die Formen (bei Heißluft jeweils zusammen) auf dem Rost in den vorgeheizten Backofen schieben. Die Nudeln etwa 45 Minuten je Backblech oder Form garen.

9. Die Nudeln nach etwa 25 Minuten Garzeit mit Backpapier belegen.

Nudelpfanne mit Putenbrust

Für Kinder

4 Portionen

Pro Portion:
E: 34 g, F: 22 g, Kh: 49 g, kJ: 2215, kcal: 530

2 ½ l Wasser
2 ½ gestr. TL Salz
250 g Spirelli (Spiralnudeln)

400 g Putenbrustfilet
3 EL Speiseöl
Salz, frisch gemahlener Pfeffer
300 g TK-Erbsen-Möhren-Mischung
5–6 EL Wasser
125 g Schlagsahne
1 EL gehackte Petersilie

Zubereitungszeit: 30 Minuten

1. Wasser in einem großen geschlossenen Topf zum Kochen bringen. Dann Salz und Nudeln hinzugeben. Die Nudeln im geöffneten Topf bei mittlerer Hitze nach Packungsanleitung kochen lassen, dabei gelegentlich umrühren. Anschließend die Nudeln in ein Sieb geben, mit heißem Wasser abspülen und abtropfen lassen.

2. Putenbrust unter fließendem kalten Wasser abspülen, trocken tupfen und in Streifen schneiden. Speiseöl in einer großen Pfanne erhitzen. Putenbruststreifen darin von allen Seiten anbraten, mit Salz und Pfeffer würzen, herausnehmen und warm stellen.

3. Gefrorene Erbsen und Möhren zum Bratensatz in die Pfanne geben, Wasser und Sahne unterrühren, zum Kochen bringen. Das Gemüse zugedeckt bei schwacher Hitze nach Packungsanleitung bissfest garen.

4. Fleischstreifen und Nudeln hinzufügen, unter Rühren 3–4 Minuten miterhitzen. Die Nudelpfanne nochmals mit Salz und Pfeffer abschmecken. Mit Petersilie bestreut servieren.

Tipp: Sie können zusätzlich 200 g Champignonscheiben (aus dem Glas) mit den Putenbruststreifen anbraten.

Nudel-Porree-Topf I

Einfach – mit Alkohol

6 Portionen

Pro Portion:

E: 25 g, F: 22 g, Kh: 65 g, kJ: 2453, kcal: 587

5 l Wasser
5 gestr. TL Salz
500 g Bandnudeln

1 kg Porree (Lauch)
100 ml Fleischbrühe
100 ml Weißwein
200–250 g Schlagsahne
200 g Schmand (Sauerrahm)
Salz
frisch gemahlener Pfeffer
frisch geriebene Muskatnuss
300 g gekochter Schinken

Zubereitungszeit: 25 Minuten

1. Wasser in einem großen Topf mit geschlossenem Deckel zum Kochen bringen. Dann Salz und Nudeln hinzugeben. Die Nudeln im geöffneten Topf bei mittlerer Hitze nach Packungsanleitung kochen lassen, dabei zwischendurch 4–5-mal umrühren.

2. Anschließend die Nudeln in ein Sieb geben, mit heißem Wasser abspülen und abtropfen lassen.

3. Porree putzen, die Stangen längs halbieren, gründlich waschen, abtropfen lassen und dann in Scheiben schneiden. Brühe mit Weißwein in einen Topf geben, Porreescheiben hinzufügen, zum Kochen bringen und etwa 8 Minuten garen. Nach etwa 3 Minuten Garzeit Sahne und Schmand unterrühren. Mit Salz, Pfeffer und Muskat würzen.

4. Schinken in Streifen schneiden, mit den Nudeln unter den Sahne-Porree heben.

Nudel-Raclette | Gut vorzubereiten

4–6 Portionen

Pro Portion (ohne Nudeln):
E: 34 g, F: 54 g, Kh: 3 g, kJ: 2783, kcal: 665

1 TL frische Rosmarinnadeln
½ TL Fenchelsamen
½ TL schwarze Pfefferkörner
1 Msp. grobes Meersalz
4 EL Olivenöl
375 g Mozzarella-Käse
300 g Gorgonzola-Käse (ersatzweise anderer Edelpilzkäse, z. B. Roquefort)

Zum Überbacken:
grüne und weiße Bandnudeln
Spaghetti mit getrockneten Tomaten
gefüllte Lasagneblätter
gefüllte Cannelloni
70 g gekochte, bunte Farfalle (Schmetterlingsnudeln)

Zubereitungszeit: 15 Minuten, ohne Marinierzeit

1. Die Rosmarinnadeln klein schneiden, mit Fenchelsamen, Pfefferkörnern und Salz in einem Mörser zerstoßen. Olivenöl unterrühren.

2. Mozzarella abtropfen lassen, in Scheiben schneiden und mit dem Kräuteröl bestreichen. Mozzarellascheiben mindestens 1 Stunde marinieren. Gorgonzola in Scheiben schneiden.

3. Nach Belieben die angegebenen Zutaten zum Überbacken in die Pfännchen geben. Mozzarella- oder Gorgonzolascheiben darauflegen und anschließend überbacken.

Beilage: Nussbrot, Blattsalate, Räucherlachsscheiben, Parmaschinken, in dünne Scheiben geschnitten, eingelegte schwarze und grüne Oliven und Tomatenscheiben.

Tipp: Statt der angegebenen Gewürze können Sie auch 2 Teelöffel italienische Kräutergewürzmischung verwenden.

Nudelräder mit Tomatensauce I

Für die Kinderparty

8–10 Portionen

Pro Portion:

E: 18 g, F: 13 g, Kh: 77 g, kJ: 2191, kcal: 523

je 5 l	*Wasser*
je 5 gestr. TL	*Salz*
1 kg	*Nudelräder*
evtl.	*etwas Olivenöl*
1 Dose	*geschälte Tomaten (Einwaage 800 g)*
1 Bund	*Frühlingszwiebeln*
125 g	*Mozzarella-Käse*
5 EL	*Olivenöl*
1 Bund	*Basilikum*
	Salz
	frisch gemahlener Pfeffer

Zubereitungszeit: 40 Minuten

1. Wasser in einem großen Topf mit geschlossenem Deckel zum Kochen bringen. Dann Salz und Nudeln hinzugeben. Die Nudeln in 2 Portionen im geöffneten Topf bei mittlerer Hitze nach Packungsanleitung kochen lassen, dabei zwischendurch 4–5-mal umrühren.

2. Anschließend die Nudeln in ein Sieb geben, mit heißem Wasser abspülen und abtropfen lassen. Die Nudeln in eine Schüssel geben, nach Belieben mit Olivenöl beträufeln und warm stellen.

3. Tomaten in einem Sieb abtropfen lassen und in grobe Würfel schneiden. Frühlingszwiebeln putzen, waschen, abtropfen lassen und in feine Scheiben schneiden. Mozzarella abtropfen lassen, fein würfeln.

4. Olivenöl in einer Pfanne oder einem Topf erhitzen, Frühlingszwiebelscheiben darin andünsten. Tomatenwürfel hinzufügen, zum Kochen bringen und etwa 15 Minuten bei schwacher Hitze köcheln lassen.

5. In der Zwischenzeit Basilikum abspülen und trocken tupfen. Die Blättchen von den Stängeln zupfen. Blättchen klein schneiden (einige Blättchen zum Garnieren beiseitelegen). Die Tomatensauce mit Salz und Pfeffer würzen. Basilikum hinzufügen. Mozzarellawürfel unter die Sauce rühren.

6. Die Nudeln mit der Sauce auf Tellern anrichten und mit den beiseitegelegten Basilikumblättchen garnieren.

Tipp: Nudelräder eventuell mit einigen beiseitegelegten Frühlingszwiebelscheiben und Mozzarellawürfeln bestreuen.

Nudelsalat mit Basilikum-Vinaigrette | Für Gäste – schnell zubereitet

8 Portionen

Pro Portion:
E: 19 g, F: 11 g, Kh: 38 g, kJ: 1385, kcal: 330

4 l Wasser
4 gestr. TL Salz
400 g kurze Bandnudeln
2 Dosen Artischockenherzen (je 240 g)
6 Tomaten
400 g braune Champignons
300 g gekochter Schinken

Für die Vinaigrette:
3 Knoblauchzehen
2 EL Weißweinessig oder Zitronensaft
5 EL Olivenöl
Salz
frisch gemahlener Pfeffer
Zucker
1 Topf Basilikum

evtl. 30 g gehackte Pinienkerne

Zubereitungszeit: 35 Minuten, ohne Durchziehzeit

1. Wasser in einem großen Topf mit geschlossenem Deckel zum Kochen bringen. Dann Salz und Nudeln hinzugeben. Die Nudeln im geöffneten Topf bei mittlerer Hitze nach Packungsanleitung kochen lassen, dabei zwischendurch 4–5-mal umrühren. Anschließend die Nudeln in ein Sieb geben, mit heißem Wasser abspülen und abtropfen lassen.

2. Artischockenherzen in einem Sieb abtropfen lassen. Tomaten waschen, kreuzweise einschneiden, kurz in kochendes Wasser legen und in kaltem Wasser abschrecken. Tomaten enthäuten, halbieren, entkernen und die Stängelansätze herausschneiden. Tomaten in Spalten schneiden.

3. Champignons putzen, mit Küchenpapier abreiben, eventuell kurz abspülen, trocken tupfen und vierteln. Schinken in Streifen schneiden.

4. Für die Vinaigrette Knoblauch abziehen und durch eine Knoblauchpresse drücken. Weißweinessig oder Zitronensaft mit Knoblauch gut verrühren. Olivenöl unterschlagen. Mit Salz, Pfeffer und Zucker abschmecken. Die Champignonviertel unterrühren und etwas durchziehen lassen.

5. Basilikum abspülen und trocken tupfen. Die Blättchen von den Stängeln zupfen. Blättchen in Streifen schneiden. Basilikumstreifen unter die Champignons heben und mit den Nudeln mischen.

6. Den Salat mit Artischockenherzen, Tomatenspalten und Schinkenstreifen auf einer großen Platte anrichten. Nach Belieben mit Pinienkernen bestreuen.

Nudelsalat mit Fleischsalat I

Gut vorzubereiten

6 Portionen

Pro Portion:
E: 14 g, F: 36 g, Kh: 48 g, kJ: 2437, kcal: 580

2 1/2 l Wasser
2 1/2 gestr. TL Salz
250 g Nudeln, z. B. Hörnchen- oder Muschelnudeln

Für die Marinade:
2 EL Kräuteressig
Salz, frisch gemahlener Pfeffer
etwas Zucker
4 EL Olivenöl

1 kleine Dose Ananasscheiben (Abtropfgewicht 270 g)
10 kleine Gewürzgurken (aus dem Glas)
2 mittelgroße Äpfel
4 hart gekochte Eier
etwa 400 g Fleischsalat (aus dem Kühlregal)
150 g Joghurt

Zubereitungszeit: 45 Minuten, ohne Durchziehzeit

1. Wasser in einem großen Topf mit geschlossenem Deckel zum Kochen bringen. Dann Salz und Nudeln hinzugeben. Die Nudeln im geöffneten Topf bei mittlerer Hitze nach Packungsanleitung kochen lassen, dabei zwischendurch 4–5-mal umrühren.

2. Anschließend die Nudeln in ein Sieb geben, mit heißem Wasser abspülen und abtropfen lassen.

3. Für die Marinade Essig mit Salz, Pfeffer und Zucker verrühren, Olivenöl unterschlagen. Die Marinade zu den Nudeln geben, untermischen und etwas durchziehen lassen.

4. Ananasscheiben in einem Sieb gut abtropfen lassen und in kleine Stücke schneiden. Gurken abtropfen lassen und in dünne Scheiben schneiden. Äpfel schälen, vierteln, entkernen und ebenfalls in dünne Scheiben schneiden. Die Eier pellen und in Scheiben schneiden. Fleischsalat mit Joghurt verrühren.

5. Die Nudeln abwechselnd mit Ananasstücken, Apfel-, Eierscheiben und Fleischsalat in hohe Gläser schichten. Restlichen Fleischsalat darauf verteilen. Salat eine Zeit lang durchziehen lassen.

Tipps: Der Salat kann schon am Vortag zubereitet und zugedeckt über Nacht kalt gestellt werden. Nach Belieben 150 g gegarte TK-Erbsen unter den Salat heben. Statt Fleischsalat kann auch Waldorfsalat verwendet werden.

Nudelsalat mit grünem Spargel I

Für Gäste

4 Portionen

Pro Portion:
E: 20 g, F: 10 g, Kh: 56 g, kJ: 1687, kcal: 403

175 g TK-Shrimps

3 l Wasser
3 gestr. TL Salz
300 g Muschelnudeln

250 g grüner Spargel
Salzwasser

Für die Sauce:
2 Zwiebeln
3 EL Distelöl
etwas Spargelflüssigkeit
Salz
frisch gemahlener Pfeffer
1 Prise Zucker
2 EL Zitronensaft

12 Cocktailtomaten
1 Bund Schnittlauch

Zubereitungszeit: 40 Minuten, ohne Auftauzeit

1. Shrimps nach Packungsanleitung auftauen lassen.

2. Wasser in einem großen Topf mit geschlossenem Deckel zum Kochen bringen. Dann Salz und Nudeln hinzugeben. Die Nudeln im geöffneten Topf bei mittlerer Hitze nach Packungsanleitung kochen lassen, dabei zwischendurch 4–5-mal umrühren.

3. Anschließend die Nudeln in ein Sieb geben, mit heißem Wasser abspülen und abtropfen lassen.

4. Von dem Spargel das untere Drittel schälen und die Enden abschneiden. Spargel waschen, abtropfen lassen und in etwa 4 cm lange Stücke schneiden. Spargelstücke in kochendem Salzwasser etwa 5 Minuten garen. Anschließend in ein Sieb geben und dabei die Spargelflüssigkeit auffangen. Spargelstücke mit kaltem Wasser übergießen und abtropfen lassen. Shrimps unter fließendem kalten Wasser abspülen und trocken tupfen. Shrimps mit den Spargelstücken und Nudeln in einer Schüssel mischen.

5. Für die Sauce Zwiebeln abziehen und in kleine Würfel schneiden. Distelöl in einem Topf erhitzen, Zwiebelwürfel darin andünsten. Etwas Spargelflüssigkeit hinzugießen. Mit Salz, Pfeffer, Zucker und Zitronensaft abschmecken.

6. Die Sauce mit den Salatzutaten gut vermischen. Den Salat auf Tellern anrichten. Tomaten abspülen, trocken tupfen, halbieren und die Stängelansätze herausschneiden. Schnittlauch abspülen, trocken tupfen und in kleine Röllchen schneiden.

7. Den Salat mit Tomatenhälften und Schnittlauchröllchen garniert servieren.

Nudelsalat mit Schweinefleisch

Gut vorzubereiten

8 Portionen

Pro Portion:
E: 18 g, F: 10 g, Kh: 22 g, kJ: 1050, kcal: 251

2 l Wasser
2 gestr. TL Salz
200 g Spiralnudeln, z. B. Spirelli

300 g Schweineschnitzel
2 EL Speiseöl
gemahlener Ingwer
Salz
frisch gemahlener Pfeffer
1 Glas Spargel (Abtropfgewicht 205 g)
150 g Champignons
1 EL Zitronensaft
150 g Käse mit Brennnesseln
1 säuerlicher Apfel
6 Cornichons (aus dem Glas)
150 g Joghurt
3 EL Joghurt-Salat-Creme
einige Spritzer Tabasco
1 Bund Schnittlauch
1 Tomate

Zubereitungszeit: 50 Minuten

1. Wasser in einem großen Topf mit geschlossenem Deckel zum Kochen bringen. Dann Salz und Nudeln hinzugeben. Die Nudeln im geöffneten Topf bei mittlerer Hitze nach Packungsanleitung kochen lassen, dabei zwischendurch 4–5-mal umrühren.

2. Anschließend die Nudeln in ein Sieb geben, mit heißem Wasser abspülen und abtropfen lassen.

3. Schnitzel unter fließendem kalten Wasser abspülen, trocken tupfen und in feine Streifen schneiden. Speiseöl in einer Pfanne erhitzen. Fleischstreifen darin unter Wenden anbraten, mit Ingwer, Salz und Pfeffer würzen.

4. Spargel in einem Sieb abtropfen lassen und in mundgerechte Stücke schneiden. Champignons putzen, mit Küchenpapier abreiben, eventuell abspülen, trocken tupfen und in Scheiben schneiden. Champignonscheiben mit Zitronensaft beträufeln.

5. Käse in Würfel schneiden. Apfel schälen, vierteln, entkernen und ebenfalls in Würfel schneiden. Cornichons abtropfen lassen und in Scheiben schneiden.

6. Joghurt mit Salat-Creme in einer Schüssel verrühren, mit Salz, Pfeffer und Tabasco abschmecken. Die vorbereiteten Salatzutaten hinzugeben und vorsichtig untermischen.

7. Schnittlauch abspülen, trocken tupfen und in Röllchen schneiden. Tomate waschen, trocken tupfen und den Stängelansatz herausschneiden. Tomate achteln.

8. Den Salat mit Tomatenachteln garnieren und mit Schnittlauchröllchen bestreuen.

Nudelsalat mit Sesam I

Schnell zubereitet

2 Portionen

Pro Portion:

E: 16 g, F: 28 g, Kh: 62 g, kJ: 2366, kcal: 566

1 1/2 l Wasser
1 1/2 gestr. TL Salz
150 g Bandnudeln

50 g Sesamsamen
50 g Luzerne- oder Alfalfasprossen

2–3 EL Weißweinessig
3–4 TL Sojasauce
1 EL Zucker
Salz
frisch gemahlener Pfeffer
2 EL Sonnenblumenöl
1–2 TL Sesamöl

Zubereitungszeit: 20 Minuten, ohne Durchziehzeit

1. Wasser in einem großen Topf mit geschlossenem Deckel zum Kochen bringen. Dann Salz und Nudeln hinzugeben. Die Nudeln im geöffneten Topf bei mittlerer Hitze nach Packungsanleitung kochen lassen, dabei zwischendurch 4–5-mal umrühren. Anschließend die Nudeln in ein Sieb geben, mit heißem Wasser abspülen und abtropfen lassen.

2. Sesam in einer Pfanne ohne Fett goldbraun rösten. Sprossen in ein Sieb geben, mit kaltem Wasser abspülen und abtropfen lassen.

3. Essig mit Sojasauce verrühren, mit Zucker, Salz und Pfeffer würzen. Sonnenblumenöl und Sesamöl unterschlagen.

4. Nudeln mit geröstetem Sesam und drei Viertel der Sprossen in eine Schüssel geben und mit der Sauce vermischen. Den Salat mindestens 1 Stunde durchziehen lassen.

5. Den Salat eventuell nochmals mit den Gewürzen abschmecken. Mit restlichen Sprossen garnieren.

Nudelsalat „Sommerbrise“ I

Für die Party

8–10 Portionen

Pro Portion:
E: 17 g, F: 36 g, Kh: 57 g, kJ: 2683, kcal: 641

6 l Wasser
6 gestr. TL Salz
600 g Spiralnudeln, z. B. Eliche

1 große Salatgurke
1 Bund Frühlingszwiebeln
250 g Schafkäse
3 Fenchelknollen
1 Dose Gemüsemais (Abtropfgewicht 285 g)

Für die Sauce:
250 g Joghurt
250 g Delikatessmayonnaise
150 g Schlagsahne
7 EL Zitronensaft
etwas Zucker
Salz
frisch gemahlener, schwarzer Pfeffer
1 Bund Dill

Zubereitungszeit: 35 Minuten

1. Wasser in einem großen Topf mit geschlossenem Deckel zum Kochen bringen. Dann Salz und Nudeln hinzugeben. Die Nudeln eventuell in 2 Portionen im geöffneten Topf bei mittlerer Hitze nach Packungsanleitung kochen lassen, dabei zwischendurch 4–5-mal umrühren.

2. Anschließend die Nudeln in ein Sieb geben, mit heißem Wasser abspülen und abtropfen lassen.

3. Gurke schälen, längs vierteln und in Stücke schneiden. Frühlingszwiebeln putzen, waschen, abtropfen lassen und in dünne Scheiben schneiden. Schafkäse klein würfeln. Von den Fenchelknollen die Stiele dicht oberhalb der Knollen abschneiden. Braune Stellen und Blätter entfernen, die Wurzelenden gerade schneiden. Die Knollen waschen, abtropfen lassen, vierteln und in dünne Scheiben schneiden. Mais in einem Sieb abtropfen lassen.

4. Für die Sauce Joghurt mit Mayonnaise, Sahne und Zitronensaft in einer Schüssel verrühren. Mit Zucker, Salz und Pfeffer würzen.

5. Dill abspülen und trocken tupfen. Die Spitzen von den Stängeln zupfen. Spitzen klein schneiden und unter die Sauce rühren.

6. Die Salatzutaten mit der Sauce vermengen. Den Salat bis zum Servieren kalt stellen.

Nudel-Schinken-Pfanne mit Pfifferlingen | Für Gäste

4 Portionen

Pro Portion:
E: 26 g, F: 25 g, Kh: 44 g, kJ: 2230, kcal: 532

2 ½ l Wasser
2 ½ gestr. TL Salz
250 g Fadennudeln

500 g Pfifferlinge
100 g Rucola (Rauke)
5 EL Olivenöl
frisch gemahlener Pfeffer
300 g gekochter Schinken, in Scheiben
frisch geriebene Muskatnuss

Zubereitungszeit: 35 Minuten

1. Wasser in einem großen Topf mit geschlossenem Deckel zum Kochen bringen. Dann Salz und Nudeln hinzugeben. Die Nudeln im geöffneten Topf bei mittlerer Hitze nach Packungsanleitung kochen lassen, dabei zwischendurch 4–5-mal umrühren.

2. Anschließend die Nudeln in ein Sieb geben, mit heißem Wasser abspülen und abtropfen lassen.

3. Pfifferlinge putzen, mit Küchenpapier abreiben, eventuell abspülen und trocken tupfen. Große Pilze nach Belieben halbieren. Den Rucola putzen und die dicken Stängel abschneiden. Rucola waschen, abtropfen lassen oder trocken schleudern und in grobe Streifen schneiden.

4. Zwei Esslöffel des Olivenöls in einem Wok erhitzen. Pfifferlinge darin unter Rühren rundherum anbraten. Nudeln und restliches Olivenöl hinzugeben und erhitzen, mit Pfeffer würzen, etwa 5 Minuten unter gelegentlichem Rühren bei mittlerer Hitze braten.

5. Schinken in Streifen schneiden, zu der Pfifferlings-Nudel-Masse geben und erhitzen. Raukestreifen unterheben. Die Nudel-Schinken-Pfanne mit Pfeffer und Muskat abschmecken.

Tipp: Anstelle von frischen Pfifferlingen können Sie auch 2 Gläser Pfifferlinge (Abtropfgewicht je 155 g) verwenden. Oder Sie ersetzen die Pfifferlinge durch Champignons.

Nudelspieße, überbacken | Raffiniert

8–10 Portionen

Pro Portion:
E: 24 g, F: 18 g, Kh: 62 g, kJ: 2131, kcal: 505

500 g Cocktailtomaten
400 g Zucchini
400 g kleine Champignons
1 kg Tortelloni Formaggia (aus dem Kühlregal)
3 Dosen stückige Tomaten (Einwaage je 400 g)
Salz, frisch gemahlener Pfeffer
4 EL Olivenöl
200 g frisch geriebener Pecorino-Käse
2 Bund Basilikum

Außerdem:
20 Holzspieße

Zubereitungszeit: 40 Minuten
Überbackzeit: etwa 25 Minuten je Form

1. Den Backofen vorheizen.
Ober-/Unterhitze: etwa 200 °C
Heißluft: etwa 180 °C

2. Tomaten waschen, abtrocknen und eventuell die Stängelansätze herausschneiden. Zucchini waschen, abtrocknen und die Enden abschneiden. Zucchini in etwa 1 cm dicke Scheiben schneiden. Champignons putzen, mit Küchenpapier abreiben, eventuell abspülen und trocken tupfen.

3. Abwechselnd Tortelloni, Tomaten, Champingons und Zucchinischeiben auf die Holzspieße stecken (auf jeden Spieß mindestens 4 Tortelloni).

4. Stückige Tomaten in zwei großen, flachen Auflaufformen (gefettet) verteilen. Jeweils 10 Spieße darauflegen. Restliche Tomaten, Zucchinischeiben und Champignons mit darauflegen. Mit Salz und Pfeffer würzen, mit Olivenöl beträufeln. Käse daraufstreuen.

5. Die Formen auf dem Rost nacheinander (untere Einschubleiste) in den vorgeheizten Backofen schieben. Bei Heißluft Formen auf dem Rost zusammen in den Backofen schieben. Die Nudelspieße etwa 25 Minuten überbacken.

6. Nach etwa 10 Minuten Backzeit die Backofentemperatur auf Ober-/Unterhitze etwa 180 °C, Heißluft etwa 160 °C herunterschalten. Die Nudelspieße weitere etwa 15 Minuten überbacken.

7. Das Basilikum abspülen und trocken tupfen. Die Blättchen von den Stängeln zupfen. Blättchen klein schneiden. Die Nudelspieße mit Basilikum bestreut servieren.

Tipps: Tortelloni sind mit Käse gefüllte Teigtaschen. Statt Pecorino-Käse können Sie auch je 100 g geriebenen Parmesan- und Gouda-Käse verwenden. Die Nudelspieße können auch am Vortag vorbereitet und kühl gestellt werden. Die Garzeit erhöht sich dann um etwa 10 Minuten.

Nudeltaschen mit Lammhack I

Dauert etwas länger

8 Portionen

Pro Portion:
E: 22 g, F: 37 g, Kh: 48 g, kJ: 2768, kcal: 662

Für den Nudelteig:

500 g Weizenmehl
4 Eier (Größe M)
2 gestr. TL Salz
5–6 EL Wasser
2 EL Speiseöl

Für die Füllung:

3 EL Olivenöl
500 g Lammhack
2 Knoblauchzehen
1 gestr. TL Salz
1 Zwiebel
1 Peperoni
1 rote Paprikaschote
1 Essiggurke (aus dem Glas)
2 EL Tomatenmark
Salz
frisch gemahlener Pfeffer
1 TL abgeriebene Zitronenschale von 1 Bio-Zitrone (unbehandelt, ungewachst)
1 TL gehackte Pfefferminze

etwas Eiweiß

Salzwasser

100 g zerlassene, flüssige Butter
2 EL Paprikapulver edelsüß
2 EL gehackte Petersilie
etwas Zitronensaft

Zubereitungszeit: 50 Minuten, ohne Ruhezeit

1. Für den Nudelteig Mehl in eine Rührschüssel geben und in die Mitte eine Vertiefung eindrücken. Eier, Salz, Wasser und Speiseöl verschlagen und in die Vertiefung geben. Mit einer Gabel nach und nach etwas von dem Mehl einrühren.

2. Anschließend mit Handrührgerät mit Knethaken zu einem glatten Teig verkneten. Sollte der Teig kleben, noch etwas Mehl hinzufügen. Den Teig in Frischhaltefolie wickeln und etwa 1 Stunde ruhen lassen.

3. In der Zwischenzeit für die Füllung Olivenöl in einer Pfanne erhitzen. Lammhack darin unter Rühren scharf braten. Dabei die Fleischklümpchen mit einer Gabel zerdrücken. Knoblauch abziehen, mit Salz zerreiben, zum Hackfleisch geben und kurz mit anbraten. Zwiebel abziehen, klein würfeln, ebenfalls zum Hackfleisch geben und kurz mitbraten lassen.

4. Peperoni abspülen, trocken tupfen und fein hacken. Paprikaschote halbieren, entstielen, entkernen und die weißen Scheidewände entfernen. Schotenhälften waschen, abtropfen lassen und dann in kleine Würfel schneiden. Die Peperoni- und Paprikawürfel unter die Hackfleischmasse geben und kurz mitdünsten lassen.

5. Essiggurke abtropfen lassen und kein würfeln, mit Tomatenmark unter die Hackfleischmasse rühren. Mit Salz, Pfeffer, Zitronenschale und Pfefferminze kräftig würzen, etwas abkühlen lassen.

6. Den Teig portionsweise auf einer bemehlten Arbeitsfläche dünn ausrollen. Aus den Teigplatten mit einem Messer Rechtecke (etwa 6 x 8 cm) oder Quadrate (etwa 8 x 8 cm) schneiden.

7. Die Fleischmasse gleichmäßig auf den Nudelquadraten oder -rechtecken verteilen. Eiweiß mit etwas Wasser verschlagen, die Teigränder damit bestreichen. Die belegten Teigstücke zusammenklappen und die Ränder fest andrücken.

8. Salzwasser in einem Topf erhitzen. Die Nudeltaschen darin portionsweise 8–10 Minuten garen, mit einer Schaumkelle herausnehmen, gut abtropfen lassen und auf einer runden Platte anrichten.

9. Butter mit Paprika und Petersilie verrühren. Mit Zitronensaft, Salz und Pfeffer würzen. Die Gewürzbutter auf den Nudeltaschen verteilen, servieren.

Tipp: Eventuell mit Petersilie und halbierten Cocktailtomaten garnieren.

Pappardelle mit Tintenfischringen | Einfach

4 Portionen

Pro Portion:
E: 36 g, F: 9 g, Kh: 90 g, kJ: 2481, kcal: 593

5 l Wasser
5 gestr. TL Salz
500 g Pappardelle (breite, gewellte Bandnudeln)

500 g geputzte Tintenfischtuben (ausgenommene Tintenfischkörper)
2 Knoblauchzehen
1 rote Chilischote
1 Bio-Zitrone (unbehandelt, ungewachst)
1 Bund Petersilie
2–3 EL Olivenöl
Salz, frisch gemahlener Pfeffer

Zubereitungszeit: 30 Minuten

1. Wasser in einem großen Topf mit geschlossenem Deckel zum Kochen bringen. Dann Salz und Nudeln hinzugeben. Die Nudeln im geöffneten Topf bei mittlerer Hitze nach Packungsanleitung kochen lassen, dabei zwischendurch 4–5-mal umrühren.

2. Anschließend die Nudeln in ein Sieb geben, mit heißem Wasser abspülen, abtropfen lassen und in einer großen Schüssel warm halten.

3. In der Zwischenzeit die Tintenfischtuben unter fließendem kalten Wasser abspülen, mit Küchenpapier trocken tupfen und in Ringe schneiden.

4. Knoblauch abziehen und in Scheiben schneiden. Chilischote halbieren, entstielen, entkernen und die weißen Scheidewände entfernen. Schotenhälften in feine Ringe schneiden. Zitrone heiß abwaschen, abtrocknen und die Schale abreiben. Zitrone halbieren und den Saft auspressen. Petersilie abspülen und trocken tupfen. Die Blättchen von den Stängeln zupfen. Blättchen klein schneiden.

5. Je die Hälfte des Olivenöls in einem Wok erhitzen. Knoblauchscheiben, Chili- und Tintenfischringe hinzufügen und in 2 Portionen jeweils 1–2 Minuten braten (nicht zu lange, Tintenfischringe werden sonst zäh).

6. Die Tintenfischringe mit Salz, Pfeffer, Zitronenschale und -saft abschmecken. Tintenfischringe mit der Petersilie sofort unter die heißen Bandnudeln rühren.

Tipp: Ist am Ende der Zubereitung zu wenig Sauce vorhanden, den Wok mit je 2 Esslöffeln Olivenöl und Wasser ausschwenken.

Pasta Caprese | Klassisch – vegetarisch

3 Portionen

Pro Portion:
E: 23 g, F: 33 g, Kh: 44 g, kJ: 2507, kcal: 599

2 l Wasser
2 gestr. TL Salz
175 g Spiralnudeln, z. B. Spirelli

400 g Tomaten
200 g Mozzarella-Käse
50 g schwarze Oliven, ohne Stein
1 Knoblauchzehe
2 EL gehackte Basilikumblättchen
3 EL Olivenöl
Salz
frisch gemahlener Pfeffer

einige vorbereitete Basilikumblättchen

Zubereitungszeit: 25 Minuten, ohne Abkühl- und Durchziehzeit

1. Wasser in einem großen Topf mit geschlossenem Deckel zum Kochen bringen. Dann Salz und Nudeln hinzugeben. Die Nudeln im geöffneten Topf bei mittlerer Hitze nach Packungsanleitung kochen lassen, dabei zwischendurch 4–5-mal umrühren.

2. Anschließend die Nudeln in ein Sieb geben, mit heißem Wasser abspülen, abtropfen und erkalten lassen.

3. Tomaten waschen, trocken tupfen, halbieren und die Stängelansätze herausschneiden. Tomatenhälften in kleine Würfel schneiden.

4. Mozzarella abtropfen lassen und ebenfalls in kleine Würfel schneiden. Oliven abtropfen lassen und halbieren. Knoblauch durch eine Knoblauchpresse drücken. Die vorbereiteten Salatzutaten in einer Schüssel vermengen. Basilikum unterrühren.

5. Den Salat mit Olivenöl beträufeln. Mit Salz und Pfeffer würzen. Salat etwas durchziehen lassen.

6. Pasta Caprese mit Basilikumblättchen bestreut servieren.

Pasta mit feinem Gemüse in Kräuter-Rahm-Sauce I

Raffiniert – für Gäste

8–10 Portionen

Pro Portion:
E: 16 g, F: 22 g, Kh: 66 g, kJ: 2222, kcal: 531

600 g Champignons
300 g Zuckerschoten
Salzwasser
40 g Butter oder Margarine
2 EL Speiseöl
Salz, frisch gemahlener Pfeffer
250 ml (1/4 l) Gemüsebrühe

je 4 l Wasser
je 4 gestr. TL Salz
800 g Bandnudeln

1 Becher Crème fraîche (150 g)
250 g Schlagsahne
1 Bund gemischte, gehackte Kräuter

Zubereitungszeit: 55 Minuten

1. Champignons putzen, mit Küchenpapier abreiben, eventuell abspülen, trocken tupfen und in Scheiben schneiden. Von den Zuckerschoten die Enden abschneiden, die Schoten eventuell abfädeln. Schoten waschen, abtropfen lassen und in kochendem Salzwasser etwa 5 Minuten kochen. Zuckerschoten mit eiskaltem Wasser abschrecken und in einem Sieb abtropfen lassen.

2. Butter oder Margarine in einer Pfanne zerlassen, Speiseöl miterhitzen. Champignonscheiben darin unter mehrmaligem Wenden andünsten. Mit Salz und Pfeffer würzen. Zuckerschoten hinzufügen. Brühe hinzugießen. Die Zutaten aufkochen lassen. Die Pfanne von der Kochstelle nehmen.

3. Wasser in einem großen Topf mit geschlossenem Deckel zum Kochen bringen. Dann Salz und Nudeln hinzugeben. Die Nudeln in 2 Portionen im geöffneten Topf bei mittlerer Hitze nach Packungsanleitung kochen lassen, dabei zwischendurch 4–5-mal umrühren. Anschließend die Nudeln in ein Sieb geben, mit heißem Wasser abspülen und abtropfen lassen.

4. Crème fraîche und Sahne unter die Champignon-Zuckerschoten-Masse rühren. Nochmals mit Salz und Pfeffer abschmecken.

5. Kräuter abspülen und trocken tupfen. Die Blättchen von den Stängeln zupfen. Blättchen klein schneiden. Nudeln und Kräuter unter die Champignon-Zuckerschoten-Masse geben und auf Tellern anrichten.

Pasta mit Meeresfrüchte-Ragout

Für die Party

8–10 Portionen

Pro Portion:

E: 38 g, F: 10 g, Kh: 66 g, kJ: 2145, kcal: 512

Zum Vorbereiten:

1 1/2 kg gemischte TK-Meeresfrüchte, z. B. Tintenfisch, kleine und große Garnelen, Muscheln

4 Schalotten (etwa 200 g)
4 EL Olivenöl
Salz
frisch gemahlener Pfeffer
300 ml Gemüse- oder Fischbrühe
2 Bund Dill
Saft von
1 Zitrone oder Limette
80 g Krebspaste

je 4 l Wasser
je 4 gestr. TL Salz
800 g Penne (Röhrennudeln)

Zubereitungszeit: 50 Minuten, ohne Auftauzeit

1. Zum Vorbereiten Meeresfrüchte nach Packungsanleitung auftauen lassen. Anschließend Meeresfrüchte eventuell abspülen und trocken tupfen.

2. Schalotten abziehen und in kleine Würfel schneiden. Olivenöl in einem großen Bräter erhitzen. Schalottenwürfel darin glasig dünsten. Die Meeresfrüchte hinzugeben und mit andünsten, mit Salz und Pfeffer würzen. Brühe hinzugießen, zum Kochen bringen und etwa 10 Minuten bei schwacher Hitze kochen lassen.

3. Dill abspülen und trocken tupfen. Die Spitzen von den Stängeln zupfen. Spitzen klein schneiden (etwas zum Bestreuen beiseitelegen). Zitronen- oder Limettensaft und Dill zu den Meeresfrüchten geben und unterrühren. Nach und nach die Krebspaste hinzufügen. Das Ragout weitere 5–10 Minuten leicht kochen lassen.

4. Für die Pasta Wasser in einem großen Topf mit geschlossenem Deckel zum Kochen bringen. Dann Salz und Nudeln hinzugeben. Die Nudeln in 2 Portionen im geöffneten Topf bei mittlerer Hitze nach Packungsanleitung kochen lassen, dabei zwischendurch 4–5-mal umrühren.

5. Anschließend die Nudeln in ein Sieb geben, mit heißem Wasser abspülen und abtropfen lassen.

6. Die Nudeln zu dem Meeresfrüchte-Ragout geben und untermengen oder die Nudeln dazureichen. Mit Salz und Pfeffer abschmecken. Meeresfrüchte-Ragout mit beiseitegelegtem Dill bestreuen, sofort servieren.

Tipp: Statt Penne können auch Gabelmakkaroni, Spiralnudeln oder Gnocchetti-Sardi-Nudeln verwendet werden.

Pasta mit Zucchinisauce | Für Kinder

4 Portionen

Pro Portion:
E: 17 g, F: 25 g, Kh: 73 g, KJ: 2553, kcal: 610

4 l	*Wasser*
4 gestr. TL	*Salz*
400 g	*Pasta, z. B. dreifarbige Spaghetti*
1	*Zwiebel*
2	*Knoblauchzehen*
500 g	*kleine Zucchini*
4 EL	*Speiseöl*
125 g	*Schlagsahne*
	Salz
	fisch gemahlener Pfeffer
2 EL	*gemischte, gehackte Kräuter, z. B. Estragon, Kerbel, Schnittlauch*
1	*Fleischtomate*

Zubereitungszeit: 25 Minuten

1. Wasser in einem großen Topf mit geschlossenem Deckel zum Kochen bringen. Dann Salz und Nudeln hinzugeben. Die Nudeln im geöffneten Topf bei mittlerer Hitze nach Packungsanleitung kochen lassen, dabei zwischendurch 4–5-mal umrühren.

2. In der Zwischenzeit Zwiebel und Knoblauch abziehen, in kleine Würfel schneiden. Zucchini waschen, abtrocknen und die Enden abschneiden. Zucchini in Stifte schneiden.

3. Die garen Nudeln in ein Sieb geben, mit heißem Wasser abspülen und abtropfen lassen.

4. Das Speiseöl in einem Topf erhitzen, Zwiebel- und Knoblauchwürfel darin andünsten. Zucchinistifte hinzugeben und etwa 5 Minuten unter gelegentlichem Rühren dünsten.

5. Sahne hinzugießen, mit Salz und Pfeffer würzen. Die Sauce unter Rühren aufkochen lassen und Kräuter unterrühren.

6. Die Tomate waschen, abtropfen lassen, kreuzweise einschneiden, kurz in kochendes Wasser legen und in kaltem Wasser abschrecken. Die Tomate enthäuten, halbieren, entkernen und den Stängelansatz herausschneiden. Tomatenhälften in Würfel schneiden, in die Zucchinisauce geben und miterhitzen. Spaghetti mit der Sauce anrichten und servieren.

Pasta-Salat mit Hähnchen | Raffiniert

4 Portionen

Pro Portion:
E: 27 g, F: 18 g, Kh: 50 g, kJ: 2004, kcal: 479

2 l Wasser
2 gestr. TL Salz
200 g grüne Bandnudeln

etwa 300 g Hähnchenbrustfilet
Salz, frisch gemahlener Pfeffer
etwas Currypulver
10 g Weizenmehl
2 EL Speiseöl

1 reife Mango
100 g Joghurt-Salat-Creme
2 EL Schlagsahne
2 EL Zitronensaft
2 EL geröstete Sesamsamen

2 Chicorée
½ Bund Schnittlauch

Zubereitungszeit: 40 Minuten, ohne Abkühlzeit

1. Wasser in einem großen Topf mit geschlossenem Deckel zum Kochen bringen. Dann Salz und Nudeln hinzugeben. Die Nudeln im geöffneten Topf bei mittlerer Hitze nach Packungsanleitung kochen lassen, dabei zwischendurch 4–5-mal umrühren.

2. In der Zwischenzeit das Hähnchenbrustfilet unter fließendem kalten Wasser abspülen, trocken tupfen. Mit Salz und Pfeffer würzen. Hähnchenbrustfilet mit Curry und Mehl bestäuben.

3. Speiseöl in einer Pfanne erhitzen. Hähnchenbrustfilet darin von beiden Seiten etwa 10 Minuten braten, herausnehmen und erkalten lassen.

4. Die garen Nudeln in ein Sieb geben, mit heißem Wasser abspülen und abtropfen lassen.

5. Die Mango halbieren und den Stein herauslösen. Die Mangohälften schälen und das Fruchtfleisch in Scheiben schneiden. 2 Mangoscheiben in sehr kleine Stücke schneiden. Restliche Mangoscheiben in etwa 1 cm dicke Streifen schneiden.

6. Joghurt-Salat-Creme mit Sahne und Zitronensaft in einer Schüssel verrühren. Danach klein geschnittene Mangostücke unterheben und die Zutaten mit einem Stabmixer pürieren. Mit Salz und Pfeffer würzen. 1 Esslöffel der gerösteten Sesamsamen unterrühren.

7. Den Chicorée von den schlechten Blättern befreien. Chicorée längs halbieren und den Strunk keilförmig herausschneiden. Chicorée waschen, abtropfen lassen und in einzelne Blätter teilen. Die Blätter jeweils in Form eines halben Sterns auf 4 Teller legen.

8. Hähnchenbrustfilet quer halbieren und in dünne Streifen schneiden. Die Nudeln mit zwei Dritteln der Hähnchenfleischstreifen vermengen. Die Joghurt-Mango-Sauce unterrühren. Den Salat auf den Tellern verteilen. Die Mangostreifen und restliche Hähnchenfleischstreifen darauf anrichten. Mit restlichem Sesamsamen bestreuen.

9. Den Schnittlauch abspülen, trocken tupfen und in Röllchen schneiden. Den Salat mit den Schnittlauchröllchen garnieren.

Pasta-Salat mit Mini-Chili-Frikadellen | Für Gäste

4 Portionen

Pro Portion:
E: 30 g, F: 42 g, Kh: 67 g, kJ: 3238, kcal: 773

2 l Wasser
2 gestr. TL Salz
200 g Penne (Röhrennudeln)

Für das Dressing:
125 g Aioli (Knoblauch-Mayonnaise)
150 g Joghurt (3,5 % Fett)
1 EL Tomatenketchup
Salz
frisch gemahlener Pfeffer

Für die Mini-Chili-Frikadellen:
1 Brötchen (Semmel) vom Vortag
1 Zwiebel
300 g Gehacktes (halb Rind-, halb Schweinefleisch)
1 Ei (Größe M)
1–2 EL Speiseöl, z. B. Rapsöl
3–4 EL Thai-Chili-Sauce

1 Kolben gegarter Mais (aus einem Vakuumpack oder 1 Dose Gemüsemais, Abtropfgewicht 140 g)
1 große rote Paprikaschote
175 g Römer- oder Eisbergsalat

150–175 ml heiße Gemüsebrühe

Zubereitungszeit: 45 Minuten, ohne Abkühlzeit

1. Wasser in einem großen Topf mit geschlossenem Deckel zum Kochen bringen. Salz und Nudeln zugeben und die Nudeln im geöffneten Topf bei mittlerer Hitze nach Packungsanleitung kochen lassen, dabei gelegentlich umrühren.

2. Anschließend die Nudeln auf ein Sieb geben, mit heißem Wasser abspülen und abtropfen lassen.

3. Für das Dressing Aioli mit Joghurt und Ketchup verrühren, dann mit Salz und Pfeffer abschmecken. Dressing mit den lauwarmen Nudeln verrühren und erkalten lassen.

4. Für die Mini-Chili-Frikadellen Brötchen in kaltem Wasser einweichen. Zwiebel abziehen und fein würfeln. Brötchen ausdrücken und mit dem Gehackten in eine Schüssel geben.

5. Zwiebelwürfel und Ei hinzufügen und die Zutaten gut verkneten. Gehacktesmasse mit Salz und Pfeffer würzen. Aus der Masse mit angefeuchteten Händen kleine Frikadellen formen.

6. Öl in einer Pfanne erhitzen und Frikadellen darin unter Wenden rundherum knusprig braun braten. Frikadellen aus der Pfanne nehmen, mit der Chili-Sauce mischen und erkalten lassen.

7. Maiskolben in Scheiben schneiden oder Gemüsemais abtropfen lassen. Paprika halbieren, entstielen, entkernen und die weißen Scheidewände entfernen. Schotenhälfte waschen, abtropfen lassen und in kleine Würfel schneiden.

8. Salat putzen, waschen und gut abtropfen lassen. Blätter in mundgerechte Stücke zupfen. Heiße Brühe unter die Nudeln rühren und Nudeln nochmals mit Salz und Pfeffer abschmecken. Restliche vorbereitete Salatzutaten untermischen. Den Salat mit den Mini-Chili-Frikadellen anrichten.

Penne, extra scharf I

Etwas teurer – für die Party

8–10 Portionen

Pro Portion:
E: 37 g, F: 17 g, Kh: 87 g, kJ: 2732, kcal: 654

1 kg TK-Garnelen (ohne Kopf und Schale)

4 Zwiebeln
8 Knoblauchzehen
2 Stangen Zitronengras
3 Stangen Porree (Lauch)
2 TL getrocknete, rote Chilischote
6 EL Rapsöl
2 EL Currypulver
2 Dosen Kokosmilch (je 400 ml)
200 g Crème fraîche
Salz

je 5 l Wasser
je 5 gestr. TL Salz
1 kg Penne (Röhrennudeln)

Zubereitungszeit: 45 Minuten, ohne Auftauzeit

1. Garnelen nach Packungsanleitung auftauen lassen.

2. Zwiebeln und Knoblauch abziehen, in kleine Würfel schneiden. Vom Zitronengras die äußere Haut entfernen, die Wurzelansätze abschneiden. Zitronengras abspülen, trocken tupfen und in sehr feine Scheiben schneiden. Porree putzen, die Stangen längs halbieren, gründlich waschen, abtropfen lassen und in feine Scheiben schneiden. Chilischote klein hacken.

3. Rapsöl in einem großen Topf erhitzen. Knoblauch- und Zwiebelwürfel darin glasig dünsten. Zitronengrasscheiben und Chili hinzugeben, mit andünsten. Mit Curry würzen.

4. Die aufgetauten Garnelen unter fließendem kalten Wasser abspülen und trocken tupfen. Kokosmilch, Crème fraîche und die Garnelen zu den Knoblauch- und Zwiebelwürfeln in den Topf geben. Die Zutaten unter Rühren zum Kochen bringen. Die Sauce mit Salz abschmecken und warm stellen.

5. Wasser in einem großen Topf mit geschlossenem Deckel zum Kochen bringen. Dann Salz und Nudeln hinzugeben. Die Nudeln in 2 Portionen im geöffneten Topf bei mittlerer Hitze nach Packungsanleitung kochen lassen, dabei zwischendurch 4–5-mal umrühren.

6. Anschließend die Nudeln in ein Sieb geben, mit heißem Wasser abspülen und abtropfen lassen.

7. Die Nudeln in eine große Schüssel geben. Porreescheiben unterrühren. Dann die Porree-Nudeln mit der Garnelen-Crème-fraîche-Sauce vermengen und sofort servieren.

Tipp: Statt Garnelen können auch Hähnchenbrustfiletstreifen verwendet werden.

Penne in Roquefortsahne I

Für die Party

12 Portionen

Pro Portion:

E: 28 g, F: 67 g, Kh: 72 g, kJ: 4407, kcal: 1053

600 g Roquefort-Käse
1 1/2 kg Schlagsahne
Salz
frisch gemahlener, weißer Pfeffer
750 g Champignons
150 g Butter
je 5 l Wasser
je 5 gestr. TL Salz
1,2 kg bunte Penne (Röhrennudeln)

Zubereitungszeit: 50 Minuten

1. Roquefort-Käse zerbröseln und in einen Topf geben. Die Sahne hinzugießen und unter Rühren zum Kochen bringen. Mit Salz und Pfeffer würzen. Die Käse-Sahne-Flüssigkeit zu einer cremigen Sauce einkochen lassen.

2. Champignons putzen, mit Küchenpapier abreiben, eventuell abspülen, trocken tupfen und in dünne Scheiben schneiden.

3. Butter in einem großen Topf zerlassen, Pilzscheiben darin portionsweise kurz andünsten, mit Salz und Pfeffer würzen, in die Sahne geben. Roquefortsahne warm stellen.

4. Wasser in einem großen Topf mit geschlossenem Deckel zum Kochen bringen. Dann Salz und Nudeln hinzugeben. Die Nudeln in 2 Portionen im geöffneten Topf bei mittlerer Hitze nach Packungsanleitung kochen lassen, dabei zwischendurch 4–5-mal umrühren.

5. Anschließend die Nudeln in ein Sieb geben, mit heißem Wasser abspülen und abtropfen lassen.

6. Die Nudeln unter die Roquefortsahne rühren, eventuell nochmals kurz erhitzen und sofort servieren.

Tipps: Dazu Salat servieren. Statt Roquefort kann auch ein anderer Blauschimmelkäse verwendet werden.

Penne mit Artischocken

Schnell zubereitet (als Vorspeise)
4 Portionen

Pro Portion:
E: 11 g, F: 17 g, Kh: 53 g, kJ: 1803, kcal: 430

4 kleine Artischocken
3 Knoblauchzehen
4 EL Olivenöl

2 1/2 l Wasser
2 1/2 gestr. TL Salz
250 g Penne (Röhrennudeln)

2 Zweige frische Minze
Salz
frisch gemahlener Pfeffer

Zubereitungszeit: 20 Minuten

1. Die Artischocken waschen, abtropfen lassen, äußere unansehnliche Blätter abschneiden. Mit einer Küchenschere die Blattspitzen gerade abschneiden. Artischocken achteln. Knoblauch abziehen und in kleine Würfel schneiden. Olivenöl in einem Topf erhitzen. Knoblauchwürfel darin andünsten. Artischockenachtel hinzugeben und zugedeckt etwa 15 Minuten dünsten.

2. Wasser in einem großen Topf mit geschlossenem Deckel zum Kochen bringen. Dann Salz und Nudeln hinzugeben. Die Nudeln im geöffneten Topf bei mittlerer Hitze nach Packungsanleitung kochen lassen, dabei zwischendurch 4–5-mal umrühren. Anschließend die Nudeln in ein Sieb geben, mit heißem Wasser abspülen und abtropfen lassen.

3. Minze abspülen und trocken tupfen. Die Blättchen von den Stängeln zupfen, Blättchen klein schneiden. Die Nudeln mit den Artischocken vermischen und die Minze unterheben. Mit Salz und Pfeffer abschmecken.

Penne mit Curry und Huhn I

Für Gäste
8–10 Portionen

Pro Portion:
E: 44 g, F: 20 g, Kh: 85 g, kJ: 2955, kcal: 706

je 5 l Wasser
je 5 gestr. TL Salz
1 kg Penne (Röhrennudeln)
4 EL Currypulver

500 g Cocktailtomaten
1,2 kg Brokkoli
Salzwasser
900 g Hähnchenbrustfilet
250 g Zwiebeln
4 Knoblauchzehen
150 g abgezogene, ganze Mandeln
6 EL Rapsöl
Salz
Currypulver
80 g zerlassene Butter

Zubereitungszeit: 60 Minuten
Garzeit: etwa 20 Minuten je Backblech

1. Wasser in einem großen Topf mit geschlossenem Deckel zum Kochen bringen. Dann Salz und Nudeln hinzugeben. Die Nudeln in 2 Portionen im geöffneten Topf bei mittlerer Hitze nach Packungsanleitung kochen lassen, dabei zwischendurch 4–5-mal umrühren.

2. Anschließend die Nudeln in ein Sieb geben, mit heißem Wasser abspülen und abtropfen lassen.

3. Jeweils die Hälfte der Nudeln auf zwei Backbleche (30 x 40 cm, gefettet) geben und mit je 2 Esslöffeln Curry bestreuen.

4. Tomaten waschen, abtrocknen, eventuell halbieren und die Stängelansätze herausschneiden. Tomaten auf den Nudeln verteilen.

5. Von dem Brokkoli die Blätter entfernen. Brokkoli waschen, abtropfen lassen und in Röschen teilen. Die dickeren Stiele eventuell schälen, abtropfen lassen und in Würfel schneiden. Salzwasser in einem Topf zum Kochen bringen. Brokkoliwürfel hinzugeben und etwa 3 Minuten kochen lassen, dann Brokkoliröschen hinzugeben und weitere etwa 5 Minuten garen. Den Brokkoli herausnehmen, mit eiskaltem Wasser abschrecken und in einem Sieb abtropfen lassen.

6. Den Backofen vorheizen.
Ober-/Unterhitze: etwa 180 °C
Heißluft: etwa 160 °C

7. Das Hähnchenbrustfilet unter fließendem kalten Wasser abspülen, trocken tupfen und in etwa 2 cm große Würfel schneiden. Zwiebeln und Knoblauch abziehen, in kleine Würfel schneiden.

8. Mandeln in einer Pfanne ohne Fett unter mehrmaligem Wenden hellbraun rösten und herausnehmen.

9. Rapsöl in der Pfanne erhitzen. Hähnchenbrustfiletwürfel darin von allen Seiten anbraten. Zwiebel- und Knoblauchwürfel hinzugeben und kurz mit anbraten. Mit Salz und Curry würzen.

10. Die Hähnchenbrustfiletwürfel, Mandeln, Brokkoliröschen und -würfel mit den Nudeln und Tomaten vermengen. Mit Butter beträufeln. Die Backbleche nacheinander (bei Heißluft zusammen) in den vorgeheizten Backofen schieben. Penne mit Curry und Huhn etwa 20 Minuten je Backblech garen.

Penne mit Fenchel-Gorgonzola-Sauce | Raffiniert – mit Alkohol

4 Portionen

Pro Portion:
E: 29 g, F: 42 g, Kh: 104 g, kJ: 3953, kcal: 949

500 g Fenchelknollen
1 Zwiebel
3 EL Rapsöl
150 ml trockener Wermut
250 g Crème fraîche
1 Apfel
Salz
frisch gemahlener Pfeffer
100 g Gorgonzola-Käse

5 l Wasser
5 gestr. TL Salz
500 g Penne (Röhrennudeln)

50 g Sonnenblumenkerne

Zubereitungszeit: 35 Minuten

1. Von den Fenchelknollen die Stiele dicht oberhalb der Knollen abschneiden. Braune Stellen und Blätter entfernen. Die Wurzelenden gerade schneiden. Die Knollen waschen, abtropfen lassen, vierteln und quer in etwa 1 cm breite Streifen schneiden.

2. Zwiebel abziehen und klein würfeln. Das Rapsöl in einem Topf erhitzen, Zwiebelwürfel darin andünsten. Fenchelstreifen hinzugeben und mit andünsten. Dann Wermut und Crème fraîche unterrühren. Die Sauce unter Rühren zum Kochen bringen und etwa 15 Minuten bei schwacher Hitze unter gelegentlichem Rühren köcheln lassen.

3. Apfel waschen, abtrocknen, vierteln, entkernen und in sehr kleine Würfel schneiden. Apfelwürfel etwa 5 Minuten in der Sauce mitdünsten lassen. Die Sauce mit Salz und Pfeffer würzen.

4. Gorgonzola klein schneiden oder mit einer Gabel zerdrücken, in die Sauce geben und unter Rühren schmelzen lassen. Sauce warm stellen.

5. Wasser in einem großen Topf mit geschlossenem Deckel zum Kochen bringen. Dann Salz und Nudeln hinzugeben. Die Nudeln im geöffneten Topf bei mittlerer Hitze nach Packungsanleitung kochen lassen, dabei zwischendurch 4–5-mal umrühren. Anschließend die Nudeln in ein Sieb geben, mit heißem Wasser abspülen und abtropfen lassen.

6. In der Zwischenzeit Sonnenblumenkerne in einer Pfanne ohne Fett leicht bräunen und herausnehmen.

7. Die Sauce in einer flachen Schüssel anrichten, mit Sonnenblumenkernen bestreuen und mit den Penne-Nudeln sofort servieren.

Penne mit Frühlingsgemüse

Für Gäste

12 Portionen

Pro Portion:

E: 16 g, F: 11 g, Kh: 64 g, kJ: 1843, kcal: 440

1,2 kg weißer Spargel
1,2 kg grüner Spargel
600 g junge, kleine Möhren
600 g Kaiserschoten (Erbsenschoten)
Salzwasser

je 5 l Wasser
je 5 gestr. TL Salz
1 kg Penne (Röhrennudeln)

120 g Butter
Salz
frisch gemahlener Pfeffer
2 Bund Kerbel

Zubereitungszeit: 70 Minuten

1. Den weißen Spargel von oben nach unten schälen. Darauf achten, dass die Schalen vollständig entfernt, die Köpfe aber nicht verletzt werden. Die unteren Enden abschneiden (holzige Stellen vollkommen entfernen). Von dem grünen Spargel nur das untere Drittel schälen und die unteren Enden abschneiden. Spargel in etwa 5 cm lange Stücke schneiden, abspülen und abtropfen lassen.

2. Möhren unter fließendem Wasser gründlich reinigen (das Schälen entfällt bei jungen Möhren) und abtropfen lassen. Von den Kaiserschoten die Enden abschneiden, eventuell abfädeln. Kaiserschoten waschen und abtropfen lassen.

3. Spargelstücke, Möhren und Kaiserschoten nacheinander jeweils 5–10 Minuten in kochendem Salzwasser bissfest garen. Gemüse anschließend in ein Sieb geben, mit eiskaltem Wasser abschrecken und abtropfen lassen.

4. Wasser in einem großen Topf mit geschlossenem Deckel zum Kochen bringen. Dann Salz und Nudeln hinzugeben. Die Nudeln in 2 Portionen im geöffneten Topf bei mittlerer Hitze nach Packungsanleitung kochen lassen, dabei zwischendurch 4–5-mal umrühren.

5. Anschließend die Nudeln in ein Sieb geben, mit heißem Wasser abspülen und abtropfen lassen.

6. Butter in einer großen Pfanne zerlassen. Das vorbereitete Gemüse und die Nudeln darin portionsweise unter Rühren andünsten. Mit Salz und Pfeffer würzen.

7. Kerbel abspülen und trocken tupfen. Die Blättchen von den Stängeln zupfen. Das Frühlingsgemüse mit den Nudeln auf Tellern anrichten und mit Kerbelblättchen garnieren.

Tipp: Anstatt in Butter geschwenkt kann dieses Gericht auch mit 400 g saurer Sahne und frischen oder TK-Kräutern zubereitet werden.

Penne mit Gorgonzola

Vegetarisch – schnell zubereitet

4 Portionen

Pro Portion:
E: 32 g, F: 52 g, Kh: 90 g, kJ: 4056, kcal: 975

Für die Sauce:

250 g Gorgonzola-Käse
200 g Schlagsahne
Salz
frisch gemahlener Pfeffer

5 l Wasser
5 gestr. TL Salz
500 g Penne (Röhrennudeln)

60 g Butter
40 g frisch gehobelter Parmesan-Käse

Zubereitungszeit: 25 Minuten

1. Für die Sauce Gorgonzola in eine Rührschüssel geben und mit einer Gabel zerdrücken. Sahne hinzufügen und zu einer geschmeidigen Masse verrühren. Mit Salz und Pfeffer abschmecken.

2. Wasser in einem großen Topf mit geschlossenem Deckel zum Kochen bringen. Dann Salz und Nudeln hinzugeben. Die Nudeln im geöffneten Topf bei mittlerer Hitze nach Packungsanleitung kochen lassen, dabei zwischendurch 4–5-mal umrühren.

3. Anschließend die Nudeln in ein Sieb geben, mit heißem Wasser abspülen, abtropfen lassen und in eine vorgewärmte Schüssel geben. Butter zerlassen und mit den Nudeln vermischen.

4. Die Gorgonzolasauce und den Parmesan-Käse auf den Nudeln verteilen und gut untermischen.

Penne mit Hühnerleber | Raffiniert

4 Portionen

Pro Portion:
E: 33 g, F: 26 g, Kh: 93 g, kJ: 3140, kcal: 750

1 Zwiebel
1 Knoblauchzehe
150 g Champignons
300 g Hühnerleber
3 EL Olivenöl
150 g Schlagsahne
15 junge Salbeiblättchen
12 Cocktailtomaten
Salz
frisch gemahlener Pfeffer

5 l Wasser
5 gestr. TL Salz
500 g Röhrennudeln, z. B. Penne

Zubereitungszeit: 30 Minuten

1. Zwiebel und Knoblauch abziehen, in kleine Würfel schneiden. Champignons putzen, mit Küchenpapier abreiben, eventuell abspülen, trocken tupfen und in Scheiben schneiden.

2. Hühnerleber unter fließendem kalten Wasser abspülen, trocken tupfen und in etwa 2 cm große Würfel schneiden, eventuell Sehnen entfernen.

3. Olivenöl in einem Topf erhitzen, Leberwürfel darin von allen Seiten anbraten. Zwiebel- und Knoblauchwürfel mit andünsten. Champignonscheiben hinzugeben und mitdünsten lassen. Sahne hinzugießen.

4. Salbeiblättchen abspülen, trocken tupfen und klein schneiden. Die Tomaten waschen, trocken tupfen und eventuell die Stängelansätze herausschneiden. Salbei und Tomaten in die Sauce geben. Die Sauce nochmals aufkochen lassen. Mit Salz und Pfeffer würzen. Sauce warm stellen.

5. Wasser in einem großen Topf mit geschlossenem Deckel zum Kochen bringen. Dann Salz und Nudeln hinzugeben. Die Nudeln im geöffneten Topf bei mittlerer Hitze nach Packungsanleitung kochen lassen, dabei zwischendurch 4–5-mal umrühren.

6. Anschließend die Nudeln in ein Sieb geben, mit heißem Wasser abspülen und abtropfen lassen.

7. Die Nudeln mit der Sauce vermengen und auf Tellern anrichten.

Penne mit Romanesco | Für Gäste

4 Portionen

Pro Portion:
E: 43 g, F: 36 g, Kh: 62 g, kJ: 3287, kcal: 785

600 g Romanesco
Salzwasser

3 1/2 l Wasser
3 1/2 gestr. TL Salz
350 g Penne (Röhrennudeln)

2 Zwiebeln
1 Knoblauchzehe
350 g Hähnchenbrustfilet
6 EL Olivenöl
60 g abgezogene, ganze Mandeln
120 g getrocknete Tomaten in Öl
Salz
frisch gemahlener Pfeffer
80 g frisch gehobelter Pecorino-Käse

Zubereitungszeit: 20 Minuten

1. Von dem Romanesco die Blätter entfernen. Den Romanesco putzen und in Röschen teilen. Die Romanesco-Röschen waschen, abtropfen lassen und in kochendem Salzwasser etwa 5 Minuten garen. Romanesco-Röschen herausnehmen, in eiskaltem Wasser abschrecken und in einem Sieb abtropfen lassen.

2. Wasser in einem großen Topf mit geschlossenem Deckel zum Kochen bringen. Dann Salz und Nudeln hinzugeben. Die Nudeln im geöffneten Topf bei mittlerer Hitze nach Packungsanleitung kochen lassen, dabei zwischendurch 4–5-mal umrühren.

3. In der Zwischenzeit Zwiebeln und Knoblauch abziehen, klein würfeln. Hähnchenbrustfilet unter fließendem kalten Wasser abspülen, trocken tupfen und in Streifen schneiden. Olivenöl in einer großen Pfanne erhitzen. Hähnchenbrustfiletstreifen darin von allen Seiten scharf anbraten. Mandeln hinzugeben und mit anrösten. Zwiebel- und Knoblauchwürfel hinzufügen und kurz mitdünsten lassen.

4. Tomaten abtropfen lassen und in feine Streifen schneiden. Romanesco-Röschen und Tomatenstreifen zu der Fleisch-Mandel-Masse in die Pfanne geben und miterhitzen. Mit Salz und Pfeffer würzen.

5. Die garen Nudeln in ein Sieb geben, mit heißem Wasser abspülen und abtropfen lassen.

6. Die Nudeln zu der Fleisch-Gemüse-Masse in die Pfanne geben und vorsichtig untermischen. Penne mit Romanesco in einer Schüssel oder auf Tellern anrichten. Gehobelten Pecorino-Käse dazureichen.

Penne mit Walnusssauce I

Preiswert – einfach

4 Portionen

Pro Portion:
E: 30 g, F: 54 g, Kh: 95 g, kJ: 4357, kcal: 1040

125 g Walnusskerne
2 EL Walnussöl
2 Schalotten
150 ml Milch
250 g Schlagsahne

5 l Wasser
5 gestr. TL Salz
500 g Penne (Röhrennudeln)

1 Bund Schnittlauch
70 g geriebener Parmesan-Käse
Salz
frisch gemahlener Pfeffer
frisch geriebene Muskatnuss

evtl. vorbereitete Schnittlauchhalme

Zubereitungszeit: 20 Minuten

1. Die Walnusskerne fein hacken. Walnussöl in einer Pfanne erhitzen. Walnusskerne darin anrösten.

2. Schalotten abziehen, in kleine Würfel schneiden, zu den Walnusskernen geben und mit andünsten. Milch und die Sahne hinzugießen, zum Kochen bringen und etwa 5 Minuten ohne Deckel köcheln lassen.

3. In der Zwischenzeit Wasser in einem großen Topf mit geschlossenem Deckel zum Kochen bringen. Dann Salz und Nudeln hinzugeben. Die Nudeln im geöffneten Topf bei mittlerer Hitze nach Packungsanleitung kochen lassen, dabei zwischendurch 4–5-mal umrühren.

4. Schnittlauch abspülen, abtropfen lassen und in Röllchen schneiden. Schnittlauchröllchen und Parmesan-Käse unter die Walnusssauce rühren. Mit Salz, Pfeffer und Muskat würzen.

5. Die garen Nudeln in ein Sieb geben, mit heißem Wasser abspülen und abtropfen lassen.

6. Dann die Nudeln mit der Walnusssauce auf Tellern anrichten. Nach Belieben mit Schnittlauchhalmen garnieren.

Beilage: Gemischter Blattsalat mit Cocktailtomaten und Zwiebelringen.

Tipps: Sie können die Sauce auch mit Haselnüssen und Nussöl, Kürbiskernen und Kürbiskernöl oder auch Sonnenblumenkernen und Sonnenblumenöl zubereiten; oder aus Mischungen von verschiedenen Kernen. Statt Parmesan können Sie auch Pecorino verwenden.

Penne mit Wirsingsauce und Mettbällchen | Pikant

4 Portionen

Pro Portion:
E: 38 g, F: 48 g, Kh: 95 g, kJ: 4052, kcal: 972

500 g Wirsing
200 g Möhren
3 EL Rapsöl
400 g Thüringer Mett (gewürztes Schweinegehacktes)
250 g Crème fraîche

5 l Wasser
5 gestr. TL Salz
500 g Penne (Röhrennudeln)
Salz
frisch gemahlener Pfeffer
frisch geriebene Muskatnuss

Zubereitungszeit: 35 Minuten

1. Vom Wirsing die äußeren, welken Blätter entfernen. Kohl halbieren und den Strunk herausschneiden. Wirsinghälften in kleine Stücke schneiden, abspülen und in kochendem Wasser etwa 2 Minuten blanchieren. Wirsingstücke herausnehmen, mit kaltem Wasser abschrecken und in einem Sieb abtropfen lassen.

2. Möhren putzen, schälen, abspülen, abtropfen lassen und in dünne Scheiben schneiden. Rapsöl in einer großen Pfanne erhitzen. Von dem Mett mit einem Teelöffel kleine Klößchen abstechen und in dem erhitzten Rapsöl von allen Seiten knusprig braun braten.

3. Wirsingstücke klein hacken, mit den Möhrenscheiben zu den Klößchen geben, Crème fraîche unterrühren. Die Zutaten etwa 5 Minuten dünsten, dabei gelegentlich umrühren.

4. Wasser in einem großen Topf mit geschlossenem Deckel zum Kochen bringen. Dann Salz und Nudeln hinzugeben. Die Nudeln im geöffneten Topf bei mittlerer Hitze nach Packungsanleitung kochen lassen, dabei zwischendurch 4–5-mal umrühren.

5. Anschließend die Nudeln in ein Sieb geben, mit heißem Wasser abspülen und abtropfen lassen.

6. Die Wirsingsauce mit Salz, Pfeffer und Muskat würzen, Nudeln unterheben und servieren.

Penne nach Siena Art I

Raffiniert – für Kinder

4 Portionen

Pro Portion:
E: 33 g, F: 58 g, Kh: 93 g, kJ: 4329, kcal: 1035

5 l	*Wasser*
5 gestr. TL	*Salz*
500 g	*Penne (Röhrennudeln)*
1 Topf	*Basilikum*
120 g	*Walnusskerne*
50 g	*Butter oder*
	4 EL Olivenöl
100 g	*gekochter Schinken*
250 g	*Schlagsahne*
	Salz
	frisch gemahlener Pfeffer
80 g	*frisch geriebener Parmesan-Käse*

Zubereitungszeit: 45 Minuten

1. Wasser in einem großen Topf mit geschlossenem Deckel zum Kochen bringen. Dann Salz und Nudeln hinzugeben. Die Nudeln im geöffneten Topf bei mittlerer Hitze nach Packungsanleitung kochen lassen, dabei zwischendurch 4–5-mal umrühren.

2. Anschließend die Nudeln in ein Sieb geben, mit heißem Wasser abspülen und abtropfen lassen.

3. Basilikum abspülen und trocken tupfen. Die Blättchen von den Stängeln zupfen (einige Blättchen zum Garnieren beiseitelegen). Restliche Blättchen mit den Walnusskernen pürieren.

4. Butter oder Olivenöl in einem Topf erhitzen. Basilikum-Nuss-Püree hinzufügen und unter Rühren bei schwacher Hitze kurz dünsten. Schinken in kleine Würfel schneiden und mit der Sahne unterrühren. Mit Salz und Pfeffer würzen.

5. Dann Nudeln hinzufügen und unter gelegentlichem Rühren bei schwacher Hitze miterhitzen.

6. Die Hälfte des Käses untermischen. Nudeln in einer vorgewärmten Schüssel anrichten, mit Pfeffer und restlichem Parmesan-Käse bestreuen. Mit den beiseitegelegen Basilikumblättchen garniert servieren.

Penne-Brokkoli-Salat | Für die Party

8–10 Portionen

Pro Portion:
E: 22 g, F: 16 g, Kh: 43 g, kJ: 1764, kcal: 422

750 g frischer oder TK-Brokkoli
Salzwasser

5 l Wasser
5 gestr. TL Salz
500 g Penne tricolori oder einfarbige Penne (Röhrennudeln)

400 g Cocktailtomaten
1 Bund Petersilie
300 g Hähnchenbrustaufschnitt

Für die Sauce:
5 EL Weißweinessig
1 gestr. TL Salz
frisch gemahlener, schwarzer Pfeffer
1 EL Zucker
100 ml Walnussöl

150 g fein geriebener Höhlenkäse
30 g geröstete Pinienkerne

Zubereitungszeit: 35 Minuten, ohne Abkühlzeit

1. Von dem Brokkoli die Blätter entfernen. Brokkoli in Röschen teilen, waschen und abtropfen lassen. Brokkoliröschen (TK-Brokkoliröschen unaufgetaut) in kochendem Salzwasser etwa 5 Minuten garen, herausnehmen, in kaltem Wasser abschrecken und in einem Sieb abtropfen lassen.

2. Wasser in einem großen Topf mit geschlossenem Deckel zum Kochen bringen. Dann Salz und Nudeln hinzugeben. Die Nudeln im geöffneten Topf bei mittlerer Hitze nach Packungsanleitung kochen lassen, dabei zwischendurch 4–5-mal umrühren.

3. Anschließend die Nudeln in ein Sieb geben, mit heißem Wasser abspülen, abtropfen und erkalten lassen.

4. Die Tomaten waschen, abtrocknen, eventuell halbieren und die Stängelansätze herausschneiden. Die Petersilie abspülen und trocken tupfen. Die Blättchen von den Stängeln zupfen. Blättchen grob zerschneiden. Hähnchenbrustaufschnitt in schmale Streifen schneiden.

5. Für die Sauce Essig mit Salz, Pfeffer und Zucker verrühren. Walnussöl unterschlagen.

6. Dann Brokkoliröschen, Nudeln, Tomaten, Petersilie, Hähnchenbruststreifen und den geriebenen Höhlenkäse in einer großen Schüssel mischen. Die Sauce hinzugeben und mit den Salatzutaten gut verrühren. Den Penne-Brokkoli-Salat mit Pinienkernen bestreut servieren.

Petersiliennudeln mit Hirschrückensteak und Aprikosenmousse I

Für Gäste – raffiniert

4 Portionen

Pro Portion:
E: 52 g, F: 39 g, Kh: 55 g, kJ: 3318, kcal: 792

Für die Aprikosenmousse:

10 frische Aprikosen
1 l Wasser
Salz
gemahlener, weißer Pfeffer
Zucker
100 g Butter
125 g saure Sahne

Für die Petersiliennudeln:

1 großes Bund Petersilie
2 Eier (Größe M)
1 EL Olivenöl
½ gestr. TL Salz
200 g Weizenmehl

Wasser, Salz
(je 100 g Nudeln 1 l Wasser und 1 gestr. TL Salz)

4 Hirschrückensteaks (je etwa 200 g)
50 g Butterschmalz

evtl. einige Aprikosenspalten (aus der Dose)

Zubereitungszeit: 45 Minuten, ohne Kühl-, Ruhe- und Trockenzeit

1. Für die Aprikosenmousse die Aprikosen kurze Zeit in kochendes Wasser legen (nicht kochen lassen), in kaltem Wasser abschrecken, enthäuten, halbieren und entsteinen. Aprikosenhälften in gleich große Stücke schneiden.

2. Wasser mit den Aprikosenstücken, Salz, Pfeffer und Zucker in einem Topf zum Kochen bringen und etwa 15 Minuten kochen lassen. Den Topf von der Kochstelle nehmen. Die Aprikosenmasse mit einem Stabmixer fein pürieren.

3. Butter zerlassen, mit der sauren Sahne unter die Püreemasse heben und zu einer Mousse einkochen lassen. Mousse kalt stellen.

4. Für die Nudeln Petersilie abspülen und trocken tupfen. Die Blättchen von den Stängeln zupfen. Petersilie klein schneiden und in einen hohen Rührbecher geben. Eier, Olivenöl und Salz hinzufügen. Die Zutaten mit einem Stabmixer fein pürieren. Das Mehl in eine Rührschüssel geben und eine Vertiefung eindrücken. Petersilienpüree in die Vertiefung geben. Mit einer Gabel nach und nach etwas Mehl einrühren.

5. Die Zutaten mit Handrührgerät mit Knethaken zu einem glatten Teig verkneten. Sollte der Teig kleben, noch etwas Mehl hinzugeben. Den Teig mit etwas Mehl bestäuben, in Frischhaltefolie wickeln und 30–45 Minuten ruhen lassen.

6. Den Teig in nicht zu großen Stücken auf einer bemehlten Arbeitsfläche möglichst dünn ausrollen. Die Teigplatten zum Trocknen auf Geschirrtücher legen.

7. Wenn die Teigplatten so weit getrocknet sind, dass sie nicht mehr kleben, aber auch noch nicht zerbrechen, daraus Nudeln in gewünschter Länge und Breite schneiden.

8. Wasser in einem großen Topf mit geschlossenem Deckel zum Kochen bringen. Dann Salz und Nudeln hinzugeben. Die Nudeln im geöffneten Topf bei mittlerer Hitze in 5–8 Minuten bissfest kochen, dabei zwischendurch 4–5-mal umrühren.

9. Anschließend die Nudeln in ein Sieb geben, mit heißem Wasser abspülen und abtropfen lassen.

10. In der Zwischenzeit Hirschrückensteaks unter fließendem kalten Wasser abspülen und trocken tupfen. Butterschmalz in einer Pfanne erhitzen. Die Hirschrückensteaks von jeder Seite etwa 4 Minuten medium braten oder in 6 Minuten durchbraten, mit Salz und Pfeffer würzen. Aus der Pfanne nehmen.

11. Aprikosenmousse auf Tellern anrichten. Die Hirschrückensteaks mit den Nudeln daraufgeben. Nach Belieben mit abgetropften Aprikosenspalten garnieren.

Beilage: Brokkoliröschen.

Tipp: Statt aus Aprikosen können Sie auch eine Mousse aus Mango zu den Hirschsteaks servieren: Dafür 1 Mango vom Kern schneiden, schälen und in Stücke schneiden. Mit den im Rezept angegebenen Zutaten eine Mousse zubereiten.

Pikanter Nudelauflauf | Für Kinder

4 Portionen

Pro Portion:
E: 35 g, F: 42 g, Kh: 46 g, kJ: 3122, kcal: 746

2 ½ l Wasser
2 ½ gestr. TL Salz
250 g Röhren- oder Bandnudeln

200 g Gouda-Käse
100 g Salami oder magerer Schinkenspeck
3 Tomaten
3 Eier (Größe M)
125 g Schlagsahne
Salz, frisch gemahlener Pfeffer
frisch geriebene Muskatnuss
2 EL fein gehackte Petersilie

Zubereitungszeit: 35 Minuten
Garzeit: 30–40 Minuten

1. Wasser in einem großen Topf mit geschlossenem Deckel zum Kochen bringen. Dann Salz und Nudeln hinzugeben. Die Nudeln im geöffneten Topf bei mittlerer Hitze nach Packungsanleitung kochen lassen, dabei zwischendurch 4–5-mal umrühren.

2. Anschließend die Nudeln in ein Sieb geben, mit heißem Wasser abspülen und abtropfen lassen.

3. Den Backofen vorheizen.
Ober-/Unterhitze: etwa 200 °C
Heißluft: etwa 180 °C

4. Käse und Salami oder Schinkenspeck in kleine Würfel schneiden. Tomaten waschen, abtropfen lassen, kreuzweise einschneiden, kurz in kochendes Wasser legen und in kaltem Wasser abschrecken. Tomaten enthäuten, halbieren, entkernen und die Stängelansätze herausschneiden. Tomatenhälften in mundgerechte Stücke schneiden.

5. Nudeln mit Käse-, Salami- oder Schinkenwürfeln und Tomatenstücken vermischen und in eine Auflaufform (gefettet) geben.

6. Eier mit Sahne verschlagen, mit Salz, Pfeffer und Muskat würzen. Die Eiersahne auf dem Auflauf verteilen. Die Form mit Deckel auf dem Rost in den vorgeheizten Backofen schieben. Auflauf 30–40 Minuten garen. Den Deckel etwa 15 Minuten vor Ende der Garzeit von der Form nehmen und den Auflauf fertig garen.

7. Den Nudelauflauf mit Petersilie bestreut servieren.

Pistazien-Tortellini mit Tomatensauce | Dauert etwas länger

4 Portionen

Pro Portion:
E: 60 g, F: 71 g, Kh: 83 g, kJ: 5401, kcal: 1293

400 g Weizenmehl
4 Eier (Größe M)
1 gestr. TL Salz
3 EL Speiseöl

30 g Pistazienkerne
100 g Mortadella
100 g gekochter Schinken
1 Ei (Größe M)
2 EL Speisequark (40 % Fett)
Salz, frisch gemahlener Pfeffer
frisch geriebene Muskatnuss

etwa 3 l Hühnerbrühe

1 große Fleischtomate
1 Knoblauchzehe
30 g Butter
125 g Schlagsahne
2 Stängel Basilikum
50 g frisch geriebener Parmesan-Käse

Zubereitungszeit: 65 Minuten, ohne Ruhezeit

1. Für den Nudelteig Mehl in eine Rührschüssel geben und in die Mitte eine Vertiefung drücken. Eier, Salz und Speiseöl verschlagen, in die Vertiefung geben. Mit einer Gabel nach und nach etwas von dem Mehl einrühren.

2. Anschließend mit Handrührgerät mit Knethaken zu einem glatten Teig verkneten. Sollte der Teig kleben, noch etwas Mehl hinzufügen. Den Teig in Frischhaltefolie wickeln und etwa 1 Stunde ruhen lassen.

3. Den Teig auf einer bemehlten Arbeitsfläche dünn ausrollen.

4. Für die Füllung Pistazienkerne, Mortadella und Schinken sehr klein schneiden oder mit einem Stabmixer pürieren. Ei und Quark unterrühren, mit Salz, Pfeffer und Muskat würzen.

5. Aus dem ausgerollten Nudelteig Kreise (Ø etwa 4 cm) ausstechen. In die Mitte der Teigkreise jeweils 1 Teelöffel von der Füllung geben. Teigränder mit Wasser bestreichen. Die Kreise übereinanderklappen, so dass Monde entstehen. Die Teigränder gut zusammendrücken. Tortellini auf einem bemehlten Geschirrtuch ruhen lassen.

6. Brühe in einem Topf zum Kochen bringen, Tortellini darin portionsweise bei schwacher Hitze 8–10 Minuten garen, mit einer Schaumkelle herausnehmen und abtropfen lassen. Tortellini warm stellen.

7. Für die Sauce Tomate waschen, abtropfen lassen, kreuzweise einschneiden, kurz in kochendes Wasser legen und in kaltem Wasser abschrecken. Tomate enthäuten, halbieren, entkernen und den Stängelansatz herausschneiden. Tomatenhälften in Würfel schneiden.

8. Knoblauch abziehen und sehr klein würfeln. Butter in einem Topf zerlassen, Tomatenwürfel und Knoblauch darin etwa 1 Minute unter Rühren andünsten, mit Salz und Pfeffer abschmecken, Sahne unterrühren. Die Tomatensauce auf den Tortellini verteilen und auf Tellern anrichten.

9. Basilikum abspülen und trocken tupfen. Die Blättchen von den Stängeln zupfen. Pistazien-Tortellini mit Basilikumblättchen garnieren und mit Parmesan-Käse bestreuen.

Puten-Gemüse-Geschnetzeltes

Mit Alkohol – für Gäste

8–10 Portionen

Pro Portion:
E: 46 g, F: 24 g, Kh: 81 g, kJ: 3111, kcal: 744

2 Zwiebeln
1 Salatgurke (etwa 700 g)
2 große, rote Paprikaschoten (etwa 500 g)
1 kg Putenbrust (ohne Knochen und Haut)
250 g durchwachsener Speck
4 EL Speiseöl
150 ml Weißwein
200 g Schlagsahne
125 ml (1/8 l) Hühnerbrühe
Salz
frisch gemahlener Pfeffer

je 5 l Wasser
je 5 gestr. TL Salz
1 kg Bandnudeln

1 Bund Dill
evtl. 2–3 EL heller Saucenbinder

Zubereitungszeit: 50 Minuten

1. Zwiebeln abziehen und in kleine Würfel schneiden. Gurke schälen, längs halbieren und mit einem Teelöffel die Kerne entfernen. Gurkenhälften in kleine Würfel schneiden. Paprikaschoten halbieren, entstielen, entkernen und die weißen Scheidewände entfernen. Schotenhälften waschen, trocken tupfen und in Würfel schneiden.

2. Putenbrust unter fließendem kalten Wasser abspülen, trocken tupfen, zuerst in Scheiben, dann in Streifen schneiden. Speck in feine Streifen schneiden.

3. Speiseöl in einer großen Pfanne erhitzen. Putenbrust- und Speckstreifen darin in 2 Portionen von beiden Seiten anbraten, herausnehmen und warm stellen. Das vorbereitete Gemüse in dem verbliebenen Bratfett etwa 5 Minuten andünsten. Wein, Sahne und Brühe hinzugießen, zum Kochen bringen. Putenbrust- und Speckstreifen hinzugeben. Mit Salz und Pfeffer würzen. Geschnetzeltes wieder zum Kochen bringen und 6–8 Minuten garen.

4. In der Zwischenzeit Wasser in einem großen Topf mit geschlossenem Deckel zum Kochen bringen. Salz und Nudeln hinzugeben. Die Nudeln in 2 Portionen im geöffneten Topf bei mittlerer Hitze nach Packungsanleitung kochen lassen, dabei zwischendurch 4–5-mal umrühren.

5. Anschließend die Nudeln in ein Sieb geben, mit heißem Wasser abspülen und abtropfen lassen.

6. Dill abspülen und trocken tupfen. Die Spitzen von den Stängeln zupfen. Spitzen klein schneiden. Geschnetzeltes nach Belieben mit Saucenbinder andicken.

7. Puten-Gemüse-Geschnetzeltes mit Dill bestreuen und mit den Bandnudeln servieren.

Putengeschnetzeltes mit Bandnudeln | Einfach – mit Alkohol

12 Portionen

Pro Portion:
E: 47 g, F: 31 g, Kh: 61 g, kJ: 3049, kcal: 728

1 1/2 kg Putenbrustfilet
2 Gläser Champignons (Abtropfgewicht je 480 g)
4 Zwiebeln
8 EL Speiseöl
Salz, frisch gemahlener Pfeffer
500 g Schlagsahne
500 ml (1/2 l) Hühnerbrühe
400 g Kräuter-Frischkäse
200 ml Weißwein
1 EL Currypulver
Knoblauchsalz

je 500 ml Wasser
je 5 gestr. TL Salz
1 kg Bandnudeln

Zubereitungszeit: 40 Minuten

1. Putenbrustfilet unter fließendem kalten Wasser abspülen, trocken tupfen und in Streifen schneiden. Champignons in einem Sieb abtropfen lassen und in Scheiben schneiden.

2. Zwiebeln abziehen und in kleine Würfel schneiden. Jeweils etwas Speiseöl in einer großen Pfanne erhitzen, Fleischstreifen darin portionsweise von allen Seiten anbraten, mit Salz und Pfeffer würzen. Zwiebelwürfel hinzugeben und mit andünsten.

3. Sahne und Brühe hinzugießen, unter Rühren aufkochen lassen. Champignonscheiben, Frischkäse und Wein unterrühren und erhitzen.

4. Das Geschnetzelte mit Salz, Pfeffer, Curry und Knoblauchsalz abschmecken und warm stellen.

5. Wasser in einem großen Topf mit geschlossenem Deckel zum Kochen bringen. Dann Salz und Nudeln hinzugeben. Die Nudeln in 2 Portionen im geöffneten Topf bei mittlerer Hitze nach Packungsanleitung kochen lassen, dabei zwischendurch 4–5-mal umrühren.

6. Anschließend die Nudeln in ein Sieb geben, mit heißem Wasser abspülen und abtropfen lassen.

7. Putengeschnetzeltes mit Bandnudeln servieren.

Beilage: Salat.

Radicchio-Nudel-Auflauf | Preiswert

4 Portionen

Pro Portion:
E: 32 g, F: 44 g, Kh: 46 g, kJ: 3126, kcal: 747

500 g Radicchio
Salz, frisch gemahlener Pfeffer
250 g Schlagsahne

2 1/2 l Wasser
2 1/2 gestr. TL Salz
250 g Bandnudeln
40 g zerlassene Butter
150 g gekochter Schinken, in Scheiben
150 g frisch geriebener Parmesan-Käse

Zubereitungszeit: 60 Minuten
Garzeit: etwa 35 Minuten

1. Den Backofen vorheizen.
Ober-/Unterhitze: etwa 220 °C
Heißluft: etwa 200 °C

2. Vom Radicchio die Wurzelenden abschneiden und die welken Blätter entfernen. Radicchioköpfe achteln, waschen, gut abtropfen lassen und in eine Auflaufform (gefettet) legen.

3. Radicchio mit Salz und Pfeffer bestreuen, mit Sahne übergießen. Die Form mit Deckel auf dem Rost in den vorgeheizten Backofen schieben. Radicchio etwa 35 Minuten garen.

4. In der Zwischenzeit Wasser in einem großen Topf mit geschlossenem Deckel zum Kochen bringen. Dann Salz und Nudeln hinzugeben. Die Nudeln im geöffneten Topf bei mittlerer Hitze nach Packungsanleitung kochen lassen, dabei zwischendurch 4–5-mal umrühren.

5. Anschließend die Nudeln in ein Sieb geben, mit heißem Wasser abspülen und abtropfen lassen. Nudeln in Butter schwenken.

6. Die Schinkenscheiben in Streifen schneiden. Nach etwa 15 Minuten Garzeit die Form aus dem Backofen nehmen. Nudeln, Schinkenstreifen und Käse mit dem Radicchio vermengen.

7. Die Form ohne Deckel wieder auf dem Rost in den heißen Backofen schieben, den Auflauf fertig garen.

Ravioli mit Frischkäse-Spinat-Füllung | Dauert etwas länger – raffiniert

4 Portionen

Pro Portion:
E: 24 g, F: 38 g, Kh: 51 g, kJ: 2830, kcal: 677

Für den Nudelteig:
250 g Weizenmehl
1 Ei (Größe M)
2 Eigelb (Größe M)
2 EL Speiseöl
½ gestr. TL Salz
3–4 EL Wasser

Für die Füllung:
500 g Blattspinat
40 g Butter
Salz
frisch gemahlener Pfeffer
frisch geriebene Muskatnuss
200 g Doppelrahm-Frischkäse
50 g geröstete Sesamsamen
Cayennepfeffer

Salzwasser

Zubereitungszeit: 90 Minuten, ohne Ruhe- und Abkühlzeit

1. Für den Nudelteig das Mehl in eine Rührschüssel geben, in die Mitte eine Vertiefung eindrücken. Ei mit Eigelb, Speiseöl, Salz und Wasser verschlagen, in die Vertiefung geben. Mit einer Gabel nach und nach etwas von dem Mehl einrühren. Anschließend mit Handrührgerät mit Knethaken zu einem glatten Teig verkneten. Sollte der Teig kleben, noch etwas Weizenmehl hinzugeben. Den Teig mit etwas Weizenmehl bestäuben, in Frischhaltefolie wickeln und etwa 1 Stunde ruhen lassen.

2. Für die Füllung Blattspinat verlesen, gründlich waschen und gut abtropfen lassen. Butter in einem Topf zerlassen. Den Spinat hinzufügen, mit Salz, Pfeffer und Muskat würzen. Spinat so lange dünsten, bis er zusammenfällt, herausnehmen und in einem Sieb abtropfen lassen.

3. Spinat mit Frischkäse und Sesam vermengen, mit Salz und Cayennepfeffer abschmecken, abkühlen lassen.

4. Den Nudelteig auf einer bemehlten Arbeitsfläche zu etwa 15 cm breite Bahnen ausrollen. Je 1 Esslöffel der Spinatmasse mit einer Handbreit Abstand auf die Nudelbahnen geben. Eine Längskante des Teiges mit Wasser bestreichen, dann die andere Längsseite darüberschlagen. Mit einem gezackten Förmchen oder Teigrädchen Quadrate oder nach Belieben Halbmonde ausschneiden, mit einer Gabel einmal einstechen. Die Teigränder andrücken.

5. Salzwasser in einem Topf zum Kochen bringen. Ravioli hinzugeben, zum Kochen bringen und bei schwacher bis mittlerer Hitze 6–8 Minuten gar ziehen lassen.

Tipp: Dazu gelben Paprikaschaum servieren (siehe Seite 206).

Ravioli mit Selleriefüllung auf Paprikaschaum | Dauert etwas länger

4 Portionen

Pro Portion:
E: 23 g, F: 48 g, Kh: 59 g, kJ: 3320, kcal: 793

Für den Nudelteig:

250 g Weizenmehl
2 Eier (Größe M)
1 EL Walnussöl
2 EL Wasser
Salz

Für die Selleriefüllung:

1 Schalotte
200 g Knollensellerie
120 g Staudensellerie
30 g Butter
1 Becher Crème fraîche (150 g)
1 Eigelb (Größe M)
60 g geriebener Parmesan-Käse
50 g klein gehackte Walnusskerne
frisch gemahlener Pfeffer
1 Bund Petersilie

1 verschlagenes Eigelb (Größe M)
Salzwasser

Für den Paprikaschaum:

2 Zwiebeln
3 EL Traubenkernöl
2 rote Paprikaschoten
1 TL Paprikapulver edelsüß
250 ml (1/4 l) Gemüsefond oder -brühe

Zubereitungszeit: 100 Minuten, ohne Ruhezeit

1. Für den Nudelteig Mehl in eine Rührschüssel geben, in die Mitte eine Vertiefung eindrücken. Eier mit Walnussöl, Wasser und Salz verschlagen, in die Vertiefung geben. Mit einer Gabel nach und nach etwas von dem Mehl einrühren. Mit Handrührgerät mit Knethaken zu einem glatten Teig verkneten. Sollte der Teig kleben, noch etwas Mehl hinzugeben. Den Teig mit etwas Mehl bestäuben, in Frischhaltefolie wickeln und kalt gestellt etwa 1 Stunde ruhen lassen.

2. Für die Selleriefüllung Schalotte abziehen und in kleine Würfel schneiden. Knollensellerie putzen, schälen, abspülen, abtropfen lassen und in kleine Würfel schneiden. Den Staudensellerie putzen und die harten Außenfäden abziehen. Selleriestangen waschen, abtropfen lassen und in Scheiben schneiden.

3. Butter in einem Topf zerlassen. Schalottenwürfel darin andünsten. Vorbereitetes Gemüse hinzugeben. Crème fraîche unterrühren, zum Kochen bringen und etwa 2 Minuten köcheln lassen.

4. Eigelb, Parmesan-Käse und Walnusskerne unterheben, mit Salz und Pfeffer abschmecken. Petersilie abspülen und trocken tupfen. Die Blättchen von den Stängeln zupfen. Blättchen klein schneiden.

5. Den Teig auf einer bemehlten Arbeitsfläche oder mit der Nudelmaschine dünn ausrollen. Aus der Teigplatte etwa 8 cm große Kreise ausstechen oder -rädeln. In die Mitte der Teigkreise jeweils 1 Teelöffel der Selleriefüllung geben. Die Teigränder mit Eigelb bestreichen und zu Halbkreisen übereinanderklappen. Teigränder fest andrücken.

6. Salzwasser in einem Topf zum Kochen bringen. Ravioli hinzugeben, wieder zum Kochen bringen und bei schwacher bis mittlerer Hitze etwa 5 Minuten gar ziehen lassen. Ravioli mit einer Schaumkelle herausnehmen, abtropfen lassen und warm stellen.

7. Für den Paprikaschaum Zwiebeln abziehen und in sehr kleine Würfel schneiden. Traubenkernöl in einer Pfanne erhitzen, Zwiebelwürfel darin andünsten.

8. Paprikaschoten halbieren, entstielen, entkernen und die weißen Scheidewände entfernen. Schotenhälften waschen, abtropfen lassen und in kleine Würfel schneiden. Paprikawürfel zu den Zwiebelwürfeln geben. Mit Paprika, Salz und Pfeffer würzen.

9. Dann Gemüsefond oder –brühe hinzugießen, zum Kochen bringen und etwa 10 Minuten kochen lassen. Die Paprikamasse mit einem Stabmixer pürieren.

10. Die Ravioli mit dem Paprikaschaum anrichten und servieren.

Ravioli-Auflauf | Einfach

8–10 Portionen

Pro Portion:
E: 14 g, F: 29 g, Kh: 44 g, kJ: 2065, kcal: 491

4 Zwiebeln
80 g Butter
200 ml Milch
200 g Schlagsahne
6 Eigelb (Größe M)
Salz, frisch gemahlener Pfeffer

3 Dosen Ravioli in Tomatensauce (Einwaage je 800 g)
150 g geriebener Gruyère-Käse

2 EL gehackte Kräuter, z. B. Petersilie, Schnittlauchröllchen

Zubereitungszeit: 30 Minuten, ohne Abkühlzeit
Garzeit: etwa 40 Minuten

1. Den Backofen vorheizen.
Ober-/Unterhitze: etwa 200 °C
Heißluft: etwa 180 °C

2. Zuerst Zwiebeln abziehen, halbieren und in kleine Würfel schneiden. Butter in einem Topf zerlassen, Zwiebelwürfel darin glasig dünsten.

3. Milch und Sahne hinzugießen, zum Kochen bringen und etwa 5 Minuten bei schwacher Hitze einkochen lassen. Den Topf von der Kochstelle nehmen. Sahnemilch etwa 5 Minuten abkühlen lassen.

4. Eigelb nach und nach unter die Sahnemilch rühren. Mit Salz und Pfeffer würzen.

5. Ravioli in eine große Auflaufform (gefettet) geben. Eier-Sahne-Milch darauf verteilen und mit Käse bestreuen. Die Form auf dem Rost in den vorgeheizten Backofen schieben. Auflauf etwa 40 Minuten garen.

6. Den Auflauf mit gehackten Kräutern bestreuen und sofort servieren.

Reisnudeln mit Schweinefilet und Koriander | Exotisch

4 Portionen

Pro Portion:
E: 41 g, F: 25 g, Kh: 66 g, kJ: 2730, kcal: 651

	Salzwasser
250 g	*Reisnudeln oder 250 g Spaghetti*
500 g	*Schweinefilet*
je 1	*rote, grüne und gelbe Paprikaschote (etwa 600 g)*
1 Topf	*Koriander*
4 EL	*Speiseöl*
100 g	*geschälte, gesalzene Erdnusskerne*
2 EL	*Sojasauce*
2 EL	*asiatische Fischsauce (erhältlich im Asialaden)*
100 ml	*Gemüsebrühe*
½ EL	*Speisestärke*
etwas	*Sambal Oelek (1 Mokkalöffel)*
	Salz
	frisch gemahlener Pfeffer

Zubereitungszeit: 60 Minuten

1. Salzwasser in einem Topf zum Kochen bringen, Reisnudeln darin 2–3 Minuten garen. Reisnudeln in einem Sieb abtropfen lassen. Oder Spaghetti nach Packungsanleitung garen.

2. Schweinefilet unter fließendem kalten Wasser abspülen, trocken tupfen und in dünne Scheiben oder Würfel schneiden.

3. Paprikaschoten halbieren, entstielen, entkernen und die weißen Scheidewände entfernen. Schotenhälften waschen, trocken tupfen und in kleine Würfel schneiden. Koriander abspülen und trocken tupfen. Die Blättchen von den Stängeln zupfen.

4. Zwei Esslöffel des Speiseöls in einer Pfanne erhitzen. Fleischscheiben oder -würfel darin von allen Seiten kurz anbraten, herausnehmen und warm stellen.

5. Restliches Speiseöl in der Pfanne erhitzen, die Paprikawürfel darin andünsten. Erdnusskerne und Korianderblättchen (einige Blättchen zum Garnieren beiseitelegen) hinzufügen. Mit Soja-, Fischsauce und Brühe ablöschen. Die Speisestärke mit etwas Wasser anrühren, unter die Gemüsesauce rühren und kurz aufkochen lassen. Mit Sambal-Oelek, Salz und Pfeffer würzen. Warm gestelltes Fleisch hinzugeben und miterhitzen.

6. Reisnudeln oder Spaghetti in einer Pfanne erhitzen, mit der Fleisch-Gemüse-Pfanne anrichten. Mit den beiseitegelegten Korianderblättchen garniert servieren.

Reisnudeln mit Schweinelendchen | Für Gäste

4 Portionen

Pro Portion:
E: 38 g, F: 11 g, Kh: 98 g, kJ: 2677, kcal: 639

4 l Wasser
4 gestr. TL Salz
400 g Reisnudeln oder Spaghetti
1 EL Sojaöl
5 EL Sojasauce
1 EL Currypulver

400 g Schweinelendchen
2 Knoblauchzehen
1 Zwiebel
50 g frischer Ingwer
1 EL Austernsauce
1 gestr. TL Sambal Oelek
2 EL Sojasauce
1 gestr. TL gemahlener Kreuzkümmel (Cumin)
1 EL Speisestärke
2 EL Speiseöl
1 Stange Porree (Lauch)
400 g Chinakohl
Salzwasser
100 g gegarte Shrimps

Zubereitungszeit: 40 Minuten
Garzeit: etwa 15 Minuten

1. Wasser in einem großen, geschlossenen Topf zum Kochen bringen. Dann Salz und Nudeln hinzugeben. Die Nudeln im geöffneten Topf bei mittlerer Hitze nach Packungsanleitung kochen lassen, dabei gelegentlich umrühren.

2. Anschließend die Nudeln in ein Sieb geben, mit heißem Wasser abspülen und abtropfen lassen. Die Nudeln in eine Fettfangschale (30 x 40 cm, gefettet) geben. Sojaöl und -sauce mit Curry verrühren und auf den Nudeln verteilen.

3. Schweinelendchen unter fließendem kalten Wasser abspülen, trocken tupfen, in kleine Würfel schneiden

und in eine Schüssel geben. Knoblauch und Zwiebel abziehen, Ingwer schälen. Knoblauch, Zwiebel und Ingwer in kleine Würfel schneiden, mit Austernsauce, Sambal Oelek, Sojasauce, Kreuzkümmel und Speisestärke zu den Fleischwürfeln geben, gut vermengen.

4. Den Backofen vorheizen.
Ober-/Unterhitze: etwa 180 °C
Heißluft: etwa 160 °C

5. Speiseöl in einem Wok erhitzen. Die Fleischmischung darin von allen Seiten gut anbraten, etwas Wasser unterrühren, herausnehmen und auf den Nudeln verteilen.

6. Porree putzen, die Stange längs halbieren, gründlich waschen, abtropfen lassen und in kleine Streifen schneiden. Chinakohl putzen, vierteln und den Strunk herausschneiden. Kohlviertel waschen, abtropfen lassen und in etwa 2 cm große Streifen schneiden.

7. Chinakohlstreifen in kochendem Salzwasser etwa 2 Minuten blanchieren, Porreestreifen hinzugeben, kurz mitkochen lassen, in einem Sieb abtropfen lassen und mit der Nudel-Fleisch-Mischung vermengen. Die Fettfangschale in den vorgeheizten Backofen schieben. Die Reisnudeln mit Schweinelendchen etwa 15 Minuten garen.

8. Shrimps unter fließendem kalten Wasser abspülen, trocken tupfen, etwa 5 Minuten vor Ende der Garzeit auf den Nudeln verteilen und fertig garen.

Reisnudelsalat mit Hackbällchen und Tomatensauce | Raffiniert

4 Portionen

Pro Portion:
E: 24 g, F: 53 g, Kh: 41 g, kJ: 3247, kcal: 775

Für die Bällchen:

½ Tüte Erdnussflips
½ Tüte Paprikaringe
250 g Gehacktes (halb Rind-, halb Schweinefleisch)
1 Ei (Größe M)
Salz, frisch gemahlener Pfeffer
1 TL gerebelter Rosmarin
Tabasco
frisch geriebene Muskatnuss
Knoblauchpulver
4 EL gehackte Petersilie
5 EL Speiseöl

Für den Salat:

150 g Reisnudeln (Hartweizennudeln in Reisform)
Salzwasser
2 EL Speiseöl
175 g Artischockenherzen (aus der Dose)
2–3 Bund Schnittlauch
1 Dose kleine Champignons (Abtropfgewicht 210 g)

Für die Sauce:

2 Fleischtomaten
6 EL Artischockenflüssigkeit
6 EL Schlagsahne

Zubereitungszeit: 60 Minuten, ohne Abkühlzeit

1. Für die Bällchen die Erdnussflips und Paprikaringe in einen Gefrierbeutel geben und mit einer Teigrolle grob zerbröseln. Gehacktes mit den Bröseln in eine Schüssel geben. Ei, Salz, Pfeffer, Rosmarin, Tabasco, Muskatnuss, Knoblauch und Petersilie hinzugeben. Die Zutaten zu einem glatten Teig verkneten. Aus dem Fleischteig mit angefeuchteten Händen etwa 40 kleine Klößchen formen.

2. Je etwas Speiseöl in einer Pfanne erhitzen. Hackbällchen darin portionsweise von allen Seiten knusprig braun braten, herausnehmen und abkühlen lassen.

3. Für den Salat Reisnudeln in kochendem Salzwasser nach Packungsanleitung garen. Reisnudeln in ein Sieb geben, mit heißem Wasser abspülen und abtropfen lassen. Speiseöl in einer Pfanne erhitzen. Die Reisnudeln darin schwenken und erkalten lassen.

4. Artischockenherzen abtropfen lassen, die Flüssigkeit dabei auffangen und 6 Esslöffel abmessen. Artischockenherzen in Viertel schneiden. Schnittlauch abspülen, trocken tupfen und in Röllchen schneiden. Champignons in einem Sieb abtropfen lassen. Die vorbereiteten Salatzutaten in einer Schüssel vermengen und kalt stellen.

5. Tomaten waschen, abtropfen lassen, kreuzweise einschneiden, kurz in kochendes Wasser legen und in kaltem Wasser abschrecken. Tomaten enthäuten, halbieren, entkernen und die Stängelansätze herausschneiden. Tomatenhälften durch ein Sieb streichen.

6. Artischockenflüssigkeit und Sahne unterrühren. Die Sauce mit Salz und Pfeffer abschmecken, kalt stellen.

7. Die Sauce erst kurz vor dem Servieren unter die Salatzutaten heben. Den Salat in einer flachen Schale anrichten. Die Klößchen darauf verteilen.

Reisnudelsalat mit Hähnchenbruststreifen | Für Gäste

6–8 Portionen

Pro Portion:
E: 29 g, F: 28 g, Kh: 65 g, kJ: 2628, kcal: 627

400 g Reisnudeln
Salzwasser

40 g getrocknete Mu-err-Pilze
1 l Wasser

500 g Hähnchenbrustfilet
80 g frischer Ingwer
4 Knoblauchzehen
3 EL Sojasauce
1 EL Currypulver
2 EL Austernsauce
3 TL Speisestärke
5 EL Sojaöl
300 g gewaschene, geputzte Sojasprossen
400 g Möhren
300 g grüner Spargel
80 g geröstete Erdnusskerne

Für die Sauce:
4 EL Sojasauce
4 EL Reisessig
1–2 TL Sambal Oelek, Salz
100 ml Sojaöl

1 Bund Koriander

Zubereitungszeit: 60 Minuten, ohne Abkühlzeit

1. Zuerst Reisnudeln in kochendem Salzwasser nach Packungsanleitung garen. Nudeln in ein Sieb geben, mit kaltem Wasser abschrecken und abtropfen lassen. Pilze in kochendes Wasser geben und aufkochen lassen. Topf von der Kochstelle nehmen. Pilze in dem Kochsud erkalten lassen.

2. Dann Hähnchenbrustfilet unter fließendem kalten Wasser abspülen, trocken tupfen und in feine Streifen schneiden. Den Ingwer schälen und in kleine Würfel schneiden. Knoblauch abziehen und ebenfalls in kleine Würfel schneiden.

3. Die Hähnchenbruststreifen mit Sojasauce, Curry, Austernsauce, Ingwerwürfeln und Knoblauch würzen, mit Speisestärke bestäuben. Sojaöl in einer Pfanne erhitzen. Die Hähnchenfleischstreifen darin in 2 Portionen rundherum anbraten. Sojasprossen hinzufügen und noch etwa 1 Minute weiterbraten. Die Hähnchenfleischmasse erkalten lassen.

4. Reisnudeln in eine große Schüssel geben, eventuell mit einer Schere klein schneiden. Möhren putzen, schälen, abspülen, abtropfen lassen und in dünne Scheiben schneiden. Spargel im unteren Drittel schälen und die unteren Enden abschneiden. Spargel waschen, abtropfen lassen und in sehr dünne Scheiben schneiden. Möhren- und Spargelscheiben unter die Reisnudeln heben. Pilze abgießen, abtropfen lassen, in Streifen schneiden und mit den Erdnusskernen zu den Reisnudeln geben.

5. Für die Sauce Sojasauce mit Reisessig und Sambal Olek verrühren, mit Salz würzen, Sojaöl unterschlagen. Die Sauce unter die Salatzutaten mischen. Hähnchenfleischmasse unterheben.

6. Dann Koriander abspülen und trocken tupfen. Die Blättchen von den Stängeln zupfen. Den Salat mit Korianderblättchen garniert servieren.

Rigatoni in Tomatensauce

Vegetarisch

2 Portionen

Pro Portion:

E: 26 g, F: 28 g, Kh: 91 g, kJ: 3039, kcal: 725

2 l Wasser
2 gestr. TL Salz
200 g Rigatoni (Röhrennudeln)

Für die Tomaten-Soja-Sauce:

50 g Sojagranulat
1 mittelgroße Zwiebel
1–2 Knoblauchzehen
2 EL kalt gepresstes Speiseöl
1 Zweig Thymian
7 enthäutete, geviertelte Tomaten oder 1 Dose abgetropfte, geschälte Tomaten (Abtropfgewicht 400 g)
Salz, frisch gemahlener Pfeffer
½ TL Apfelsaftkonzentrat (aus dem Reformhaus)
5 EL Schlagsahne

Zubereitungszeit: 35 Minuten

1. Wasser in einem großen Topf mit geschlossenem Deckel zum Kochen bringen. Dann Salz und Nudeln hinzugeben. Die Nudeln im geöffneten Topf bei mittlerer Hitze nach Packungsanleitung kochen lassen, dabei zwischendurch 4–5-mal umrühren.

2. Anschließend die Nudeln in ein Sieb geben, mit heißem Wasser abspülen und abtropfen lassen.

3. Für die Sauce das Sojagranulat in Wasser nach Packungsanleitung einweichen. Zwiebel abziehen, halbieren und in kleine Würfel schneiden. Knoblauch abziehen und ebenfalls klein würfeln.

4. Speiseöl in einem Topf erhitzen. Zwiebelwürfel mit dem gut ausgedrückten Sojagranulat darin unter Rühren andünsten, Knoblauchwürfel unterrühren, etwas Wasser hinzugießen. Die Zutaten zum Kochen bringen und zugedeckt 15–20 Minuten dünsten.

5. Thymian abspülen und trocken tupfen, mit den Tomaten zu dem Sojagranulat geben und etwa 5 Minuten mitdünsten lassen, dabei gelegentlich umrühren. Mit Salz, Pfeffer und Apfelsaftkonzentrat würzen. Sahne unterrühren.

6. Die Nudeln mit der Sauce auf Tellern anrichten.

Rigatoni-Auflauf „Quattro Formaggi“ | Für Gäste – mit Alkohol

4 Portionen

Pro Portion:
E: 34 g, F: 73 g, Kh: 58 g, kJ: 4564, kcal: 1091

2 ½ l Wasser
2 ½ gestr. TL Salz
250 g Rigatoni (Röhrennudeln)

1 Zwiebel
2 Knoblauchzehen
50 g Butter
25 g Weizenmehl
125 ml (⅛ l) Weißwein
200 g Schlagsahne
125 g Mozzarella-Käse
100 g Höhlenkäse
75 g geriebener Parmesan-Käse
250 g Mascarpone (ital. Frischkäse)
Salz, frisch gemahlener Pfeffer
Paprikapulver edelsüß

1 Topf Basilikum
250 g Cocktailtomaten
250 g Zucchini

Zubereitungszeit: 75 Minuten
Garzeit: etwa 25 Minuten

1. Wasser in einem großen Topf mit geschlossenem Deckel zum Kochen bringen. Dann Salz und Nudeln hinzugeben. Die Nudeln im geöffneten Topf bei mittlerer Hitze nach Packungsanleitung kochen lassen, dabei zwischendurch 4–5-mal umrühren. Anschließend die Nudeln in ein Sieb geben, mit heißem Wasser abspülen, abtropfen lassen und warm stellen.

2. Zwiebel und Knoblauch abziehen, in kleine Würfel schneiden. Butter in einem Topf zerlassen. Zwiebel- und Knoblauchwürfel darin andünsten. Mehl darüberstäuben und unter Rühren so lange erhitzen, bis das Mehl hellgelb ist.

3. Den Backofen vorheizen.
Ober-/Unterhitze: etwa 200 °C
Heißluft: etwa 180 °C

4. Wein und Sahne hinzugießen und mit einem Schneebesen durchschlagen. Dabei darauf achten, dass keine Klümpchen entstehen. Die Zutaten unter Rühren zum Kochen bringen.

5. Mozzarella abtropfen lassen und in Stücke schneiden. Den Höhlenkäse ebenfalls in Stücke schneiden. Mozzarella-, Höhlenkäsestücke, Parmesan-Käse und Mascarpone unter die Wein-Sahne-Sauce rühren, bis alle Käsesorten geschmolzen sind. Die Sauce mit Salz, Pfeffer und Paprika würzen.

6. Basilikum abspülen und trocken tupfen. Die Blättchen von den Stängeln zupfen. Die Tomaten waschen, abtropfen lassen. Dann die Stängelansätze herausschneiden. Größere Tomaten halbieren. Die Zucchini waschen, abtrocknen und die Enden abschneiden. Zucchini halbieren und in Scheiben schneiden.

7. Die Rigatoni mit Zucchinischeiben, Tomaten und Basilikumblättchen (einige Blättchen zum Garnieren beiseitelegen) mischen und in eine flache Auflaufform (gefettet) geben. Die Käsesauce darauf verteilen.

8. Die Form auf dem Rost in den vorgeheizten Backofen schieben. Den Auflauf etwa 25 Minuten garen.

9. Den Auflauf vor dem Servieren mit den beiseitegelegten Basilikumblättchen garnieren.

Rigatoni-Pfanne mit Bratwurstklößchen | Für Kinder

4 Portionen

Pro Portion:
E: 33 g, F: 50 g, Kh: 63 g, kJ: 3509, kcal: 838

2 ½ l Wasser
2 ½ gestr. TL Salz
250 g Rigatoni (Röhrennudeln)

200 g TK-Erbsen
3 Zwiebeln
75 g durchwachsener, geräucherter Speck
250 g Champignons
200 g Möhren
2 EL Speiseöl
400 g ungebrühte Kalbs- oder feine Schweinebratwürste
Salz
Cayennepfeffer
200 g Schlagsahne
500 ml (½ l) Gemüse- oder Rinderbrühe
½ Bund Petersilie
2–3 EL heller Saucenbinder

Zubereitungszeit: 40 Minuten

1. Für die Nudeln Wasser in einem großen Topf mit geschlossenem Deckel zum Kochen bringen. Dann Salz und Nudeln hinzugeben. Die Nudeln im geöffneten Topf bei mittlerer Hitze nach Packungsanleitung kochen lassen, dabei zwischendurch 4–5-mal umrühren.

2. In der Zwischenzeit die Erbsen antauen lassen, Zwiebeln abziehen und in kleine Würfel schneiden. Speck ebenfalls klein würfeln. Champignons putzen, mit Küchenpapier abreiben, eventuell abspülen, trocken tupfen, halbieren oder vierteln. Möhren putzen, schälen, abspülen, abtropfen lassen und in dünne Scheiben schneiden.

3. Anschließend die Nudeln in ein Sieb geben, mit heißem Wasser abspülen, abtropfen lassen und warm stellen.

4. Speiseöl in einem Wok erhitzen. Speckwürfel darin anbraten. Aus den Bratwürsten die Bratwurstmasse so herausdrücken, dass kleine Klößchen entstehen, eventuell rund formen und zu den Speckwürfeln in den Wok geben. Die Klößchen von allen Seiten anbraten. Klößchen und Speckwürfel aus dem Wok nehmen und beiseitestellen.

5. Zwiebelwürfel in dem verbliebenen Bratfett andünsten. Champignonstücke und Möhrenscheiben hinzugeben, unter Rühren kurz anbraten. Mit Salz und Cayennepfeffer würzen. Sahne und Brühe hinzugießen, zum Kochen bringen und 5–6 Minuten kochen lassen.

6. In der Zwischenzeit Petersilie abspülen und trocken tupfen. Die Blättchen von den Stängeln zupfen. Blättchen klein schneiden.

7. Beiseitegestellte Hackklößchen, Speckwürfel und angetaute Erbsen zu den Champignonstücken und Möhrenscheiben geben und 2–3 Minuten mitkochen lassen. Die Flüssigkeit mit Saucenbinder verrühren und unter Rühren kurz aufkochen lassen. Nudeln unterheben.

8. Danach die Rigatoni-Pfanne nochmals mit Salz und Cayennepfeffer abschmecken, mit Petersilie bestreuen und servieren.

Römischer Nudelsalat I

Gut vorzubereiten – mit Alkohol

4 Portionen

Pro Portion:

E: 25 g, F: 28 g, Kh: 34 g, kJ: 2170, kcal: 518

150 g Makkaroni
1 1/2 l Wasser
1 1/2 gestr. TL Salz

1/2 gebratenes Hähnchen
etwa 300 g Staudensellerie
etwa 200 g Dillgurken (aus dem Glas)

Für die Salatsauce:

1 Becher Crème fraîche (150 g)
2 EL Joghurt
2 EL Weißweinessig
2 EL Dillgurkenflüssigkeit von den Dillgurken
1–2 EL Weinbrand
Salz, frisch gemahlener Pfeffer
Zucker

3 EL gehackte Kräuter, z. B. Dill, Petersilie, Schnittlauch

Zubereitungszeit: 45 Minuten, ohne Durchziehzeit

1. Makkaroni in etwa 2 cm lange Stücke brechen. Wasser in einem großen Topf mit geschlossenem Deckel zum Kochen bringen. Dann Salz und Nudeln hinzugeben. Die Nudeln im geöffneten Topf bei mittlerer Hitze nach Packungsanleitung kochen lassen, dabei zwischendurch 4–5-mal umrühren.

2. Anschließend die Nudeln in ein Sieb geben, mit heißem Wasser abspülen und abtropfen lassen.

3. Hähnchen von Haut und Knochen befreien. Das Fleisch in Stücke schneiden. Sellerie putzen und die harten Außenfäden abziehen. Sellerie waschen, abtropfen lassen und in dünne Scheiben schneiden. Dillgurken abtropfen lassen und ebenfalls in dünne Scheiben schneiden.

4. Für die Sauce Crème fraîche mit Joghurt, Essig, Dillgurkenflüssigkeit und Weinbrand verrühren, mit Salz, Pfeffer und Zucker abschmecken.

5. Die vorbereiteten Salatzutaten mit der Sauce in einer Schüssel mischen. Den Salat gut durchziehen lassen. Den Salat mit Salz, Pfeffer und Zucker abschmecken. Kräuter unterheben.

Rote-Bete-Spätzle mit Gorgonzolasauce | Dauert etwas länger

6 Portionen

Pro Portion:
E: 21 g, F: 26 g, Kh: 57 g, kJ: 2380, kcal: 569

Für die Spätzle:
300 g Rote Bete
Salzwasser
Salz
frisch gemahlener Pfeffer
gemahlener Piment (Nelkenpfeffer)
2 Eier (Größe M)
400 g Weizenmehl
150 ml Milch

2 EL Butter

Für die Gorgonzolasauce:
125 ml (1/8 l) Milch
200 g Gorgonzola-Käse
125 g Schlagsahne

Zubereitungszeit: 50 Minuten, ohne Abkühlzeit

1. Die Rote Bete gründlich waschen. Rote Bete in kochendem Salzwasser etwa 45 Minuten weich kochen, herausnehmen, etwas abkühlen lassen, pellen und in Stücke schneiden. Rote-Bete-Stücke erkalten lassen, in eine Schüssel geben und mit einem Stabmixer pürieren. Mit Salz, Pfeffer und Piment würzen.

2. Eier, Mehl und Milch zum Rote-Bete-Püree geben und mit Handrührgerät mit Knethaken verrühren. Nur so viel Milch verwenden, dass ein geschmeidiger Spätzleteig entsteht.

3. Salzwasser in einem Topf zum Kochen bringen. Den Teig portionsweise mit einem Spätzlehobel oder durch eine Spätzlepresse in das kochende Wasser geben und in 3–5 Minuten gar kochen lassen (die Spätzle sind gar, wenn sie an der Oberfläche schwimmen).

4. Die garen Spätzle mit einer Schaumkelle aus dem Salzwasser nehmen, in ein Sieb geben, mit kaltem Wasser abschrecken und abtropfen lassen.

5. Spätzle in eine Schüssel geben, Butter darauf verteilen und warm stellen.

6. Dann für die Sauce Milch in einem Topf erhitzen. Gorgonzola etwas zerbröseln, zu der heißen Milch in den Topf geben und unter Rühren aufkochen lassen. Sahne unterrühren. Gorgonzolabrösel in der Sahnemilch bei schwacher Hitze langsam schmelzen lassen, bis eine cremeartige Sauce entstanden ist.

7. Die warm gestellten Spätzle mit der Gorgonzolasauce servieren.

Rotkohl-Lasagne | Raffiniert – mit Alkohol

4–6 Portionen

Pro Portion:
E: 36 g, F: 51 g, Kh: 93 g, kJ: 4664, kcal: 1113

1 kleiner Rotkohl (etwa 1 ½ kg)
2 Zwiebeln
120 g geräucherter Bauchspeck
4 EL Maiskeimöl
1 Flasche trockener Rotwein (0,7 l)
80 g Buchweizen
2 Äpfel
1 Glas Wild-Preiselbeeren (Einwaage 210 g)
80 g Rosinen
Salz, frisch gemahlener Pfeffer
gemahlene Nelken
etwas Zucker
300 g Lasagneplatten, ohne Vorkochen
300 g gekochter Schinken, in Scheiben
120 g geraspelter Gouda-Käse
50 g Sonnenblumenkerne

Zubereitungszeit: 30 Minuten
Garzeit: etwa 40 Minuten

1. Von dem Rotkohl die groben äußeren Blätter ablösen. Den Kohl vierteln und den Strunk herausschneiden. Kohlviertel waschen, abtropfen lassen und in feine Streifen schneiden. Zwiebeln abziehen, in kleine Würfel schneiden. Bauchspeck ebenfalls klein würfeln.

2. Maiskeimöl in einem großen Topf erhitzen. Speckwürfel darin auslassen. Zwiebelwürfel hinzufügen und mit andünsten. Mit 500 ml (½ l) des Rotweins ablöschen. Rotkohlstreifen und Buchweizen hinzugeben, zum Kochen bringen und zugedeckt etwa 15 Minuten kochen lassen.

3. Den Backofen vorheizen.
Ober-/Unterhitze: etwa 200 °C
Heißluft: etwa 180 °C

4. In der Zwischenzeit Äpfel schälen, vierteln, entkernen und in Scheiben schneiden. Apfelscheiben mit Preiselbeeren und Rosinen unter den Rotkohl mischen. Mit Salz, Pfeffer, Nelken und Zucker würzen.

5. Etwa ein Drittel des Rotkohls auf dem Boden einer großen, flachen Auflaufform (etwa 20 x 30 cm, gefettet) verteilen. Die Hälfte der Lasagneplatten darauflegen. Wieder ein Drittel des Rotkohls daraufgeben und mit den restlichen Lasagneplatten belegen. Schinkenscheiben darauflegen. Restlichen Rotkohl darauf verteilen. Mit Gouda-Käse und Sonnenblumenkernen bestreuen.

6. Die Form auf dem Rost (untere Einschubleiste) in den vorgeheizten Backofen schieben. Rotkohl-Lasagne etwa 40 Minuten garen.

Ruote mit Limettensahne

Mit Alkohol

4 Portionen

Pro Portion:
E: 23 g, F: 31 g, Kh: 59 g, kJ: 2672, kcal: 638

3 Bio-Limetten (unbehandelt, ungewachst)

3 l Wasser
3 gestr. TL Salz
300 g Ruote (Rädernudeln)

200 g Schlagsahne
100 ml trockener Wermut
Salz
Zucker
1 EL klein geschnittene Dillspitzen

150 g Pecorino- oder Parmesan-Käse
evtl. einige vorbereitete Dillspitzen und Limettenschalenstreifen

Zubereitungszeit: 25 Minuten
Überbackzeit: etwa 5 Minuten

1. Die Limetten heiß abwaschen und abtrocknen. Die Schale so dünn mit einem scharfen Messer abschneiden, dass die weiße Haut nicht entfernt wird. Schale in feine Streifen schneiden. Limetten halbieren und den Saft auspressen.

2. Wasser in einem großen Topf mit geschlossenem Deckel zum Kochen bringen. Dann Salz und Nudeln hinzugeben. Die Nudeln im geöffneten Topf bei mittlerer Hitze nach Packungsanleitung kochen lassen, dabei zwischendurch 4–5-mal umrühren.

3. Anschließend die Nudeln in ein Sieb geben, mit heißem Wasser abspülen und abtropfen lassen.

4. Den Backofengrill vorheizen.

5. Sahne mit Wermut und Limettensaft in einem Topf zum Kochen bringen und etwas einkochen lassen. Limettenschalenstreifen unterrühren. Mit Salz und Zucker würzen. Dill unterrühren.

6. Die Nudeln mit der Limettensahne vermischen und in eine Gratinform (gefettet) geben. Mit Käse bestreuen. Das Gratin unter dem vorgeheizten Grill etwa 5 Minuten überbacken.

7. Ruote mit Limettensahne nach Belieben mit Dillspitzen und Limettenschalenstreifen garnieren.

Salat Fiesole | Für Gäste

4 Portionen

Pro Portion:
E: 13 g, F: 59 g, Kh: 45 g, kJ: 3321, kcal: 793

2 ½ l Wasser
2 ½ gestr. TL Salz
250 g bunte Spiralnudeln

4 Schweinesteaks (je etwa 100 g)
2 EL Sojaöl
Salz, frisch gemahlener Pfeffer
gerebelter Salbei
50 g Kapern (aus dem Glas)
100 g gehobelte Haselnuss- oder Pinienkerne

Für die Mayonnaise:
1 Eigelb (Größe M)
2 TL mittelscharfer Senf
1 EL Weißweinessig
125 ml (⅛ l) Sojaöl
1 TL gerebelter Salbei
etwas Kapernflüssigkeit

gewaschene Salatblätter

Zubereitungszeit: 35 Minuten, ohne Abkühl- und Durchziehzeit

1. Wasser in einem großen Topf mit geschlossenem Deckel zum Kochen bringen. Dann Salz und Nudeln hinzugeben. Die Nudeln im geöffneten Topf bei mittlerer Hitze nach Packungsanleitung kochen lassen, dabei zwischendurch 4–5-mal umrühren.

2. Anschließend die Nudeln in ein Sieb geben, mit heißem Wasser abspülen, abtropfen und erkalten lassen.

3. Steaks unter fließendem kalten Wasser abspülen und trocken tupfen. Sojaöl in einer Pfanne erhitzen. Steaks von jeder Seite 5–8 Minuten braten. Mit Salz, Pfeffer und Salbei würzen. Steaks aus der Pfanne nehmen, erkalten lassen, in feine Streifen schneiden und in eine Schüssel geben.

4. Kapern abtropfen lassen und dabei die Flüssigkeit auffangen. Haselnuss- oder Pinienkerne und Kapern zu den Fleischstreifen geben und untermengen.

5. Für die Mayonnaise Eigelb mit Senf und Essig in einer Rührschüssel mit einem Schneebesen oder Handrührgerät mit Rührbesen zu einer dicklichen Masse aufschlagen. Sojaöl in Mengen von 1–2 Esslöffeln nach und nach unterschlagen. Salbei und etwas von der aufgefangenen Kapernflüssigkeit unterrühren.

6. Die Mayonnaise unter die Salatzutaten heben. Den Salat gut durchziehen lassen, eventuell nochmals mit den Gewürzen abschmecken.

7. Die Salatblätter abspülen und trocken tupfen. Eine Schale mit den Salatblättern auslegen. Den Salat darauf anrichten.

Salbeinudeln | Schnell zubereitet

2–3 Portionen

Pro Portion:
E: 22 g, F: 40 g, Kh: 57 g, kJ: 2854, kcal: 682

2 l Wasser
2 gestr. TL Salz
200 g Bandnudeln

10 frische Salbeiblättchen
50 g Butter
150 g geriebener, alter Gouda-Käse
frisch gemahlener, grober Pfeffer

Zubereitungszeit: 15 Minuten

1. Wasser in einem großen Topf mit geschlossenem Deckel zum Kochen bringen. Dann Salz und Nudeln hinzugeben. Die Nudeln im geöffneten Topf bei mittlerer Hitze nach Packungsanleitung kochen lassen, dabei zwischendurch 4–5-mal umrühren.

2. Anschließend die Nudeln in ein Sieb geben, mit heißem Wasser abspülen und abtropfen lassen.

3. Salbei abspülen und trocken tupfen. Die Blättchen von den Stängeln zupfen. Blättchen in feine Streifen schneiden.

4. Butter in einem Topf zerlassen, Salbeistreifen darin andünsten. Nudeln hinzugeben und kurz erhitzen.

5. Nudeln in eine Schüssel geben, mit Gouda-Käse vermengen und mit Pfeffer bestreut servieren.

Scharfe Lasagne | Vegetarisch – raffiniert

8–10 Portionen

Pro Portion:
E: 44 g, F: 46 g, Kh: 100 g, kJ: 4214, kcal: 1005

250 g Zwiebeln
8 Knoblauchzehen
6 EL Rapsöl
2 Dosen geschälte Tomaten (Einwaage je 480 g)
2–6 frische oder getrocknete, rote Chilischoten
2 gestr. TL Salz
frisch gemahlener Pfeffer
2 EL Zucker
2 TL gerebelter Oregano
1 TL gerebelter Thymian
800 g Tomaten
400 g Zucchini
400 g Knollensellerie
1 kg Lagsagneplatten, ohne Vorkochen
2 Dosen Chilibohnen (Abtropfgewicht je 400 g)
2 Gläser rote Paprikaschoten, enthäutet (Abtropfgewicht je 200 g)
2 Gläser Pesto alla Calabrese (je 190 g)
600 g Mozzarella-Käse
180 g geraspelter Pecorino-Käse
1 TL Pul Biber (getrocknete, geschrotete Pfefferschoten)

Zubereitungszeit: 80 Minuten, ohne Ruhezeit
Garzeit: 50 Minuten je Form

1. Zwiebeln und Knoblauch abziehen, in kleine Würfel schneiden. Rapsöl in einem Topf erhitzen. Zwiebel- und Knoblauchwürfel darin glasig dünsten. Tomaten etwas zerkleinern und mit dem Saft hinzugeben. Die Zutaten aufkochen lassen. Topf von der Kochstelle nehmen.

2. Den Backofen vorheizen.
Ober-/Unterhitze: etwa 200 °C
Heißluft: etwa 180 °C

3. Frische Chilischoten halbieren, entstielen, entkernen und die weißen Scheidewände entfernen. Schotenhälften abspülen und trocken tupfen. Die Tomatensauce mit Chili, Salz, Pfeffer, Zucker, Oregano und Thymian würzen.

4. Tomaten waschen, abtrocknen, halbieren und die Stängelansätze herausschneiden. Tomatenhälften in Scheiben schneiden. Zucchini waschen, abtrocknen und die Enden abschneiden. Die Zucchini der Länge nach in Scheiben schneiden. Sellerie putzen, schälen, abspülen, abtropfen lassen und in kleine Würfel schneiden.

5. Tomatenscheiben auf dem Boden von zwei flachen, großen Auflaufformen (gefettet) verteilen. Die Hälfte der Tomatensauce daraufgeben und mit Lasagneplatten belegen. Dann Zucchinischeiben und Selleriewürfel darauf verteilen. Wieder mit Lasagneplatten belegen. Bohnen mit dem Saft daraufgeben und mit Lasagneplatten belegen. Paprikaschoten mit dem Saft darauf verteilen und mit Pesto bestreichen. Mit den restlichen Lasagneplatten belegen. Restliche Sauce daraufgeben. Mozzarella abtropfen lassen, in Scheiben schneiden und darauf verteilen. Mit Käse und Pul Biber bestreuen.

6. Die Formen auf dem Rost nacheinander (bei Heißluft zusammen) in den vorgeheizten Backofen schieben. Die Lasagne etwa 50 Minuten je Form garen.

7. Die Form aus dem Backofen nehmen. Die Lasagne etwa 10 Minuten ruhen lassen und servieren.

Scharfer Mango-Glasnudel-Salat mit Garnelen | Etwas Besonderes

4 Portionen

Pro Portion:
E: 21 g, F: 14 g, Kh: 40 g, kJ: 1596, kcal: 381

100 g Glasnudeln

2 Bio-Limetten (unbehandelt, ungewachst)
1 Bio-Orange (unbehandelt, ungewachst)
1 rote Chilischote
1 kleine, reife Mango
½ Topf Basilikum
½ Topf Koriander
2 EL Sesamöl
Salz, frisch gemahlener Pfeffer

400 g Garnelen (roh, ohne Kopf, geschält und entdarmt)
1–2 EL Sonnenblumenöl

1 EL Sonnenblumenöl
1–2 EL flüssiger Honig

Zubereitungszeit: 30 Minuten

1. Die Glasnudeln nach Packungsanleitung zubereiten. Anschließend mit einer Küchenschere in mundgerechte Stücke schneiden und in eine Schüssel geben.

2. Limetten und Orange heiß abwaschen und abtrocknen. Von 1 Limette und der Orange die Schale abreiben und jeweils den Saft auspressen. Die zweite Limette zum Garnieren beiseitelegen.

3. Die Chilischote längs halbieren, entstielen, entkernen und die weißen Scheidewände entfernen. Schotenhälften abspülen, trocken tupfen und in kleine Streifen schneiden. Mango halbieren und den Stein herauslösen. Mangohälften schälen und das Fruchtfleisch in feine Streifen schneiden.

4. Basilikum und Koriander abspülen und trocken tupfen. Die Blättchen von den Stängeln zupfen (einige Blättchen zum Garnieren beiseitelegen). Blättchen klein schneiden.

5. Dann den Orangensaft mit Orangenschale, Sesamöl und Chilistreifen verrühren. Orangenmarinade mit Salz und Pfeffer abschmecken.

6. Garnelen unter fließendem kalten Wasser abspülen und trocken tupfen. Sonnenblumenöl in einer Pfanne erhitzen. Garnelen darin unter Wenden braten, bis sie sich rot gefärbt haben. Garnelen herausnehmen.

7. Mangostreifen, Orangenmarinade und Koriander mit den Glasnudeln vermischen.

8. Sonnenblumenöl mit Honig, Limettenschale, -saft und Basilikum verrühren. Alles mit Salz und Pfeffer abschmecken. Limettenmarinade mit den Garnelen vermischen und auf dem Mango-Glasnudel-Salat anrichten. Beiseitegelegte Limette in Scheiben schneiden. Den Salat mit Limettenscheiben und beiseitegelegten Kräuterblättchen garnieren.

Scharfer Nudelauflauf | Vegetarisch

4 Portionen

Pro Portion:
E: 26 g, F: 26 g, Kh: 76 g, kJ: 2824, kcal: 675

4 l Wasser
4 gestr. TL Salz
400 g Penne (Röhrennudeln)

2 Fleischtomaten
1 Gemüsezwiebel
1 rote Peperoni
1 grüne Peperoni
1 Bund Basilikum
20 g Butter
Salz
frisch gemahlener Pfeffer
etwas Tabasco
150 g saure Sahne
200 g Schlagsahne
2 Eier (Größe M)
frisch geriebene Muskatnuss
30 g Butter
60 g frisch geriebener Parmesan-Käse

Zubereitungszeit: 50 Minuten
Garzeit: etwa 25 Minuten

1. Wasser in einem großen Topf mit geschlossenem Deckel zum Kochen bringen. Dann Salz und Nudeln hinzugeben. Die Nudeln im geöffneten Topf bei mittlerer Hitze nach Packungsanleitung kochen lassen, dabei zwischendurch 4–5-mal umrühren.

2. Anschließend die Nudeln in ein Sieb geben, mit heißem Wasser abspülen und abtropfen lassen.

3. Tomaten waschen, abtropfen lassen, kreuzweise einschneiden, kurz in kochendes Wasser legen und in kaltem Wasser abschrecken. Tomaten enthäuten, halbieren, entkernen und die Stängelansätze herausschneiden. Tomatenhälften in Stücke schneiden.

4. Den Backofen vorheizen.
Ober-/Unterhitze: etwa 180 °C
Heißluft: etwa 160 °C

5. Dann Gemüsezwiebel abziehen, halbieren und in Scheiben schneiden. Peperoni längs halbieren, entstielen, entkernen und die weißen Scheidewände entfernen. Peperoni abspülen, trocken tupfen und in sehr feine Streifen schneiden. Basilikum abspülen und trocken tupfen. Die Blättchen von den Stängeln zupfen (einige Blättchen zum Garnieren beiseitelegen). Blättchen in Streifen schneiden.

6. Butter in einer Pfanne zerlassen. Zwiebelscheiben und Peperonistreifen darin andünsten, mit Salz, Pfeffer und Tabasco würzen.

7. Saure Sahne mit Schlagsahne und Eiern verschlagen, mit Salz, Pfeffer und Muskat würzen.

8. Die Nudeln mit Tomatenwürfeln, Zwiebelscheiben, Peperonistreifen und Basilikum vermischen, in eine flache Auflaufform (gefettet) geben. Die Eiersahne darauf verteilen. Butter in Flöckchen daraufsetzen. Den Auflauf mit Käse bestreuen. Die Form auf dem Rost in den vorgeheizten Backofen schieben. Den Auflauf etwa 25 Minuten garen.

9. Den Auflauf mit den beiseitegelegten Basilikumblättchen garnieren.

Scharfer Tortelloni-Salat | Raffiniert

8 Portionen

Pro Portion:
E: 29 g, F: 28 g, Kh: 64 g, kJ: 2621, kcal: 624

Für die Hackfleischsauce:

je 1 grüne, rote und gelbe Paprikaschote
600 g Gehacktes vom Schwein
Salz
frisch gemahlener Pfeffer
Cayennepfeffer
6 EL Tomatenketchup
4–5 EL Obstessig
etwas Zucker

3–4 l Wasser
3–4 gestr. TL Salz
2 Pck. Tortelloni, mit Käsefüllung (aus dem Kühlregal, je 500 g)

1 Salatgurke
1 Bund glatte Petersilie
150 ml lauwarme Gemüsebrühe

Zubereitungszeit: 45 Minuten, ohne Abkühl- und Durchziehzeit

1. Für die Hackfleischsauce Paprikaschoten halbieren, entstielen, entkernen und die weißen Scheidewände entfernen. Schotenhälften waschen, trocken tupfen und in kleine Würfel schneiden.

2. Gehacktes in einer beschichteten Pfanne bei mittlerer Hitze unter Rühren anbraten, dabei die Fleischklümpchen mit einer Gabel zerdrücken. Mit Salz, Pfeffer und Cayennepfeffer würzen. Tomatenketchup, 4 Esslöffel von dem Obstessig und Paprikawürfel hinzugeben. Hackfleischsauce mit Zucker abschmecken, abkühlen lassen.

3. Wasser in einem großen Topf mit geschlossenem Deckel zum Kochen bringen. Dann Salz und Tortelloni hinzugeben. Die Tortelloni im geöffneten Topf bei mittlerer Hitze nach Packungsanleitung kochen lassen, dabei zwischendurch 4–5-mal umrühren.

4. Anschließend die Tortelloni in ein Sieb geben, mit heißem Wasser abspülen und abtropfen lassen.

5. Salatgurke waschen, abtrocknen, der Länge nach halbieren und entkernen. Die Gurkenhälften in dünne Scheiben schneiden. Petersilie abspülen und trocken tupfen. Die Blättchen von den Stängeln zupfen (einige Blättchen zum Garnieren beiseitelegen).

6. Brühe mit restlichem Obstessig in einer großen Schüssel verrühren. Mit Salz und Pfeffer würzen. Tortelloni, Gurkenscheiben und Petersilienblättchen hinzugeben und gut vermengen. Den Salat mindestens 20 Minuten durchziehen lassen. Mit Salz und Pfeffer abschmecken.

7. Die Hackfleischsauce auf dem Salat verteilen. Den Salat mit den beiseitegelegten Petersilienblättchen garnieren und servieren.

Tipp: Gehacktes in einer unbeschichteten Pfanne in 2–3 Esslöffeln Speiseöl anbraten.

Schinkenpfanne zu Nudeln I

Für Kinder

4 Portionen

Pro Portion:
E: 48 g, F: 12 g, Kh: 87 g, kJ: 2833, kcal: 676

500 g Blumenkohl
2 Orangen
3 Schalotten
500 g gekochter Schinken, in dicken Scheiben
20 g Butterschmalz
6–8 EL Wasser

4 l Wasser
4 gestr. TL Salz
400 g dünne Bandnudeln

300 g TK-Erbsen
1 Bund Kerbel
Salz
frisch gemahlener Pfeffer
frisch geriebene Muskatnuss
Cayennepfeffer

Zubereitungszeit: 35 Minuten

1. Von dem Blumenkohl die Blätter und schlechten Stellen entfernen, den Strunk abschneiden. Blumenkohl in kleine Röschen teilen, waschen und abtropfen lassen.

2. Orangen so schälen, dass die weiße Haut vollständig entfernt wird. Orangen filetieren, dabei den Saft auffangen. Schalotten abziehen und in kleine Würfel schneiden. Den Schinken in etwa 2 cm große Würfel schneiden.

3. Butterschmalz in einem Wok erhitzen. Schalottenwürfel und Blumenkohlröschen darin unter Rühren anbraten. Mit dem aufgefangenen Orangensaft und Wasser ablöschen. Den Deckel auflegen und das Gemüse etwa 10 Minuten bei mittlerer Hitze garen.

4. In der Zwischenzeit Wasser in einem großen Topf mit geschlossenem Deckel zum Kochen bringen. Dann Salz und Nudeln hinzugeben. Die Nudeln im geöffneten Topf bei mittlerer Hitze nach Packungsanleitung kochen lassen, dabei zwischendurch 4–5-mal umrühren.

5. Schinkenwürfel und gefrorene Erbsen zum Gemüse in den Wok geben, wieder zum Kochen bringen und etwa 5 Minuten kochen lassen. Kerbel abspülen und trocken tupfen. Die Blättchen von den Stängeln zupfen.

6. Die garen Nudeln in ein Sieb geben, mit heißem Wasser abspülen und abtropfen lassen.

7. Orangenfilets unter die Schinkenpfanne heben und erhitzen. Mit Salz, Pfeffer, Muskat und Cayennepfeffer würzen. Die Hälfte der Kerbelblättchen unterheben. Die Schinkenpfanne mit den restlichen Kerbelblättchen bestreuen und mit den Bandnudeln servieren.

Tipp: Das Gericht nach Belieben zusätzlich mit Curry würzen. Dafür 1–2 Teelöffel Currypulver zusammen mit den Schalottenwürfeln andünsten, nicht braten, da Curry schnell verbrennt. Beim späteren Würzen kann dann auf Muskatnuss verzichtet werden.

Schmetterlingspfanne I

Für die Kinderparty

8–10 Portionen

Pro Portion:
E: 12 g, F: 8 g, Kh: 58 g, kJ: 1561, kcal: 372

je 3 ½ l Wasser
je 3 ½
gestr. TL Salz
750 g Schmetterlingsnudeln, z. B. Farfalle
je 1 rote, grüne und gelbe Paprikaschote (je etwa 180 g)
3 dünne Zucchini (etwa 200 g)
etwa 200 g Brokkoli
evtl. Salzwasser
4 EL Olivenöl
75 ml Gemüsebrühe
Salz, frisch gemahlener Pfeffer
1 Bund Thymian

Zubereitungszeit: 50 Minuten

1. Wasser in einem großen Topf mit geschlossenem Deckel zum Kochen bringen. Dann Salz und Nudeln hinzugeben. Die Nudeln in 2 Portionen im geöffneten Topf bei mittlerer Hitze nach Packungsanleitung kochen lassen, dabei zwischendurch 4–5-mal umrühren.

2. Anschließend die Nudeln in ein Sieb geben, mit heißem Wasser abspülen und abtropfen lassen.

3. Paprikaschoten halbieren, entstielen, entkernen und die weißen Scheidewände entfernen. Schotenhälften waschen, abtropfen lassen und in kleine Würfel schneiden. Zucchini waschen, abtrocknen und die Enden abschneiden. Zucchini halbieren und in Scheiben schneiden.

4. Von dem Brokkoli die Blätter entfernen. Brokkoli in kleine Röschen teilen, waschen, abtropfen lassen und eventuell in kochendem Salzwasser etwa 2 Minuten blanchieren. Brokkoliröschen mit kaltem Wasser abschrecken und in einem Sieb abtropfen lassen.

5. Olivenöl in einem Topf erhitzen. Paprikawürfel und Zucchinischeiben darin kurz andünsten. Brokkoliröschen und Brühe hinzugeben, kurz mitdünsten lassen. Nudeln unterheben. Mit Salz und Pfeffer würzen.

6. Thymian abspülen und trocken tupfen. Die Blättchen von den Stängeln zupfen. Die Schmetterlingspfanne mit Thymianblättchen bestreuen.

Schnelle Single-Pfanne | Einfach

1 Portion

Pro Portion:
E: 48 g, F: 29 g, Kh: 46 g, kJ: 2832, kcal: 677

1 l Wasser
1 gestr. TL Salz
60 g Bandnudeln

125 g Putenbrustfilet
20 g Butter

½ rote Paprikaschote (etwa 100 g)
150 g Zucchini
1–2 EL Wasser
Salz, frisch gemahlener Pfeffer
1 Msp. gerebeltes Basilikum

30 g geriebener, mittelalter Gouda-Käse

einige vorbereitete Basilikumblättchen

Zubereitungszeit: 35 Minuten
Überbackzeit: 4–5 Minuten

1. Wasser in einem großen Topf mit geschlossenem Deckel zum Kochen bringen. Dann Salz und Nudeln hinzugeben. Die Nudeln im geöffneten Topf bei mittlerer Hitze nach Packungsanleitung kochen lassen, dabei zwischendurch 4–5-mal umrühren.

2. Anschließend die Nudeln in ein Sieb geben, mit heißem Wasser abspülen und abtropfen lassen.

3. Putenbrustfilet unter fließendem kalten Wasser abspülen, trocken tupfen und in feine Streifen schneiden. Butter in einer Pfanne zerlassen. Die Putenbruststreifen darin von allen Seiten anbraten und herausnehmen.

4. Den Backofengrill vorheizen.

5. Paprikaschote halbieren, entstielen, entkernen und die weißen Scheidewände entfernen. Schotenhälften waschen, abtropfen lassen und in feine Streifen schneiden. Zucchini waschen, abtrocknen und die Enden abschneiden. Zucchini ebenfalls in feine Streifen schneiden. Gemüsestreifen zum Bratenfett in die Pfanne geben und etwa 5 Minuten unter mehrmaligem Wenden dünsten. Putenbruststreifen wieder hinzugeben. Wasser hinzugießen. Mit Salz, Pfeffer und Basilikum würzen.

6. Bandnudeln auf Tellern anrichten und mit Käse bestreuen. Nudeln 4–5 Minuten unter dem vorgeheizten Grill überbacken, bis der Käse goldbraun verlaufen ist. Gemüse-Fleisch-Mischung auf den Nudeln verteilen und mit Basilikumblättchen garnieren. Sofort servieren.

Schneller Nudelauflauf I

Für Kinder – einfach

4 Portionen

Pro Portion:
E: 28 g, F: 52 g, Kh: 52 g, kJ: 3472, kcal: 829

300 g TK-Buttergemüse
600 ml Gemüsebrühe
250 g Schlagsahne
250 g Fadennudeln
400 g Fleischwurst
1 kleines Glas Champignonköpfe (Abtropfgewicht 115 g)

Zubereitungszeit: 15 Minuten
Garzeit: etwa 30 Minuten

1. Den Backofen vorheizen.
Ober-/Unterhitze: etwa 200 °C
Heißluft: etwa 180 °C

2. Gefrorenes Buttergemüse mit Brühe und Sahne in einem Topf unter mehrmaligem Rühren so lange erhitzen, bis sich die Paste aufgelöst hat.

3. Nudeln in eine Auflaufform (gefettet) geben. Fleischwurst enthäuten, zuerst in Scheiben, dann in Streifen schneiden. Champignons in einem Sieb abtropfen lassen.

4. Fleischwurststreifen und Champignons mit den Nudeln in der Form mischen. Buttergemüse mit Brühe und Sahne daraufgeben. Die Form auf dem Rost in den vorgeheizten Backofen schieben. Den Auflauf etwa 30 Minuten garen.

Schneller Nudeltopf mit Cabanossi | Schnell zubereitet – einfach

4 Portionen

Pro Portion:
E: 37 g, F: 62 g, Kh: 44 g, kJ: 3890, kcal: 928

1 Zwiebel
4 EL Olivenöl
4 EL Tomatenmark
250 g Spiralnudeln
1 l Gemüsebrühe
2 Cabanossi (500 g)
½ Pck. TK-Basilikum (12,5 g)
Salz
frisch gemahlener Pfeffer

Zubereitungszeit: 20 Minuten

1. Zwiebel abziehen und in kleine Würfel schneiden. Olivenöl in einem Topf erhitzen. Zwiebelwürfel darin andünsten. Tomatenmark unterrühren. Nudeln hinzufügen, Brühe hinzugießen und unter Rühren zum Kochen bringen. Den Nudeltopf etwa 10 Minuten bei mittlerer Hitze unter gelegentlichem Rühren gar kochen lassen.

2. Cabanossi in Scheiben schneiden, in den Nudeltopf geben und noch weitere etwa 5 Minuten garen. Basilikum unterrühren. Mit Salz und Pfeffer würzen. Sofort servieren.

Beilage: Frischer Blattsalat.

Tipps: Das Gericht darf nicht zu stark kochen, da die Nudeln in wenig Flüssigkeit gegart werden und leicht am Topfboden ansetzen. Es sollte auch sofort serviert werden, da die Nudeln noch nachquellen. Statt der Cabanossi können auch Mettwürstchen oder Rauchenden verwendet werden. Wer es lieber vegetarisch mag, kann auch statt der Wurst 2 in Würfel geschnittene Tomaten in den Nudeltopf geben und das Gericht zusätzlich mit geriebenem Parmesan-Käse bestreuen.

Schokoladennudeln mit Bourbon-Vanilleschaum | Für Kinder

4 Portionen

Pro Portion:
E: 22 g, F: 35 g, Kh: 84 g, kJ: 3138, kcal: 750

Für die Schokoladennudeln:

260 g Weizenmehl
80 g gesiebtes Kakaopulver
40 g gesiebter Puderzucker
3 Eier (Größe M)
50 g Mascarpone (ital. Frischkäse)
1 Prise Salz

4 l Wasser
40 g Butter
3 EL Zucker

Für den Vanilleschaum:

4 Eigelb (Größe M)
80 g Zucker
200 ml Milch
150 g Schlagsahne
1 Vanilleschote
vorbereitete Minzeblättchen

Zubereitungszeit: 40 Minuten, ohne Ruhezeit

1. Für die Nudeln das Mehl, Kakao und Puderzucker in eine Rührschüssel geben. Eier, Mascarpone und Salz hinzufügen. Die Zutaten mit Handrührgerät mit Knethaken zu einem glatten Teig verkneten. Den Teig in Frischhaltefolie gewickelt etwa 30 Minuten ruhen lassen.

2. Den Teig auf einer bemehlten Arbeitsfläche dünn ausrollen, in Streifen schneiden oder rädeln.

3. Wasser in einem Topf mit Butter und Zucker zum Kochen bringen. Die Nudeln hinzugeben, wieder zum Kochen bringen und etwa 4 Minuten kochen lassen, dabei zwischendurch umrühren. Anschließend die Nudeln in ein Sieb geben, mit heißem Wasser abspülen und abtropfen lassen.

4. Für den Vanilleschaum Eigelb mit Zucker schaumig rühren. Die Milch und Sahne in einem Topf verrühren. Vanilleschote längs aufschneiden und das Mark herauskratzen. Vanillemark zu der Milch-Sahne in den Topf geben und aufkochen lassen. Die Milch-Sahne unter die Eigelbcreme rühren, wieder zurück in den Topf schütten und mit einem Schneebesen aufschlagen, bis die Masse dicklich wird. Nicht mehr kochen.

5. Die Nudeln auf Tellern verteilen, den Vanilleschaum daraufgeben. Mit Minzeblättchen garniert servieren.

Schweinefiletröllchen auf Reisnudeln | Raffiniert

4 Portionen

Pro Portion:
E: 38 g, F: 21 g, Kh: 46 g, kJ: 2274, kcal: 542

500 g Schweinefilet
frisch gemahlener Pfeffer
5 EL Speiseöl
1 rote Zwiebel
1 rote Chilischote
4 EL Sojasauce

250 g Reisnudeln
1 Zwiebel
Salz
grob gemahlener, bunter Pfeffer

evtl. einige rote Chiliwürfel
Holzspieße

Zubereitungszeit: 40 Minuten

1. Schweinefilet unter fließendem kalten Wasser abspülen, trocken tupfen und in dünne Scheiben schneiden. Filetscheiben mit Pfeffer bestreuen, zu Röllchen formen und auf Fleischspieße stecken.

2. Vier Esslöffel des Speiseöls in einer Pfanne erhitzen. Fleischspieße von allen Seiten darin braten, herausnehmen und warm stellen.

3. Zwiebel abziehen und klein würfeln. Chilischote halbieren, entstielen, entkernen und die weißen Scheidewände entfernen. Schotenhälften abspülen, trocken tupfen und in kleine Würfel schneiden.

4. Zwiebel- und Chiliwürfel in dem verbliebenen Bratfett andünsten, mit Sojasauce würzen und beiseitestellen.

5. In der Zwischenzeit Reisnudeln nach Packungsanleitung garen. Reisnudeln in ein Sieb geben und abtropfen lassen.

6. Zwiebel abziehen, zuerst in Scheiben schneiden, dann in Ringe teilen.

7. Das restliche Speiseöl in einer Pfanne erhitzen, Zwiebelringe darin andünsten, Reisnudeln hinzugeben, mit Salz und Pfeffer würzen.

8. Reisnudeln auf einer Platte anrichten. Schweinefiletröllchen darauflegen und mit den Zwiebel-Chiliwürfeln belegen. Nach Belieben mit Chilischotenwürfeln garnieren.

Senfnudeln | Für Gäste
4 Portionen

Pro Portion:
E: 13 g, F: 27 g, Kh: 41 g, kJ: 1993, kcal: 476

2 l Wasser
2 gestr. TL Salz
200 g Penne (Röhrennudeln)

1 Salatgurke
100 g Schalotten
1–2 Knoblauchzehen
100 g geräucherter, durchwachsener Speck
1 Glas Senfgurken (Abtropfgewicht 215 g)
1 Bund Brunnenkresse
3 EL körniger Senf
1–2 EL scharfer Senf
100 g Crème fraîche
etwa 6 EL Gurkenflüssigkeit
Salz, frisch gemahlener Pfeffer

Zubereitungszeit: 35 Minuten

1. Wasser in einem großen Topf mit geschlossenem Deckel zum Kochen bringen. Dann Salz und Nudeln hinzugeben. Die Nudeln im geöffneten Topf bei mittlerer Hitze nach Packungsanleitung kochen lassen, dabei zwischendurch 4–5-mal umrühren.

2. Anschließend die Nudeln in ein Sieb geben, mit heißem Wasser abspülen und abtropfen lassen.

3. In der Zwischenzeit Gurke waschen, abtrocknen, der Länge nach halbieren, entkernen und quer in Scheiben schneiden. Schalotten und Knoblauch abziehen. Schalotten in Spalten, Knoblauch in Scheiben schneiden. Speck in kleine Würfel schneiden.

4. Die Speckwürfel in einer Pfanne oder einem Wok ausbraten, dann mit einer Schaumkelle herausnehmen und auf Küchenpapier abtropfen lassen.

5. Schalottenspalten und Knoblauchscheiben in dem verbliebenen Speckfett anbraten. Die Gurkenscheiben hinzufügen. Den Deckel auflegen und die Zutaten bei mittlerer Hitze etwa 5 Minuten garen.

6. In der Zwischenzeit Senfgurken in einem Sieb abtropfen lassen, dabei die Gurkenflüssigkeit auffangen und etwa 6 Esslöffel abmessen. Kresse abspülen, trocken tupfen, abschneiden und in mundgerechte Stücke zupfen. Die Senfgurken in kleine Stücke schneiden.

7. Nudeln, körnigen und scharfen Senf, Senfgurkenstücke, Crème fraîche und abgemessene Gurkenflüssigkeit zu den Gurkenscheiben geben, untermischen und erhitzen. Mit Salz und Pfeffer würzen. Brunnenkresse unterheben (etwas zum Garnieren beiseitelegen) und kurz erwärmen.

8. Die Senfnudeln auf einer Platte anrichten, mit den Speckwürfeln bestreuen und mit der beiseitegelegten Kresse garnieren.

Tipp: Sie können die Brunnenkresse durch 3 Kästchen Gartenkresse oder 1 Bund Rauke (Rucola) ersetzen. Die Kresse erst kurz vor dem Anrichten abschneiden und unter die Nudeln mischen.

Spaghetti Bertani | Vegetarisch – beliebt

4 Portionen

Pro Portion:
E: 18 g, F: 27 g, Kh: 93 g, kJ: 2892, kcal: 690

1 kleiner Zweig Rosmarin
1 kleine Peperoni

100 ml Olivenöl
2 Knoblauchzehen
1 große Dose geschälte Tomaten (Einwaage 800 g)

5 l Wasser
5 gestr. TL Salz
500 g Spaghetti

einige Basilikumblättchen
Salz
frisch gemahlener Pfeffer

Zubereitungszeit: 20 Minuten

1. Rosmarin und Peperoni abspülen und trocken tupfen. Olivenöl in einem Topf erhitzen. Rosmarin und Peperoni darin andünsten. Den Knoblauch abziehen, durch eine Knoblauchpresse drücken, in das Olivenöl geben und mitdünsten lassen. Sobald der Knoblauch goldgelb ist, dann den Rosmarinzweig aus der Pfanne nehmen.

2. Tomaten grob mit einem Messer in der Dose zerkleinern, mit dem Saft hinzufügen. Die Sauce zum Kochen bringen und etwa 10 Minuten ohne Deckel einkochen lassen, dabei gelegentlich umrühren.

3. In der Zwischenzeit das Wasser in einem großen Topf mit geschlossenem Deckel zum Kochen bringen. Dann Salz und Spaghetti hinzugeben. Die Spaghetti im geöffneten Topf bei mittlerer Hitze nach Packungsanleitung kochen lassen, dabei zwischendurch 4–5-mal umrühren.

4. Anschließend die Spaghetti in ein Sieb geben, mit heißem Wasser abspülen und abtropfen lassen.

5. Basilikumblättchen abspülen, trocken tupfen, klein schneiden und unter die Tomatensauce rühren. Peperoni entfernen. Mit Salz und Pfeffer abschmecken.

6. Spaghetti mit der Tomatensauce auf Tellern anrichten und servieren.

Tipp: Geben Sie nach Belieben in feine Streifen geschnittene Basilikumblättchen und frisch geriebenen Parmesan-Käse über die Spaghetti.

Spaghetti Bolognese I

Klassisch – mit Alkohol

4 Portionen

Pro Portion:
E: 27 g, F: 27 g, Kh: 72 g, kJ: 2916, kcal: 696

Für die Sauce:

2 Zwiebeln
1–2 Knoblauchzehen
2 EL Olivenöl
250 g Gehacktes (halb Rind-, halb Schweinefleisch)
Salz
frisch gemahlener Pfeffer
Paprikapulver edelsüß
1 Dose geschälte Tomaten (Einwaage 400 g)
70 g Tomatenmark (aus der Dose)
125 ml (1/8 l) Rotwein oder Wasser
1 TL gehackte Thymianblättchen
1 TL gehackte Basilikumblättchen

4 l Wasser
4 gestr. TL Salz
400 g Spaghetti

evtl. frisch geriebener Parmesan-Käse

Zubereitungszeit: 30 Minuten

1. Für die Sauce die Zwiebeln und Knoblauch abziehen und in kleine Würfel schneiden. Olivenöl in einer Pfanne erhitzen, Zwiebel- und Knoblauchwürfel darin andünsten.

2. Gehacktes hinzufügen und etwa 5 Minuten unter ständigem Rühren anbraten. Dabei die Fleischklümpchen mit einer Gabel zerdrücken, mit Salz, Pfeffer und Paprika würzen.

3. Tomaten mit dem Saft hinzufügen. Tomaten mit einem Löffel etwas zerkleinern. Tomatenmark und Rotwein oder Wasser hinzufügen, gut verrühren und zum Kochen bringen. Die Sauce etwa 10 Minuten kochen lassen. Thymian- und Basilikumblättchen unterrühren.

4. In der Zwischenzeit Wasser in einem großen Topf mit geschlossenem Deckel zum Kochen bringen. Salz und Spaghetti hinzugeben. Die Spaghetti im geöffneten Topf bei mittlerer Hitze nach Packungsanleitung kochen lassen, dabei zwischendurch 4–5-mal umrühren. Anschließend die Spaghetti in ein Sieb geben, mit heißem Wasser abspülen und abtropfen lassen.

5. Spaghetti Bolognese auf Tellern anrichten und nach Belieben mit Parmesan-Käse bestreut servieren.

Tipp: Spaghetti Bolognese mit Basilikumstreifen bestreuen und mit Basilikumblättchen garnieren.

Spaghetti Carbonara | Klassisch

4 Portionen

Pro Portion:
E: 36 g, F: 47 g, Kh: 90 g, kJ: 3885, kcal: 929

100 g Parmesan-Käse
2 Becher Crème fraîche (je 150 g)
4 Eier (Größe M)
1 EL gehacktes Basilikum
Salz
etwas Tabasco

5 l Wasser
5 gestr. TL Salz
500 g Spaghetti oder dünne, grüne Bandnudeln

75 g geräucherter, durchwachsener Speck
1 EL Olivenöl

einige vorbereitete Basilikumblättchen

Zubereitungszeit: 30 Minuten

1. Parmesan-Käse auf einer Haushaltsreibe reiben. Parmesan-Käse mit Crème fraîche, Eiern und Basilikum verrühren. Mit Salz und Tabasco abschmecken.

2. Wasser in einem großen Topf mit geschlossenem Deckel zum Kochen bringen. Dann Salz und Spaghetti hinzugeben. Die Spaghetti im geöffneten Topf bei mittlerer Hitze nach Packungsanleitung kochen lassen, dabei zwischendurch 4–5-mal umrühren.

3. Anschließend die Spaghetti in ein Sieb geben, mit heißem Wasser abspülen und abtropfen lassen.

4. Speck in feine Streifen schneiden. Olivenöl in einer großen Pfanne erhitzen, Speckwürfel darin auslassen (anbraten). Spaghetti und Käse-Crème-fraîche-Sauce unterrühren, unter Rühren erhitzen, bis die Sauce gebunden ist (nicht kochen lassen, da sie sonst gerinnt).

5. Spaghetti Carbonara auf Tellern anrichten und mit Basilikumblättchen garnieren.

Tipps: Statt Crème fraîche kann auch Schlagsahne verwendet werden. Sie können auch 1 Becher Crème fraîche durch 100 ml Weißwein ersetzen.

Spaghetti mit Ajwar-Zucchini-Sauce | Einfach – für Gäste

4 Portionen

Pro Portion:
E: 21 g, F: 28 g, Kh: 74 g, kJ: 2690, kcal: 643

Für die Sauce:

300 g Zucchini
1 Zwiebel
2 Knoblauchzehen
4 EL Olivenöl
4 geh. TL Ajwar (serbischer Paprikasalat)
125 g Schlagsahne
125 ml (1/8 l) Gemüsebrühe
Salz, frisch gemahlener Pfeffer

4 l Wasser
4 gestr. TL Salz
400 g Spaghetti

80 g frisch gehobelter Parmesan-Käse

Zubereitungszeit: 40 Minuten

1. Für die Sauce Zucchini waschen, abtrocknen und die Enden abschneiden. Zucchini auf einer Haushaltsreibe grob raspeln. Zwiebel und Knoblauch abziehen, in kleine Würfel schneiden.

2. Olivenöl in einer Pfanne erhitzen. Zwiebelwürfel darin glasig dünsten. Zucchiniraspel hinzugeben und unter Rühren mit andünsten. Knoblauchwürfel und Ajwar hinzufügen. Sahne und Brühe hinzugießen. Die Sauce unter Rühren aufkochen lassen. Mit Salz und Pfeffer würzen. Sauce warm stellen.

3. Wasser in einem großen Topf mit geschlossenem Deckel zum Kochen bringen. Dann Salz und Spaghetti hinzugeben. Die Spaghetti im geöffneten Topf bei mittlerer Hitze nach Packungsanleitung kochen lassen, dabei zwischendurch 4–5-mal umrühren.

4. Anschließend die Spaghetti in ein Sieb geben, mit heißem Wasser abspülen und abtropfen lassen. Spaghetti in eine vorgewärmte Schüssel geben, mit der Sauce und dem Käse anrichten.

Tipps: Ajwar ist eine Paprika-Gemüse-Zubereitung. Sie besteht aus Gemüsepaprika, Auberginen, Speiseöl, Peperoni und Gewürzen. Man bekommt sie in Lebensmittelgeschäften. Sie können stattdessen auch rote Paprikaschoten etwa 5 Minuten in kochendes Wasser geben und anschließend die Haut abziehen. Auberginen halbieren und im Backofen bei Ober-/Unterhitze etwa 200 °C (Heißluft etwa 180 °C) etwa 15 Minuten backen. Anschließend das Fruchtfleisch mit einem Löffel aus der Schale lösen und beide Zutaten mit Olivenöl, Salz, Pfeffer und Paprika pürieren.

Spaghetti mit bunter Olivensauce | Schnell zubereitet

4 Portionen

Pro Portion:
E: 23 g, F: 25 g, Kh: 101 g, kJ: 3051, kcal: 729

50 g	*Pinienkerne*
150 g	*Zwiebeln*
1	*Knoblauchzehe*
100 g	*Möhren*
50 g	*Knollensellerie*
2–3 Stangen	*Frühlingszwiebeln*
100 g	*entsteinte, schwarze Oliven*
3 EL	*Olivenöl*
	Paprikapulver edelsüß
1 Dose	*geschälte Tomaten (Einwaage 800 g)*
1–2 EL	*Tomatenmark*
5 l	*Wasser*
5 gestr. TL	*Salz*
500 g	*Spaghetti*
	Salz
1 Prise	*Zucker*
	Cayennepfeffer

Zubereitungszeit: 30 Minuten, ohne Abkühlzeit

1. Pinienkerne in einer Pfanne ohne Fett hellbraun rösten, herausnehmen und auf einem Teller erkalten lassen. Zwiebeln abziehen und klein würfeln. Knoblauch abziehen und durch eine Knoblauchpresse drücken.

2. Möhren und Sellerie putzen, schälen, abspülen, abtropfen lassen und in kleine Würfel schneiden. Die Frühlingszwiebeln putzen, waschen, abtropfen lassen und in kleine Stücke schneiden. Oliven abtropfen lassen, halbieren oder vierteln.

3. Olivenöl in einem Topf erhitzen. Zwiebelwürfel und Knoblauch darin andünsten. Möhren-, Selleriewürfel und Frühlingszwiebelstücke hinzugeben und mit andünsten. Mit Paprika würzen.

4. Tomaten in der Dose mit einem scharfen Messer etwas zerkleinern, mit dem Saft und Tomatenmark zum angedünsteten Gemüse geben und gut verrühren. Die Sauce unter Rühren zum Kochen bringen und etwa 10 Minuten bei schwacher Hitze sämig einkochen lassen, dabei gelegentlich umrühren.

5. In der Zwischenzeit Wasser in einem großen Topf mit geschlossenem Deckel zum Kochen bringen. Dann Salz und Spaghetti hinzugeben. Die Spaghetti im geöffneten Topf bei mittlerer Hitze nach Packungsanleitung kochen lassen, dabei zwischendurch 4–5-mal umrühren.

6. Anschließend die Spaghetti in ein Sieb geben, mit heißem Wasser abspülen und abtropfen lassen.

7. Die Sauce mit Salz, Zucker und Cayennepfeffer würzen.

8. Spaghetti mit der Olivensauce in einer Schüssel anrichten. Mit Oliven und Pinienkernen bestreut servieren.

Tipps: Das Gericht nach Belieben mit gehobeltem Parmesan-Käse bestreuen. Servieren Sie die Sauce mit 100 g in Würfel geschnittenem Schafkäse.

Spaghetti mit Frischkäse-Tomaten-Sauce | Mit Alkohol

4 Portionen

Pro Portion:
E: 24 g, F: 31 g, Kh: 75 g, kJ: 2849, kcal: 680

400 g Tomaten
2 Schalotten
3 EL Olivenöl
Salz
frisch gemahlener Pfeffer
gerebelter Majoran
125 ml (1/8 l) Gemüsebrühe
2 Becher Frischkäse mit französischen Kräutern (je 150 g)
2 EL Weißwein

4 l Wasser
4 gestr. TL Salz
400 g Spaghetti

1 Topf Basilikum
50 g gehobelter Parmesan-Käse

Zubereitungszeit: 40 Minuten

1. Tomaten waschen, abtropfen lassen, kreuzweise einschneiden, kurz in kochendes Wasser legen und in kaltem Wasser abschrecken. Tomaten enthäuten, halbieren, entkernen und die Stängelansätze herausschneiden. Tomatenhälften in Stücke schneiden.

2. Schalotten abziehen und klein würfeln. Olivenöl in einem Topf erhitzen, Schalottenwürfel darin glasig dünsten. Tomatenstücke hinzugeben und kurz mit andünsten, mit Salz, Pfeffer und Majoran würzen. Gut die Hälfte der Tomaten-Schalotten-Masse abnehmen und warm stellen.

3. Brühe zu der restlichen Tomaten-Schalotten-Masse geben, zum Kochen bringen und einkochen lassen, bis die Sauce leicht cremig ist. Frischkäse unter die Sauce rühren, erhitzen und mit Wein abschmecken.

4. Wasser in einem großen Topf mit geschlossenem Deckel zum Kochen bringen. Dann Salz und Spaghetti hinzugeben. Die Spaghetti im geöffneten Topf bei mittlerer Hitze nach Packungsanleitung kochen lassen, dabei zwischendurch 4–5-mal umrühren.

5. Anschließend die Spaghetti in ein Sieb geben, mit heißem Wasser abspülen und abtropfen lassen.

6. Basilikum abspülen und trocken tupfen. Die Blättchen von den Stängeln zupfen (einige Blättchen zum Garnieren beiseitelegen). Blättchen klein schneiden und unter die beiseitegestellte Tomaten-Schalotten-Sauce geben.

7. Spaghetti als Nudelnester mit der Frischkäse- und Tomatensauce auf Tellern anrichten. Mit gehobeltem Parmesan-Käse und den beiseitegelegten Basilikumblättchen garnieren.

Spaghetti mit Garnelen I

Raffiniert – mit Alkohol

4 Portionen

Pro Portion:
E: 32 g, F: 13 g, Kh: 73 g, kJ: 2333, kcal: 558

4 l Wasser
4 gestr. TL Salz
400 g Spaghetti

4 Knoblauchzehen
1 Frühlingszwiebel
400 g frische Garnelen (mit Schwanz, ohne Schale)
3 Stängel glatte Petersilie
frischer Majoran
frischer Thymian
4 EL Olivenöl
Salz, frisch gemahlener Pfeffer
100 ml Weißwein

Zubereitungszeit: 25 Minuten

1. Wasser in einem großen Topf mit geschlossenem Deckel zum Kochen bringen. Dann Salz und Spaghetti hinzugeben. Die Spaghetti im geöffneten Topf bei mittlerer Hitze nach Packungsanleitung kochen lassen, dabei zwischendurch 4–5-mal umrühren.

2. Anschließend die Spaghetti in ein Sieb geben, mit heißem Wasser abspülen, abtropfen lassen und warm stellen.

3. Knoblauch abziehen und klein würfeln. Frühlingszwiebel putzen, waschen, abtropfen lassen und in Scheiben schneiden.

4. Garnelen unter fließendem kalten Wasser abspülen, trocken tupfen und den Darm entfernen.

5. Kräuter abspülen und trocken tupfen. Die Blättchen von den Stängeln zupfen (einige Blättchen zum Garnieren beiseitelegen). Blättchen klein schneiden.

6. Olivenöl in einer Pfanne erhitzen, Garnelen darin von beiden Seiten etwa 2 Minuten braten, mit Salz und Pfeffer bestreuen. Knoblauchwürfel, Frühlingszwiebelscheiben und Kräuter hinzufügen, kurz durchdünsten lassen. Wein hinzugießen und erhitzen.

7. Spaghetti mit der Kräutersauce und den Garnelen anrichten, mit den beiseitegelegten Kräuterblättchen bestreut servieren.

Spaghetti mit Hackfleischsauce I

Schnell zubereitet – für Kinder

4 Portionen

Pro Portion:
E: 30 g, F: 30 g, Kh: 44 g, kJ: 2537, kcal: 606

Für die Sauce:

1 große Zwiebel
20 g Butter oder Margarine
250 g Gehacktes (halb Rind-, halb Schweinefleisch)
3 EL Tomatenmark
125 ml (1/8 l) warmes Wasser
1/4 gestr. TL Salz
1/4 TL frisch gemahlener Pfeffer
1/4 TL gerebelter Oregano

2 1/2 l Wasser
2 1/2 gestr. TL Salz
250 g Spaghetti

100 g geriebener Käse, z. B. Gouda oder Emmentaler

Zubereitungszeit: 30 Minuten

1. Für die Sauce Zwiebel abziehen, halbieren und klein würfeln. Butter oder Margarine in einer Pfanne zerlassen. Gehacktes darin unter ständigem Rühren bei mittlerer Hitze anbraten. Die Fleischklümpchen mit einer Gabel zerdrücken. Zwiebelwürfel hinzufügen und unter Rühren glasig dünsten.

2. Tomatenmark mit dem warmen Wasser verrühren und auf der Hackfleischmasse verteilen. Mit Salz, Pfeffer und Oregano würzen. Die Sauce zum Kochen bringen und etwa 5 Minuten bei schwacher Hitze unter gelegentlichem Rühren garen.

3. In der Zwischenzeit Wasser in einem großen Topf mit geschlossenem Deckel zum Kochen bringen. Dann Salz und Spaghetti hinzugeben. Die Spaghetti im geöffneten Topf bei mittlerer Hitze nach Packungsanleitung kochen lassen, dabei zwischendurch 4–5-mal umrühren. Anschließend die Spaghetti in ein Sieb geben, mit heißem Wasser abspülen und abtropfen lassen.

4. Spaghetti mit der Hackfleischsauce auf Tellern anrichten und mit Käse bestreuen.

Tipp: Spaghetti mit Petersilie bestreuen.

Spaghetti mit kalter Kapernsauce | Schnell zubereitet

4 Portionen

Pro Portion:
E: 15 g, F: 24 g, Kh: 72 g, kJ: 2372, kcal: 567

120 g kleine Kapern
6 Sardellenfilets
3 Knoblauchzehen
8–10 EL Olivenöl
5–6 EL Zitronensaft
4 l Wasser
4 gestr. TL Salz
400 g Spaghetti
Kapern

Zubereitungszeit: 25 Minuten

1. Kapern in ein Sieb geben, mit kaltem Wasser gut abspülen und abtropfen lassen. Sardellenfilets abspülen und trocken tupfen.

2. Knoblauch abziehen und grob zerkleinern. Kapern mit Sardellenfilets und Knoblauch in einen hohen Rührbecher geben und mit einem Stabmixer pürieren.

3. Die Püreemasse mit Olivenöl zu einer cremigen Sauce verrühren. Nach und nach Zitronensaft unterrühren.

4. Wasser in einem großen Topf mit geschlossenem Deckel zum Kochen bringen. Dann Salz und Spaghetti hinzugeben. Die Spaghetti im geöffneten Topf bei mittlerer Hitze nach Packungsanleitung kochen lassen, dabei zwischendurch 4–5-mal umrühren.

5. Anschließend die Spaghetti in ein Sieb geben, mit heißem Wasser abspülen und abtropfen lassen.

6. Spaghetti in eine Schüssel geben, Kapernsauce darauf verteilen und mit Kapern garnieren.

Tipp: Nach Belieben frisch geriebenen Parmesan-Käse dazureichen.

Spaghetti mit Möhren-Tomaten-Sauce | Vegetarisch

4 Portionen

Pro Portion:
E: 19 g, F: 17 g, Kh: 100 g, kJ: 2694, kcal: 644

2 Zwiebeln
1 Knoblauchzehe
750 g Möhren
3 EL Speiseöl
Salz
frisch gemahlener Pfeffer
gerebelter Majoran
150 ml Gemüsebrühe

5 l Wasser
5 gestr. TL Salz
500 g Spaghetti

1 Dose stückige Tomaten (Einwaage 400 g)
100 g Schlagsahne
2 EL gehacktes Basilikum (frisch oder TK)
frisch geriebener Parmesan-Käse
einige vorbereitete Basilikumblättchen

Zubereitungszeit: 30 Minuten

1. Zwiebeln und Knoblauch abziehen, in kleine Würfel schneiden. Möhren putzen, schälen, abspülen, abtropfen lassen und in kleine Stücke schneiden. Speiseöl in einem Topf erhitzen. Zwiebel-, Knoblauchwürfel und Möhrenstücke darin andünsten. Mit Salz, Pfeffer und Majoran würzen.

2. Brühe hinzugießen, zum Kochen bringen und zugedeckt bei schwacher Hitze etwa 8 Minuten kochen lassen.

3. In der Zwischenzeit Wasser in einem großen Topf mit geschlossenem Deckel zum Kochen bringen. Dann Salz und Spaghetti hinzugeben. Die Spaghetti im geöffneten Topf bei mittlerer Hitze nach Packungsanleitung kochen lassen, dabei zwischendurch 4–5-mal umrühren.

4. Anschließend die Spaghetti in ein Sieb geben, mit heißem Wasser abspülen und abtropfen lassen. Spaghetti warm stellen.

5. Stückige Tomaten zu den vorgegarten Möhrenstücken geben. Nochmals mit Salz, Pfeffer und Majoran würzen, wieder zum Kochen bringen und weitere etwa 5 Minuten kochen lassen.

6. Die Möhren-Tomaten-Masse fein pürieren, Sahne unterrühren. Basilikum hinzufügen. Die Möhren-Tomaten-Sauce nochmals mit den Gewürzen abschmecken.

7. Spaghetti auf Tellern verteilen. Die Möhren-Tomaten-Sauce daraufgeben. Mit Parmesan-Käse bestreuen und mit Basilikumblättchen garnieren.

Spaghetti mit Petersilienpesto

Raffiniert

4 Portionen

Pro Portion:
E: 27 g, F: 51 g, Kh: 91 g, kJ: 3900, kcal: 932

60 g	*Haselnusskerne*
4	*Knoblauchzehen*
1 Bund	*glatte Petersilie*
1 Bund	*krause Petersilie*
120 g	*Comté- oder Parmesan-Käse*
120 ml	*Olivenöl*
	frisch gemahlener Pfeffer
5 l	*Wasser*
5 gestr. TL	*Salz*
500 g	*Spaghetti*

Zubereitungszeit: 20 Minuten, ohne Abkühlzeit

1. Haselnusskerne grob hacken und in einer Pfanne ohne Fett leicht bräunen. Dann Knoblauch abziehen, klein würfeln, hinzugeben und mit den gebräunten Haselnusskernen verrühren, abkühlen lassen.

2. Glatte und krause Petersilie waschen und trocken tupfen. Die Blättchen von den Stängeln zupfen. Blättchen klein schneiden.

3. Käse raspeln. Petersilie, Olivenöl und die Haselnuss-Knoblauch-Mischung mit einem Blitzhacker oder Stabmixer fein zerkleinern.

4. Käseraspel hinzugeben und nochmals zerkleinern. Pesto mit etwas Pfeffer abschmecken.

5. Wasser in einem großen Topf mit geschlossenem Deckel zum Kochen bringen. Dann Salz und Spaghetti hinzugeben. Die Spaghetti im geöffneten Topf bei mittlerer Hitze nach Packungsanleitung kochen lassen, dabei zwischendurch 4–5-mal umrühren.

6. Anschließend die Spaghetti in ein Sieb geben, mit heißem Wasser abspülen und abtropfen lassen. Spaghetti nach Belieben mit Petersilienpesto vermischen, auf Tellern anrichten und servieren.

Tipp: Das Pesto lässt sich gut vorbereiten und einige Tage im Kühlschrank aufbewahren.

Spaghetti mit Pilzsauce | Für Gäste

4 Portionen

Pro Portion:
E: 29 g, F: 46 g, Kh: 74 g, kJ: 3498, kcal: 836

Für die Pilzsauce:

750 g Champignons
100 g Schinkenspeck
1 Zwiebel
1 Knoblauchzehe
3–4 EL Olivenöl
Salz, frisch gemahlener Pfeffer
1 Becher Crème fraîche (150 g)
125 g Schlagsahne
80 g frisch geriebener Parmesan-Käse
2 EL Schnittlauchröllchen
2 EL gehackte, glatte Petersilie
einige gehackte Basilikumblättchen

4 l Wasser
4 gestr. TL Salz
400 g Spaghetti
1–2 EL Butter

Nach Belieben zum Garnieren:

Schnittlauchröllchen
etwas gehackte, glatte Petersilie
einige gehackte Basilikumblättchen

Zubereitungszeit: 35 Minuten

1. Für die Sauce Champignons putzen, mit Küchenpapier abreiben, eventuell abspülen, trocken tupfen und in Scheiben schneiden. Schinkenspeck in Streifen schneiden. Zwiebel und Knoblauch abziehen, in kleine Würfel schneiden.

2. Das Olivenöl in einem Topf erhitzen. Speckstreifen, Zwiebel- und Knoblauchwürfel darin andünsten. Die Champignonscheiben hinzufügen und unter Rühren dünsten, bis die Flüssigkeit fast verdampft ist. Mit Salz und Pfeffer würzen.

3. Crème fraîche mit Sahne und Käse verrühren, zu den Champignonscheiben geben und unter Rühren aufkochen lassen.

4. Die Schnittlauchröllchen, Petersilie und Basilikumblättchen unterrühren. Die Sauce mit Salz und Pfeffer abschmecken. Sauce warm stellen.

5. Wasser in einem großen Topf mit geschlossenem Deckel zum Kochen bringen. Dann Salz und Spaghetti hinzugeben. Die Spaghetti im geöffneten Topf bei mittlerer Hitze nach Packungsanleitung kochen lassen, dabei zwischendurch 4–5-mal umrühren.

6. Anschließend die Spaghetti in ein Sieb geben, mit heißem Wasser abspülen und abtropfen lassen. Butter zerlassen. Spaghetti darin schwenken und mit der Pilzsauce servieren. Oder Spaghetti mit der Pilzsauce vermengen.

7. Nach Belieben mit Schnittlauchröllchen, Petersilie und Basilikumblättchen garnieren.

Tipp: Statt Schinkenspeck können Sie auch 200 g gekochten Schinken verwenden.

Spaghetti mit Roquefort I

Schnell zubereitet

4 Portionen

Pro Portion:
E: 29 g, F: 37 g, Kh: 90 g, kJ: 3410, kcal: 815

5 l Wasser
5 gestr. TL Salz
500 g Spaghetti

200 g Roquefort-Käse
200 g Schlagsahne
frisch gemahlener Pfeffer

2 EL geröstete, geschälte Sonnenblumenkerne
1 EL in Streifen geschnittene Basilikumblättchen

Zubereitungszeit: 15 Minuten

1. Wasser in einem großen Topf mit geschlossenem Deckel zum Kochen bringen. Dann Salz und Spaghetti hinzugeben. Die Spaghetti im geöffneten Topf bei mittlerer Hitze nach Packungsanleitung kochen lassen, dabei zwischendurch 4–5-mal umrühren.

2. Anschließend die Spaghetti in ein Sieb geben, mit heißem Wasser abspülen und abtropfen lassen.

3. Roquefort mit Sahne in einem hohen Rührbecher pürieren und mit Pfeffer würzen. Roquefortsahne mit den Spaghetti vermengen, etwa 1 Minute ziehen lassen und auf vorgewärmten Tellern verteilen.

4. Spaghetti mit Roquefort mit Sonnenblumenkernen und Basilikumstreifen bestreut servieren.

Tipps: Dazu gemischte Blatt- oder Gemüsesalate reichen. Spaghetti mit Roquefortsauce ist eine interessante Beilage zu gebratener Hähnchenbrust. Die Menge reicht dann für 6 Portionen.

Spaghetti mit Schinken-Creme-Sauce | Klassisch

4 Portionen

Pro Portion:
E: 32 g, F: 29 g, Kh: 102 g, kJ: 3368, kcal: 808

Für die Schinken-Creme-Sauce:

30 g Butter
1 EL Weizenmehl
200 ml Hühnerbrühe
250 g Crème fraîche

5 l Wasser
5 gestr. TL Salz
500 g Spaghetti

150 g TK-Erbsen
200 g gekochter Schinken
1 Bund Frühlingszwiebeln
Salz
frisch gemahlener Pfeffer
Worcestersauce

Zubereitungszeit: 25 Minuten

1. Für die Sauce Butter in einem Topf zerlassen. Mehl darin unter Rühren so lange erhitzen, bis es hellgelb ist. Hühnerbrühe hinzugießen, mit einem Schneebesen gut durchschlagen. Dabei darauf achten, dass keine Klümpchen entstehen. Die Sauce zum Kochen bringen, Crème fraîche unterrühren und etwa 10 Minuten bei schwacher Hitze kochen lassen, dabei gelegentlich umrühren.

2. In der Zwischenzeit Wasser in einem großen Topf mit geschlossenem Deckel zum Kochen bringen. Dann Salz und Spaghetti hinzugeben. Die Spaghetti im geöffneten Topf bei mittlerer Hitze nach Packungsanleitung kochen lassen, dabei zwischendurch 4–5-mal umrühren.

3. Anschließend die Spaghetti in ein Sieb geben, mit heißem Wasser abspülen und abtropfen lassen.

4. Die gefrorenen Erbsen unter die Sauce rühren. Den Schinken in sehr feine Streifen schneiden (einige Streifen zum Garnieren beiseitelegen) und ebenfalls hinzugeben. Die Sauce weitere etwa 5 Minuten köcheln lassen.

5. Frühlingszwiebeln putzen, waschen, abtropfen lassen, in feine Scheiben schneiden, in die Sauce geben und kurz mitkochen lassen.

6. Die Sauce mit Salz, Pfeffer und Worcestersauce abschmecken.

7. Spaghetti mit der Schinken-Creme-Sauce mit den beiseitegelegten Schinkenstreifen bestreuen und servieren.

Tipp: Falls die Sauce zu dick wird, etwas Schlagsahne oder Brühe unterrühren.

Spaghetti mit Tomaten-Basilikum-Sauce | Klassisch – mit Alkohol

4 Portionen

Pro Portion:
E: 28 g, F: 25 g, Kh: 93 g, kJ: 3186, kcal: 761

Für die Tomaten-Basilikum-Sauce:

1 kg Fleischtomaten
2 Zwiebeln
2 Knoblauchzehen
5 EL Olivenöl
3 EL Rotwein
Salz
frisch gemahlener Pfeffer
gerebelter Oregano
1 Topf Basilikum

5 l Wasser
5 gestr. TL Salz
500 g Spaghetti

100 g Parmesan-Käse

Zubereitungszeit: 35 Minuten

1. Für die Sauce Tomaten waschen, abtropfen lassen, kreuzweise einschneiden, kurz in kochendes Wasser legen und in kaltem Wasser abschrecken. Tomaten enthäuten, halbieren, entkernen und die Stängelansätze herausschneiden. Tomatenhälften in Würfel schneiden. Zwiebeln und Knoblauch abziehen, klein würfeln.

2. Olivenöl in einer Pfanne erhitzen. Zwiebel- und Knoblauchwürfel darin andünsten. Tomatenwürfel hinzugeben und mit andünsten. Rotwein hinzufügen. Mit Salz, Pfeffer und Oregano würzen. Basilikum abspülen und trocken tupfen. Die Blättchen von den Stängeln zupfen, in Streifen schneiden, unterrühren.

3. Wasser in einem großen Topf mit geschlossenem Deckel zum Kochen bringen. Dann Salz und Spaghetti hinzugeben. Die Spaghetti im geöffneten Topf bei mittlerer Hitze nach Packungsanleitung kochen lassen, dabei zwischendurch 4–5-mal umrühren. Anschließend die Spaghetti in ein Sieb geben, mit heißem Wasser abspülen und abtropfen lassen.

4. Spaghetti in tiefen Tellern anrichten. Die Sauce daraufgeben. Mit Käse bestreuen.

Spaghetti mit Tomaten-Fleisch-Sauce | Klassisch – mit Alkohol

4 Portionen

Pro Portion:
E: 33 g, F: 22 g, Kh: 79 g, kJ: 2759, kcal: 658

2 Zwiebeln
2 EL Speiseöl
375 g Gehacktes (halb Rind-, halb Schweinefleisch)
Salz
frisch gemahlener Pfeffer
Paprikapulver edelsüß
1 EL Tomatenmark
1 kg Fleischtomaten
je 1 Stängel Thymian, Basilikum und Majoran
6 EL Rotwein

4 l Wasser
4 gestr. TL Salz
400 g Spaghetti

Zubereitungszeit: 30 Minuten

1. Zwiebeln abziehen und in kleine Würfel schneiden. Speiseöl in einem Topf erhitzen. Zwiebelwürfel darin andünsten. Gehacktes hinzufügen und unter ständigem Rühren anbraten. Dabei die Fleischklümpchen mit einer Gabel zerdrücken. Mit Salz, Pfeffer und Paprika würzen. Tomatenmark unterrühren.

2. Tomaten waschen, abtropfen lassen, kreuzweise einschneiden, kurz in kochendes Wasser legen und in kaltem Wasser abschrecken. Tomaten enthäuten, halbieren, entkernen und die Stängelansätze herausschneiden. Tomatenhälften in Würfel schneiden und zur Hackfleischmasse geben.

3. Kräuter abspülen, trocken tupfen, mit dem Wein hinzufügen. Die Sauce zum Kochen bringen und etwa 10 Minuten ohne Deckel leicht köcheln lassen, dabei gelegentlich umrühren.

4. In der Zwischenzeit Wasser in einem großen Topf mit geschlossenem Deckel zum Kochen bringen. Dann Salz und Spaghetti hinzugeben. Die Spaghetti im geöffneten Topf bei mittlerer Hitze nach Packungsanleitung kochen lassen, dabei zwischendurch 4–5-mal umrühren.

5. Anschließend die Spaghetti in ein Sieb geben, mit heißem Wasser abspülen und abtropfen lassen.

6. Die Kräuterstängel aus der Sauce entfernen. Sauce mit Salz, Pfeffer und Paprika abschmecken. Spaghetti mit der Tomaten-Fleisch-Sauce anrichten und servieren.

Tipps: Bestreuen Sie das Gericht mit frisch geriebenem Parmesan-Käse. Wenn Kinder mitessen, können Sie den Rotwein ersatzlos weglassen. Statt frischer Tomaten können Sie 1 Dose geschälte Tomaten (Einwaage 800 g) mit dem Saft verwenden.

Spaghetti mit Tomaten-Muschel-Sauce | Einfach – schnell zubereitet

4 Portionen

Pro Portion:
E: 38 g, F: 58 g, Kh: 71 g, kJ: 4287, kcal: 1023

Für die Tomaten-Muschel-Sauce:

4	*mittelgroße Tomaten*
etwa 200 g	*Muscheln (aus der Dose)*
2 Dosen	*Tunfisch, naturell (Abtropfgewicht je 185 g)*
4	*Knoblauchzehen*
6 EL	*Olivenöl*
	Salz, frisch gemahlener Pfeffer
2 EL	*gehackte, glatte Petersilie*
4 l	*Wasser*
4 gestr. TL	*Salz*
400 g	*Spaghetti*

Zum Garnieren:

etwas	*glatte Petersilie*
40 g	*frisch gehobelter Parmesan-Käse*

Zubereitungszeit: 25 Minuten

1. Für die Sauce die Tomaten waschen, abtropfen lassen, kreuzweise einschneiden, kurz in kochendes Wasser legen und in kaltem Wasser abschrecken. Die Tomaten enthäuten, halbieren, entkernen und die Stängelansätze herausschneiden. Tomatenhälften in Stücke schneiden.

2. Muscheln in einem Sieb abtropfen lassen. Den Sud dabei auffangen. Tunfisch abtropfen lassen und mit einer Gabel etwas auseinanderzupfen.

3. Knoblauch abziehen und klein würfeln. Olivenöl in einer großen Pfanne erhitzen. Knoblauchwürfel darin andünsten. Tomatenstücke hinzufügen und kurz mitdünsten lassen. Muscheln und Tunfisch unterrühren. Die Sauce erhitzen, mit Salz und Pfeffer würzen. Petersilie unterheben. Sauce warm stellen.

4. Wasser in einem großen Topf mit geschlossenem Deckel zum Kochen bringen. Dann Salz und Spaghetti hinzugeben. Die Spaghetti im geöffneten Topf bei mittlerer Hitze nach Packungsanleitung kochen lassen, dabei zwischendurch 4–5-mal umrühren.

5. Anschließend die Spaghetti in ein Sieb geben, mit heißem Wasser abspülen und abtropfen lassen.

6. Die Spaghetti in eine große Schüssel geben. Die Tomaten-Muschel-Sauce darauf verteilen.

7. Zum Garnieren Petersilie abspülen und trocken tupfen. Die Blättchen von den Stängeln zupfen. Einige Blättchen beiseitelegen. Restliche Blättchen klein schneiden. Spaghetti mit Parmesan-Käse und klein geschnittener Petersilie bestreuen. Mit den beiseitegelegten Petersilienblättchen garniert servieren.

Spaghetti mit Tomaten-Ragout von frisch gedörrten Tomaten

Für Gäste

8–10 Portionen

Pro Portion:
E: 18 g, F: 12 g, Kh: 70 g, kJ: 1944, kcal: 463

Zum Vorbereiten:

je 800 g mittelgroße rote und gelbe Cocktailtomaten oder kleine Strauchtomaten
10 Knoblauchzehen
frisch gemahlener, grober, bunter Pfeffer

2 kleine Gemüsezwiebeln (etwa 400 g)
2 milde, grüne Chilischoten
250 g Rucola (Rauke)
4 EL Olivenöl
3 EL Tomatenmark
evtl. etwas Wasser oder Gemüsebrühe
Salz, frisch gemahlener Pfeffer

je 4 l Wasser
je 4 gestr. TL Salz
800 g dünne Bandnudeln, z. B. Linguine

100 g frisch gehobelter Parmesan-Käse

Zubereitungszeit: 60 Minuten
Dörrzeit: 1–2 Stunden

1. Den Backofen vorheizen.
Ober-/Unterhitze: etwa 100 °C
Heißluft: etwa 80 °C

2. Zum Vorbereiten die Tomaten waschen, trocken tupfen, halbieren, entkernen und die Stängelansätze herausschneiden. Die Tomatenhälften jeweils mit der Schnittfläche nach oben auf ein Backblech (gefettet) legen. Knoblauch abziehen, in Scheiben schneiden und auf den Tomatenhälften verteilen. Mit Pfeffer bestreuen. Das Backblech in den vorgeheizten Backofen schieben. Die Tomatenhälften 1–2 Stunden dörren

(trocknen) lassen (die Dörrzeit richtet sich nach dem Flüssigkeitsgehalt der Tomaten).

3. Zwiebeln abziehen, halbieren und in kleine Würfel schneiden. Chilischoten halbieren, entstielen, entkernen und die weißen Scheidewände entfernen. Schotenhälften abspülen, trocken tupfen und in kleine Würfel schneiden. Rucola putzen, waschen, abtropfen lassen und in mundgerechte Stücke schneiden.

4. Olivenöl in einem Topf erhitzen. Zwiebel- und Chiliwürfel darin andünsten. Tomatenmark unterrühren. Gedörrte Tomatenhälften hinzufügen und mit andünsten, eventuell etwas Wasser oder Brühe hinzugeben. Mit Salz und Pfeffer würzen.

5. Für die Nudeln Wasser in einem großen Topf mit geschlossenem Deckel zum Kochen bringen. Dann Salz und Nudeln hinzugeben. Die Nudeln in 2 Portionen im geöffneten Topf bei mittlerer Hitze nach Packungsanleitung kochen lassen, dabei zwischendurch 4–5-mal umrühren.

6. Anschließend die Nudeln in ein Sieb geben, mit heißem Wasser abspülen und abtropfen lassen.

7. Nudeln in eine große Schüssel geben, Tomaten-Ragout untermischen, Rucola unterheben. Tomaten-Ragout mit Parmesan-Käse bestreut servieren.

Spaghetti mit Tunfisch-Tomaten-Sauce | Schnell zubereitet

4 Portionen

Pro Portion:
E: 19 g, F: 20 g, Kh: 56 g, kJ: 2038, kcal: 484

2 Zwiebeln
1 EL Speiseöl
1 Dose Tunfisch, in Öl (Abtropfgewicht 200 g)
125 ml (1/8 l) Fleischbrühe
1 Dose Tomatenmark (70 g)
5 EL Tomatenketchup (100 g)
Salz
frisch gemahlener Pfeffer
1 EL Currypulver
1 EL Paprikapulver edelsüß
gerebelter Majoran
1 Bund Petersilie

2 1/2 l Wasser
2 1/2 gestr. TL Salz
250 g Vollkorn-Spaghetti

Zubereitungszeit: 25 Minuten

1. Zwiebeln abziehen und in kleine Würfel schneiden. Speiseöl in einem Topf erhitzen, Zwiebelwürfel darin andünsten. Tunfisch mit einer Gabel auseinanderzupfen, mit dem Öl hinzugeben.

2. Die Brühe hinzugießen, Tomatenmark und Ketchup unterrühren. Mit Salz, Pfeffer, Currypulver, Paprika und Majoran würzen. Die Sauce zum Kochen bringen und bei mittlerer Hitze etwas einkochen lassen. Petersilie abspülen und trocken tupfen. Die Blättchen von den Stängeln zupfen. Blättchen klein schneiden und unter die Sauce rühren.

3. Wasser in einem großen Topf mit geschlossenem Deckel zum Kochen bringen. Dann Salz und Spaghetti hinzugeben. Die Spaghetti im geöffneten Topf bei mittlerer Hitze nach Packungsanleitung kochen lassen, dabei zwischendurch 4–5-mal umrühren.

4. Anschließend die Spaghetti in ein Sieb geben, mit heißem Wasser abspülen und abtropfen lassen.

5. Die Spaghetti mit der Sauce vermengen.

Tipps: Die Tunfischsauce schmeckt auch sehr gut zu Polentaschnitten. Spaghetti mit Tunfisch-Tomaten-Sauce zusätzlich mit gehackter Petersilie bestreuen.

Spaghetti Siziliana | Raffiniert – preiswert

4 Portionen

Pro Portion:
E: 40 g, F: 38 g, Kh: 75 g, kJ: 3417, kcal: 815

1 große Aubergine (etwa 300 g)
Salz
2 gelbe Paprikaschoten
400 g Tomaten
4 Sardellenfilets
2 EL Kapern
12 schwarze, entsteinte Oliven
3 Knoblauchzehen
6 EL Olivenöl
frisch gemahlener Pfeffer

4 l Wasser
4 gestr. TL Salz
400 g Spaghetti

40 g frisch geriebener Parmesan-Käse
einige vorbereitete Basilikumblättchen

Zubereitungszeit: 45 Minuten, ohne Zieh- und Abkühlzeit

1. Den Backofengrill vorheizen.

2. Aubergine waschen, abtrocknen und den Stängelansatz abschneiden. Aubergine in etwa 1 cm dicke Scheiben schneiden. Auberginenscheiben mit Salz bestreuen und etwa 15 Minuten ziehen lassen.

3. Paprikaschoten halbieren, entstielen, entkernen und die weißen Scheidewände entfernen. Schotenhälften waschen, trocken tupfen und auf ein Backblech legen. Das Backblech unter den vorgeheizten Grill schieben. Die Schotenhälften so lange unter dem Grill rösten, bis die Haut Blasen wirft. Das Backblech herausnehmen. Schotenhälften mit einem feuchten Küchentuch belegen und 5–10 Minuten abkühlen lassen. Anschließend die Haut abziehen. Schotenhälften in Würfel schneiden.

4. Auberginenscheiben abspülen, trocken tupfen und in kleine Würfel schneiden. Tomaten waschen, abtropfen lassen, kreuzweise einschneiden, kurz in kochendes Wasser legen und in kaltem Wasser abschrecken. Tomaten enthäuten, halbieren, entkernen und die Stängelansätze herausschneiden. Tomatenhälften in kleine Würfel schneiden.

5. Sardellenfilets, Kapern und Oliven abtropfen lassen. Sardellenfilets und Kapern fein hacken, Oliven in kleine Stücke schneiden. Knoblauch abziehen und ebenfalls in kleine Stücke schneiden.

6. Olivenöl in einem Topf erhitzen, Knoblauch darin andünsten. Restliche vorbereitete Zutaten hinzugeben, unter Rühren zum Kochen bringen und etwa 15 Minuten köcheln lassen, dabei gelegentlich umrühren. Die Sauce mit Salz und Pfeffer würzen.

7. Wasser in einem großen Topf mit geschlossenem Deckel zum Kochen bringen. Dann Salz und Spaghetti hinzugeben. Die Spaghetti im geöffneten Topf bei mittlerer Hitze nach Packungsanleitung kochen lassen, dabei zwischendurch 4–5-mal umrühren.

8. Anschließend die Spaghetti in ein Sieb geben, mit heißem Wasser abspülen und abtropfen lassen.

9. Dann Spaghetti mit der heißen Gemüsesauce vermischen, mit Parmesan-Käse bestreuen und mit Basilikumblättchen garnieren.

Spaghetti-Gratin mit Hähnchenfilet und Gemüse | Für Kinder

8–10 Portionen

Pro Portion:
E: 47 g, F: 37 g, Kh: 50 g, kJ: 3126, kcal: 747

5 l Wasser
5 gestr. TL Salz
500 g Spaghetti

500 g Zuckerschoten
600 g junge Möhren
Salzwasser
125 g Butterschmalz
1 kg Hähnchenbrustfilet
Salz, frisch gemahlener Pfeffer
2 Bund Frühlingszwiebeln

Für den Guss:
1 Bund gemischte Kräuter, z. B. Petersilie, Dill, Estragon, Kerbel, Schnittlauch
5 Eier (Größe M)
250 g Schlagsahne
200 ml Gemüsebrühe
frisch geriebene Muskatnuss

150 g frisch geriebener Parmesan-Käse
40 g Butter

Zubereitungszeit: 45 Minuten
Garzeit: etwa 35 Minuten

1. Wasser in einem großen Topf mit geschlossenem Deckel zum Kochen bringen. Dann Salz und Spaghetti hinzugeben. Die Spaghetti im geöffneten Topf bei mittlerer Hitze nach Packungsanleitung kochen lassen, dabei zwischendurch 4–5-mal umrühren. Anschließend Spaghetti in ein Sieb geben, mit heißem Wasser abspülen und abtropfen lassen.

2. Von den Zuckerschoten die Enden abschneiden, eventuell abfädeln. Zuckerschoten waschen und abtropfen lassen. Möhren putzen, schälen, abspülen, abtropfen lassen und in Scheiben schneiden. Zuckerschoten in kochendem Salzwasser etwa 5 Minuten blanchieren, mit kaltem Wasser abschrecken und in einem Sieb abtropfen lassen.

3. Die Hälfte des Butterschmalzes in einer großen Pfanne erhitzen. Möhrenscheiben darin etwa 4 Minuten dünsten und herausnehmen.

4. Den Backofen vorheizen.
Ober-/Unterhitze: etwa 200 °C
Heißluft: etwa 180 °C

5. Das Hähnchenbrustfilet unter fließendem kalten Wasser abspülen, trocken tupfen und in Streifen schneiden. Restliches Butterschmalz in der Pfanne erhitzen. Die Fleischstreifen darin portionsweise von allen Seiten anbraten. Mit Salz und Pfeffer würzen.

6. Frühlingszwiebeln putzen, waschen, abtropfen lassen und in kleine Stücke schneiden.

7. Zuckerschoten mit Möhrenscheiben, Hähnchenfleischstreifen und Spaghetti mischen, in eine große, flache Auflaufform (gefettet) füllen.

8. Für den Guss Kräuter abspülen und trocken tupfen. Die Blättchen bzw. Spitzen von den Stängeln zupfen. Blättchen bzw. Spitzen klein schneiden. Eier mit Sahne und Brühe verschlagen. Mit Salz, Pfeffer und Muskat würzen, Kräutern unterrühren.

9. Den Guss auf der Spaghetti-Gemüse-Fleisch-Mischung verteilen. Mit Parmesan-Käse bestreuen und Butter in Flöckchen daraufsetzen. Die Form auf dem Rost in den vorgeheizten Backofen schieben. Spaghetti-Gratin etwa 35 Minuten garen.

Spaghetti-Pfanne mit Käsesauce

Für Kinder

4 Portionen

Pro Portion:
E: 19 g, F: 27 g, Kh: 43 g, kJ: 2150, kcal: 513

2 l Wasser
2 gestr. TL Salz
1 Lorbeerblatt
200 g Spaghetti

1 Zwiebel
200 g grüne Bohnen
200 g Möhren
200 g Chinakohl
2 TL Speiseöl
1 abgezogene Knoblauchzehe
Salz
gerebelter Thymian und Rosmarin
Currypulver
frisch gemahlener Pfeffer
frisch geriebene Muskatnuss

Für die Käsesauce:
2 gestr. TL Butter
1 geh. EL Weizenmehl
250 ml (1/4 l) Gemüsebrühe
40 g frisch geriebener Parmesan-Käse
80 g frisch geriebener Emmentaler-Käse
evtl. Safran oder Kurkuma (Gelbwurz)

30 g Butter

Zubereitungszeit: 35 Minuten

1. Wasser in einem großen Topf mit geschlossenem Deckel zum Kochen bringen. Dann Salz, Lorbeerblatt und Spaghetti hinzugeben. Nudeln im geöffneten Topf bei mittlerer Hitze nach Packungsanleitung kochen lassen, dabei zwischendurch 4–5-mal umrühren.

2. Anschließend die Spaghetti in ein Sieb geben, mit heißem Wasser abspülen und abtropfen lassen. Lorbeerblatt entfernen.

3. Zwiebel abziehen, halbieren und in kleine Würfel schneiden. Von den Bohnen die Enden abschneiden. Bohnen eventuell abfädeln, waschen, abtropfen lassen und 1–2-mal durchschneiden oder -brechen. Möhren putzen, schälen, abspülen, abtropfen lassen, in etwa 1/2 cm breite und etwa 3 cm lange Streifen schneiden. Den Chinakohl putzen, vierteln und den Strunk herausschneiden. Kohlviertel waschen, abtropfen lassen und ebenfalls in etwa 1/2 cm breite und etwa 3 cm lange Streifen schneiden.

4. Speiseöl in einem Topf erhitzen. Zwiebelwürfel darin glasig dünsten. Vorbereitetes Gemüse und fein zerdrückte Knoblauchzehe hinzugeben. Mit Salz, Thymian, Rosmarin, Curry, Pfeffer und Muskat kräftig würzen. Das Gemüse bei schwacher Hitze etwa 10 Minuten dünsten, eventuell etwas Wasser hinzugießen.

5. Für die Käsesauce Butter in einem Topf zerlassen. Mehl darin unter Rühren so lange erhitzen, bis es hellgelb ist. Brühe hinzugießen, mit einem Schneebesen gut durchschlagen. Dabei darauf achten, dass keine Klümpchen entstehen. Die Sauce zum Kochen bringen und bei schwacher Hitze etwa 2 Minuten kochen lassen, dabei gelegentlich umrühren.

6. Parmesan- und Emmentaler-Käse unterrühren. Die Sauce mit Salz, Pfeffer und Muskat würzen. Nach Belieben etwas Safran oder Kurkuma unterrühren.

7. Butter in einer Pfanne zerlassen. Spaghetti darin unter Rühren erhitzen und mit dem Gemüse vermischen. Mit Salz, Pfeffer und Muskat abschmecken. Die Käsesauce mit den Spaghetti vermischen oder getrennt dazureichen. Wird die Käsesauce untergemischt, das Gericht sofort servieren.

Spaghetti-Pizza | Für Kinder

6 Portionen

Pro Portion:
E: 25 g, F: 37 g, Kh: 42 g, kJ: 2627, kcal: 627

300 g Spaghetti
3 l Wasser
3 gestr. TL Salz

1 rote Paprikaschote
40 g Butter
15 g Weizenmehl
250 g Schlagsahne
250 ml (1/4 l) Milch
1 Ecke Schmelzkäse (62,5 g)
2 Eier (Größe M)
200 g gekochter Schinken
Salz, frisch gemahlener Pfeffer
Paprikapulver edelsüß
5 mittelgroße Tomaten
gerebelter Oregano
80 g geraspelter Gratin-Käse
einige Basilikumblättchen

Zubereitungszeit: 45 Minuten
Garzeit: 15–20 Minuten

1. Spaghetti einmal durchbrechen. Wasser in einem großen Topf mit geschlossenem Deckel zum Kochen bringen. Dann Salz und Spaghetti hinzugeben. Die Spaghetti im geöffneten Topf bei mittlerer Hitze nach Packungsanleitung kochen lassen, dabei zwischendurch 4–5-mal umrühren.

2. Anschließend die Spaghetti in ein Sieb geben, mit heißem Wasser abspülen und abtropfen lassen.

3. Paprikaschote halbieren, entstielen, entkernen und die weißen Scheidewände entfernen. Schotenhälften waschen, abtropfen lassen und in Streifen schneiden.

4. Den Backofen vorheizen.
Ober-/Unterhitze: etwa 200 °C
Heißluft: etwa 180 °C

5. Butter in einem Topf zerlassen. Mehl darin unter Rühren so lange erhitzen, bis es hellgelb ist. Sahne und Milch hinzugießen, mit einem Schneebesen gut durchschlagen. Dabei darauf achten, dass keine Klümpchen entstehen. Die Sauce unter Rühren zum Kochen bringen. Paprikastreifen hinzufügen, wieder zum Kochen bringen und bei schwacher Hitze etwa 5 Minuten kochen lassen, dabei gelegentlich umrühren. Schmelzkäse unterrühren. Spaghetti unterheben und Eier unterrühren.

6. Schinken in Streifen schneiden und ebenfalls unterheben. Mit Salz, Pfeffer und Paprika abschmecken.

7. Die Spaghettimasse in eine Gratin- oder Pieform (Ø 30 cm, gefettet) geben.

8. Tomaten waschen, trocken tupfen, halbieren und die Stängelansätze herausschneiden. Tomatenhälften in Scheiben schneiden und auf der Spaghettimasse verteilen. Mit Salz, Pfeffer und Oregano würzen. Mit Käse bestreuen.

9. Form auf dem Rost in den vorgeheizten Backofen schieben. Die Spaghetti-Pizza 15–20 Minuten garen.

10. Basilikumblättchen abspülen und trocken tupfen. Die Spaghetti-Pizza mit Basilikumblättchen garniert sofort servieren.

Spaghetti-Pizza mit Speck I

Für die Party

12 Portionen

Pro Portion:
E: 29 g, F: 26 g, Kh: 34 g, kJ: 2071, kcal: 494

5 l Wasser
5 gestr. TL Salz
500 g Spaghetti

4–5 große Fleischtomaten
2 große Gläser Champignons, in Scheiben (Abtropfgewicht je 285 g)
500 g gekochter Schinken
200 g geräucherter Schinkenspeck
4 große Zwiebeln
4 EL Olivenöl
Paprikapulver edelsüß
Salz, frisch gemahlener Pfeffer
gerebelter Thymian
8 Eier (Größe M)
1 EL Speisestärke
400 g Schlagsahne
200 g frisch geriebener Pizza-Käse

Zubereitungszeit: 45 Minuten
Garzeit: etwa 45 Minuten

1. Wasser in einem großen Topf mit geschlossenem Deckel zum Kochen bringen. Dann Salz und Spaghetti hinzugeben. Die Spaghetti im geöffneten Topf bei mittlerer Hitze nach Packungsanleitung kochen lassen, dabei zwischendurch 4–5-mal umrühren.

2. Anschließend die Spaghetti in ein Sieb geben, mit heißem Wasser abspülen und gut abtropfen lassen. Etwa ein Viertel der Spaghetti in einer Fettfangschale (30 x 40 cm, gefettet) verteilen.

3. Tomaten waschen, abtropfen lassen, kreuzweise einschneiden, kurz in kochendes Wasser legen und in kaltem Wasser abschrecken. Tomaten enthäuten, halbieren, entkernen und die Stängelansätze herausschneiden. Tomatenhälften in Würfel schneiden. Die Champignons in einem Sieb abtropfen lassen.

4. Den Backofen vorheizen.
Ober-/Unterhitze: etwa 200 °C
Heißluft: etwa 180 °C

5. Schinken und Speck in Würfel schneiden. Zwiebeln abziehen, halbieren und ebenfalls klein würfeln.

6. Olivenöl in einer Pfanne erhitzen, Speckwürfel darin auslassen. Zwiebelwürfel hinzufügen und glasig dünsten.

7. Dann die restlichen Spaghetti mit Tomatenwürfeln, Champignons, Schinkenwürfeln und der Speck-Zwiebel-Masse mischen, mit Paprika, Salz, Pfeffer und Thymian würzen. Die Mischung auf den Spaghetti in der Fettfangschale verteilen.

8. Eier mit Speisestärke und Sahne verschlagen. Nach Belieben mit Paprika, Salz, Pfeffer und Thymian würzen. Die Spaghetti-Pizza mit der Eiersahne übergießen. Die Fettfangschale mit Alufolie zudecken und in den vorgeheizten Backofen schieben. Spaghetti-Pizza etwa 45 Minuten garen.

9. Nach etwa 30 Minuten Garzeit die Alufolie entfernen. Spaghetti-Pizza mit Käse bestreuen und fertig garen, bis der Käse zerlaufen ist.

10. Falls die Eier-Sahne-Masse dann noch nicht gestockt sein sollte, die Spaghetti-Pizza etwa 10 Minuten länger garen.

Spätzle mit Back-Leberkäse I

Raffiniert – für die Party

12 Portionen

Pro Portion:
E: 37 g, F: 58 g, Kh: 9 g, kJ: 3117, kcal: 744

1 Stück Leberkäse (etwa 1,8 kg)
12 mittelgroße Zwiebeln
5 EL Speiseöl
600 g Spätzle (aus dem Kühlregal)
500 g Emmentaler-Käse

Zubereitungszeit: 35 Minuten
Garzeit: etwa 45 Minuten

1. Den Backofen vorheizen.
Ober-/Unterhitze: etwa 180 °C
Heißluft: etwa 160 °C

2. Aus dem Leberkäse einen Keil herausschneiden, so dass ein 2–3 cm breiter Rand stehen bleibt. Den herausgeschnittenen Leberkäse in Würfel schneiden.

3. Das Leberkäsestück in eine große Auflaufform (gefettet) legen. Den Leberkäse an den Seiten in Abständen von etwa 1 ½ cm einschneiden.

4. Die Zwiebeln abziehen, halbieren und in Streifen schneiden. Speiseöl in einer großen Pfanne erhitzen. Zwiebelstreifen darin andünsten, Spätzle und Leberkäsewürfel untermischen. Die Mischung in den eingeschnittenen Keil füllen und um den Leberkäse herum verteilen.

5. Dann gut die Hälfte des Käses reiben und auf der Spätzle-Zwiebel-Leberkäse-Mischung verteilen. Die Form auf dem Rost in den vorgeheizten Backofen schieben. Den Auflauf etwa 45 Minuten garen.

6. Restlichen Käse in kleine Scheiben schneiden und etwa 10 Minuten vor Ende der Garzeit in die Seiteneinschnitte des Leberkäses stecken. Den Auflauf fertig backen.

Tipp: Sie können das Gericht zum Schluss mit frisch gemahlenem schwarzen Pfeffer bestreuen.

Spätzle mit Gyrosgeschnetzeltem | Einfach

3 Portionen

Pro Portion:
E: 50 g, F: 46 g, Kh: 61 g, kJ: 3602, kcal: 861

2 ½ l Wasser
2 ½ gestr. TL Salz
250 g Spätzle

1–2 EL Speiseöl
500 g Gyrosfleisch
1 Zwiebel
375 g Champignons
Salz
frisch gemahlener Pfeffer
200 g Schmand (Sauerrahm)
2 TL Paprikapulver edelsüß

Zubereitungszeit: 30 Minuten

1. Wasser in einem großen Topf mit geschlossenem Deckel zum Kochen bringen. Dann Salz und Spätzle hinzugeben. Die Spätzle im geöffneten Topf bei mittlerer Hitze nach Packungsanleitung kochen lassen, dabei zwischendurch 4–5-mal umrühren.

2. Anschließend die Spätzle in ein Sieb geben, mit heißem Wasser abspülen und abtropfen lassen. Die Spätzle warm stellen.

3. In der Zwischenzeit Speiseöl in einer Pfanne erhitzen. Gyrosfleisch darin unter Rühren scharf anbraten und herausnehmen.

4. Die Zwiebel abziehen, klein würfeln und in dem verbliebenen Bratfett andünsten. Die Champignons putzen, mit Küchenpapier abreiben, eventuell abspülen, trocken tupfen und in Scheiben schneiden. Champignonscheiben zu den Zwiebelwürfeln geben und kurz mit andünsten. Mit Salz und Pfeffer würzen. Champignonscheiben zugedeckt 4–5 Minuten dünsten. Angebratenes Gyrosfleisch mit dem Schmand hinzugeben und erhitzen, eventuell etwas Wasser unterrühren. Paprika unterrühren, mit Salz und Pfeffer abschmecken.

5. Spätzle mit Geschnetzeltem auf Tellern anrichten und servieren.

Spätzle mit Lamm-Sugo

Mit Alkohol

4 Portionen

Pro Portion:
E: 33 g, F: 17 g, Kh: 75 g, kJ: 2582, kcal: 617

Für den Lamm-Sugo:

400 g Lammrückenfilet oder Lammhack
2 EL Olivenöl
2 Zwiebeln
2 Knoblauchzehen
200 ml Rotwein
100 ml Gemüsebrühe
1 rote Paprikaschote
1 Zweig Rosmarin
1 TL gerebelter Thymian
Salz
frisch gemahlener Pfeffer
1 gestr. EL Speisestärke

4 l Wasser
4 gestr. TL Salz
400 g Spätzle

Zubereitungszeit: 30 Minuten

1. Lammrückenfilet unter fließendem kalten Wasser abspülen, trocken tupfen und in sehr kleine Würfel schneiden.

2. Das Olivenöl in einer Pfanne erhitzen. Lammwürfel oder -hack darin unter Rühren anbraten. Bei dem Lammhack die Fleischklümpchen mit einer Gabel zerdrücken. Zwiebeln und Knoblauch abziehen, in kleine Würfel schneiden und mit andünsten.

3. Rotwein und Brühe hinzugießen, zum Kochen bringen und etwa 5 Minuten bei mittlerer Hitze kochen lassen.

4. In der Zwischenzeit Paprikaschote halbieren, entstielen, entkernen und die weißen Scheidewände entfernen. Schotenhälften waschen, abtropfen lassen und in kleine Würfel schneiden. Paprikawürfel unter die Sauce rühren und kurz mitkochen lassen.

5. Rosmarin abspülen und trocken tupfen. Die Nadeln von dem Stängel zupfen. Die Nadeln klein schneiden. Lamm-Sugo mit Rosmarin, Thymian, Salz und Pfeffer würzen. Speisestärke mit etwas Wasser anrühren, in den Sugo rühren und unter Rühren aufkochen lassen. Lamm-Sugo warm stellen.

6. Wasser in einem großen Topf mit geschlossenem Deckel zum Kochen bringen. Dann Salz und Spätzle hinzugeben. Die Spätzle im geöffneten Topf bei mittlerer Hitze nach Packungsanleitung kochen lassen, dabei zwischendurch 4–5-mal umrühren.

7. Anschließend die Spätzle in ein Sieb geben, mit heißem Wasser abspülen und abtropfen lassen.

8. Spätzle mit Lamm-Sugo in Schüsseln anrichten und servieren.

Spätzle mit Puten-Pilz-Gulasch I

Für Gäste

8–10 Portionen

Pro Portion:
E: 46 g, F: 26 g, Kh: 70 g, kJ: 2908, kcal: 695

1,4 kg Putenfleisch (aus der Keule, ohne Knochen)
Salz
frisch gemahlener Pfeffer
Paprikapulver edelsüß
8 EL Speiseöl
3 EL Tomatenmark
300 ml Geflügelbrühe oder -fond
1 Bund Thymian
1 EL grüne Pfefferkörner, in Lake
400 g Champignons
400 g Austernpilze
200 g frische Pfifferlinge (oder aus der Dose)

je 4–5 l Wasser
je 4–5 gestr. TL Salz
800–1000 g Spätzle oder Spiralnudeln

1 EL rosa Pfefferbeeren

Zubereitungszeit: 50 Minuten

1. Putenfleisch unter fließendem kalten Wasser abspülen, trocken tupfen und in Würfel schneiden. Mit Salz, Pfeffer und Paprika würzen.

2. Speiseöl in einem Bräter erhitzen. Fleischwürfel darin eventuell in 2 Portionen von allen Seiten kräftig anbraten. Tomatenmark unterrühren. Brühe oder Fond hinzugießen, zum Kochen bringen und zugedeckt bei schwacher Hitze etwa 60 Minuten garen, dabei ab und zu umrühren.

3. Den Thymian abspülen und trocken tupfen (einige Zweige zum Garnieren beiseitelegen), mit den abgetropften Pfefferkörnern nach etwa 30 Minuten Garzeit zu den Fleischwürfeln geben.

4. Champignons, Austernpilze und Pfifferlinge putzen, mit Küchenpapier abreiben, eventuell kurz abspülen und trocken tupfen. Pfifferlinge aus der Dose in einem Sieb gut abtropfen lassen.

5. Dann die Pilze nach etwa 50 Minuten Garzeit zum Gulasch geben und weitere etwa 10 Minuten mitgaren lassen. Nochmals mit den Gewürzen abschmecken.

6. Wasser in einem großen Topf mit geschlossenem Deckel zum Kochen bringen. Dann Salz und Spätzle oder Nudeln hinzugeben. Die Spätzle oder Nudeln in 2 Portionen im geöffneten Topf bei mittlerer Hitze nach Packungsanleitung kochen lassen, dabei zwischendurch 4–5-mal umrühren.

7. Anschließend die Spätzle oder Nudeln in ein Sieb geben, mit heißem Wasser abspülen und abtropfen lassen.

8. Das Puten-Pilz-Gulasch mit den beiseitegelegten Thymianzweigen und Pfefferbeeren garnieren und mit Spätzle oder Nudeln servieren.

Spätzle mit Schweinefilet und Chinakohl | Gut vorzubereiten – mit Alkohol

4 Portionen

Pro Portion:
E: 39 g, F: 34 g, Kh: 17 g, kJ: 2300, kcal: 551

500 g Schweinefilet

3 EL Sojasauce
2 EL Sherry
etwas gemahlener Ingwer
etwas gemahlener Koriander

2 ½ l Wasser
2 ½ gestr. TL Salz
250 g Spätzle

1 kg Chinakohl
500 ml (½ l) Rindfleischbrühe

Für die Sauce:
375 ml (⅜ l) Rindfleischbrühe vom Chinakohl
200 g Schlagsahne
1 Pck. Zwiebelsuppe, Feinschmecker-Art

3 EL Speiseöl

Zubereitungszeit: 40 Minuten, ohne Marinierzeit
Garzeit: etwa 30 Minuten

1. Schweinefilet unter fließendem kalten Wasser waschen, trocken tupfen, in etwa ½ cm dicke Scheiben schneiden und in eine flache Schale legen. Sojasauce, Sherry, Ingwer und Koriander gut verrühren. Fleischscheiben damit bestreichen und zugedeckt etwa 2 Stunden marinieren.

2. Wasser in einem großen Topf mit geschlossenem Deckel zum Kochen bringen. Dann Salz und Spätzle hinzugeben. Die Spätzle im geöffneten Topf bei mittlerer Hitze nach Packungsanleitung kochen lassen, dabei zwischendurch 4–5-mal umrühren. Anschließend die Spätzle in ein Sieb geben, mit heißem Wasser abspülen und abtropfen lassen.

3. Chinakohl putzen, den Kohl vierteln und den Strunk herausschneiden. Kohlviertel waschen, abtropfen lassen, in feine Streifen schneiden und in einem Sieb abtropfen lassen.

4. Den Backofen vorheizen.
Ober-/Unterhitze: etwa 200 °C
Heißluft: etwa 180 °C

5. Die Brühe in einem Topf zum Kochen bringen. Die Kohlstreifen hinzugeben, wieder zum Kochen bringen und etwa 5 Minuten garen. Kohlstreifen in einem Sieb abtropfen lassen. Die Brühe dabei auffangen und für die Sauce 375 ml (⅜ l) abmessen.

6. Für die Sauce aufgefangene Brühe und Sahne in einem Topf zum Kochen bringen. Zwiebelsuppenpulver hinzugeben und unter Rühren aufkochen lassen. Die Kohlstreifen unterheben.

7. Speiseöl in einer Pfanne erhitzen. Fleischscheiben aus der Marinade nehmen und in dem erhitzten Öl kurz von beiden Seiten anbraten.

8. Spätzle und Fleischscheiben in eine große, flache Auflaufform (gefettet) geben. Kohlstreifen mit der Sauce darauf verteilen. Die Form auf dem Rost in den vorgeheizten Backofen schieben. Den Auflauf etwa 30 Minuten garen.

Spätzle-Hähnchen-Auflauf | Für Gäste

4 Portionen

Pro Portion:
E: 54 g, F: 51 g, Kh: 84 g, kJ: 4397, kcal: 1051

2 1/2 l Wasser
2 1/2 gestr. TL Salz
250 g Spätzle

600 g Hähnchenbrustfilet
1 EL Weizenmehl
4 EL Speiseöl
Salz
frisch gemahlener Pfeffer
1 Dose Pfirsichhälften (Abtropfgewicht 490 g)
1 EL Currypulver
Pfirsichsaft aus der Dose
200 g Schmand (Sauerrahm)
200 g Schlagsahne
2 Bananen
100 g frisch geriebener Gouda-Käse

Zubereitungszeit: 25 Minuten
Garzeit: 30–35 Minuten

1. Wasser in einem großen Topf mit geschlossenem Deckel zum Kochen bringen. Dann Salz und Spätzle hinzugeben. Die Spätzle im geöffneten Topf bei mittlerer Hitze nach Packungsanleitung kochen lassen, dabei zwischendurch 4–5-mal umrühren.

2. Anschließend die Spätzle in ein Sieb geben, mit heißem Wasser abspülen, abtropfen lassen und in eine flache Auflaufform (gefettet) geben.

3. Hähnchenbrustfilet unter fließendem kalten Wasser abspülen, trocken tupfen, in Streifen schneiden und mit Mehl bestäuben.

4. Den Backofen vorheizen.
Ober-/Unterhitze: etwa 200 °C
Heißluft: etwa 180 °C

5. Speiseöl in einer Pfanne erhitzen. Die Fleischstreifen darin von beiden Seiten etwa 5 Minuten braten. Mit Salz und Pfeffer würzen. Fleischstreifen aus der Pfanne nehmen und auf die Spätzle geben.

6. Pfirsichhälften in einem Sieb abtropfen lassen, dabei den Saft auffangen. Pfirsichhälften in Würfel schneiden.

7. Curry zu dem verbliebenen Bratfett in die Pfanne geben. Den aufgefangenen Pfirsichsaft hinzugießen. Schmand und Sahne unterrühren. Die Zutaten unter Rühren zum Kochen bringen. Bananen schälen, in Scheiben schneiden und mit den Pfirsichwürfeln unterrühren. Mit Salz, Pfeffer und Curry abschmecken. Die Frucht-Curry-Sauce auf dem Auflauf verteilen und mit Käse bestreuen.

8. Die Form auf dem Rost in den vorgeheizten Backofen schieben. Den Auflauf 30–35 Minuten garen.

Spätzle-Linsen-Salat | Einfach

8 Portionen

Pro Portion:
E: 25 g, F: 42 g, Kh: 49 g, kJ: 2821, kcal: 671

5 l Wasser
5 gestr. TL Salz
500 g Spätzle

750 ml (3/4 l) Gemüsebrühe
250 g Tellerlinsen
8 Wiener Würschen
5 mittelgroße Tomaten
1 Bund Frühlingszwiebeln

Für die Marinade:
250 ml (1/4 l) warme Gemüsebrühe
200 g körniger Senf
2 TL süßer, körniger Senf
4 EL Kräuteressig
etwas gemahlener Kreuzkümmel (Cumin)
Salz, frisch gemahlener Pfeffer
1 geh. TL Currypulver
200 ml Olivenöl

Zubereitungszeit: 50 Minuten, ohne Durchziehzeit

1. Wasser in einem großen Topf mit geschlossenem Deckel zum Kochen bringen. Dann Salz und Spätzle hinzugeben. Die Spätzle im geöffneten Topf bei mittlerer Hitze nach Packungsanleitung kochen lassen, dabei zwischendurch 4–5-mal umrühren.

2. Anschließend die Spätzle in ein Sieb geben, mit heißem Wasser abspülen und abtropfen lassen.

3. Brühe in einem Topf zum Kochen bringen, Linsen hinzufügen und etwa 20 Minuten kochen. Linsen in ein Sieb geben und den Sud dabei auffangen. Linsen mit kaltem Wasser übergießen und gut abtropfen lassen.

4. Würstchen in Scheiben schneiden. Tomaten waschen, kreuzweise einschneiden, kurz in kochendes Wasser legen und in kaltem Wasser abschrecken. Tomaten enthäuten, halbieren, entkernen und die Stängelansätze herausschneiden. Tomaten in große Stücke schneiden. Frühlingszwiebeln putzen, waschen, abtropfen lassen, zuerst in Scheiben schneiden, dann in Ringe teilen. Die vorbereiteten Salatzutaten in eine große Schüssel geben und vorsichtig vermischen.

5. Für die Marinade Brühe mit dem aufgefangenen Linsensud, den beiden Senfsorten, Kräuteressig, Kümmel, Salz, Pfeffer und Curry verrühren. Olivenöl unterschlagen. Die Marinade über die Salatzutaten gießen, vorsichtig mischen und etwas durchziehen lassen. Den Salat vor dem Servieren nochmals mit den Gewürzen abschmecken.

Spätzle-Schätzle | Für die Kinderparty

8–10 Portionen

Pro Portion:
E: 10 g, F: 15 g, Kh: 10 g, kJ: 944, kcal: 225

je 3–4 l Wasser
je 3–4
gestr. TL Salz
750 g Spätzle

800 g grüner Spargel
1 Zwiebel
250 g Mozzarella-Käse
80 g Butter oder Margarine
Salz, frisch gemahlener Pfeffer
1 Bund glatte Petersilie

Zubereitungszeit: 50 Minuten, ohne Abkühlzeit
Überbackzeit: etwa 8 Minuten

1. Wasser in einem großen Topf mit geschlossenem Deckel zum Kochen bringen. Dann Salz und Spätzle hinzugeben. Die Spätzle in 2 Portionen im geöffneten Topf bei mittlerer Hitze nach Packungsanleitung kochen lassen, dabei zwischendurch 4–5-mal umrühren.

2. Anschließend die Spätzle in ein Sieb geben, mit heißem Wasser abspülen und abtropfen lassen.

3. Spargel im unteren Drittel schälen und die Enden abschneiden. Den Spargel in kochendem Wasser etwa 10 Minuten garen, herausnehmen, etwas abkühlen lassen und in etwa 3 cm lange Stücke schneiden.

4. Den Backofen vorheizen.
Ober-/Unterhitze: etwa 220 °C
Heißluft: etwa 200 °C

5. Zwiebel abziehen, in kleine Würfel schneiden. Mozzarella abtropfen lassen, in Scheiben schneiden.

6. Butter oder Margarine in einer feuerfesten, tiefen Pfanne oder einem Topf zerlassen. Die Zwiebelwürfel darin glasig dünsten.

7. Spätzle und Spargelstücke hinzugeben, mit Salz und Pfeffer würzen. Mozzarellascheiben darauf verteilen. Die Pfanne (den Topf) auf dem Rost in den vorgeheizten Backofen schieben. Die Spätzle etwa 8 Minuten überbacken, bis der Käse geschmolzen ist.

8. Petersilie abspülen und trocken tupfen. Die Blättchen von den Stängeln zupfen, klein schneiden. Spätzle vor dem Servieren mit Petersilie bestreuen.

Tipp: Falls Sie keine feuerfeste Pfanne haben, können Sie die Zutaten zum Überbacken auch in eine Auflaufform (gefettet) füllen.

Spätzle-Spitzkohl-Fleischwurst-Pfanne | Preiswert – raffiniert

4 Portionen

Pro Portion:
E: 25 g, F: 48 g, Kh: 16 g, kJ: 2633, kcal: 629

1 Knoblauchzehe
1 große Zwiebel
1 kleiner Spitzkohl (etwa 700 g)
3 EL Speiseöl
125 ml (1/8 l) Fleischbrühe
125 g Schlagsahne
Salz, frisch gemahlener Pfeffer
evtl. Kümmelsamen
etwa 400 g Fleischwurst
1 Pck. frische Spätzle (aus dem Kühlregal, etwa 380 g)

Zubereitungszeit: 30 Minuten

1. Knoblauch und Zwiebel abziehen, in kleine Würfel schneiden. Spitzkohl putzen, sechsteln und den Strunk herausschneiden. Kohlstücke abspülen und abtropfen lassen.

2. Speiseöl in einem Topf erhitzen. Knoblauch- und Zwiebelwürfel darin andünsten. Kohlstücke hinzugeben und mitdünsten lassen. Brühe und Sahne hinzugießen, zum Kochen bringen.

3. Die Kohlstücke zugedeckt 10–15 Minuten bissfest garen. Mit Salz, Pfeffer und eventuell Kümmel würzen.

4. Die Fleischwurst enthäuten und in grobe Streifen schneiden. Spätzle und Fleischwurststreifen zu den Kohlstücken geben und erhitzen, eventuell nochmals mit den Gewürzen abschmecken.

Tipps: Wenn Sie keine Spätzle aus dem Kühlregal bekommen, können sie auch 200 g getrocknete Spätzle verwenden, die Sie nach Packungsanleitung kochen und abgetropft hinzufügen. Sehr gut schmeckt die Pfanne auch mit Streifen von Leberkäse statt der Fleischwurst. Sie können als Gewürz auch zusätzlich einen Teelöffel mittelscharfen Senf hinzufügen.

Veränderung: Den Spitzkohl vierteln, den Strunk herausschneiden, Spitzkohl in Streifen schneiden und nur etwa 5 Minuten garen.

Spinatnudeln | Vegetarisch

3 Portionen

Pro Portion:
E: 22 g, F: 26 g, Kh: 63 g, kJ: 2435, kcal: 581

250 g Spaghetti
2 1/2 l Wasser
2 1/2 gestr. TL Salz

40 g Pinienkerne oder gestiftelte Mandeln
1–2 rote Peperoni
2 Zwiebeln
4 EL Olivenöl
450 g TK-Blattspinat
Salz
frisch gemahlener Pfeffer
40 g frisch gehobelter Parmesan-Käse

Zubereitungszeit: 35 Minuten, ohne Abkühlzeit

1. Spaghetti zweimal durchbrechen. Wasser in einem großen Topf mit geschlossenem Deckel zum Kochen bringen. Dann Salz und Spaghetti hinzugeben. Die Spaghetti im geöffneten Topf bei mittlerer Hitze nach Packungsanleitung kochen lassen, dabei zwischendurch 4–5-mal umrühren.

2. Anschließend die Spaghetti in ein Sieb geben, mit heißem Wasser abspülen und abtropfen lassen.

3. In der Zwischenzeit Pinienkerne oder Mandeln in einer Pfanne ohne Fett goldbraun rösten, herausnehmen und auf einem Teller erkalten lassen.

4. Peperoni der Länge nach aufschneiden, entkernen und die weißen Scheidewände entfernen. Peperoni abspülen, abtropfen lassen und in Ringe schneiden. Zwiebeln abziehen und in kleine Würfel schneiden.

5. Zwei Esslöffel des Olivenöls in der Pfanne erhitzen. Zwiebelwürfel darin andünsten. Den gefrorenen Blattspinat hinzugeben. Den Spinat zugedeckt etwa 10 Minuten garen. Anschließend den Deckel abnehmen und den Spinat weitergaren, bis die Flüssigkeit verdampft ist. Spinat aus der Pfanne nehmen.

6. Restliches Olivenöl in der Pfanne erhitzen. Die Spaghetti unter Rühren darin anbraten. Peperoniringe hinzufügen und kurz mit anbraten. Anschließend den Spinat und die Pinienkerne unter die Spaghetti heben und erhitzen.

7. Die Spinatnudeln mit Salz und Pfeffer abschmecken. Vor dem Servieren mit gehobeltem Parmesan-Käse bestreuen.

Spinat-Schafkäse-Lasagne I

Vegetarisch
4 Portionen

Pro Portion:
E: 37 g, F: 47 g, Kh: 57 g, kJ: 3384, kcal: 808

3 Knoblauchzehen
3 Zwiebeln
4 EL Olivenöl
600 g TK-Blattspinat
etwa 3 EL Wasser
Salz
frisch gemahlener Pfeffer
frisch geriebene Muskatnuss

Für die Béchamelsauce:
50 g Butter oder Margarine
50 g Weizenmehl
500 ml (1/2 l) Milch
500 ml (1/2 l) Gemüsebrühe

300 g Schafkäse
1/2 Pck. Lasagneplatten, ohne Vorkochen (225 g)
100 g frisch geriebener Gratin-Käse

Zubereitungszeit: 50 Minuten
Garzeit: etwa 35 Minuten

1. Knoblauch und Zwiebeln abziehen, in kleine Würfel schneiden. Olivenöl in einem Topf oder einer Pfanne erhitzen. Knoblauch- und Zwiebelwürfel darin glasig dünsten. Gefrorenen Spinat und Wasser hinzufügen. Den Spinat zugedeckt bei schwacher Hitze auftauen lassen. Mit Salz, Pfeffer und Muskat würzen.

2. Den Backofen vorheizen.
Ober-/Unterhitze: etwa 200 °C
Heißluft: etwa 180 °C

3. Für die Béchamelsauce Butter oder Margarine in einem Topf zerlassen. Mehl unter Rühren so lange darin erhitzen, bis es hellgelb ist. Milch und Brühe hinzugießen, mit einem Schneebesen durchschlagen. Dabei darauf achten, dass keine Klümpchen entstehen. Die Sauce zum Kochen bringen und bei schwacher Hitze etwa 5 Minuten ohne Deckel kochen lassen, dabei gelegentlich umrühren. Mit Salz, Pfeffer und Muskat kräftig würzen.

4. Den Schafkäse zerbröseln. Etwas von der Sauce in eine eckige Auflaufform (gefettet) geben, eine Schicht Lasagneplatten darauflegen, dann etwas Spinat und etwas Schafkäse darauf verteilen, etwas Sauce daraufgeben.

5. Nacheinander wieder Lasagneplatten, Spinat, Schafkäse und Béchamelsauce einschichten, so dass etwa 4 Lasagneschichten entstehen. Die restliche Béchamelsauce auf die oberste Lasagneschicht streichen und mit Gratin-Käse bestreuen.

6. Die Form ohne Deckel auf dem Rost in den vorgeheizten Backofen schieben. Lasagne etwa 35 Minuten garen.

Spiralen mit Pilzen | Raffiniert

4 Portionen

Pro Portion:
E: 37 g, F: 89 g, Kh: 74 g, kJ: 5453, kcal: 1301

750 g Champignons
250 g durchwachsener Speck
Salz
frisch gemahlener Pfeffer
250 g Schlagsahne
100 g Crème fraîche
100 g frisch geriebener Parmesan-Käse
1 Topf Basilikum
1 Bund Schnittlauch

1 Knoblauchzehe
4 l Wasser
4 TL Salz
400 g Spiralnudeln
2–3 EL Butter

4 frische Eigelb (Größe M)

Zubereitungszeit: 55 Minuten

1. Die Champignons putzen, mit Küchenpapier abreiben, eventuell abspülen, trocken tupfen und in sehr dünne Scheiben schneiden. Speck in kleine Würfel schneiden.

2. Speckwürfel in einer großen Pfanne ohne Fett etwas ausbraten. Champignonscheiben hinzufügen. Mit Salz und Pfeffer würzen. Champignonscheiben unter gelegentlichem Rühren so lange dünsten, bis die Flüssigkeit verdampft ist.

3. Die Sahne mit Crème fraîche und Käse verrühren. Basilikum und Schnittlauch abspülen, trocken tupfen. Von dem Basilikum die Blättchen von den Stängeln zupfen. Basilikumblättchen in Streifen und Schnittlauch in Röllchen schneiden. Basilikumstreifen und Schnittlauchröllchen unter die Sahne-Käse-Masse rühren, auf den angedünsteten Champignonscheiben verteilen und etwa 10 Minuten stocken lassen, dabei ab und zu umrühren. Warm stellen.

4. Den Knoblauch abziehen und halbieren. Wasser in einem großen Topf mit geschlossenem Deckel zum Kochen bringen. Dann Salz, Knoblauchhälften und Nudeln hinzugeben. Die Nudeln im geöffneten Topf bei mittlerer Hitze nach Packungsanleitung kochen lassen, dabei zwischendurch 4–5-mal umrühren.

5. Anschließend die Nudeln in ein Sieb geben, mit heißem Wasser abspülen und abtropfen lassen. Butter zerlassen. Die Nudeln darin schwenken und auf 4 Tellern verteilen. Champignon-Käse-Sahne-Sauce daraufgeben. Sofort jeweils 1 Eigelb auf jede Portion geben und servieren.

Beilage: Radicchiosalat.

Hinweis: Nur ganz frische Eigelb verwenden, die nicht älter als 5 Tage sind (Legedatum beachten!).

Spirelli mit Brokkoli-Schinken-Sauce | Beliebt

4 Portionen

Pro Portion:
E: 33 g, F: 24 g, Kh: 93 g, kJ: 3036, kcal: 727

500 g Brokkoli
1 Zwiebel
300 ml Gemüsebrühe

5 l Wasser
5 gestr. TL Salz
500 g Spiralnudeln, z. B. Spirelli

120 g geriebener Greyerzer-Käse
1 Becher Crème fraîche (150 g)
100 g Knochenschinkenwürfel
Salz
frisch geriebene Muskatnuss

Zubereitungszeit: 30 Minuten

1. Von dem Brokkoli die Blätter entfernen. Brokkoli waschen und abtropfen lassen. Röschen vom Stiel abschneiden. Röschen eventuell zerkleinern. Stiele schälen und in kleine Würfel schneiden.

2. Zwiebel abziehen und in kleine Würfel schneiden. Zwiebelwürfel mit Brühe in einem Topf zum Kochen bringen. Die Brokkoliröschen hinzugeben und etwa 5 Minuten garen.

3. Die Brokkoliröschen mit einer Schaumkelle aus der Brühe nehmen und in einem Sieb gut abtropfen lassen. Brokkoliwürfel (von den Stielen) in der Brühe etwa 6 Minuten garen.

4. In der Zwischenzeit Wasser in einem großen Topf mit geschlossenem Deckel zum Kochen bringen. Dann Salz und Nudeln hinzugeben. Die Nudeln im geöffneten Topf bei mittlerer Hitze nach Packungsanleitung kochen lassen, dabei zwischendurch 4–5-mal umrühren.

5. Den Topf mit der Brühe und den Brokkoliwürfeln von der Kochstelle nehmen. Die Hälfte der Brokkoliröschen hinzugeben und mit einem Stabmixer pürieren. Die Sauce wieder erhitzen.

6. Den geriebenen Käse und Crème fraîche unterrühren. Schinkenwürfel und die restlichen Brokkoliröschen hinzugeben. Die Sauce nochmals erwärmen. Mit Salz und Muskat würzen.

7. Die garen Nudeln in ein Sieb geben, mit heißem Wasser abspülen und abtropfen lassen.

8. Die Spiralnudeln mit der Brokkoli-Schinken-Sauce servieren.

Tipp: Sie können den Schinken durch die gleiche Menge Lachs ersetzen.

Spirelli mit Brokkoli und Speckstreifen | Schnell zubereitet

4 Portionen

Pro Portion:
E: 19 g, F: 33 g, Kh: 71 g, kJ: 2779, kcal: 663

100 g magerer Frühstücksspeck
1 Zwiebel
750 g Brokkoli
250 ml (1/4 l) Gemüsebrühe
150 g Schlagsahne
Salz
frisch gemahlener Pfeffer

3 1/2 l Wasser
3 1/2 gestr. TL Salz
350 g Spiralnudeln, z. B. Spirelli

2–3 EL heller Saucenbinder
2 Tomaten

Zubereitungszeit: 25 Minuten

1. Speck in feine Streifen schneiden und in einem großen Topf knusprig auslassen. Speckstreifen herausnehmen und auf Küchenpapier abtropfen lassen. Zwiebel abziehen, in kleine Würfel schneiden und in dem Speckfett glasig dünsten.

2. Von dem Brokkoli die Blätter entfernen. Den Brokkoli in Röschen teilen. Den Strunk schälen und klein schneiden. Brokkoli zu den Zwiebelwürfeln in den Topf geben und kurz mit andünsten. Brühe und Sahne hinzugießen, mit Salz und Pfeffer würzen. Die Zutaten zum Kochen bringen und zugedeckt etwa 8 Minuten bei schwacher Hitze garen.

3. In der Zwischenzeit Wasser in einem großen Topf mit geschlossenem Deckel zum Kochen bringen. Dann Salz und Nudeln hinzugeben. Die Nudeln im geöffneten Topf bei mittlerer Hitze nach Packungsanleitung kochen lassen, dabei zwischendurch 4–5-mal umrühren.

4. Anschließend die Nudeln in ein Sieb geben, mit heißem Wasser abspülen und abtropfen lassen.

5. Brokkoli mit einer Schaumkelle aus der Brühe nehmen und warm stellen. Saucenbinder in die Brokkolibrühe rühren und unter Rühren aufkochen lassen. Mit Salz und Pfeffer abschmecken. Die Nudeln mit der Sauce vermischen.

6. Spirelli mit Brokkoli und Speckstreifen auf Tellern anrichten. Tomaten waschen, abtrocknen, halbieren und die Stängelansätze herausschneiden. Tomatenhälften in kleine Würfel schneiden und dann darauf verteilen.

Tipps: Verwenden Sie statt frischem Gemüse TK-Brokkoli. Große Vorratspackungen, aus denen das Gemüse nach Bedarf portionsweise entnommen werden kann, sind preisgünstiger.

Spirelli mit Schafkäse-Zucchini-Sauce | Raffiniert

4 Portionen

Pro Portion:
E: 27 g, F: 40 g, Kh: 78 g, kJ: 3435, kcal: 821

4 l Wasser
4 gestr. TL Salz
400 g Spirelli (Spiralnudeln)

600 g Tomaten
600 g Zucchini
1 Zwiebel
1 Knoblauchzehe
3 EL Olivenöl
Salz
frisch gemahlener Pfeffer
Cayennepfeffer
vorbereitete, frische Thymianblättchen
250 g Schlagsahne
200 g Feta-Käse

Zubereitungszeit: 30 Minuten

1. Wasser in einem großen Topf mit geschlossenem Deckel zum Kochen bringen. Dann Salz und Nudeln hinzugeben. Die Nudeln im geöffneten Topf bei mittlerer Hitze nach Packungsanleitung kochen lassen, dabei zwischendurch 4–5-mal umrühren.

2. Anschließend die Nudeln in ein Sieb geben, mit heißem Wasser abspülen und abtropfen lassen.

3. In der Zwischenzeit Tomaten waschen, abtropfen lassen, kreuzweise einschneiden, kurz in kochendes Wasser legen und in kaltem Wasser abschrecken. Die Tomaten enthäuten, halbieren, entkernen und Stängelansätze herausschneiden. Tomaten in grobe Stücke schneiden.

4. Zucchini waschen, abtrocknen und die Enden abschneiden. Zucchini zuerst in Scheiben, dann in Stifte schneiden. Zwiebel und Knoblauch abziehen, in kleine Würfel schneiden.

5. Das Olivenöl in einem Topf erhitzen. Zwiebel- und Knoblauchwürfel darin andünsten. Zucchinistifte hinzufügen und 3–5 Minuten mitdünsten lassen. Mit Salz, Pfeffer, Cayennepfeffer und Thymianblättchen würzen.

6. Sahne und Tomatenstücke hinzufügen. Die Sauce unter vorsichtigem Rühren gut aufkochen lassen.

7. Feta-Käse in Würfel schneiden und in der Sauce erwärmen (nicht mehr kochen lassen). Die Sauce zu den Nudeln servieren. Oder die Nudeln mit der Sauce vermischen und auf Tellern, in einer flachen Schüssel oder Auflaufform anrichten.

Spirelli-Gratin mit Hähnchen I

Für Kinder

12 Portionen

Pro Portion:
E: 45 g, F: 22 g, Kh: 65 g, kJ: 2678, kcal: 640

je 5 l Wasser
je 5 gestr. TL Salz
1 kg Spirelli (Spiralnudeln)

5 Zwiebeln
4 Knoblauchzehen
600 g Möhren
1 großer Blumenkohl
Salzwasser
1,1 kg Hähnchenbrustfilet
8 EL Rapsöl
180 g Schinkenwürfel
Salz
frisch gemahlener Pfeffer
180 g Sonnenblumenkerne
300 g geraspelter Mozzarella-Käse
2 Bund glatte Petersilie

Zubereitungszeit: 40 Minuten
Überbackzeit: etwa 30 Minuten

1. Wasser in einem großen Topf mit geschlossenem Deckel zum Kochen bringen. Dann Salz und Nudeln hinzugeben. Die Nudeln in 2 Portionen im geöffneten Topf bei mittlerer Hitze nach Packungsanleitung kochen lassen, dabei zwischendurch 4–5-mal umrühren.

2. Anschließend die Nudeln in ein Sieb geben, mit heißem Wasser abspülen und abtropfen lassen.

3. Zwiebeln und Knoblauch abziehen, in kleine Würfel schneiden. Möhren putzen, schälen, abspülen, abtropfen lassen und ebenfalls in kleine Würfel schneiden. Von dem Blumenkohl die Blätter und schlechten Stellen entfernen, den Strunk abschneiden. Blumenkohl in Röschen teilen, waschen, abtropfen lassen und in kochendem Salzwasser etwa 5 Minuten blanchieren. Blumenkohlröschen mit kaltem Wasser abschrecken und in einem Sieb abtropfen lassen.

4. Den Backofen vorheizen.
Ober-/Unterhitze: etwa 180 °C
Heißluft: etwa 160 °C

5. Hähnchenbrustfilet unter fließendem kalten Wasser abspülen, trocken tupfen und in etwa 1 x 2 cm große Stücke schneiden. Etwas von dem Rapsöl in einer Pfanne erhitzen. Die Hähnchenbrustfiletstücke darin von allen Seiten anbraten und herausnehmen.

6. Restliches Rapsöl in einem großen Bräter erhitzen. Die Zwiebel- und Knoblauchwürfel darin glasig dünsten. Die Nudeln mit den Möhrenwürfeln, Blumenkohlröschen, Schinkenwürfeln und Hähnchenbrustfiletstücken mischen. Dann zu den Zwiebel- und Knoblauchwürfeln in den Bräter geben. Mit Salz und Pfeffer kräftig würzen. Mit Sonnenblumenkernen und Käse bestreuen. Den Bräter auf dem Rost in den vorgeheizten Backofen schieben. Spirelli-Gratin etwa 30 Minuten überbacken.

7. Petersilie abspülen und trocken tupfen. Die Blättchen von den Stängeln zupfen. Blättchen grob schneiden. Nudelgratin mit Petersilie bestreut servieren.

Tipp: Statt Mozzarella-Käse können Sie auch 300 g jungen Gouda und 2 Bund Schnittlauch, in Röllchen geschnitten, verwenden.

Spirelli-Mett-Auflauf

Schnell zubereitet – einfach

4 Portionen

Pro Portion:
E: 42 g, F: 48 g, Kh: 64 g, kJ: 3692, kcal: 882

2 ½ l Wasser
2 ½ gestr. TL Salz
250 g Spirelli (Spiralnudeln)

500 g Thüringer Mett (gewürztes Schweinegehacktes)

1 Dose Tomatenstücke mit Kräutern (Einwaage 400 g)
½ Flasche Texicana-Salsa (250 ml)
300 g TK-Balkangemüse
Salz, frisch gemahlener Pfeffer
Kräuter der Provence
50 g frisch geriebener Parmesan-Käse
25 g Semmelbrösel

Zubereitungszeit: 20 Minuten
Garzeit: etwa 35 Minuten

1. Wasser in einem großen Topf mit geschlossenem Deckel zum Kochen bringen. Dann Salz und Nudeln hinzugeben. Die Nudeln im geöffneten Topf bei mittlerer Hitze nach Packungsanleitung kochen lassen, dabei zwischendurch 4–5-mal umrühren.

2. Den Backofen vorheizen.
Ober-/Unterhitze: etwa 200 °C
Heißluft: etwa 180 °C

3. Anschließend die Nudeln in ein Sieb geben, mit heißem Wasser abspülen, abtropfen lassen und in eine flache, große Auflaufform (gefettet) geben.

4. Aus dem Mett mit angefeuchteten Händen kleine Klößchen formen. Mettklößchen zwischen den Nudeln verteilen.

5. Tomatenstücke mit Texicana-Salsa und Balkangemüse verrühren. Mit Salz, Pfeffer und Kräutern der Provence würzen. Das Gemüse auf die Nudeln und Mettklößchen geben. Mit Käse und Semmelbröseln bestreuen. Die Form auf dem Rost in den vorgeheizten Backofen schieben. Den Auflauf etwa 35 Minuten garen.

Spirelli-Pfanne mit Putenbrust und Pilzen | Klassisch

4 Portionen

Pro Portion:
E: 36 g, F: 27 g, Kh: 50 g, kJ: 2589, kcal: 618

300 g TK-Erbsen-Möhren-Mischung

2 1/2 l Wasser
2 1/2 gestr. TL Salz
250 g Spirelli (Spiralnudeln)

15 g Trockenpilze, z. B. Mu-err-Pilze
400 g Putenbrustfilet
3 EL Speiseöl
Salz
frisch gemahlener Pfeffer
125 g Schlagsahne
1 EL gehackte Petersilie

Zubereitungszeit: 35 Minuten, ohne Auftau- und Einweichzeit

1. TK-Erbsen-Möhren-Mischung nach Packungsanleitung auftauen lassen.

2. Wasser in einem großen Topf mit geschlossenem Deckel zum Kochen bringen. Dann Salz und Nudeln hinzugeben. Die Nudeln im geöffneten Topf bei mittlerer Hitze nach Packungsanleitung kochen lassen, dabei zwischendurch 4–5-mal umrühren. Anschließend die Nudeln in ein Sieb geben, mit heißem Wasser abspülen und abtropfen lassen.

3. Trockenpilze nach Packungsanleitung einweichen und in einem Sieb abtropfen lassen. Pilze in kleine Stücke schneiden.

4. Putenbrustfilet unter fließendem kalten Wasser abspülen, trocken tupfen und in Streifen schneiden. Speiseöl in einer Pfanne erhitzen. Putenbrustfiletstreifen und Pilzstücke darin portionsweise unter mehrmaligem Wenden anbraten, mit Salz und Pfeffer würzen, herausnehmen und warm stellen.

5. Die Nudeln zum Bratensatz in die Pfanne geben. Erbsen und Möhren hinzugeben und etwa 5 Minuten unter vorsichtigem Wenden braten. Warm gestellte Pilze, Fleischstreifen und Schlagsahne hinzufügen und 3–4 Minuten erhitzen. Die Nudelpfanne nochmals mit Salz und Pfeffer abschmecken und mit Petersilie bestreut servieren.

Spirelli-Topf mit Rauchenden I

Schnell zubereitet – einfach

4 Portionen

Pro Portion:
E: 48 g, F: 31 g, Kh: 45 g, kJ: 2908, kcal: 694

2 Zwiebeln
60 g Butter
4 EL Tomatenmark
250 g Spirelli (Spiralnudeln)
1 l Gemüsebrühe
4 Rauchenden (Mettwürstchen)
Salz
frisch gemahlener Pfeffer

Zubereitungszeit: 20 Minuten

1. Zwiebeln abziehen und in kleine Würfel schneiden.

2. Butter in einem Topf oder einer hohen Pfanne zerlassen. Die Zwiebelwürfel darin andünsten. Tomatenmark unterrühren. Nudeln hinzufügen.

3. Die Brühe hinzugießen, unter Rühren zum Kochen bringen und etwa 10 Minuten bei mittlerer Hitze unter gelegentlichem Rühren kochen lassen.

4. Rauchenden in Scheiben schneiden und unter den Spirelli-Topf rühren. Mit Salz und Pfeffer würzen. Den Spirelli-Topf noch etwa 5 Minuten ziehen lassen.

Sterntalersuppe | Für die Kinderparty

8 Portionen

Pro Portion:
E: 7 g, F: 1 g, Kh: 16 g, kJ: 442, kcal: 105

2	große Möhren
1	großer Kohlrabi
	Salzwasser
1 Stange	Porree (Lauch)
1,6 l	Geflügelfond oder -brühe
160 g	Sternchennudeln
	Salz
	frisch gemahlener, weißer Pfeffer
	geriebene Muskatnuss

Zubereitungszeit: 40 Minuten

1. Möhren und Kohlrabi putzen, schälen, abspülen, abtropfen lassen und in dünne Scheiben schneiden (eventuell mit einer Aufschnittmaschine). Möhren- und Kohlrabischeiben in kochendem Salzwasser kurz blanchieren, mit kaltem Wasser abschrecken und in einem Sieb abtropfen lassen.

2. Von dem Porree die einzelnen Schichten abtrennen, dazu jede Schicht einschneiden und abnehmen. Porreeblätter waschen, abtropfen lassen und ebenfalls in dem kochenden Salzwasser kurz blanchieren (höchstens 10 Sekunden).

3. Aus dem blanchierten Gemüse mithilfe eines Messers oder eines Plätzchenausstechers mittelgroße Sterne ausstechen.

4. Geflügelfond oder -brühe in einen Topf geben. Das ausgestochene Gemüse mit den Nudeln hinzufügen, zum Kochen bringen und unter gelegentlichem Rühren 8–10 Minuten köcheln lassen. Die Suppe mit Salz, Pfeffer und Muskat würzen.

Tipp: Einfacher und schneller geht's, wenn Sie das Gemüse nicht ausstechen, sondern in Würfel oder Streifen schneiden. Es muss dann nicht blanchiert werden.

Suppenkasper-Alphabet | Für Kinder

4 Portionen

Pro Portion:
E: 11 g, F: 7 g, Kh: 18 g, kJ: 810, kcal: 195

1 l Wasser
1 gestr. TL Salz
80 g Buchstabennudeln

2 mittelgroße Möhren
2 kleine Zucchini
4 junge, zarte Sellerieblätter
1 l Fleisch- oder Gemüsebrühe
2 EL fein gehackte Petersilie

Zubereitungszeit: 30 Minuten

1. Wasser in einem großen Topf mit geschlossenem Deckel zum Kochen bringen. Dann Salz und Nudeln hinzugeben. Die Nudeln im geöffneten Topf bei mittlerer Hitze nach Packungsanleitung kochen lassen, dabei zwischendurch 4–5-mal umrühren.

2. Anschließend die Nudeln in ein Sieb geben, mit heißem Wasser abspülen und abtropfen lassen.

3. Möhren putzen, schälen, abspülen, abtropfen lassen und in kochendem Wasser etwa 2 Minuten blanchieren. Möhren herausnehmen, mit kaltem Wasser abschrecken und in einem Sieb abtropfen lassen. Aus den Möhren mit einem Kugelausstecher kleine Kugeln ausstechen.

4. Zucchini waschen, abtrocknen und die Enden abschneiden. Zucchini zuerst in Scheiben, dann in etwa $\frac{1}{2}$ cm dicke Streifen schneiden. Sellerieblätter abspülen und trocken tupfen.

5. Brühe in einem Topf zum Kochen bringen. Möhrenkugeln, Zucchinistifte und Sellerieblätter hinzugeben, zum Kochen bringen und zugedeckt etwa 10 Minuten bei mittlerer Hitze kochen lassen.

6. Buchstabennudeln in die Suppe geben und kurz erhitzen. Die Suppe mit Petersilie bestreuen und anschließend servieren.

Süße Lasagne | Für Kinder

6 Portionen

Pro Portion:
E: 9 g, F: 23 g, Kh: 54 g, kJ: 2011, kcal: 481

Für die Lasagne:

1 Pck. Saucenpulver Vanille-Geschmack (für 500 ml [½ l] Flüssigkeit, zum Kochen)
250 ml (¼ l) Milch
250 g Schlagsahne
3 EL Zucker
2 Eier (Größe M)
1 Dose Tortenpfirsiche (Abtropfgewicht 500 g)
1 Glas Stachelbeeren (Abtropfgewicht 390 g)
6 Lasagneplatten, ohne Vorkochen
50 g gehobelte Mandeln

Für die Kirschsauce:

1 Pck. Saucenpulver Vanille-Geschmack (für 500 ml [½ l] Flüssigkeit, zum Kochen)
500 ml (½ l) Kirschsaft
1 Zimtstange
1 TL Dr. Oetker Finesse Geriebene Zitronenschale

Zum Bestäuben:

1 EL Puderzucker

Zubereitungszeit: 60 Minuten, ohne Abkühlzeit
Garzeit: etwa 35 Minuten

1. Für die Lasagne Saucenpulver mit 4 Esslöffeln von der Milch anrühren. Restliche Milch mit Sahne und Zucker in einem Topf zum Kochen bringen. Das angerührte Saucenpulver in die von der Kochstelle genommene Sahnemilch rühren und unter Rühren nochmals kurz aufkochen lassen. Den Topf von der Kochstelle nehmen.

2. Den Backofen vorheizen.
Ober-/Unterhitze: etwa 200 °C
Heißluft: etwa 180 °C

3. Eier verschlagen, mit etwas von der heißen Sauce verrühren, dann mit der restlichen heißen Sauce verrühren (nicht mehr kochen lassen).

4. Pfirsiche und Stachelbeeren getrennt in je einem Sieb abtropfen lassen. Etwas von der Sauce auf den Boden einer rechteckigen Auflaufform (gefettet) streichen. 3 Lasagneplatten nebeneinander darauflegen. Pfirsiche darauf verteilen und mit Sauce knapp bedecken.

5. Restliche Lasagneplatten darauflegen. Stachelbeeren darauf verteilen, mit der restlichen Sauce begießen und mit Mandeln bestreuen. Die Form auf dem Rost in den vorgeheizten Backofen schieben. Die Lasagne etwa 35 Minuten garen.

6. In der Zwischenzeit für die Kirschsauce Saucenpulver mit 4 Esslöffeln von dem Kirschsaft anrühren. Restlichen Kirschsaft mit Zimtstange und Zitronenschale in einem Topf zum Kochen bringen.

7. Zimtstange entfernen. Angerührtes Saucenpulver in den von der Kochstelle genommenen Saft rühren und unter Rühren nochmals kurz aufkochen lassen. Den Topf von der Kochstelle nehmen. Die Sauce etwas abkühlen lassen.

8. Lasagne mit Puderzucker bestäuben und mit der Kirschsauce servieren.

Taglerini auf Basilikumschaum mit Muscheln | Für Gäste

4 Portionen

Pro Portion:
E: 20 g, F: 34 g, Kh: 62 g, kJ: 2777, kcal: 663

3 ½ l Wasser
3 ½ gestr. TL Salz
350 g Taglerini (dünne Bandnudeln)

Für den Basilikumschaum:
2 Töpfe Basilikum
4 EL Fischfond oder -brühe
8 EL Olivenöl
Salz, frisch gemahlener Pfeffer
2 EL geschlagene Schlagsahne

20 g Butter
250 g Muschelfleisch (aus dem Glas oder der Dose)
2 EL Tomatenwürfel

Zubereitungszeit: 30 Minuten

1. Wasser in einem großen Topf mit geschlossenem Deckel zum Kochen bringen. Dann Salz und Nudeln hinzugeben. Die Nudeln im geöffneten Topf bei mittlerer Hitze nach Packungsanleitung kochen lassen, dabei zwischendurch 4–5-mal umrühren.

2. Anschließend die Nudeln in ein Sieb geben, mit heißem Wasser abspülen und abtropfen lassen.

3. Für den Basilikumschaum Basilikum abspülen und trocken tupfen. Die Blättchen von den Stängeln zupfen (einige Blättchen zum Garnieren beiseitelegen). Blättchen in Streifen schneiden. Basilikumblättchen mit Fischfond oder -brühe und Olivenöl im Mixer oder mit einem Stabmixer pürieren. Mit Salz und Pfeffer würzen. Sahne unterheben.

4. Butter in einer kleinen Pfanne zerlassen. Anschließend abgetropftes Muschelfleisch und Tomatenwürfel darin andünsten.

5. Basilikumschaum auf Tellern verteilen. Die Nudeln darauf anrichten. Mit Muschelfleisch, Tomatenwürfeln und beiseitegelegten Basilikumblättchen garnieren.

Tagliatelle mit grünem Spargel

Für Gäste

4 Portionen

Pro Portion:
E: 20 g, F: 19 g, Kh: 93 g, kJ: 2645, kcal: 634

500 g grüner Spargel
350 ml Gemüsebrühe
1 Bund glatte Petersilie
1 Becher Crème fraîche (150 g)
Salz
frisch gemahlener Pfeffer
40 g Haselnusskerne

5 l Wasser
5 gestr. TL Salz
500 g Tagliatelle (Bandnudeln)

Zubereitungszeit: 20 Minuten

1. Vom Spargel das untere Drittel schälen und die Enden abschneiden. Den Spargel in etwa 1 cm lange Stücke schneiden, dabei aber die Spargelspitzen 2–3 cm lang lassen.

2. Brühe in einem Topf erhitzen. Die Spargelstücke darin etwa 6 Minuten kochen lassen. Anschließend die Spargelspitzen mit einer Schaumkelle aus der Brühe nehmen und beiseitelegen.

3. Petersilie abspülen und trocken tupfen. Die Blättchen von den Stängeln zupfen. Blättchen klein schneiden. Petersilie in die Spargelbrühe geben.

4. Die Brühe mit den Spargelstücken und der Petersilie fein pürieren, Crème fraîche unterrühren. Die Sauce mit Salz und Pfeffer würzen. Beiseitegelegte Spargelspitzen hinzufügen. Die Spargelsauce warm stellen.

5. Haselnusskerne grob hacken, in einer Pfanne ohne Fett leicht bräunen, herausnehmen und auf einen Teller geben.

6. Wasser in einem großen Topf mit geschlossenem Deckel zum Kochen bringen. Dann Salz und Nudeln hinzugeben. Die Nudeln im geöffneten Topf bei mittlerer Hitze nach Packungsanleitung kochen lassen, dabei zwischendurch 4–5-mal umrühren.

7. Anschließend die Nudeln in ein Sieb geben, mit heißem Wasser abspülen und abtropfen lassen.

8. Die Tagliatelle in eine vorgewärmte Schüssel geben und mit der Sauce vermengen. Mit den Haselnusskernen garniert servieren.

Tipps: Bestreuen Sie das Gericht mit geraspeltem Comté-Käse. Ersetzen Sie die Haselnusskerne durch gehackte Kürbiskerne und beträufeln Sie das fertige Gericht mit etwas Kürbiskernöl. Statt der Petersilie schmeckt auch frischer Kerbel sehr gut.

Tagliatelle mit Lachs und Rauke | Einfach

8–10 Portionen

Pro Portion:
E: 40 g, F: 33 g, Kh: 80 g, kJ: 3268, kcal: 781

je 5 l Wasser
je 5 gestr. TL Salz
1 kg Tagliatelle (Bandnudeln)

300 g Rauke (Rucola)
4 Knoblauchzehen
2 Zwiebeln
800 g Lachsfilet
8 EL Rapsöl
60 g geröstete Pinienkerne
3 EL Lachscreme (aus der Tube, aus dem Kühlregal)
Salz
frisch gemahlener Pfeffer
150 g fein geraspelter Parmesan-Käse

Zubereitungszeit: 45 Minuten

1. Wasser in einem großen Topf mit geschlossenem Deckel zum Kochen bringen. Dann Salz und Nudeln hinzugeben. Die Nudeln in 2 Portionen im geöffneten Topf bei mittlerer Hitze nach Packungsanleitung kochen lassen, dabei zwischendurch 4–5-mal umrühren.

2. Anschließend die Nudeln in ein Sieb geben, mit heißem Wasser abspülen, abtropfen lassen und warm stellen.

3. Rauke putzen, dicke Stiele entfernen. Rauke waschen, gut abtropfen lassen und grob zerkleinern. Knoblauch und Zwiebeln abziehen, in kleine Würfel schneiden.

4. Lachsfilet unter fließendem kalten Wasser abspülen, trocken tupfen und in etwa 2 cm große Würfel schneiden.

5. Rapsöl in einer großen Pfanne oder einem großen Topf erhitzen. Lachswürfel darin von allen Seiten anbraten. Pinienkerne und Rauke hinzugeben, kurz miterhitzen. Lachscreme unterrühren. Mit Salz und Pfeffer kräftig würzen.

6. Tagliatelle in eine große Schüssel geben. Lachs-Rauke-Masse hinzugeben und unterheben. Tagliatelle mit Lachs und Rauke sofort servieren. Parmesan-Käse dazureichen.

Tagliatelle mit Linsen und Pilzen

Vegetarisch

4 Portionen

Pro Portion:
E: 21 g, F: 19 g, Kh: 99 g, kJ: 2853, kcal: 682

Für den Nudelteig:

200 g Weizenmehl
2 Eier (Größe M)
2 EL TK-Spinat
Salz
1 TL Speiseöl
1 TL gerebelter Oregano

300 g Pilze, z. B. Champignons, Steinpilze
40 g Butter
200 g rote Linsen
Salzwasser

40 g Butter

4 EL Olivenöl
je 1 TL frische Oregano- und Thymianblättchen
500 ml (1/2 l) Gemüsebrühe
frisch gemahlener Pfeffer

Zubereitungszeit: 60 Minuten, ohne Ruhezeit

1. Für den Teig Mehl in eine Rührschüssel geben und in die Mitte eine Vertiefung drücken. Eier, 2 Esslöffel aufgetauten Spinat, Salz, Speiseöl und Oregano verschlagen, in die Vertiefung geben. Mit einer Gabel nach und nach etwas von dem Mehl einrühren.

2. Anschließend mit Handrührgerät mit Knethaken zu einem glatten Teig verkneten. Sollte der Teig kleben, noch etwas Mehl hinzufügen. Den Teig in Frischhaltefolie wickeln und etwa 1 Stunde ruhen lassen.

3. Pilze putzen, mit Küchenpapier abreiben, eventuell abspülen, trocken tupfen und in Scheiben schneiden. Butter in einer Pfanne zerlassen, Pilze darin unter Rühren andünsten.

4. Linsen in kochendem Salzwasser etwa 15 Minuten garen.

5. Den Nudelteig auf einer bemehlten Arbeitsfläche oder mit der Nudelmaschine etwa 1 mm dick ausrollen. Bandnudeln in gewünschter Länge und Breite (evtl. etwa 2 cm breit) ausschneiden.

6. Wasser in einem großen Topf mit geschlossenem Deckel zum Kochen bringen. Dann Salz und Bandnudeln hinzugeben. Die Nudeln im geöffneten Topf bei mittlerer Hitze etwa 8 Minuten kochen lassen. Dabei zwischendurch 4–5-mal umrühren.

7. Anschließend die Nudeln in ein Sieb geben, mit heißem Wasser abspülen und gut abtropfen lassen. Nudeln in zerlassener Butter schwenken und warm stellen.

8. Die garen Linsen in einem Sieb abtropfen lassen. Das Olivenöl in einem Topf erhitzen. Die Linsen darin andünsten, Oregano-, Thymianblättchen und Brühe hinzufügen, zum Kochen bringen und etwa 5 Minuten kochen lassen.

9. Nudeln, Pilze und Linsengemüse miteinander vermengen, mit Salz und Pfeffer abschmecken, sofort servieren.

Tagliatelle mit Spargel | Einfach

4 Portionen

Pro Portion:
E: 28 g, F: 27 g, Kh: 94 g, kJ: 3049, kcal: 729

700 g grüner Spargel

5 l Wasser
5 gestr. TL Salz
500 g Tagliatelle (Bandnudeln)

1 Zwiebel
2 Knoblauchzehen
5 EL Olivenöl
60 g getrocknete Tomaten in Öl
30 g Pinienkerne
1 Bund Basilikum
Salz
frisch gemahlener Pfeffer

80 g geriebener Parmesan-Käse

Zubereitungszeit: 30 Minuten

1. Von dem Spargel das untere Drittel schälen und die Enden abschneiden. Spargel in etwa 3 cm große Stücke schneiden.

2. Wasser in einem großen Topf mit geschlossenem Deckel zum Kochen bringen. Dann Salz und Nudeln hinzugeben. Die Nudeln im geöffneten Topf bei mittlerer Hitze nach Packungsanleitung kochen lassen, dabei zwischendurch 4–5-mal umrühren.

3. Anschließend die Nudeln in ein Sieb geben, mit heißem Wasser abspülen und abtropfen lassen. Nudeln warm stellen.

4. Zwiebel und Knoblauch abziehen, in kleine Würfel schneiden. Olivenöl in einer großen Pfanne erhitzen. Knoblauch- und Zwiebelwürfel darin glasig dünsten. Spargelstücke hinzugeben und unter Rühren etwa 3 Minuten mit anbraten.

5. Tomaten abtropfen lassen und in Streifen schneiden. Zusammen mit den Pinienkernen unter die Spargelstücke rühren. Basilikum abspülen und trocken tupfen. Die Blättchen von den Stängeln zupfen. Blättchen klein schneiden und unterrühren. Spargel-Tomaten-Gemüse mit Salz und Pfeffer würzen.

6. Die Nudeln auf Tellern anrichten. Gemüse darauf verteilen und mit Parmesan-Käse bestreut servieren.

Tipp: Zusätzlich noch 2–3 hart gekochte, in Würfel geschnittene Eier unter das Gemüse geben.

Tagliatelle verdi mit Lachs

Mit Alkohol

4 Portionen

Pro Portion:
E: 26 g, F: 23 g, Kh: 89 g, kJ: 2946, kcal: 705

250 g geräucherter, milder Lachs
2 Schalotten
1 EL Butter
200 ml Weißwein
125 g Crème double
Salz, frisch gemahlener Pfeffer

5 l Wasser
5 gestr. TL Salz
500 g Tagliatelle verdi
(grüne Bandnudeln)

3 Stängel Basilikum

Zubereitungszeit: 20 Minuten

1. Den Lachs in Streifen schneiden. Schalotten abziehen und in kleine Würfel schneiden. Butter in einem Topf zerlassen, Schalottenwürfel darin andünsten. Wein hinzugießen, zum Kochen bringen und auf ein Drittel einkochen lassen. Crème double unterrühren, mit Salz und Pfeffer würzen.

2. In der Zwischenzeit Wasser in einem großen Topf mit geschlossenem Deckel zum Kochen bringen. Dann Salz und Nudeln hinzugeben. Die Nudeln im geöffneten Topf bei mittlerer Hitze nach Packungsanleitung kochen lassen, dabei zwischendurch 4–5-mal umrühren.

3. Anschließend die Tagliatelle verdi in ein Sieb geben, mit heißem Wasser abspülen und abtropfen lassen.

4. Die Nudeln sofort mit der Sauce vermengen und auf vorgewärmte Teller geben. Lachswürfel darauf verteilen.

5. Basilikum abspülen und trocken tupfen. Die Blättchen von den Stängeln zupfen. Blättchen in Streifen schneiden.

6. Tagliatelle mit Lachs mit den Basilikumstreifen bestreuen und sofort servieren.

Tiroler Krautnudeln | Preiswert

4 Portionen

Pro Portion:
E: 22 g, F: 38 g, Kh: 51 g, kJ: 2820, kcal: 674

1 kg Weißkohl
2 große Zwiebeln
75 g Schweine- oder Butterschmalz
Salz, frisch gemahlener Pfeffer

2 1/2 l Wasser
2 1/2 gestr. TL Salz
250 g Bandnudeln

250–300 g Fleischwurst mit Knoblauch

Zubereitungszeit: 55 Minuten

1. Weißkohl putzen, vierteln und den Strunk herausschneiden. Kohl in feine Streifen schneiden, waschen und gut abtropfen lassen.

2. Zwiebeln abziehen und in kleine Würfel schneiden. Schmalz in einem Topf erhitzen, Zwiebelwürfel darin andünsten. Kohlstreifen hinzufügen, mit Salz und Pfeffer würzen. Die Zutaten unter ständigem Rühren in etwa 25 Minuten leicht bräunen lassen.

3. Wasser in einem großen Topf mit geschlossenem Deckel zum Kochen bringen. Dann Salz und Nudeln hinzugeben. Die Nudeln im geöffneten Topf bei mittlerer Hitze nach Packungsanleitung kochen lassen, dabei zwischendurch 4–5-mal umrühren.

4. Anschließend die Nudeln in ein Sieb geben, mit heißem Wasser abspülen und abtropfen lassen.

5. Fleischwurst enthäuten, halbieren und in Scheiben schneiden. Wurstscheiben mit den Nudeln zu dem Kohl (Kraut) geben und unter Rühren erhitzen. Mit Salz und Pfeffer kräftig abschmecken.

Tipp: Ersetzen Sie die Fleischwurst durch Würfel von übrig gebliebenem kalten Braten.

Tomaten-Nudel-Auflauf | Für Kinder

4 Portionen

Pro Portion:
E: 25 g, F: 22 g, Kh: 44 g, kJ: 2117, kcal: 506

2 l Wasser
2 gestr. TL Salz
200 g Nudeln, z. B. Spiralnudeln

750 g Tomaten
150 g roher Schinken
3 Eier (Größe M)
125 ml (1/8 l) Milch
2 EL gehackte Petersilie
2 EL Schnittlauchröllchen
Salz
frisch gemahlener Pfeffer
2 EL frisch geriebener Parmesan-Käse
2 EL Semmelbrösel

Zubereitungszeit: 25 Minuten
Garzeit: etwa 35 Minuten

1. Wasser in einem großen Topf mit geschlossenem Deckel zum Kochen bringen. Dann Salz und Nudeln hinzugeben. Die Nudeln im geöffneten Topf bei mittlerer Hitze nach Packungsanleitung kochen lassen, dabei zwischendurch 4–5-mal umrühren.

2. Anschließend die Nudeln in ein Sieb geben, mit heißem Wasser abspülen und abtropfen lassen.

3. Den Backofen vorheizen.
Ober-/Unterhitze: etwa 200 °C
Heißluft: etwa 180 °C

4. Tomaten waschen, abtropfen lassen, kreuzweise einschneiden, kurz in kochendes Wasser legen und in kaltem Wasser abschrecken. Tomaten enthäuten, halbieren, entkernen und die Stängelansätze herausschneiden. Tomatenhälften in Scheiben schneiden.

5. Schinken in Würfel schneiden. Tomatenscheiben, Schinkenwürfel und Nudeln in eine Auflaufform (gefettet) schichten.

6. Eier mit Milch verschlagen, Petersilie und Schnittlauchröllchen unterrühren. Alles mit Salz und Pfeffer würzen. Die Eiermilch auf dem Auflauf verteilen. Den Parmesan-Käse mit Semmelbröseln mischen und daraufstreuen.

7. Die Form auf dem Rost in den vorgeheizten Backofen schieben. Den Auflauf etwa 35 Minuten garen.

8. Den Auflauf eventuell gegen Ende der Garzeit mit Backpapier belegen.

Tomatensuppe „Farfalle" | Raffiniert

4 Portionen

Pro Portion:
E: 20 g, F: 35 g, Kh: 23 g, kJ: 2138, kcal: 510

1 l Wasser
1 gestr. TL Salz
100 g Farfalle (Schmetterlingsnudeln)

1 Dose geschälte Tomaten (Einwaage 800 g)
200 g Hähnchenbrustfilet
1 Knoblauchzehe
75 g magerer Speck
2 EL Speiseöl
125 ml (1/8 l) Fleischbrühe
1 Becher Crème fraîche (150 g)
Salz, Tabasco
einige Basilikumblättchen

Zubereitungszeit: 25 Minuten

1. Wasser in einem großen Topf mit geschlossenem Deckel zum Kochen bringen. Dann Salz und Nudeln hinzugeben. Die Nudeln im geöffneten Topf bei mittlerer Hitze nach Packungsanleitung kochen lassen, dabei zwischendurch 4–5-mal umrühren.

2. Anschließend die Nudeln in ein Sieb geben, mit heißem Wasser abspülen und abtropfen lassen.

3. Die Tomaten mit Saft pürieren und durch ein Sieb geben. Hähnchenbrustfilet unter fließendem kalten Wasser abspülen, trocken tupfen und in feine Streifen schneiden. Knoblauch abziehen und klein würfeln. Speck in kleine Würfel schneiden.

4. Speiseöl in einem Topf erhitzen, Speckwürfel darin auslassen, herausnehmen und beiseitelegen. Knoblauchwürfel im dem Speckfett andünsten. Hähnchenbrustfiletstreifen hinzugeben und kurz anbraten. Dann Tomatenpüree und Brühe hinzugießen. Die Suppe zum Kochen bringen und etwa 5 Minuten köcheln lassen.

5. Einen halben Becher Crème fraîche unter die Suppe rühren (Suppe nicht mehr kochen lassen). Nudeln und beiseitegelegte Speckwürfel in der Suppe erhitzen. Mit Salz und Tabasco abschmecken.

6. Basilikumblättchen abspülen und trocken tupfen. Die Blättchen von den Stängeln zupfen. Blättchen in Streifen schneiden.

7. Die Suppe in 4 Teller verteilen. Jeweils einen Klecks Crème fraîche in die Mitte geben. Mit Basilikumstreifen bestreut servieren.

Tomatensuppe „Frutti di Mare“ I

Einfach

4 Portionen

Pro Portion:
E: 17 g, F: 12 g, Kh: 24 g, kJ: 1152, kcal: 274

300 g	*TK-Frutti di Mare*
50 g	*Mie-Nudeln (asiatische Instant-Nudeln)*
1 kg	*Fleischtomaten*
1 Bund	*Suppengrün*
3	*Frühlingszwiebeln*
4 EL	*Speiseöl*
2 EL	*Tomatenmark*
	Salz
	frisch gemahlener Pfeffer
	getrocknetes Basilikum
500 ml (1/2 l)	*Gemüsebrühe*
	vorbereitete Basilikumblättchen

Zubereitungszeit: 35 Minuten, ohne Auftauzeit

1. Frutti di Mare nach Packungsanleitung auftauen lassen.

2. Mie-Nudeln nach Packungsanleitung zubereiten. Die Nudeln in ein Sieb geben, kurz abspülen und abtropfen lassen.

3. Tomaten waschen, trocken tupfen, halbieren und die Stängelansätze herausschneiden. Tomatenhälften in Würfel schneiden.

4. Suppengrün putzen, eventuell schälen, waschen, abtropfen lassen und klein schneiden. Frühlingszwiebeln putzen, waschen, abtropfen lassen und ebenfalls klein schneiden.

5. Speiseöl in einem Topf erhitzen. Suppengrün- und Frühlingszwiebelstücke darin andünsten, Tomatenmark kurz mit andünsten. Tomatenwürfel hinzufügen und ebenfalls mit andünsten. Mit Salz, Pfeffer und Basilikum würzen.

6. Brühe hinzugießen, zum Kochen bringen und zugedeckt etwa 15 Minuten kochen lassen. Die Suppe pürieren und mit den Gewürzen kräftig abschmecken.

7. Frutti di Mare in kochendem Wasser etwa 2 Minuten blanchieren, in ein Sieb geben, mit kaltem Wasser übergießen und abtropfen lassen. Basilikumblättchen fein schneiden.

8. Frutti di Mare und Nudeln in die Suppe geben, nochmals erhitzen und mit den Gewürzen abschmecken.

9. Die Tomatensuppe mit Basilikumblättchen bestreut servieren.

Tomatentopf mit Nudeln | Für Kinder

4 Portionen

Pro Portion:
E: 13 g, F: 13 g, Kh: 19 g, kJ: 1093, kcal: 261

1	*mittelgroße Zwiebel*
1	*Knoblauchzehe*
150 g	*Brokkoliröschen*
1 EL	*Butter*
60 g	*Suppennudeln, z. B. Hörnchen*
250 ml (1/4 l)	*Tomatensaft*
125 ml (1/8 l)	*Gemüsebrühe*
600 g	*Tomaten*
125 g	*gekochter Schinken*
	Salz
	frisch gemahlener, weißer Pfeffer
	Cayennepfeffer
1 Prise	*Zucker*
1 TL	*frisch gehackter Oregano*
1 TL	*frisch gehackte Basilikumblättchen*
75 g	*Schlagsahne*
2 TL	*gehackte Basilikumblättchen*

Zubereitungszeit: 25 Minuten

1. Zwiebel und Knoblauch abziehen, in kleine Würfel schneiden. Die Brokkoliröschen waschen, abtropfen lassen. Die Brokkoliröschen am Strunk kreuzförmig einschneiden.

2. Dann Butter in einem Topf zerlassen. Zwiebel- und Knoblauchwürfel darin andünsten. Brokkoliröschen hinzugeben und mit andünsten. Nudeln, Tomatensaft und Brühe hinzugeben, zum Kochen bringen und etwa 5 Minuten kochen lassen.

3. Tomaten waschen, abtropfen lassen, kreuzweise einschneiden, kurz in kochendes Wasser legen und in kaltem Wasser abschrecken. Tomaten enthäuten, halbieren, entkernen und die Stängelansätze herausschneiden. Tomatenhälften in grobe Würfel schneiden. Schinken ebenfalls würfeln.

4. Die Tomaten- und Schinkenwürfel in die Tomaten-Brokkoli-Brühe geben. Mit Salz, Pfeffer, Cayennepfeffer und Zucker würzen. Oregano und Basilikum unterrühren. Die Zutaten wieder zum Kochen bringen. Den Tomatentopf weitere 2–3 Minuten kochen lassen. Die Sahne unterrühren, nochmals mit den Gewürzen abschmecken. Den Tomatentopf mit Basilikum bestreut servieren.

Tortellini in Gorgonzolasauce

Für Gäste

6 Portionen

Pro Portion:
E: 34 g, F: 38 g, Kh: 73 g, kJ: 3286, kcal: 784

1 kg Tortellini (aus dem Kühlregal)
Salzwasser
evtl. Speiseöl

Für die Gorgonzolasauce:
40 g Butter
40 g Weizenmehl
500 ml (1/2 l) Gemüsebrühe oder halb Milch, halb Brühe
200 g Gorgonzola-Käse
200 g Schlagsahne oder Schmand (Sauerrahm)
Salz, frisch gemahlener Pfeffer
250 g gekochter oder roher Schinken
geriebener Parmesan-Käse
evtl. 2 EL gehackte Petersilie

Zubereitungszeit: 40 Minuten

1. Die Tortellini in kochendem Salzwasser mit Speiseöl nach Packungsanleitung bissfest garen. Tortellini in ein Sieb geben, mit heißem Wasser abspülen, abtropfen lassen und warm stellen.

2. Für die Sauce Butter in einem Topf zerlassen. Mehl darin unter Rühren so lange erhitzen, bis es hellgelb ist. Nach und nach Brühe oder halb Brühe, halb Milch hinzugießen. Mit einem Schneebesen durchschlagen. Darauf achten, dass keine Klümpchen entstehen.

3. Gorgonzola in Stückchen schneiden. Sahne oder Schmand und Gorgonzolastückchen unterrühren. Die Sauce etwa 3 Minuten bei schwacher Hitze kochen lassen, bis der Käse geschmolzen ist. Die Sauce mit Salz und Pfeffer würzen.

4. Schinken in Würfel schneiden und unterrühren. Die Sauce mit den Tortellini vermengen, mit Parmesan-Käse und nach Belieben mit Petersilie bestreuen und sofort servieren.

Tortellini in Tomaten-Käse-Sauce

Schnell zubereitet

4 Portionen

Pro Portion:
E: 22 g, F: 40 g, Kh: 65 g, kJ: 3040, kcal: 727

400 g	*getrocknete Tortellini, mit Käsefüllung*
	Salzwasser
2	*Zwiebeln*
1	*Knoblauchzehe*
3 EL	*Olivenöl*
1 Dose	*geschälte Tomaten (Einwaage 400 g)*
	Salz, frisch gemahlener Pfeffer
	gerebelter Oregano
1 EL	*Weizenmehl*
125 g	*Schlagsahne*
120 g	*Gorgonzola-Käse*
evtl. etwas	*Parmesan-Käse*

Zubereitungszeit: 25 Minuten

1. Tortellini in kochendem Salzwasser nach Packungsanleitung garen. Tortellini in einem Sieb abtropfen lassen und warm stellen.

2. Zwiebeln und Knoblauch abziehen, in kleine Würfel schneiden. Olivenöl in einem Topf erhitzen. Zwiebel- und Knoblauchwürfel darin andünsten.

3. Tomaten hinzufügen, mit Salz, Pfeffer und Oregano würzen. Die Zutaten zum Kochen bringen und etwa 5 Minuten kochen lassen. Die Tomatenmasse mit einem Stabmixer pürieren.

4. Mehl mit Sahne verrühren, in die Sauce rühren und unter Rühren 1–2 Minuten kochen lassen.

5. Käse in sehr kleine Würfel schneiden und unterrühren. Die Sauce nochmals mit den Gewürzen abschmecken. Die Tortellini mit der Sauce auf Tellern anrichten. Nach Belieben mit Parmesan-Käse bestreuen und servieren.

Tipp: Tortellini nach Belieben mit frischem Oregano und abgezogenen Tomatenspalten garnieren.

Tortellini mit Gemüse | Schnell zubereitet

4 Portionen

Pro Portion:
E: 21 g, F: 41 g, Kh: 106 g, kJ: 3733, kcal: 892

500 g Tortellini (aus dem Kühlregal)
Salzwasser
1 Bund Frühlingszwiebeln
40 g Butter
150 g Schlagsahne
100 g Gorgonzola-Käse
250 g Zuckerschoten
12 Cocktailtomaten
Salz, frisch gemahlener Pfeffer
6 Salbeiblättchen
8 Walnusskernhälften

Zubereitungszeit: 30 Minuten

1. Tortellini in kochendem Salzwasser nach Packungsanleitung garen. Tortellini in ein Sieb geben, mit heißem Wasser abspülen und abtropfen lassen.

2. Die Frühlingszwiebeln putzen, waschen, abtropfen lassen und in etwa 1 cm große Scheiben schneiden. Butter in einem Topf zerlassen. Frühlingszwiebelscheiben darin andünsten, Sahne hinzugießen. Gorgonzola zerbröseln, in die Sahne geben und unter Rühren bei schwacher Hitze schmelzen lassen.

3. Von den Zuckerschoten die Enden abschneiden, eventuell abfädeln. Zuckerschoten waschen, abtropfen lassen, in die Gorgonzola-Sahne-Sauce geben und etwa 4 Minuten garen.

4. Tomaten abspülen, trocken tupfen und eventuell die Stängelansätze herausschneiden. Tomaten hinzufügen. Die Gemüsesauce mit Salz und Pfeffer würzen. Salbeiblättchen abspülen und trocken tupfen. Die Blättchen von den Stängeln zupfen. Blättchen klein schneiden und unter die Gemüsesauce rühren. Tortellini unterheben und kurz miterhitzen. Walnusskernhälften fein hacken.

5. Tortellini mit Gemüse mit den gehackten Walnusskernhälften bestreut servieren.

Tortellini mit grüner Gemüsesauce | Raffiniert

4 Portionen (im Foto rechts)

Pro Portion:
E: 22 g, F: 12 g, Kh: 74 g, kJ: 2076, kcal: 493

200 g Zuckerschoten
1 Zwiebel
350 ml Gemüsebrühe
300 g TK-Erbsen

4 l Wasser
4 gestr. TL Salz
400 g Tortellini (aus dem Kühlregal)

1 Bund glatte Petersilie
Salz
frisch gemahlener Pfeffer

1 Zweig Minze

Zubereitungszeit: 30 Minuten

1. Von den Zuckerschoten die Enden abschneiden, eventuell abfädeln. Zuckerschoten waschen, abtropfen lassen, halbieren und in kochendem Wasser etwa 30 Sekunden blanchieren. Schotenhälften mit kaltem Wasser abschrecken und in einem Sieb abtropfen lassen.

2. Zwiebel abziehen und in kleine Würfel schneiden. Brühe mit den Zwiebelwürfeln in einem Topf aufkochen lassen. Die gefrorenen Erbsen hinzugeben, erneut aufkochen lassen und zugedeckt 8–10 Minuten bei schwacher Hitze kochen lassen.

3. In der Zwischenzeit Wasser in einem großen Topf mit geschlossenem Deckel zum Kochen bringen. Dann Salz und Tortellini hinzugeben. Die Tortellini im geöffneten Topf bei mittlerer Hitze nach Packungsanleitung kochen lassen, dabei zwischendurch 4–5-mal umrühren.

4. Anschließend die Tortellini in ein Sieb geben, mit heißem Wasser abspülen und abtropfen lassen.

5. Die Petersilie abspülen und trocken tupfen. Die Blättchen von den Stängeln zupfen. Blättchen klein schneiden. Petersilie zu den Erbsen geben und mit einem Stabmixer pürieren. Zuckerschotenhälften hinzugeben. Die Sauce nochmals kurz erhitzen, mit Salz und Pfeffer würzen.

6. Minze abspülen und trocken tupfen. Die Blättchen von den Stängeln zupfen. Blättchen in feine Streifen schneiden. Die Sauce mit Minze bestreuen. Tortellini mit der grünen Gemüsesauce in Schüsseln anrichten und servieren.

Tortellini mit Walnusskernen I

Schnell zubereitet – raffiniert

4 Portionen

Pro Portion:
E: 20 g, F: 71 g, Kh: 47 g, kJ: 3952, kcal: 945

Für die Walnusssauce:
200 g Walnusskerne
2–3 Knoblauchzehen
6 EL Olivenöl
200 g Schlagsahne
Salz
1 EL gehackte Majoranblättchen

5 l Wasser
5 gestr. TL Salz
500 g grüne Tortellini, evtl. mit Spinat gefüllt

Zum Garnieren:
einige Walnusskerne
einige Majoranblättchen

Zubereitungszeit: 25 Minuten

1. Für die Sauce etwa zwei Drittel der Walnusskerne fein hacken. Knoblauch abziehen und in kleine Würfel schneiden.

2. Olivenöl in einer Pfanne erhitzen, Knoblauchwürfel darin andünsten. Gehackte und ganze Walnusskerne hinzufügen, kurz miterhitzen. Die Sahne unterrühren und erhitzen. Die Sauce mit Salz würzen, gehackte Majoranblättchen unterrühren. Sauce warm stellen.

3. Wasser in einem großen Topf mit geschlossenem Deckel zum Kochen bringen. Dann Salz und Tortellini hinzugeben. Die Tortellini im geöffneten Topf bei mittlerer Hitze nach Packungsanleitung kochen lassen, dabei zwischendurch 4–5-mal umrühren.

4. Anschließend die Tortellini in ein Sieb geben, mit heißem Wasser abspülen, abtropfen lassen und in eine Schüssel geben.

5. Die Tortellini mit der Sauce vermengen, mit Walnusskernen und Majoranblättchen garniert sofort servieren.

Beilage: Salat mit Speckwürfeln.

Tortellini, römisch | Vegetarisch

6 Portionen

Pro Portion:
E: 36 g, F: 41 g, Kh: 64 g, kJ: 3423, kcal: 818

Für den Nudelteig:

500 g Weizenmehl
6 Eier (Größe M)
2 TL Olivenöl
Salz

Für die Füllung:

400 g Magerquark
170 g frisch geriebener Parmesan-Käse
2 Eier (Größe M)
frisch gemahlener Pfeffer
frisch geriebene Muskatnuss

Salzwasser
125 g Butter
vorbereitete Salbeiblättchen
1 TL gehackte Petersilie

Zubereitungszeit: 75 Minuten, ohne Ruhe- und Trockenzeit

1. Für den Nudelteig Mehl in eine Rührschüssel geben und in die Mitte eine Vertiefung eindrücken. Eier, Olivenöl und Salz verschlagen, in die Vertiefung geben. Mit einer Gabel nach und nach etwas von dem Mehl einrühren.

2. Anschließend mit Handrührgerät mit Knethaken zu einem glatten Teig verkneten. Sollte der Teig kleben, noch etwas Mehl hinzufügen. Den Teig in Frischhaltefolie wickeln und etwa 30 Minuten ruhen lassen.

3. Für die Füllung Quark mit 50 g des Parmesan-Käses und Eiern zu einer weichen Masse verrühren. Mit Salz, Pfeffer und Muskat würzen.

4. Den Nudelteig auf einer bemehlten Arbeitsfläche dünn ausrollen und Kreise (Ø etwa 5 cm) ausstechen. In die Mitte jedes Teigkreises etwas von der Füllung geben. Die Teigränder mit Wasser bestreichen. Die Teigkreise zu Halbkreisen zusammenklappen, Ränder gut zusammendrücken. Die Spitzen jedes Halbkreises leicht auseinanderziehen und um den Zeigefinger wickeln, die Spitzen dabei leicht zusammendrücken. Tortellini auf einem bemehlten Brett mehrere Stunden trocknen lassen.

5. Tortellini portionsweise in kochendem Salzwasser etwa 5 Minuten garen. Anschließend mit einer Schaumkelle herausnehmen und in einem Sieb abtropfen lassen.

6. Butter in einer Pfanne zerlassen und etwas bräunen lassen. Salbeiblättchen und Petersilie hinzugeben.

7. Die Tortellini in eine Schüssel geben. Die Petersilien-Salbei-Butter darauf verteilen und gut untermischen. Die Tortellini sofort servieren. Restlichen Parmesan-Käse dazureichen.

Tipps: Ersetzen Sie die Hälfte des Magerquarks durch die gleiche Menge Ricotta (ital. Frischkäse) und den Parmesan-Käse durch Pecorino-Käse. Streuen Sie zum Servieren etwas frisch gemahlenen schwarzen Pfeffer über das Gericht.

Tortellini-Auflauf mit Salbei und Parmaschinken | Gut vorzubereiten

4 Portionen

Pro Portion:
E: 24 g, F: 47 g, Kh: 30 g, kJ: 2760, kcal: 659

250 g getrocknete Tortellini, mit Käsefüllung
Salzwasser

1 Bund Frühlingszwiebeln
1 Bund Salbei
150 g Parmaschinken
4 Tomaten (etwa 250 g)
1 Fenchelknolle (etwa 200 g)
3 EL Olivenöl
Salz
frisch gemahlener Pfeffer
1 abgezogene, zerdrückte Knoblauchzehe

2 Eier (Größe M)
200 g Schlagsahne
150 g saure Sahne

30 g Butter
30 g Parmesan-Käse

Zubereitungszeit: 65 Minuten
Garzeit: etwa 25 Minuten

1. Die Tortellini in reichlich kochendem Salzwasser nach Packungsanleitung bissfest garen. Tortellini in ein Sieb geben, mit heißem Wasser abspülen und abtropfen lassen.

2. Frühlingszwiebeln putzen, waschen, abtropfen lassen und in feine Scheiben schneiden. Salbei abspülen und trocken tupfen. Die Blättchen von den Stängeln zupfen. Parmaschinken in Würfel schneiden.

3. Tomaten waschen, abtropfen lassen, kreuzweise einschneiden, kurz in kochendes Wasser legen und in kaltem Wasser abschrecken. Tomaten enthäuten, halbieren, entkernen und die Stängelansätze herausschneiden. Tomatenhälften in Würfel schneiden.

4. Den Backofen vorheizen.
Ober-/Unterhitze: etwa 200 °C
Heißluft: etwa 180 °C

5. Die Fenchelknolle putzen und halbieren. Fenchelgrün beiseitelegen. Fenchelhälften abspülen, abtropfen lassen und in Scheiben schneiden. Fenchelscheiben in etwas kochendem Salzwasser etwa 5 Minuten garen.

6. In der Zwischenzeit das Olivenöl in einem Topf erhitzen. Die Tomatenwürfel, Frühlingszwiebelscheiben, Salbeiblättchen und Schinkenwürfel darin andünsten, mit Salz, Pfeffer und Knoblauch würzen.

7. Fenchelscheiben mit einer Schaumkelle aus dem Salzwasser nehmen, mit dem angedünsteten Gemüse und den Tortellini mischen und in eine Auflaufform (gefettet) geben.

8. Eier mit Schlagsahne und saurer Sahne verschlagen, mit Salz und Pfeffer würzen. Die Eiersahne auf dem Auflauf verteilen. Butter in Flöckchen daraufgeben und mit Parmesan-Käse bestreuen. Den Auflauf etwa 25 Minuten garen.

9. Beiseitegelegtes Fenchelgrün abspülen und trocken tupfen. Den Auflauf mit Fenchelgrün garniert servieren.

Tortellini-Mangold-Auflauf | Raffiniert

8–10 Portionen

Pro Portion:
E: 26 g, F: 37 g, Kh: 41 g, kJ: 2617, kcal: 627

1 1/2 kg Mangold
Salzwasser

5 l Wasser
5 gestr. TL Salz
500 g getrocknete Tortellini, mit Käsefüllung

400 g Cocktailtomaten
100 g Walnusskerne
250 g Mozzarella-Käse
125 g Frühstücksspeck (Bacon)

Für den Guss:
6 Eier (Größe M)
200 g Schlagsahne
200 ml Milch
3 TL Thymian in Pflanzenöl (aus dem Glas)
frisch gemahlener, weißer Pfeffer
Salz

Zubereitungszeit: 40 Minuten
Garzeit: etwa 40 Minuten

1. Mangold putzen, gründlich waschen und abtropfen lassen. Die weißen Blattrippen in schmale, das Blattgrün in breite Streifen schneiden. Mangold in reichlich kochendem Salzwasser etwa 3 Minuten vorgaren. Mit einer Schaumkelle herausnehmen und abtropfen lassen.

2. Wasser in einem großen Topf mit geschlossenem Deckel zum Kochen bringen. Dann Salz und Tortellini hinzugeben. Die Tortellini im geöffneten Topf bei mittlerer Hitze nach Packungsanleitung kochen lassen, dabei zwischendurch 4–5-mal umrühren. Anschließend Tortellini in ein Sieb geben, mit heißem Wasser abspülen und abtropfen lassen.

3. Den Backofen vorheizen.
Ober-/Unterhitze: etwa 180 °C
Heißluft: etwa 160 °C

4. Die Tomaten waschen, abtrocknen und halbieren, eventuell Stängelansätze herausschneiden. Walnusskerne grob hacken. Mozzarella abtropfen lassen und in Würfel oder Scheiben schneiden. Speckscheiben in einer Pfanne ohne Fett kross ausbraten, herausnehmen und auf Küchenpapier abtropfen lassen.

5. Mangold mit Tortellini und Walnusskernen mischen, in eine große, flache Auflaufform (gefettet) geben. Die Tomatenhälften und Mozzarellawürfel oder -scheiben darauf verteilen und mit Speckscheiben belegen.

6. Für den Guss Eier mit Sahne, Milch und Thymianpaste verschlagen. Mit Pfeffer und eventuell Salz würzen. Die Eiersahne auf dem Auflauf verteilen. Die Form auf dem Rost in den vorgeheizten Backofen schieben. Den Auflauf etwa 40 Minuten garen.

Tipps: Sie können anstelle von Mangold auch Wirsing verwenden. Die Wirsingblätter 6–8 Minuten vorgaren. Falls Sie kein Thymian in Pflanzenöl bekommen, können Sie auch Pesto verwenden.

Tortellini-Salat | Einfach

4 Portionen

Pro Portion:
E: 13 g, F: 20 g, Kh: 49 g, kJ: 1814, kcal: 432

300–400 g frische Tortellini, mit Käsefüllung (aus dem Kühlregal)

1 Schalotte
50 g Frühstücksspeck (Bacon), in feinen Scheiben

3 EL Olivenöl
150 ml Gemüsebrühe
3–4 EL Weißweinessig
1 TL flüssiger Honig
Salz, frisch gemahlener Pfeffer
2 EL Kapern (aus dem Glas)

50 g Rucola (Rauke)
1 kleiner Radicchio
100 g Cocktailtomaten
1/4 Zuckermelone, z. B. Galiamelone

Zubereitungszeit: 25 Minuten, ohne Abkühlzeit

1. Die Tortellini nach Packungsanleitung zubereiten. Anschließend in ein Sieb geben, mit heißem Wasser abspülen und abtropfen lassen.

2. Schalotte abziehen und in kleine Würfel schneiden. Speckscheiben in einer Pfanne ohne Fett knusprig auslassen, herausnehmen und auf Küchenpapier abtropfen lassen. Olivenöl in die Pfanne geben und erhitzen. Schalottenwürfel darin glasig dünsten. Brühe, Essig und Honig hinzugeben. Mit Salz und Pfeffer würzen. Kapern abtropfen lassen und unterrühren.

3. Tortellini in eine Schüssel geben und mit dem Dressing vermischen. Tortellini erkalten lassen.

4. Rucola verlesen und dicke Stängel abschneiden. Rucola waschen und trocken tupfen oder trocken schleudern. Radicchio putzen, halbieren und den Strunk herausschneiden. Radicchiohälften waschen und gut abtropfen lassen. Die Radicchioblätter in mundgerechte Stücke schneiden oder zupfen.

5. Tomaten waschen, abtrocknen, halbieren und die Stängelansätze herausschneiden. Melone entkernen, schälen und das Fruchtfleisch in Würfel schneiden.

6. Rucola, Radicchio, Tomatenhälften und Melonenwürfel unter die Tortellini mischen. Nochmals mit Salz und Pfeffer abschmecken. Speck grob zerbröseln und auf dem Tortellini-Salat verteilen.

Tipp: Dieser Salat eignet sich gut für eine Sommerparty. Die Tortellini mit dem Dressing können Sie bereits am Vortag zubereiten.

Tortellini-Salat mit Rucola I

Vegetarisch

8 Portionen

Pro Portion:
E: 12 g, F: 25 g, Kh: 44 g, kJ: 1772, kcal: 448

5 l	*Wasser*
5 gestr. TL	*Salz*
500 g	*getrocknete Tortellini, mit Käsefüllung*
100 g	*gestiftelte Mandeln*
3	*rote Paprikaschoten*

Für die Marinade:

3 EL	*Weißweinessig*
	Salz, frisch gemahlener Pfeffer
5 EL	*Speiseöl*
5 EL	*Nussöl*
300 g	*Rucola (Rauke)*

Zubereitungszeit: 40 Minuten, ohne Abkühl- und Durchziehzeit

1. Wasser in einem großen Topf mit geschlossenem Deckel zum Kochen bringen. Dann Salz und Tortellini hinzugeben. Die Tortellini im geöffneten Topf bei mittlerer Hitze nach Packungsanleitung kochen lassen, dabei zwischendurch 4–5-mal umrühren.

2. Anschließend die Tortellini in ein Sieb geben, mit heißem Wasser abspülen und abtropfen lassen.

3. Mandeln in einer Pfanne ohne Fett goldbraun rösten, herausnehmen, auf einem Teller abkühlen lassen und beiseitestellen. Paprikaschoten halbieren, entstielen, entkernen und die weißen Scheidewände entfernen. Schotenhälften waschen, trocken tupfen und in Würfel schneiden.

4. Für die Marinade Essig mit Salz und Pfeffer verrühren. Speise- und Nussöl unterschlagen.

5. Tortellini mit den Paprikawürfeln in einer großen Schüssel mischen. Marinade hinzugeben und untermischen. Salat etwa 30 Minuten durchziehen lassen.

6. Rucola putzen und die dicken Stängel entfernen. Rucola waschen, trocken tupfen oder trocken schleudern und in mundgerechte Stücke zupfen. Rucola mit den beiseitegestellten Mandeln unter den Salat heben.

Tipp: Sie können den Salat (bis Punkt 5) bereits einige Stunden vorher zubereiten. Rucola und Mandeln erst kurz vor dem Verzehr untermischen.

Tortiglioni-Auflauf mit Cabanossi und Paprika | Schnell zubereitet – einfach

8–10 Portionen

Pro Portion:
E: 39 g, F: 38 g, Kh: 89 g, kJ: 3581, kcal: 855

4 Zwiebeln
4 Knoblauchzehen
200 g Möhren
200 g Knollensellerie
400 g Champignons
je 2 rote, gelbe und grüne Paprikaschoten
500 g Cabanossi (Knoblauchwurst)
6 EL Rapsöl
2 EL Paprikapulver edelsüß
2 Dosen geschälte Tomaten (Einwaage je 400 g)
850 ml Fleischbrühe
Salz
frisch gemahlener Pfeffer
1 kg Nudeln, z. B. Tortiglioni (kurze, dicke Röhrennudeln)
450 g geraspelter Gouda-Käse
1 Bund glatte Petersilie

Zubereitungszeit: 35 Minuten
Garzeit: etwa 30 Minuten

1. Zwiebeln und Knoblauch abziehen und in kleine Würfel schneiden. Möhren und Sellerie putzen, schälen, abspülen, abtropfen lassen und in kleine Würfel schneiden. Champignons putzen, mit Küchenpapier abreiben, eventuell abspülen, abtropfen lassen und in Scheiben schneiden. Paprikaschoten halbieren, entstielen, entkernen und die weißen Scheidewände entfernen. Schotenhälften waschen, abtropfen lassen und in Würfel schneiden. Cabanossi längs halbieren und in Scheiben schneiden.

2. Den Backofen vorheizen.
Ober-/Unterhitze: etwa 200 °C
Heißluft: etwa 180 °C

3. Rapsöl in einem großen Bräter erhitzen. Zwiebel- und Knoblauchwürfel darin glasig dünsten. Möhren-, Selleriewürfel und Champignonscheiben hinzugeben und mit andünsten. Mit Paprika würzen. Tomaten mit dem Saft hinzufügen, dabei die Tomaten mit einer Gabel etwas zerdrücken. Brühe hinzugießen. Die Zutaten zum Kochen bringen. Mit Salz und Pfeffer würzen. Nudeln hinzugeben, umrühren und unter Rühren nochmals zum Kochen bringen.

4. Den Bräter auf dem Rost in den vorgeheizten Backofen schieben. Den Auflauf etwa 30 Minuten garen.

5. Nach etwa 15 Minuten Garzeit Paprikawürfel und Cananossischeiben in den Auflauf geben und unterrühren. Den Auflauf mit Käse bestreuen. Gleichzeitig die Backofentemperatur auf Ober-/Unterhitze: etwa 160 °C, Heißluft: etwa 140 °C herunterschalten und den Auflauf fertig garen.

6. Petersilie abspülen und trocken tupfen. Die Blättchen von den Stängeln zupfen. Blättchen klein schneiden. Den Auflauf mit Petersilie bestreut servieren.

Tipp: Sie können statt der Cabanossi auch die gleiche Menge spanische Chorizo-Wurst verwenden.

Tunfisch-Nudel-Auflauf | Raffiniert

8 Portionen

Pro Portion:
E: 28 g, F: 41 g, Kh: 44 g, kJ: 2928, kcal: 699

je 4 l Wasser
je 4 gestr. TL Salz
750 g Spaghetti

4 Dosen Tunfisch, in Öl (Abtropfgewicht je 200 g)
4 TL Sardellenpaste
2 TL mittelscharfer Senf
8 Eier (Größe M)
500 g Schlagsahne
frisch geriebene Muskatnuss
Salz
1 TL Paprikapulver edelsüß
1 TL gerebelter Oregano

Zubereitungszeit: 60 Minuten
Garzeit: etwa 40 Minuten

1. Wasser in einem großen Topf mit geschlossenem Deckel zum Kochen bringen. Dann Salz und Spaghetti hinzugeben. Spaghetti in 2 Portionen im geöffneten Topf bei mittlerer Hitze nach Packungsanleitung kochen lassen, dabei zwischendurch 4–5-mal umrühren.

2. Den Backofen vorheizen.
Ober-/Unterhitze: etwa 200 °C
Heißluft: etwa 180 °C

3. In der Zwischenzeit Tunfisch abtropfen lassen, in eine Schüssel geben und mit einer Gabel zerdrücken. Sardellenpaste und Senf unterarbeiten.

4. Eier mit Sahne verschlagen, mit Muskat, Salz, Paprika und Oregano würzen. Die Eiersahne mit der Tunfischmasse verrühren.

5. Die garen Spaghetti in ein Sieb geben, mit heißem Wasser abspülen, abtropfen lassen und in eine große Auflaufform (gefettet) oder Fettfangschale (gefettet) geben. Die Tunfischmasse darauf verteilen.

6. Die Form auf dem Rost oder die Fettfangschale in den vorgeheizten Backofen schieben. Den Auflauf etwa 40 Minuten garen.

Beilage: Bunter Gemüsesalat.

Türkischer Reisnudelsalat

Für die Party

8–10 Portionen

Pro Portion:
E: 22 g, F: 21 g, Kh: 44 g, kJ: 1984, kcal: 475

Für den Salat:

- *500 g Reisnudeln*
- *Salzwasser*
- *60 g Pinienkerne*
- *600 g Lammfilet*
- *Salz, frisch gemahlener Pfeffer*
- *3 EL Olivenöl*
- *500 g Dolma Biber (Spitzpaprika)*
- *350 g Zucchini*
- *1 Bund Frühlingszwiebeln*
- *1 Bund glatte Petersilie*

Für die Sauce:

- *8 EL Zitronensaft*
- *frisch gemahlener schwarzer Pfeffer*
- *etwas Pul Biber (getrocknete, geschrotete Pfefferschoten)*
- *gemahlener Kreuzkümmel (Cumin)*
- *100 ml Olivenöl*

Zubereitungszeit: 50 Minuten

1. Zuerst Reisnudeln in kochendem Salzwasser nach Packungsanleitung garen. Anschließend in ein Sieb geben, mit kaltem Wasser abschrecken und in einem Sieb abtropfen lassen.

2. Pinienkerne in einer Pfanne ohne Fett anrösten, herausnehmen und auf einem Teller erkalten lassen.

3. Das Lammfilet unter fließendem kalten Wasser abspülen, trocken tupfen, mit Salz und Pfeffer würzen. Olivenöl in einer Pfanne erhitzen. Lammfilet darin von allen Seiten etwa 10 Minuten anbraten, herausnehmen und in Alufolie wickeln. Lammfilet ruhen lassen.

4. Reisnudeln und Pinienkerne in eine große Schüssel geben. Dolma Biber halbieren, entstielen, entkernen und die weißen Scheidewände entfernen. Schotenhälften waschen, abtropfen lassen und in dünne Streifen schneiden. Zucchini waschen, abtrocknen und die Enden abschneiden. Zucchini in kleine Würfel schneiden. Paprikastreifen und Zucchiniwürfel zu den Reisnudeln geben.

5. Frühlingszwiebeln putzen, waschen, abtropfen lassen und in feine Scheiben schneiden. Petersilie abspülen und trocken tupfen. Die Blättchen von den Stängeln zupfen, Blättchen klein schneiden. Frühlingszwiebelscheiben und Petersilie ebenfalls zu den Reisnudeln geben.

6. Für die Sauce Zitronensaft mit Salz, Pfeffer, Pul Biber und Kreuzkümmel verrühren, Olivenöl unterschlagen. Die Sauce mit den Salatzutaten in der Schüssel vermengen. Den Salat nochmals mit den Gewürzen abschmecken. Lammfilet aus der Alufolie wickeln, in Würfel oder Scheiben schneiden und unter den Salat heben. Den Salat sofort servieren.

Tipps: Reisnudeln sind kleine, reisförmige Nudeln. In Griechenland heißen sie Kritharaki und in der Türkei Arpa Sehriye. Dazu aufgebackenes Pide-Brot servieren.

Vollkorn-Käse-Spätzle | Vegetarisch

4 Portionen

Pro Portion:
E: 25 g, F: 29 g, Kh: 49 g, kJ: 2472, kcal: 590

300 g Vollkorn-Weizenmehl
3 Eier (Größe M)
1 gestr. TL Meersalz
1 EL Sonnenblumenöl
150 ml Wasser
etwas gemahlener Safran
3 l Wasser
3 gestr. TL Salz

2 mittelgroße Zwiebeln
30 g Butter
150 g frisch geriebener kräftiger Käse, z. B. Bergkäse oder Greyerzer
3 EL leicht geröstete, gehackte Sonnenblumenkerne
einige vorbereitete Petersilienblättchen

Zubereitungszeit: 50 Minuten

1. Mehl in eine Rührschüssel geben. Eier, Salz, Sonnenblumenöl, Wasser und Safran hinzugeben. Die Zutaten mit Handrührgerät mit Knethaken oder mit einem Holzlöffel verrühren. Dabei darauf achten, dass keine Klümpchen entstehen. Den Teig so lange schlagen, bis er Blasen wirft.

2. Wasser in einem großen Topf zum Kochen bringen, Salz hinzufügen. Den Teig portionsweise mit einem Spätzlehobel oder durch eine Spätzlepresse in das kochende Salzwasser geben und in 3–5 Minuten gar kochen (die Spätzle sind gar, wenn sie an der Oberfläche schwimmen).

3. Die garen Spätzle mit einem Schaumlöffel aus dem Salzwasser nehmen, in ein Sieb geben, mit heißem Wasser abspülen und abtropfen lassen. Die Spätzle in eine Schüssel geben und warm stellen.

4. Zwiebeln abziehen und in Scheiben schneiden. Die Butter in einer Pfanne zerlassen, Zwiebelscheiben darin goldgelb dünsten.

5. Die warm gestellten Spätzle mit Zwiebelscheiben und Käse vermengen. Die Spätzle mit Sonnenblumenkernen bestreuen und mit Petersilienblättchen garniert servieren.

Tipp: Nach Belieben die Vollkorn-Käse-Spätzle kurze Zeit im vorgeheizten Backofen erhitzen, bis der Käse geschmolzen ist.

Vollkornnudeln mit Rinderfilet und Pilzen | Etwas teurer

2 Portionen

Pro Portion:
E: 38 g, F: 11 g, Kh: 32 g, kJ: 1574, kcal: 376

80 g Vollkorn-Spätzle

300 g Austernpilze
100 g Frühlingszwiebeln
einige Thymianblättchen
250 g Rinderfilet
1 TL Speiseöl, z. B. Olivenöl
Salz, frisch gemahlener Pfeffer
1 Msp. gemahlener Piment (Nelkenpfeffer)
50 g saure Sahne (10 % Fett)
1 Msp. Paprikapulver edelsüß

Zubereitungszeit: 20 Minuten

1. Vollkorn-Spätzle nach Packungsanleitung zubereiten. Anschließend in ein Sieb geben, abtropfen lassen und warm stellen.

2. Pilze putzen, mit Küchenpapier abreiben, eventuell abspülen, gut trocken tupfen und in Streifen schneiden. Frühlingszwiebeln putzen, waschen, abtropfen lassen und in dünne Scheiben schneiden. Thymianblättchen abspülen und trocken tupfen.

3. Rinderfilet unter fließendem kalten Wasser abspülen, trocken tupfen und in etwa 1 cm dicke Scheiben schneiden. Speiseöl in einer Pfanne erhitzen. Filetscheiben darin von jeder Seite etwa 2 Minuten braten. Filetscheiben aus der Pfanne nehmen, mit Salz und Pfeffer würzen, warm stellen.

4. Pilzstreifen und Frühlingszwiebelscheiben in dem verbliebenen Bratfett in der Pfanne anbraten. 2 Esslöffel Wasser hinzufügen. Pilz-Frühlingszwiebel-Masse etwa 3 Minuten garen. Mit Piment und Salz würzen. Saure Sahne und Thymianblättchen unterrühren.

5. Die Vollkornnudeln mit den Pilzen und Filetscheiben auf einer Platte anrichten. Mit Paprikapulver bestreut servieren.

Tipp: Hierzu passt ein gemischter Blattsalat mit einer Zitronen-Vinaigrette.

Vollkornnudeln mit Rote-Bete-Sauce | Schnell zubereitet

4 Portionen

Pro Portion:
E: 27 g, F: 23 g, Kh: 86 g, kJ: 2784, kcal: 665

500 g Rote Bete, fertig gegart (aus dem Kühlregal)
1 Zwiebel
200 ml Hühnerbrühe
125 g saure Sahne
200 g Cabanossi (Knoblauchwurst)
4 TL Sahne-Meerrettich
Salz
frisch gemahlener Pfeffer

5 l Wasser
5 gestr. TL Salz
500 g Vollkorn-Spiralnudeln

1 Bund Schnittlauch

Zubereitungszeit: 20 Minuten

1. Rote Bete in einem Sieb abtropfen lassen und in kleine Würfel schneiden. 1 Rote Bete zum Garnieren beiseitelegen. Zwiebel abziehen und ebenfalls klein würfeln. Rote-Bete- und Zwiebelwürfel mit Hühnerbrühe in einem Topf zum Kochen bringen und etwa 5 Minuten kochen lassen. Anschließend mit einem Stabmixer sämig pürieren. Saure Sahne gut unterrühren.

2. Cabanossi in sehr kleine Würfel schneiden, mit Sahne-Meerrettich zur Sauce geben und unterrühren. Mit Salz und Pfeffer würzen. Sauce warm stellen.

3. Wasser in einem großen Topf mit geschlossenem Deckel zum Kochen bringen. Dann Salz und Nudeln hinzugeben. Die Nudeln im geöffneten Topf bei mittlerer Hitze nach Packungsanleitung kochen lassen, dabei zwischendurch 4–5-mal umrühren.

4. Anschließend die Nudeln in ein Sieb geben, mit heißem Wasser abspülen und abtropfen lassen.

5. Beiseitegelegte Rote Bete in feine Streifen schneiden. Schnittlauch abspülen, trocken tupfen und in feine Röllchen schneiden. Die Sauce mit den Rote-Bete-Streifen und den Schnittlauchröllchen bestreuen.

6. Die Vollkorn-Nudeln mit der Sauce in Schüsseln anrichten und servieren.

Beilage: Grüner Blattsalat.

Vollkornnudeln mit Sesam-Pesto I

Vegetarisch

4 Portionen

Pro Portion:
E: 16 g, F: 38 g, Kh: 48 g, kJ: 2617, kcal: 625

Für den Nudelteig:

300 g Vollkorn-Weizenmehl
2 Eier (Größe M)
1 gestr. TL Salz
6 EL Wasser

3 l Wasser
3 gestr. TL Salz

Für das Pesto:

2 Bund glatte Petersilie
1 Bund frisches Basilikum
3 Knoblauchzehen
50 g Sesamsamen
1 EL weiche Butter
100 ml Olivenöl
Salz
frisch gemahlener Pfeffer
40 g frisch geriebener Parmesan-Käse

Zubereitungszeit: 45 Minuten, ohne Ruhe- und Trockenzeit

1. Für den Teig Mehl in eine Rührschüssel geben und in die Mitte eine Vertiefung drücken. Eier mit Salz und Wasser verschlagen, in die Vertiefung geben. Mit einer Gabel nach und nach etwas Mehl einrühren.

2. Anschließend mit Handrührgerät mit Knethaken zu einem glatten Teig verkneten. Sollte der Teig kleben, noch etwas Vollkorn-Weizenmehl hinzufügen. Den Teig in Frischhaltefolie gewickelt etwa 30 Minuten ruhen lassen.

3. Den Teig auf einer bemehlten Arbeitsfläche dünn ausrollen. Nudeln in gewünschter Länge und Breite ausschneiden und gut trocknen lassen.

4. Wasser in einem großen Topf mit geschlossenem Deckel zum Kochen bringen. Dann Salz und Nudeln hinzugeben. Die Nudeln im geöffneten Topf bei mittlerer Hitze nach Packungsanleitung kochen lassen, dabei zwischendurch 4–5-mal umrühren.

5. Anschließend die Nudeln in ein Sieb geben, mit heißem Wasser abspülen und abtropfen lassen.

6. Für das Pesto Petersilie und Basilikum abspülen, trocken tupfen. Die Blättchen von den Stängeln zupfen (einige Basilikumblättchen zum Garnieren beiseitelegen). Blättchen sehr fein schneiden.

7. Den Knoblauch abziehen und klein schneiden. Mit Petersilie, Basilikum, Sesam, Butter und Olivenöl gut vermischen. Mit Salz und Pfeffer würzen. Parmesan-Käse unterrühren.

8. Vollkornnudeln mit Sesam-Pesto auf Tellern anrichten und mit den beiseitegelegten Basilikumblättchen garniert servieren.

Vollkorn-Ravioli mit Ratatouille I

Dauert etwas länger

4 Portionen

Pro Portion:

E: 31 g, F: 48 g, Kh: 70 g, kJ: 3709, kcal: 887

Für die Ravioli:

300 g Vollkorn-Weizenmehl
4 Eier (Größe M)
1 gestr. TL Salz
4 EL Wasser
1 EL Weißweinessig
200 g Schafkäse
2 Eiweiß (Größe M)
4 l Wasser
4 gestr. TL Salz
3 EL Speiseöl

Für das Ratatouille:

300 g Gemüsezwiebeln
5 EL Speiseöl
400 g grüne Paprikaschoten
250 g Zucchini
250 g Auberginen
2 Knoblauchzehen
Salz, frisch gemahlener Pfeffer
gerebelter Thymian
500 g Fleischtomaten
1/2 Bund Basilikum
2 EL Speiseöl

Zubereitungszeit: 90 Minuten, ohne Ruhezeit

1. Für die Ravioli Mehl in eine Rührschüssel geben und in die Mitte eine Vertiefung drücken. Eier, Salz, Wasser und Essig verschlagen, in die Vertiefung geben. Mit einer Gabel nach und nach etwas von dem Mehl einrühren. Anschließend mit Handrührgerät mit Knethaken zu einem glatten Teig verkneten. Sollte der Teig kleben, noch etwas Mehl hinzufügen. Den Teig in Frischhaltefolie wickeln und etwa 1 Stunde ruhen lassen.

2. Den Teig in 2 Portionen auf einer bemehlten Arbeitsfläche dünn ausrollen. Auf einem Teigstück Quadrate (etwa 6 x 6 cm) markieren.

3. Schafkäse in Würfel schneiden, auf jedes Teigquadrat 1 Schafkäsewürfel legen.

4. Eiweiß verschlagen, die Teigzwischenräume mit dem Eiweiß bestreichen. Das zweite Teigstück darauflegen. Die Teigstücke jeweils zwischen der Füllung fest andrücken, dann die Quadrate ausrädeln.

5. Wasser in einem Topf zum Kochen bringen. Dann Salz, Speiseöl und Ravioli hinzugeben. Ravioli portionsweise bei schwacher Hitze etwa 8 Minuten garen. Ravioli mit einer Schaumkelle herausnehmen und warm stellen.

6. Für das Ratatouille Gemüsezwiebeln abziehen, halbieren und in Scheiben schneiden. Speiseöl in einem Topf erhitzen. Zwiebelscheiben darin andünsten. Paprikaschoten halbieren, entstielen, entkernen und die weißen Scheidewände entfernen. Schotenhälften waschen, abtropfen lassen, in Stücke schneiden, zu den Zwiebelscheiben geben und kurz mitdünsten lassen.

7. Zucchini und Auberginen waschen, abtrocknen und die Stängelansätze bzw. Enden abschneiden. Zucchini und Auberginen in Stücke schneiden und zu der Zwiebel-Paprika-Masse geben. Die Zutaten zum Kochen bringen und zugedeckt etwa 10 Minuten garen. Knoblauch abziehen, zerdrücken und zu dem Ratatouille geben. Mit Salz, Pfeffer und Thymian abschmecken.

8. Tomaten waschen, abtropfen lassen, kreuzweise einschneiden, kurz in kochendes Wasser legen und in kaltem Wasser abschrecken. Tomaten enthäuten, halbieren, entkernen und die Stängelansätze herausschneiden. Tomatenhälften in Würfel schneiden. Zum Ratatouille geben und miterhitzen, eventuell nochmals abschmecken.

9. Basilikum abspülen und trocken tupfen. Die Blättchen von den Stängeln zupfen. Blättchen in Streifen schneiden. Ratatouille mit den Basilikumstreifen bestreuen.

10. Speiseöl in einem Topf erhitzen, Ravioli darin schwenken. Ravioli mit Ratatouille servieren.

Warmer Nudelsalat | Für Gäste

4 Portionen

Pro Portion:
E: 28 g, F: 25 g, Kh: 76 g, kJ: 2469, kcal: 590

400 ml Gemüsebrühe
300 g TK-Brokkoliröschen
300 g gekochter Schinken
4 Frühlingszwiebeln
1 Glas Maiskölbchen (Abtropfgewicht 215 g)

2 ½ l Wasser
2 ½ gestr. TL Salz
250 g Nudeln, z. B. Hütchen- oder Trulli-Nudeln

Für die Salatsauce:
150 ml Gemüsebrühe von den Brokkoliröschen
2 EL Estragon-Essig
4 EL Olivenöl
etwas Zucker
Salz, frisch gemahlener Pfeffer

2 EL Schnittlauchröllchen

Zubereitungszeit: 45 Minuten, ohne Durchziehzeit

1. Gemüsebrühe in einem Topf zum Kochen bringen. Gefrorene Brokkoliröschen hinzugeben, wieder zum Kochen bringen und in etwa 6 Minuten gar kochen. Brokkoliröschen in ein Sieb geben, dabei die Brühe auffangen und 150 ml abmessen. Brokkoliröschen abtropfen lassen.

2. Schinken in Würfel schneiden. Frühlingszwiebeln putzen, waschen, abtropfen lassen und in Scheiben schneiden. Maiskölbchen in einem Sieb abtropfen lassen, eventuell halbieren.

3. Wasser in einem großen Topf mit geschlossenem Deckel zum Kochen bringen. Dann Salz und Nudeln hinzugeben. Die Nudeln im geöffneten Topf bei mittlerer Hitze nach Packungsanleitung kochen lassen, dabei zwischendurch 4–5-mal umrühren.

4. Anschließend die Nudeln in ein Sieb geben, mit heißem Wasser abspülen und abtropfen lassen.

5. Für die Sauce die aufgefangene Brühe aufkochen lassen. Essig und Öl unterrühren. Mit Zucker, Salz und Pfeffer kräftig würzen.

6. Die Nudeln mit Brokkoliröschen, Schinkenwürfeln, Frühlingszwiebelscheiben und Maiskolben mischen. Die Zutaten mit der heißen Brühe übergießen. Den Salat etwas durchziehen lassen.

7. Den Nudelsalat mit Schnittlauchröllchen bestreut servieren.

Tipps: Sie können den Salat gut vorbereiten. Dann den Salat vor dem Servieren etwa 20 Minuten bei Ober-/Unterhitze etwa 100 °C, Heizluft etwa 80 °C auf dem Rost in den vorgeheizten Backofen schieben. Nach Belieben mit einigen Schnittlauchhalmen garnieren.

Würziger Spätzle-Pfifferlings-Salat | Raffiniert

4 Portionen

Pro Portion:
E: 19 g, F: 12 g, Kh: 37 g, kJ: 1420, kcal: 340

2 l Gemüsebrühe
Salz
200 g Spätzle

Für die Vinaigrette:
1 Stange Porree (Lauch, 250 g)
3–4 EL Speiseöl
175 ml Gemüsebrühe
3 EL Balsamico-Essig
1 TL körniger Senf
frisch gemahlener Pfeffer

300 g Pfifferlinge oder Champignons
200 g geräucherter Putenbrust-aufschnitt
200 g kleine Cocktailtomaten
1 Bund glatte Petersilie

Zubereitungszeit: 40 Minuten, ohne Abkühlzeit

1. Gemüsebrühe mit etwas Salz in einem großen Topf zum Kochen bringen. Spätzle hinzugeben und nach Packungsanleitung garen, dabei zwischendurch umrühren. Spätzle in ein Sieb geben, mit heißem Wasser abspülen und abtropfen lassen.

2. In der Zwischenzeit für die Vinaigrette Porree putzen, die Stange längs halbieren, gründlich waschen, abtropfen lassen und in sehr feine Streifen schneiden. 2 Esslöffel des Speiseöls in einer Pfanne erhitzen. Die Porreestreifen darin andünsten, Brühe hinzugießen. Essig, körnigen Senf, Salz und Pfeffer unterrühren. Die noch warmen Spätzle mit der Vinaigrette mischen und erkalten lassen.

3. Die Pfifferlinge oder Champignons putzen, mit Küchenpapier abreiben, eventuell abspülen und trocken tupfen. Große Pfifferlinge eventuell halbieren. Putenbrustaufschnitt in Streifen schneiden. Tomaten waschen, trocken tupfen und vierteln. Petersilie abspülen und trocken tupfen. Die Blättchen von den Stängeln zupfen.

4. Restliches Speiseöl in einer Pfanne erhitzen. Pilze darin unter Wenden etwa 4 Minuten kräftig anbraten. Pilze mit Salz und Pfeffer würzen und herausnehmen.

5. Petersilienblättchen, Pilze, Putenbruststreifen und Tomatenviertel unter die Spätzle mischen. Den Salat nochmals mit Salz, Pfeffer und eventuell etwas Essig abschmecken.

Ziegenbraten mit Frühlingsgemüse und Spätzle | Für Gäste

4 Portionen

Pro Portion:
E: 50 g, F: 40 g, Kh: 52 g, kJ: 3245, kcal: 775

800 g Ziegenbraten (aus der Keule)
Salz, frisch gemahlener Pfeffer
4 EL Speiseöl
200 g Gemüse (Zwiebel-, Sellerie-, Möhrenwürfel)
1 Fleischtomate, in Würfel geschnitten
1 EL Kräuter der Provence
300 ml Kalbsfond

Für das Frühlingsgemüse:
100 g junge Möhren
100 g junge Teltower Rübchen
100 g junge Bohnen
100 g Frühlingszwiebeln (nur das Weiße)
Salzwasser
40 g Butter

2 1/2 l Wasser
2 1/2 gestr. TL Salz
250 g Spätzle
20 g Butter
frisch geriebene Muskatnuss
gemahlener Kümmelsamen

Zubereitungszeit: 70 Minuten, ohne Ruhezeit
Garzeit: etwa 80 Minuten

1. Den Backofen vorheizen.
Ober-/Unterhitze: etwa 200 °C
Heißluft: etwa 180 °C

2. Das Ziegenfleisch unter fließendem kalten Wasser abspülen, trocken tupfen, mit Salz und Pfeffer würzen. Speiseöl in einem Bräter erhitzen. Ziegenfleisch darin von allen Seiten anbraten. Gemüse- und Tomatenwürfel hinzugeben. Den Bräter auf dem Rost in den vorgeheizten Backofen schieben. Den Ziegenbraten zugedeckt etwa 80 Minuten garen.

3. Nach der Hälfte der Garzeit Kräuter der Provence hinzugeben und Kalbsfond hinzugießen.

4. In der Zwischenzeit für das Frühlingsgemüse die Möhren und Rübchen putzen, schälen, abspülen und abtropfen lassen. Von den Bohnen die Enden abschneiden, eventuell abfädeln. Bohnen waschen und abtropfen lassen. Frühlingszwiebeln putzen, waschen und abtropfen lassen. Vorbereitetes Gemüse nach Belieben etwas zerkleinern und in kochendem Salzwasser etwa 5 Minuten blanchieren, herausnehmen, mit kaltem Wasser abschrecken und in einem Sieb abtropfen lassen.

5. Butter in einer Pfanne erhitzen. Das Gemüse darin unter Rühren andünsten. Mit Salz und Pfeffer würzen. Gemüse warm stellen.

6. Wasser in einem großen Topf mit geschlossenem Deckel zum Kochen bringen. Dann Salz und Spätzle hinzugeben. Die Spätzle im geöffneten Topf bei mittlerer Hitze nach Packungsanleitung kochen lassen, dabei zwischendurch 4–5-mal umrühren.

7. Anschließend die Spätzle in ein Sieb geben, mit heißem Wasser abspülen und abtropfen lassen.

8. Butter in einer Pfanne zerlassen, Spätzle darin unter Rühren anbraten. Mit Salz, Muskat und Kümmel abschmecken.

9. Den Ziegenbraten aus dem Backofen nehmen und etwa 10 Minuten ruhen lassen. Ziegenbraten in Scheiben schneiden, mit Gemüse und Spätzle auf einer großen Platte anrichten.

Zucchininudeln mit Tomatensauce | Raffiniert – schnell zubereitet

4 Portionen

Pro Portion:
E: 13 g, F: 28 g, Kh: 47 g, kJ: 2148, kcal: 513

Für die Sauce:

80 g getrocknete Tomaten in Öl
250 g Schlagsahne
1–2 EL Öl von den Tomaten
1 Fleischtomate
150 g gegarte Brokkoliröschen

300 g Zucchini
2 1/2 l Wasser
2 1/2 gestr. TL Salz
250 g Tagliatelle (Bandnudeln)
etwas Wasser oder Nudelwasser

frisch gehobelter Parmesan-Käse

Zubereitungszeit: 30 Minuten

1. Für die Sauce Tomaten in einem Sieb abtropfen lassen, dabei das Öl auffangen und 1–2 Esslöffel abmessen. Sahne mit den Tomaten in einen Topf geben, zum Kochen bringen und etwa 10 Minuten bei mittlerer Hitze kochen lassen. Tomatensahne pürieren und das aufgefangene Tomatenöl unterrühren.

2. Tomate waschen, abtropfen lassen, kreuzweise einschneiden, kurz in kochendes Wasser legen und in kaltem Wasser abschrecken. Tomate enthäuten, halbieren, entkernen und den Stängelansatz herausschneiden. Tomatenhälften in Würfel schneiden, mit den Brokkoliröschen zum Tomatenpüree geben und unterrühren.

3. Zucchini waschen, abtrocknen und die Enden abschneiden. Zucchini der Länge nach zuerst in Scheiben, dann in lange Streifen schneiden.

4. Wasser in einem Topf mit geschlossenem Deckel zum Kochen bringen. Dann Salz, Zucchinistreifen und Nudeln hinzugeben. Die Nudeln im geöffneten Topf bei mittlerer Hitze nach Packungsanleitung kochen lassen, dabei zwischendurch umrühren.

5. Anschließend die Nudeln in ein Sieb geben, Nudelwasser dabei auffangen. Nudeln mit heißem Wasser abspülen und abtropfen lassen.

6. Falls die Tomatensauce zu dick ist, etwas Wasser oder Nudelwasser unterrühren.

7. Zucchininudeln mit der Tomatensauce anrichten, mit gehobeltem Parmesan-Käse bestreuen und servieren.

Beilage: Frischer Feldsalat, mit Vinaigrette zubereitet.

Vegetarisch

Für Kinder

Für Gäste

Gut vorzubereiten

Asiatisch

Aufläufe

Schnell zubereitet und einfach

Preiswert

Für Fragen, Vorschläge oder Anregungen steht Ihnen der Verbraucherservice der Dr. Oetker Versuchsküche Telefon: 00800 71 72 73 74 Mo.–Fr. 8:00–18:00 Uhr, Sa. 9:00–15:00 Uhr (gebührenfrei in Deutschland) oder die Mitarbeiter des Dr. Oetker Verlages Telefon: +49 (0) 521 520650 Mo.-Fr. 9:00–15:00 Uhr zur Verfügung.

Oder schreiben Sie uns:
Dr. Oetker Verlag KG, Am Bach 11, 33602 Bielefeld oder besuchen Sie uns im Internet unter www.oetker-verlag.de oder www.oetker.de.

Umwelthinweis Dieses Buch und der Einband wurden auf chlorfrei gebleichtem Papier gedruckt. Die Einschrumpffolie – zum Schutz vor Verschmutzung – ist aus umweltfreundlichem und recyclingfähigem PE-Material.

Redaktion Carola Reich, Annette Riesenberg

Lektorat no:vum, Susanne Noll, Leinfelden-Echterdingen

Innenfotos Walter Cimbal, Hamburg (S. 212)
Thomas Diercks, Kai Boxhammer, Christiane Krüger, Hamburg (S. 7, 8, 9, 15, 16, 19, 20, 22, 26, 27, 28, 30, 31, 35–37, 40, 43, 44, 46, 47, 48, 52, 53, 57, 59, 65, 66, 67, 68, 70–77, 80, 83, 84, 88–91, 93, 94, 96, 97, 99, 100, 102, 103, 106, 107, 108, 111, 112, 113, 116, 118, 120, 128, 129, 130, 135, 145, 146, 148, 149, 150, 152, 154, 159, 163, 168, 169, 175–180, 182, 183, 185, 188, 196, 209–211, 213, 215, 217, 219, 222, 223, 228–230, 232, 236, 237, 238, 245, 246, 248, 250, 259, 262, 264, 268, 273–275, 280, 282–284, 291, 292, 295, 296, 300–302, 304, 309, 310, 312, 313)
Hailight, Düsseldorf (S. 34)
Ulli Hartman, Halle/Westf. (S. 12, 32, 49, 54, 58, 79, 85, 86, 104, 115, 117, 119, 131, 133, 144, 153, 158, 167, 181, 190, 202, 214, 227, 251, 256–258, 261, 263, 265, 272, 276, 277, 279)
Ulrich Kopp, Sindelfingen (S. 18, 41, 125, 156, 164, 166, 172, 243, 271, 288)
Bernd Lippert (S. 289)
Herbert Maass, Hamburg (S. 143)
Antje Plewinski, Berlin (S. 62, 63, 69, 78, 139, 140, 142, 305)
Christiane Pries, Borgholzhausen (S. 286)
Hans-Joachim Schmidt, Hamburg (S. 6, 10, 14, 17, 21, 24, 29, 61, 81, 87, 105, 121, 126, 138, 141, 151, 155, 161, 174, 184, 189, 192, 195, 225, 226, 233, 244, 247, 254, 260, 266, 267, 269, 270, 281, 294, 298, 299, 306, 311)
Norbert Toelle, Bielefeld (S. 33, 38, 39, 92, 109, 160, 187, 203, 240, 241, 242, 249, 255, 278, 287, 307)
Brigitte Wegner, Bielefeld (S. 5, 13, 23, 25, 45, 51, 55, 56, 64, 95, 98, 124, 127, 134, 137, 147, 162, 170, 173, 186, 191, 193, 194, 197, 200, 201, 204, 205, 207, 218, 220, 221, 231, 234, 235, 239, 285, 290, 293, 303)
Bernd Wohlgemuth, Hamburg (S. 11, 101, 123, 132, 165, 171, 216, 224, 252, 253, 297)
Winkler Studios, Bremen (S. 122, 199)

Nährwertberechnungen Nutri Service, Hennef

Grafisches Konzept und Gestaltung MDH Haselhorst, Bielefeld
Titelgestaltung kontur:design GmbH, Bielefeld
Satz und Layout MDH Haselhorst, Bielefeld
Druck und Bindung Mohn media Mohndruck GmbH, Gütersloh

ISBN: 978–3–7670–0523–5